高等教育“十三五”规划经济管理系列教材

税务会计

(第二版)

李俊英 主 编

中国财经出版传媒集团
中国财政经济出版社

图书在版编目（CIP）数据

税务会计/李俊英主编．—2版．—北京：中国财政经济出版社，2017.8
ISBN 978－7－5095－7670－0

Ⅰ．①税…　Ⅱ．①李…　Ⅲ．①税务会计－高等学校－教材　Ⅳ．①F810.42

中国版本图书馆CIP数据核字（2017）第198186号

责任编辑：胡　博　庄　莉　　　　版式设计：董生平
封面设计：孙俪铭

中国财政经济出版社 出版

URL：http：//www.cfeph.cn
E－mail：cfeph@cfeph.cn

社址：北京市海淀区阜成路甲28号　邮政编码：100142
营销中心电话：88190406　北京财经书店电话：64033436　84041336
北京财经印刷厂印刷　各地新华书店经销
787×960毫米　16开　16印张　465 000字
2017年8月第2版　2017年8月北京第1次印刷
定价：52.00元
ISBN 978－7－5095－7670－0
（图书出现印装问题，本社负责调换）
本社质量投诉电话：010－88190744
打击盗版举报热线：010－88190414　QQ：447268889

编委会名单

主　编　李俊英

副主编　樊慧霞　张　贵

参　编　吉尔克　乔燕君

前 言

当今社会，税收已然成为关乎国计民生的头等大事，尤其是关系到各个市场主体的切身利益，与企业的经营活动和个人的经济生活息息相关。随着我国社会主义市场经济体制的建立和完善，企业作为独立自主的市场主体，其税收意识日益增强，既要依法履行纳税义务，又要充分享受纳税人的合法权益，加强企业涉税管理，防范涉税风险已渗透到企业经营的各个环节。税务会计作为一种制度安排，其本质是立足纳税人，处理税法与财务会计准则的冲突性与协调性的一种会计机制，其目的是为企业正确计算应纳税额、编制纳税申报表、进行税收筹划。税收对企业的重要性，一定程度上体现为“税金”这个干扰项影响了整个会计系统，财务会计不能摆脱“税收”这个“幽灵”，税收给会计增添了不尽的烦恼①，“对于会计这个行业来说，如果没有税收问题，那么这个行业的复杂程度将会惊人地降低”②。

税务会计作为企业会计的一个重要组成部分，它与财务会计、管理会计共同构成企业会计系统，相对而言，税务会计与财务会计两者之间具有更强的内在逻辑性。作为一个新兴的会计学科，税务会计是从财务会计中分离出来的。我国于 20 世纪 90 年代进行的会计改革与财税改革，推动了我国税务会计理论与实务的不断发展与完善。目前，部分大中型企业已经设立了专门的税务部门，配备专门的税务会计人员。企业在招聘财务会计人员时，也更加注重其对税收理论与实务知识的考量，更多的税收学专业大学毕业生到企业财务部门中工作。

税务会计课程具有理论实践一体化、会计与税收有机融合两个突出特点。一方面税务会计内容具有高度专业性和实用性，通过学习掌握抽象的理论并将这些规则应用于企业实务领域是理论与实践相结合的必然要求；另一方面，税务会计既包括税收中的会计问题，也涵盖会计中的税收问题，是一门融税收法规制度和会计核算于一体的边缘学科，是企业会计和税务人员必备的专业知识。

---

① 盖地．税务会计学［M］．中国人民大学出版社，2012.

② 孙凯．美国联邦税收制度［M］．中国税务出版社，1997.

作为会计学、税收学等专业的教科书，本教材以会计与税法的差异及协调为前提，以“确认—计量—记录—报告”为主线，侧重于会计记录，分税种系统阐述税务会计理论与实务问题。在注重对税务会计的基本理论、基本知识、基本方法阐述的同时，立足中国现状，吸收和反映国内外学科前沿成果；在保持税务会计体系的科学性、系统性、完整性的同时，以内涵深化为主，突出对普遍性和规律性问题的讲述；内容系统丰富、融会贯通、深入浅出、循序渐进，繁简适当，以所得税会计和增值税会计为重点，简化处理其他税会计；力求编写体例有所创新，教材中适当增加课中和课后练习题、资料链接等内容，增强了教材的知识性、实用性、探索性和趣味性；注重培养学生综合能力，通过大量的综合练习，力求使抽象、复杂的内容具体生动，提高学生综合大量信息的能力和综合运用知识的能力。

本教材的完成倾注了编写组各位老师的辛勤付出，同时本书的完成也是他们多年教学的总结和教学改革研究的阶段性成果，是对各位编写者长期以来致力于教学与研究的最好回报和认同。本教材由李俊英教授担任主编。各章编写人员及分工如下：李俊英编写第 1 章和第 6 章，樊慧霞编写第 2 章、第 4 章和第 5 章 1 ~ 3 节，乔燕君编写第 3 章，吉尔克编写第 5 章 4 ~ 11 节。由李俊英统稿并定稿，由樊慧霞、李俊英、张贵逐次校稿，直到最后审定。

在编写过程中，本教材参阅了许多论著、教材和学术论文，引用了部分编著者的案例，如林钢老师编写的《纳税会计》、周萍老师编著的《所得税会计》和中国注册会计师协会出版的《会计》，在此表示深深的谢意，感谢前辈、同行们对该教材编写的引领和帮助。本教材的出版得到了中国财政经济出版社编辑及相关人员的大力支持和悉心指导，在此表示由衷的谢意！研究生李炎哲、杨丹、么红梅、刘丹、赵宇婷参与了第 6 章的编写，在此一并表示感谢！

受制于学识水平和编写能力的制约，倾尽全力之后，仍有困惑和难题未能很好解决，也有疏漏和瑕疵之处，承蒙各位专家和读者的厚爱，给我们提出宝贵的修改完善意见。

编者

2017 年 7 月

目　录

第1章 税务会计概述

学习目标

◇ 掌握税务会计的对象、税务会计与财务会计的联系与区别。

◇ 理解税务会计的概念、基本前提与原则。

◇ 了解税务会计的产生与发展过程。

导 言

会计和税收作为经济领域中两个不同的分支，其职能和属性的差异决定了两者实现的目标不同、遵循的规则不同。但二者本质上存在着天然的联系，税收活动的开展和应纳税款的计算要以会计信息为依据，会计是税收的实现条件和前提，而征税的结果又直接影响到企业的经济效益和会计信息，税收规定制约、影响着会计确认、计量、记录与报告的方法。

税务会计是从财务会计中分离出来的，它是纳税人为了适应纳税的需要而产生的。税务会计作为联接税收和会计的纽带，是处理税法与财务会计准则的冲突性与协调性的一种会计机制，其目的是正确计算应纳税额、编制纳税申报表以及进行税收筹划。从政府税收管理的角度出发，税务会计的基本职能是对纳税人应纳税款的形成、申报、缴纳进行反映和监督，这种反映和监督只能在作为纳税人的企业单位里进行，并由纳税人的会计人员去实施。

税务会计与财务会计、管理会计构成会计学科三大分支。税务会计对财务会计处理的过程和结果按税法规定进行调整，计算出应税收入和应纳税所得额，进行纳税申报和税收筹划。财务会计、管理会计、税务会计这三个词经常被用于描述在经济界广泛使用的三类会计信息①。

① 简·R. 威廉姆斯等. 会计学：企业决策的基础（财务会计分册）［M］. 机械工业出版社，2007.

第1节　税务会计的概念与对象

一、税务会计的概念

（一）税务会计的产生与发展

1. 税务会计的产生条件。

任何经济范畴的产生都取决于一定的社会条件和经济条件，国家税收和会计的产生与发展为税务会计的产生奠定了基础，是税务会计产生的前提条件。

税收作为国家财政收入的主要来源，是国家为了履行其公共职能，凭借政治权力，按照法律规定的标准，对一部分社会产品进行无偿分配的结果。税收是一个经济范畴，也是一个历史范畴，它是人类社会和生产力发展到一定时期的必然产物。在国家征税后，纳税人必然像关心生产耗费一样关心自己的税收负担，自然也会有纳税记录和计量的要求。但在一个相当长的历史阶段，社会生产力水平低下，各国的税制也远未走向法制化，在这种纳税环境下，纳税人纳税的原始记录和计量不可能形成规范的体系。尽管如此，公元前18世纪，巴比伦王国征收各种赋税就已有应纳税通知和支付凭据，纳税人的赋税与会计记录相融合，产生了最早的税务会计。尽管它还很不成熟，但毕竟是把税务中的会计问题或者说会计中的税务问题融为一体了。随着19世纪末20世纪初现代所得税的产生，各国税收逐步走上了法制化的轨道，社会也从自给自足的自然经济逐步走向工业经济，税务会计的发展也就具备了良好的经济、法律等环境。

会计发展的历史证明，只有会计发展到一定阶段，企业成为独立的法人实体，税务会计才有可能从财务会计中分离出来，并成为一个独立的分支，因为企业作为独立核算、自负盈亏的法人实体，必须依法纳税，而税款的缴纳又会直接减少纳税人的利益，因而现代企业都非常重视税收问题，纳税已成为其生产经营决策的一个越来越重要的因素。企业力求在不违反税法规定的前提下，最大限度地减少税收负担，税务会计正是适应企业经营管理的需要而产生并逐步发展起来的。

2. 税务会计的发展历程。

在税务会计的产生和发展过程中，现代所得课税制度的出现和不断完善对其影响最大；增值税课税制度的诞生，促进了税务会计的进一步发展；而税收征纳双方对纳税信息的需求则是税务会计产生和发展的直接动因。

所得课税制度的出现和不断完善对税务会计的产生和发展表现出极大的推动力，这是因为所得税款的形成和计算依据直接涉及企业的投资与筹资，企业生产经营的各个环节，以及资产、收入、成本、费用等会计核算的全过程。随着所得课税制度的不断完善，主要经济发达国家普遍以所得税取代流转税，所得税成为各国税制体系中的主体税种，所得税会计也成为各国税务会计的主体。正如美国著名会计学家 E. S. 亨德里克森在其《会计理论》一书中所言，很多小型企业会计的目的主要是填制所得税申报表，它们在报税以前都不记账，即使对大公司，计算和缴纳所得税也是会计师们的一项主要工作。目前，西方各国对所得税会计的理论研究和处理方法均已达到相当科学的程度，其中许多国家都有专门规范所得税会计的公告，如英国的《递延所得税》、澳大利亚的《公司所得税会计》、美国财务会计准则 109 号公告中表述的所得税会计处理原则等。此外，美国还有不少涉及所得税会计处理的有效公告，如美国会计原则委员会（APB，即美国财务会计准则委员会 FASB 的前身）意见书第 2 号、第 3 号、第 4 号、第 10 号、第 23 号和第 28 号。由于各国会计核算方法和税收制度各有差异，所得税会计的处理方法也有所不同。为了协调这一会计处理程序，1979 年 7 月，国际会计准则委员会公布了《国际会计准则 12 号——所得税会计》，它在一定程度上统一了所得税会计处理标准，为其走向国际化起到推动作用，并得到各国会计界的广泛认可。

科学先进的增值税的诞生和不断完善，为税务会计提供了更加丰富的内容，对税务会计的发展起了重要的促进作用。因为它对企业会计提出了更高的标准，要求企业在会计凭证和会计账簿的记载上分别反映收入的形成和物化劳动的转移价值，以及转移价值中所包括的已纳税金，这样才能正确反映增值额，从而正确计算企业应纳增值税额。

为了适应纳税人的需要，或者说，纳税人为了适应纳税的需要，税务会计有必要从财务会计中独立出来，以充分发挥现代会计的多重功能。税务会计是社会发展的必然结果，也是税收和会计共同作用的结果。随着税制的逐步健全和会计核算技术的日趋完善，税务会计最终从传统的财务会计中分立出来，与财务会计、管理会计共同构成会计学科的三大分支，税务会计知识成为会计专业人员所必须具备的专业知识领域。

3. 我国税务会计的产生与发展。

当今世界上大多数发达国家的税务会计都是相对独立、自成体系的。在国际范围内，税务会计受到普遍重视，已经发展成为一门重要的专业会计分支，它与财务会计、管理会计是会计学科的三大组成部分。在我国，对税务会计的研究起步较晚，原因是新中国成立后，在相当长一段时间内，我国奉行高度集中的计划经济体制，国家作为所有者和管理者的身份合二为一。与此相适应，我国的会计制度是服从于税法和财务会计制度的，企业实行财务会计与税务会计合二为一的会计管理模式，因此税务会计问题也不突出。在当时的情况下，这种会计管理模式既有利于国家对企业实施综合、全面的管理，也有利于计算上缴国家的财政收入，为监督企业上缴利润提供了制度上的保证，同时，这也便于统一会计制度的制定和实施。

随着我国社会主义市场经济体制的建立，财务会计与税务会计合二为一的管理模式所固有的局限性越来越突出。从国家的角度看，我国是以公有制为主体的社会主义国家，国家一方面是政治权力的主体，另一方面又是国家资产的所有者，因而具有双重身份。过去财务会计与税务会计合二为一的做法，势必模糊了应纳税所得和利润的不同内涵、性质和作用，从而影响了政府的双重身份，不利于在政企分开的前提下，科学地界定政府的职能和权限。从企业角度来看，财务会计与税务会计合二为一的管理模式束缚了企业的经营自主权，使企业的理财行为和会计核算难以适应市场经济的客观要求。传统的财务制度和会计制度中某些规定过细、过死，在很大程度上是因为其中包含了税法的基本要求。因此，为了适应我国社会主义市场经济的要求，1992 年财政部颁布了《企业会计准则》和《企业财务通则》，于 1993 年 7 月 1 日开始实施，会计制度和财务制度独立于税法之外；1994 年 1 月 1 日我国实行了针对内资企业的《企业所得税暂行条例》及其实施细则，由此造成了税法与会计制度的不统一，也使得税务会计的产生成为必要，颁布实施了《所得税会计处理暂行规定》，并不断地进行修订和完善，与国际接轨的趋势越来越明显。2006 年 2 月 15 日财政部颁布了新会计准则，自 2007 年 7 月 1 日起首先在上市公司实行，新的会计准则在很多方面与国际会计准则接轨，但造成的后果是与企业所得税法的进一步背离。2007 年我国将内外资企业所得税统一，颁布了《企业所得税法》及其实施条例，新企业所得税法在很多方面向会计准则靠拢，但税法的特点注定了两者之间不可能是一致的，必然存在着差异，这意味着税务会计仍然有存在的必要。

（二）税务会计的概念

1. 西方学者对税务会计的定义。

关于税务会计的定义，西方学者的研究较早，并形成了各种不同的表达内容，体现着不同的思想内涵。

日本税务会计专家武田昌辅认为，税务会计是为计算法人税法中的应税所得而设立的会计，它不是制度会计，是以企业会计为依据，按税法的要求，对既定的盈利进行加工、修正的会计。

日本的富岗幸雄则认为，税务会计是根据会计的预测方法来掌握并计算出被确定的计税标准，从而起到传达和测定财务信息的租税目的与作用的会计。

美国著名税务会计专家吉特曼博士认为，税务会计主要是处理某项目何时被确认为收入或费用账务问题的一种专业会计。

2. 我国学者对税务会计的定义。

我国著名税务会计学者盖地教授认为，税务会计是以国家现行税收法规为准线，运用会计学理论和方法，连续、系统、全面地对税款的形成、计算和缴纳，即对企业涉税事项进行确认、计量、记录和报告的一门专业会计。

我国台湾税务专家陈建昭等认为，税务会计为一种国内性会计，并非国际共通性会计。税务会计即在企业会计理论结构上，以重叠之形态，再注入其特有的计算方法或会计理论，以达成课税为目的之完整体系。

我国台湾税务会计学者卓敏枝、卢连生、庄傅成认为，税务会计是一门以法令规定为准绳，以会计技术为工具，平时负责汇集企业各项交易活动，股东可抵扣税额与未分配盈余计算之合法凭证，并加以整理、记录、分类、汇总，进而年度终了加以结算、编表、申报、纳税的社会（人文）科学。

本书认为，税务会计是以税收法律法规为依据，运用会计学的理论、方法和程序，纳税人对涉税事项进行确认、计量、记录和报告，以正确计算应纳税额、编制纳税申报表以及进行税收筹划为目的的一个会计学科。

税务会计是从财务会计中分立出来的，它是介于税收学与会计学之间的一门新兴边缘学科，是融国家税收法令和会计处理为一体的一种特种专业会计，可以说是税务中的会计、会计中的税务。作为企业会计的一个特殊领域，税务会计以财务会计提供的信息为基础，对会计和税收处理不一致的事项进行纳税调整。因此，税务会计并不要求在企业财务会计的凭证、账簿、报表之外另设一套会计账证表。纳税人均应设置专职税务会计人员，大企业还应设置专门的税务会计机构。

（三）税务会计的特点

税务会计与其他专业会计相比较，有其自身的特点，主要表现为：

1. 法定性。

税务会计以国家现行税收法令为准绳，这是它区别于其他专业会计的一个最重要的特点。财务会计按照企业会计准则、会计制度规定，对某些会计事项可以根据其经营需要进行会计政策选择；税务会计则必须在国家现行税法的范围内进行会计政策的选择。当财务会计制度的规定与现行税法的计税方法、计税范围等发生矛盾时，税务会计必须以现行税收法规为准，进行纳税调整。对某些按财务会计制度反映而不便按照税法规定反映的会计事项，必须单独设置账簿、单独核算其销售金额等，才能据以按不同税率计税或减税、免税；否则，税率从高或不予减免。由此可见，严格受税收法律法规的制约是税务会计的一个最显著的特点。

2. 广泛性。

按照税法规定，所有法人和自然人都可能是纳税义务人。由于法定纳税人的广泛性，决定了税务会计的广泛性。一般企业的财务会计执行企业会计准则、会计制度，为了纳税需要，还应设置税务会计；小型企业会计则是以税法为导向的会计，其会计可以称为税务会计。

3. 融合性。

税务会计是融税收法规与会计制度为一体的一种专业会计，税务会计在依照税法的同时，还必须结合各种专业会计的特点进行会计核算。税务会计研究的对象是税务管理活动中的会计问题，同时又是会计核算中的税务问题。从这个意义上讲，税务会计是研究税务与会计交叉问题的一门边缘学科。

4. 税务筹划性。

税务会计作为一种会计制度安排，以正确计算应纳税额、编制纳税申报表以及进行税收筹划为目的。企业通过税务会计履行纳税义务，同时还体现作为纳税人应有的权利。以“应交税费”账户为例，它既可以反映企业上缴的税额，即实际履行的纳税义务，又可以反映企业应缴未缴的税额。它是企业对国家的一笔税金债务，其金额大小、滞留时间长短，可以反映企业“无偿使用”该项资金的能力。在社会主义市场经济条件下，减轻税负、提高盈利水平是每个企业不懈追求的目标，通过发挥税务会计的筹划功能，可以正确合理地处理涉税事项，实现企业财务目标。

资料链接 1-1　　“税”字趣谈

“税”字是个产生年代较为久远的“老资格”的汉字。在东汉时期，文字学家许慎所编著的中国第一部字典《说文解字》当中，就收录了

"税"字。不过，尽管它的历史很久远，但形体与意义的变化并不大，"税"字从产生那天就是现在这个样子。

分析"税"字字形，可以知道最原始的税种是农业税，而税金是由农产品来支付的，这从"税"字的表义部分"禾（代表粮食）"得到印证。据第一部史书《春秋》的记载看，那个时期已经有了捐税。春秋时期，已经出现了国家，这与恩格斯所说的"捐税是以前的氏族社会完全没有的"、"国家存在的经济体现就是捐税"完全吻合。《周礼》中明确指出："凡税敛，掌事者受法焉。"就是说，税收这种事从它出现时起，就是由国家掌控的。

随着历史的发展，"税"的内容也有了变化，"禾"已不能概括税款的形式了。《前汉食货志》载："税谓公田什一及工商虞衡之入也。"意思是说，除了农业之外，工、商乃至运输等也一律纳税。很明显，那时已经有了货币，那么，税款应当是用货币来支付的。

关于税款的用途，《前汉食货志》说得也很清楚："税给郊社宗庙百神之祀，天子奉养，百官禄食，庶事之费。"也就是说，税款用于祭祀和国家官吏的工资，那个"庶事"，指的是国家的其他开支，如基建、战争之类。除了祭祀活动现在已经取消之外，税款的用途与今天大体相同。

所以，俗话所说"皇粮国税，自古有之"，道理至深。过去，人民的血汗大多被荒淫的统治者挥霍掉了；今天，税款是国家财政的重要收入，是国家经济建设和社会发展的血脉，当然就成了改善人们生活条件，提高人民生活水平的重要保障。如今，封建社会所谓的"庶事（即一般的日常事情）"，已经成了税款用途的主要项目，教育投资、基础建设投资、科技投资等关系国计民生的用途，远远超过了税款主要用于王权体系的范围；我们说如今的税收"取之于民，用之于民"，绝不是一句空话。

二、税务会计的对象

税务会计的对象是独立于会计系统之外的客体，是运用税务会计的特定程序和方法对客体进行的分类和表述。在企业中，凡是涉税事项都是税务会计的对象，因此，纳税人因纳税而引起的税款的形成、计算、缴纳、补退、罚款等经济活动就是税务会计对象。概括而言，企业以货币表现的税务活动，主要包括以下几个方面。

（一）计税基础与计税依据

1. 应税收入。

应税收入是企业因销售货物、提供劳务等应税行为所取得的收入，即税法所认定的收入。因此，应税收入也可称为法定收入。应税收入与财务会计收入（简称“会计收入”）有密切联系，但数量不一定相等。确认应税收入根据有两点：一是与应税行为相联系，即发生应税行为才能产生应税收入。换言之，如果纳税人发生非应税行为或免税行为，其所取得的收入就不是应税收入，而只是会计收入。二是与某一具体税种相关。纳税人取得一项收入，如果是应税收入，那必然与某一具体税种相关，即是某一特定税种的应税收入，而非其他税种的应税收入。对应税收入一般也是按财务会计的原则与标准确认和计量的。但在具体掌握上，税法又有例外，如对权责发生制的修正，税法对某些应税行为按收付实现制确认应税收入。

2. 扣除费用。

扣除费用是企业因发生应税收入而必须支付的相关成本、费用，即税法所认可的允许在计税时扣除项目的金额，因此，亦称法定扣除项目金额。属于扣除项目的成本、费用、税金、损失，是在财务会计确认、记录的基础上，依照税法分别不同情况确认。它包括三种情况：一是按其与应税收入的发生是否为因果关系，若存在因果关系，可按比例扣除；二是在受益期内，按税法允许的会计方法进行折旧、摊销；三是对特定项目，不论财务会计按什么会计原则，均不得超过扣除标准。由此可见，财务会计确认、记录的费用、支出与法定扣除项目金额虽然有密切关系，但两者并不相等。

3. 应税所得（或纳税亏损）。

在财务会计学与税务会计学中，关于“所得”的含义有所不同。财务会计中的“所得”就是账面利润或会计利润。税务会计中的“所得”即指应税所得，或称应纳税所得额，它是应税收入与法定扣除项目金额之差额。在税务会计的实务操作中，企业是在财务会计提供的账面利润的基础上，按现行税法与财务会计的差异及其选定的所得税会计方法（详见本书第 6 章）确认应税所得，进而计算应纳税额。

如果“应税所得”是负数，则为“纳税亏损”。如果财务会计提供的账面利润是负数，即为账面亏损。在账面亏损基础上，按现行税法进行调整，如果调整后仍是负数，即为纳税亏损。对纳税亏损，则依据税法规定进行税前弥补。对企业有意虚列亏损，视同偷税行为。

4. 财产额。

对各种财产税，如房产税、城镇土地使用税、车船税、遗产与赠与税等，需要在财务会计对各类资产确认、计量、记录的基础上，按税法的规定，正确确认应税财产金额或数额。

5. 行为计税额。

对行为税，如印花税，应以财务会计确认、计量、记录的应税行为交易额或应税数额为课税依据。

（二）税款的计算与核算

企业按税法规定应缴的各种税款，在正确确认计税依据的基础上准确计算各种应缴税金，并作相应的会计处理。

（三）税款的申报与缴纳

税款申报与缴纳是纳税人按照税法规定，根据其会计核算情况，向税务机关提交有关纳税事项书面报告，并按一定期限缴纳税款的法定程序。真实、合法的纳税申报既是纳税人履行纳税义务的法定程序，也是税务机关确定纳税人法律责任的依据。纳税申报表是真实反映纳税人生产经营情况和计算缴纳税款情况的有效载体，是税务机关依法征收税款的基础，也是具有法律效力的文书。

（四）税收滞纳金与罚款、罚金

企业因逾期缴纳税款或违反税法规定而支付的各项税收滞纳金、罚款、罚金，也属税务会计对象，应该如实记录和反映。

三、税务会计的目的

税务会计的目的，是指在一定的历史条件下，人们通过税务会计实践活动所期望达到的结果。在实践中，税务会计的目的决定了税务会计工作的具体程序与方法；在税务会计理论研究中，税务会计目的常常被当做税务会计理论的逻辑起点。因此，学习税务会计，首先应掌握和理解税务会计的目的。

总体而言，实现企业的经营目标是税务会计的根本目的，因为对于现代企业而言，税务会计工作是一项重要的管理工作，它必然要为实现企业的经营目标服务。然而，要真正发挥税务会计的作用，还必须明确税务会计的具体目的或直接目的。人们通常所说的税务会计目的，也都是指税务会计的具体目的或直接目的。

由于企业会计发挥作用的主要形式是提供对决策有用的会计信息，因此税务会计的目的是向税务会计信息使用者提供有助于税务决策的会计信息，关键是明确税务会计为谁提供和怎样提供信息的问题。税务会计信息的使用者首先是各级税务机关，可以凭借税务会计信息，进行税款征收、监督、检查，并作为税收立法的主要依据；其次是企业经营者，充分利用客观、有用的税务会计信息做出正确的决策，因此，税务会计要采用一定的程序和方法，将企业大量的涉税经济数据转化为有用的税务会计信息，以便为企业内部管理决策提供依据；再次是企业的利益相关者，包括投资者、债权人等，他们可以凭借税务会计信息，了解企业纳税义务的履行情况和税收负担，为其进行经营决策、投融资决策等提供涉税事项的相关信息；最后是社会公众，通过企业提供的税务会计报告，了解企业纳税义务的履行情况、对社会的贡献度、诚信度和社会责任感等。

税务会计的目的，具体来说，包括以下几个方面：

1. 依法履行纳税义务，保证国家财政收入。税务会计要以国家的现行税收法律法规为依据，在财务会计等有关资料的基础上，正确进行与税款形成、计算、申报、缴纳有关的会计处理和纳税调整，正确及时地填报纳税申报表，及时、足额缴纳各种税款，保证国家财政收入。

2. 正确进行税务处理，维护纳税人合法权益。税务会计要求纳税人依法按时进行纳税申报和缴纳税款，如遇特殊情况，不能按时申报或不能按时缴纳税款，有权申请延期申报或申请延期缴纳税款。纳税人对税务机关做出的具体行政行为不服的，有权申请复议或向法院起诉。

3. 合理选择纳税方案，科学进行纳税筹划。税务会计主体更看重其自身的“税收利益”。纳税人缴纳税款必然会增大企业的生产经营成本，或者是增加企业的现金流出量，进行税务筹划，选择税负较轻的纳税方案，合法地减轻纳税人的税收负担，也是税务会计的重要目标之一。

资料链接 1－2　　世界各国千奇百怪的税种名称

华丽服装税：在古罗马，对人们的服装按其华丽程度征收华丽服装税。

洗脸税：土耳其总统塞泽尔 2007 年 5 月批准了税法修改条例。根据该条例，土耳其人在打开水龙头洗脸的时候要同时缴三种税！首先是“环境清洁税”，它在土耳其老百姓中一直被叫作“垃圾税”；第二种税叫“污水费”，由政府按自来水费 50% 的标准收取；第三种税是“增值税”，不论是家庭还是写字楼都要支付这个税款，按水费的18%收取。

上帝人头税：美国布里斯顿圣约翰教堂的牧师丹伦，于1992年的一天，突然接到一张英国税务局寄来的缴税通知单：征收圣父、圣子、圣灵的三份人头税，共计521英镑。丹伦牧师接到税单之后苦笑不得，更不明白税务局为什么把三位一体的上帝拆开来征收3份人头税。丹伦牧师说，幸好税务局还体谅圣父、圣子、圣灵没钱，特准“他们”分期付款。牧师认为，若真要征收人头税，应由坎特伯雷大主教负责缴纳，否则便只有派税官前往收税，他相信上帝早已在等候税官了。税务局的官员则解释，他们之所以向上帝征收3份人头税，是因为有人代上帝填报税单，指圣父、圣子、圣灵是布里斯顿的“居民”，因为他是无处不在的。所以税务局要按照规定征税。

肥尸税：英国伯明翰市规定死者使用棺材宽度为23英寸（58厘米），超过1英寸的付税7.5英镑。工党议员为工人说话，便弄出这条奇特的肥尸税。

无子女税：苏联自1987年2月11日起对已婚未育的夫妇征收无子女税，税率为本人月工资的16%。

改名税：比利时新的法律规定，父母可以任意给子女改名，但必须交纳200比利时法郎的“改名税”。

离婚税：美国加利福尼亚州实行一项简便的离婚法，规定结婚不满两年，未生养又无贵重财产的夫妻，欲离婚只要向州政府法律部门邮寄30美元离婚税，并保证双方无争执地分割好私产，其离婚即自动生效。

作品税：墨西哥财政部对绘画、雕塑等艺术家制定了一项新纳税方法，即如果不愿付现金，登记备案后，可用自己的作品代替税款。

外国新娘税：在阿拉伯联合酋长国颁布了这么一条规定，如果娶外国女子，就必须向政府上缴一笔数量可观的“外国新娘税”。阿联酋政府为什么要出这项规定呢？原来在该国，男子结婚要送给女方家高达数万美元的彩礼，许多男子因无法支付如此厚重的彩礼，转而娶外国女子为妻，为了对这一行为进行控制，阿联酋政府才出此怪招。

老鼠税：由于鼠害严重，印度尼西亚西部地区首长曾经在1987年7月颁布了一项关于缴纳老鼠税的法令。这项法令规定：每耕作一公倾稻田，需缴75只活的或死的老鼠才能开耕；凡向银行贷款或办理旅行手续的，也要缴75只老鼠才能获得批准。甚至连结婚或离婚也要缴50只老鼠才能办理有关手续。

胡须税：在俄国蓄胡须者要纳税，如果拒交，检查人员一定会把他的胡须剪掉。

风景税：美国加利福尼亚州海滨小镇外尼密规定，凡是住在海滨，住宅面向海洋的居民，每年须缴纳66至184美元的风景税。当地60%以上的居民都要为此掏腰包，而外尼密政府由此每年可增加收入40万美元。

开窗税：古希腊规定，凡是朝着大街和向外打开的窗户，户主要交纳开窗税。

狗税：匈牙利人喜欢养狗，自18世纪以来，一直征收狗税。

第2节　税务会计与财务会计的关系

一、税收与会计关系的简要分析

税收与会计是经济领域中既密切相关又存在区别的两大分支。由于税收与会计本质上存在着紧密联系，决定两者在经济发展中不能完全分割独立，税法的处理要以会计信息为依据，而征税的结果又直接影响到企业的经济效益和会计信息。

（一）税收对会计的影响

1. 税收的存在凸显了会计的重要性。

税收是一个历史范畴，它随着国家的产生而产生的。在社会主义市场经济条件下，作为国家取得财政收入和宏观调控重要手段的税收，已经渗透到经济活动中的各个环节。凡是从事生产经营的单位和个人，都有依法计算纳税的义务。计算纳税是企业会计核算的重要内容之一，是会计人员的工作任务。政府征税具有强制性，而税收又必须通过会计核算得以实现。因此，税收是会计的环境因素之一，税收规定制约、影响着会计确认、计量、记录与披露的方法。随着税收制度的不断完善，税法结构也日趋复杂，纳税人对于税收利益的重视使得税收筹划变得越来越重要，也使得会计人员所掌握的会计知识更具优势。

2. 税收拓宽了会计的研究领域。

税收推动了会计的发展，使一些被忽略的会计问题为人们所重视。例如，1921 年收入法第一次规定了资本收益优先处理的方法，确认通货膨胀会抵消所得收益的部分价值，明确了收入与资本的划分。根据测算应纳税所得额的具体处理方法和法庭的判决，人们萌发了收益实现应该发生在收益获得之前的想法。既然以销售时间作为衡量“实现”的标准是最客观的，则这一时点也应该是收入确认的合理时间。因此，新的收益计算方法就产生了，而以前年终盘存资产以年初与年末差额确定收入的方法也因而改变。这些重要变化在 20 世纪 30 年代早期已经基本完成，结果导致了当时会计确认与计量的重心由资产计价转向收入计量，同时，也使得财务会计报告的重点由资产负债表逐渐转向损益表。

3. 税收使会计方法的应用更为广泛。

会计方法是用来核算和监督会计对象，完成会计任务的手段。会计的方法包括会计核算方法、会计预测和控制方法以及会计分析方法等。会计核算是会计的最基本环节，会计预测、控制和会计分析等都是在会计核算的基础上，利用会计核算资料进行的。因此，由于会计核算与税法刚性的密切关系，被税法所承认的会计方法往往能够较为迅速地被广泛运用。如美国会计采用的固定资产折旧、无形资产摊销、矿产资源开发者对矿产的损耗等有关资产计价以及损耗的会计处理方法，就与 19 世纪时矿业主与税务机关之间发生的争议有着很大的关联。1909 年，美国试行的税法草案以及在以后的修正案中有关折旧的规定，就是系统性折旧方法被广泛运用的原因和契机。

4. 税收对会计发展的负面影响。

税法关注税基，坚持资产采用历史成本计价，不考虑货币时间价值的变动，反对按实际情况调整会计数据，并重视会计主体的分离，以及税法中有关利润、损失、不能按物价水平调整会计数据的规定，就在很大程度上阻碍了会计摆脱历史成本的束缚。会计为使其原则规范化，努力设法减少会计实务中可供选择的方法。但是，税法往往无视会计理论的要求，在税务处理中增加会计方法选择机会，这就在无形中使工作复杂化。会计理论能够迅速、及时地对会计环境做出反应，而税收的处理却总是相对滞后。早期税法还使得会计年度的使用延误了 30 多年时间。1954 年以前，美国税法对折旧的规定是极其严格的，严格到几乎只允许会计处理采用直线法。税制改革后，才又出现了两种折旧方法。税法所规定的三种基本折旧方法是：直线法、余额递减法和年数总和法。纳税人可以任选其中的一种进行处理。同时，由于加速折旧可形成税收节余，使企业获得相当于政府资助性的无息贷款。在当时便成为了企业资金的一种主要来源。但是，加速折旧会减少会计收益，这就为税务机构在调整会计利润和应税所得上带来了很多的麻烦，增加了工作负担。1954 年，美国国内收入法典原本试图缩小企业财务成果和税务成果的差异，可是结果却适得其反，反而扩大了会计利润与应税所得的差额，所得税费用跨期分配问题就变得愈加复杂。而且，某些因税法规定而被会计实务接受的方法，在会计利润方面或许是经不起推敲的。因此，税收对于会计的发展其实是有一定的负面影响的，并在一定程度上制约着会计的发展。

（二）会计对税收的影响

1. 会计是税收的实现条件和前提。

纳税是企业经济活动的一项重要内容，计算应纳税额，进行税款结算，以及反映和监督纳税业务的情况，是会计工作不可或缺的组成部分，而及时足额地征收税款，离不开企业会计信息，会计工作是税收工作的基础。

增值税和所得税是在会计发展到一定时期诞生的。增值税的产生和发展是建立在企业会计发展到具有较高核算水准的基础上。增值税要求企业在会计凭证、会计账簿的设置、记载上分别反映收入的形成和物化劳动的转移价值以及转移价值中包括的已纳税金，这样才可以正确地核算出增值税额，从而正确计算企业应纳增值税的金额。现代所得税的产生是基于文化的普及、工商企业的繁荣和大量资本积累的基础上。只有会计能够准确地记录、确认和计量涉税经济事项，才能正确地计算出所得税。所得税的核心概念“纳税所得”是由会计理论的概念“会计收益”发展来的。会计分期为计算应税所得额提供了时间基础；会计收益确认与计量为所得税提供了计税基础，会计账簿系统的完善为计征所得税提供了书面依据。由此可见，会计对于增值税和所得税的重要作用不容小觑。

2. 会计理论和核算方法的变更或改进会促进税收的改革与完善。

现代所得税在现代会计理论的支持下日臻完善。现代所得税是在借鉴会计理论中的一些基本概念、方法、原则的基础上得以形成的。从历史上看，1861 年美国的会计刚起步不久，会计理论完全不成熟，又缺乏会计团体的参与，司法解释是由严重欠缺会计知识的法官做出，因而所得税的弊端就显得格外多，实施起来也甚为复杂。1909 年，此时的会计理论已经较为成熟，同时由于“公司所得税”法案在国会的顺利通过，公认的会计原则（GAAP）在企业计算所得税时被广泛遵循，所得税的框架就基本稳定了下来。可见，现代所得税之前所经历的波折，归根结底是因为没有得到会计理论的支持。随着会计理论的不断完善和丰富，现代会计理论已经成为现代所得税的重要理论基础。

资料链接 1-3　　英文和希腊文中的“税”

英文中的税、税款是“tax”，“tax payer”是指纳税人。英文“duty”本意是责任、义务、本分，而引申为税，如“duties on imported good”指商品进口税，而组合词“duty bound”则表示义不容辞的，词组“on duty”是值班、值日的意思。英文中的“tax”本意指税，而引申为指责、责备、谴责，如“tax sb. with a fanlt”意为责备某人的过失，“tax sb. with liaving liegleeted his work”意为指责某人工作不负责任。

从英文中的“税”一词可见，纳税是每个公民的义务。

税收的希腊文是“TAX”，意为忍受，就是说纳税人想交也得交，不想交也得交。

二、税务会计与财务会计的联系与区别

财务会计不同于税务会计，它是以货币为主要计量单位，主要用来反映单位现金流量、经营成果和财务状况等经济活动，同时对企业相关经济活动起监督作用。税务会计是一门新兴的边缘会计学科，同时也是经济社会发展到一定阶段的产物。相对财务会计来说，它是一门专门会计。它是以国家现行税收法令为准绳，全面、系统、连续地运用会计学的核算方法和相关理论对税务活动引起的资金运动进行监督和核算的学科。税务会计与财务会计有着密切的联系。作为一项实质性工作，税务会计与财务会计同属于会计学科范畴，它并不是独立存在的。税法条款对会计概念和计算程序的应用表明二者相互依存，从某种程度来说，税法的实施离不开对会计技术的借鉴，税收管理的日趋成熟也归功于会计方法。从另一方面来看，税务会计使财务会计处理更加法制化和规范化，对财务会计产生了深远影响。

（一）税务会计与财务会计的联系

1. 税务会计以财务会计为基础。

税务会计作为一项实质性工作并不是独立存在的，而是企业会计的一个特殊领域，是以财务会计为基础的。税务会计资料大多来源于财务会计，它对财务会计处理中与现行税法不相符的会计事项，或者出于税务筹划目的需要调整的事项，按税务会计方法计算、调整，并做出调整会计分录，再融于财务会计账簿或财务会计报告之中。对以税法为导向的小型企业会计，不对外提供会计报告，两者融为一体，其会计可以称之为企业会计或

税务会计。

2. 税务会计规范财务会计的涉税事项。

税务会计是会计和税收共同发展的结果，财务会计是税务会计的前提、基础和依据；另一方面，税务会计本身是对财务会计的合理加工和发展的补充。税务会计和财务会计都必须对涉税业务进行会计处理，但税务会计不是对财务会计涉税业务会计核算的简单重复，它们应是各有侧重，相互利用。首先，财务会计按会计准则对税金进行会计处理；然后，税务会计对财务会计处理的过程和结果按税法规定进行调整，计算出应税收入和应税所得，进行纳税申报和税务筹划，纳税调整的过程和结果在财务会计中加以记录和反映，两者的最终协调反映在财务会计报表中；最后，财务会计对会计收益与应税所得、会计收入与应税收入区分暂时性差异和永久性差异，进行跨期摊配。

（二）税务会计与财务会计的区别

基于会计准则的财务会计与基于税法的税务会计由于其根本目标的不同，导致其确认与计量原则存在差异，从而直接导致确认计量过程的差异。

1. 两者的核算目标不同。

会计目标是会计研究的起点和根本，也是财务会计与税务会计确认、计量差异的根本原因。财务会计目标一般有两种主要观点：受托责任观和决策有用观。受托责任观产生于所有权和经营权的分离，所有者委托经营者对资源进行经营管理。资源的受托方承担有效的管理与运用资源、使其保值增值并如实地向资源的委托方报告受托责任履行情况的义务。因此，财务会计的目标是如实地反应受托责任履行情况。而决策有用观是指财务会计的目标是向信息使用者提供对其决策有用的信息。税务会计是商品经济发展到市场经济阶段的必然产物。税务会计从财务会计中分离出来是经济管理体制、征纳双方的经济利益和法律制度等因素综合作用的结果。税务会计的目标具有双重性，一方面为税务管理当局提供决策有用的信息，另一方面为纳税企业管理当局提供决策有用的信息。正如查尔斯·T. 亨瑞格等在其所著的《会计学》中写道："税务会计有两个目的：遵守税法和尽量合理避税。"

2. 两者的核算原则不同。

财务会计应遵循的确认、计量原则散见于会计准则中，税务会计的核算原则都隐含在税法中。通过对会计准则和税法的抽象概括可以归纳出二者的确认计量原则（详见表1-1）。

表1-1　财务会计与税务会计确认与计量原则对比表

财务会计确认计量原则	税务会计确认计量原则
可靠性原则	确定性原则
相关性原则	相关性原则
权责发生制原则	权责发生制原则
历史成本原则	历史成本原则
谨慎性原则	实质课税原则
实质重于形式原则	法定性原则
重要性原则	划分收益性支出与资本性支出原则
划分收益性支出与资本性支出原则	配比原则
配比原则	合理性原则
	纳税能力原则
	筹划性原则

从上表可以看出以下两点：第一，有些原则名称相同，如相关性原则、历史成本原则等，但是由于目标的差异，导致其内涵存在差异；第二，有些原则是各自特有的，如谨慎性原则是财务会计特有的，法定性原则是税务会计特有的。这里以权责发生制原则的比较、可靠性原则与确定性原则的比较，分析说明税务会计与财务会计核算原则的差别。

企业会计准则规定，企业应当以权责发生制为基础进行会计确认、计量、记录和报告。即凡是当期已经实现的收入和已经发生的费用，不论是否实际收到现金或支付现金，都应在当期确认；凡是不属于当期的收入和费用，即使款项已在当期收付，也不应确认。税法规定，企业应纳税所得额的计算以权责发生制为原则。但是，税务会计中的权责发生制是不完全的，特定情况下要以收付实现制来修正，以保证应纳税所得额的计算更加科学合理。例如，以分期收款方式销售货物，出于纳税必要资金的考虑，税法规定按照合同约定的收款日期确认收入的实现，采用了收付实现制原则，这其实是对权责发生制的一个修正。

表面上看，可靠性原则与确定性原则似乎一致，好像都意味着真实、客观，实则不然。可靠性原则要求会计核算要以实际发生的交易或事项为依据进行会计确认、计量、记录和报告，如实反映符合确认计量要求的各项会计要素及其他相关信息，保证会计信息真实可靠、内容完整。可靠性接近于真实性，真实的一定是可靠的，但可靠的却未必是真实的。同样，具备可靠性的会计信息总是客观的，而客观的信息却未必是可靠的。税务会计中的确定性原则是企业所得税法中关于税前扣除的基本原则。企业只有实际发生的费用支出才允许税前扣除。例如税法规定，计算折旧的起始时间为固定资产投入使用月份的次月。固定资产只有实际投入使用时，才允许开始计提折旧。又如，企业依照法律、行政法规提取的用于环境保护、生态恢复方面的专项资金，准予扣除。但同时又明确了只有实际提取且实际用于专门项目的资金，才允许税前扣除，如果企业将提取的专项资金用于其他用途的，则不得税前扣除。可见，财务会计中的可靠性原则与税务会计中的确定性原则不是一回事，不可混淆。

3. 两者计算损益的基础和程序不同。

财务会计与税务会计计算损益的基础分别为会计销售额与会计成本费用总额、应税销售额与所得税前扣除项目金额，两者计算损益基础的差异，主要体现为会计销售额与应税销售额的不同、会计成本费用总额与所得税前扣除项目金额的不同，具体表现在两者确认收入和支出的依据、条件不同，以及两者收支包含的范围和内容上的差别。

财务会计与税务会计计算损益的程序不同。税收法律法规中包括了修正一般收益概念的社会福利、公共政策和权益条款，强调应税所得与会计所得的不同。各国所得税法都明确规定法定收入项目、税法允许扣除项目及其金额的确认原则和方法，纳税人按照税法规定确定两者金额后，其差额即为应纳税所得额。税务会计以此为法定依据，但在实际计算时，要在会计所得的基础上调整为应税所得。当财务会计的核算结果与税务会计不一致时，财务会计的核算应服从于税务会计的核算，使之符合税法的要求。

尽管各国都在力图缩小税务会计与财务会计的差异，但两者的差异不可能消失，因为两者的目标不同。此外，承认税务会计与财务会计的区别，实际上是承认政府有权对纳税人的非营业收益等进行确认和征税的问题。抹杀两者的区别，可能对征纳双方都是无益的。因此，既不必要求对方适应自己，也不必削足适履去符合对方，应该各自遵循自身的规律和规范，在理论上不断发展自己，在方法上不断完善自己，更好地体现各自的具体目标，共同服务于企业的整体目标。

三、税务会计的模式

“会计模式是对特定国家和地区会计实务体系的概括和描述，其内容是非常广泛和丰富的，可以包括会计目标、对会计信息的质量要求、会计原则和会计准则、会计的组织和管理体制等等”（常勋等，1999）[①]。不同的国家和地区，其影响会计模式选择的因素是不同的。各国处理税务会计与财务会计两者关系时遵循的基本理念和具体方法有所不同，形成了不同的税务会计

---

① 常勋等著．财务会计三大难题［M］．立信会计出版社，1999.

模式。税务会计的模式体现税务会计的标准和本质，它与经济模式息息相关，既受到各国税法立法背景、程序的影响，又受到各国会计规范方式、历史传统的影响。

（一）国际上税务会计模式的比较

国际上现行的税务会计模式有三种，即英美税务会计模式、法德税务会计模式、混合税务会计模式，它们各有优缺点。

1. 英美税务会计模式。

该模式以债权人、投资者的利益为导向，税法对纳税人的财务会计所反映的收入、成本、费用及收益的确定不发生直接影响，各个会计要素的确认、计量、记录等都遵循财务会计准则进行核算。期末如果会计销售、会计收益与纳税销售、纳税所得不一致，再依照税法的规定予以调整，计算纳税销售、纳税所得。

该模式强调"真实与公允"，为保护债权人、投资者的利益，要求会计为投资者进行投资决策提供客观公允的信息。它所体现的指导思想可追溯到在英国历史中发挥重要影响的"资财监管责任"思想。

该模式的优点主要是，有利于财务会计的完善和税务会计的形成，具体表现在四方面：一是可以使财务会计真实地反映纳税人的财务状况、经营成果，并按会计准则对资产、负债、所有者权益、收入、费用、利润等要素进行确认、计量、记录和报告。税务会计进一步在此基础上调整确认纳税销售、纳税所得，使之符合税法的要求。二是可以使财务报表对纳税人财务状况及经营成果的反映满足真实公允的要求，而由税务会计依照税法的规定详细列明调整项目，编制税务报表。三是有助于不断完善会计准则。财务会计的账务处理可以不受税法规定的制约，而按一般会计准则、要素确认和计量的标准、报表编制要求进行，从而使会计准则随着社会经济的发展不断地予以修订和完善。四是有助于不断完善税务会计体系。在实务中，需要税务会计对财务会计的处理结果进行调整，使之符合税法的要求，这就促成了税务会计的形成，并使之自成体系和不断完善，以适应纳税活动的要求。其缺点是，采用该模式将导致会计销售、会计收益与纳税销售、纳税所得不一致，计算应纳税款时，要进行一系列复杂的调整。尽管如此，由于该模式能发挥财务会计、税务会计各自的作用，它还是被各国广泛应用。

2. 法德税务会计模式。

该模式以税收为导向，税法对纳税人的财务会计所反映的收入、成本、费用和收益的确定发生直接影响，会计准则与税法（还有商法、公司法等相关内容）的规定一致，对会计事项的财务会计处理严格按照税法的规定进行。由于计算的会计收益与应税收益一致，所以无需进行税务会计调整。

此模式强调财务会计报告必须符合税法的要求，税务会计当然也就无需从财务会计中分离出来。纳税人的财务报表按税法的要求设置、编报，财务报表编报的目的不在于满足投资者的决策需要，而是满足政府的要求。

该模式的指导思想源于法国，主要是受法国重商主义以及拿破仑法典的影响，它强调政府对企业以及企业会计的管理和控制。

该模式优点在于克服了英美等国税务会计模式的缺点，会计销售、收益与纳税销售、所得一致，可省去一系列复杂的调整，到期计税时，可直接根据财务报表所确定的计税依据计算应纳税款。但是从某种意义上讲，英美税务会计模式的优点正是该模式所缺乏的。一是使资产、收入、费用等会计要素的确认、计量受税法规定的直接影响，不能按会计准则进行确认与计量；二是财务报表对纳税人财务状况和经营成果的反映不符合真实公允的要求，不能反映纳税人的实际情况；三是会强化税法作用，税法中为实现某种社会政治、经济目标的规定，会在财务会计实务的处理中体现出来，使财务会计核算背离一般会计准则；四是会削弱财务会计对外报告的作用，使得按税法规定编制的财务报表，只能满足为税务部门提供信息的需要，不能满足其他会计信息使用者的需要。

3. 混合税务会计模式。

该模式以企业为导向，兼有以上两种模式的特点，吸收以上模式的优点，避免了单一模式的不足，更具实用性；但具体采用时又各有其特色，有的倾向于英美模式，有的倾向于法德模式。如日本会计深受《商法》、《证券交易法》和《公司所得税法》的影响，日本所得税法对公司会计有直接的影响，它要求按会计收益计算应纳税款，这是典型的法德税务会计模式。但股东大会通过并经各方核准的财务报表上所反映的收益额不能直接用于纳税申报，要在财务报表收益额的基础上进行必要的调整后再计算纳税所得。但哪些项目可以调整，哪些项目可以灵活处理，哪些项目不可以调整，都要遵循税法规定，从这个角度看，它又具有英美模式的特点。

总之，由于各国社会经济环境不同，选择的税务会计模式各有不同：在英美等国家，税务会计早就独立于财务会计；在法德等国家，税务会计则融于财务会计，实际上是财务屈从于税法；而在日本、荷兰等国，税务会计与财务会计则有分有合。

（二）我国学者对税务会计模式的划分

在借鉴国际税务会计分类方法及实践经验的基础上，结合我国税法、会计准则等各相关因素，学者们将税务会计的模式分为以下三种类型。

1. 独立型税务会计模式——以投资者为导向。

在这一税务会计模式下，允许财务会计与税务会计存在差异，但两者之间并不相互影响，在计算应纳税款、税基时不需在财务会计的基础上进行纳税调整，完全遵守税务会计的核算规则。这样一来，税法与财务制度完全是两个相互独立运行的领域，各利益相关者可以根据自己的需要选择相关信息。该模式下要求企业同时提供两套会计报告，财务会计与税务会计出现了分离，税务会计依据税法操作，财务会计则根据公认会计准则操作，两者相互独立，自成体系，期末时税务会计体系输出税务信息，财务会计体系则输出财务信息。

2. 从属型税务会计模式——以政府为导向。

在这一税务会计模式下，法定的会计信息使用者是税务机关，在地位上财务会计从属于税法，它客观上要求财务会计与税务会计保持一致，会计事项的处理要遵守税法相关规定，这对企业开展国际贸易、经济交往时，由于不能提供完整的税务会计信息而受到一定的限制。在实务中，企业通常利用“递延所得税负债”、“递延所得税费用”、“递延所得税资产”、“当期所得税费用”等账户来确认、核算涉税事项，并提供相关税务信息。

3. 混合型税务会计模式——以企业为导向。

在这一税务会计模式下，财务会计与税务会计在完善的法律依据（税法、会计准则、证券交易法、商法等）保障下相互协调。该模式较为实用，其独立性介于上述两种模式之间，一般与独立型税务会计模式相比，其成本会有所下降，但是会增加纳税人的成本。混合型模式（也称为适度分离模式）综合运用了财务会计与税务会计的核算体系，通过设置“税”、“借”、“贷”三式簿记以相对集中地核算涉税业务、完整地反映税务信息。

从税务会计目标角度分析，三种税务会计模式的比较见表1-2。

表1-2　　三种税务会计模式比较

类型＼项目	从属型税务会计模式	混合型税务会计模式	独立型税务会计模式
与财务会计核算制度的关系	现行财务会计体系的一部分	与财务会计相结合，具有相对独立型	完全独立，自成体系
科目、体系设置及记账方式	与财务会计一致	采用“借”、“贷”、“税”三式簿记	采用借贷记账法，但另设科目体系
税务信息	不能提供完整的税务会计信息	税务会计核算比较完整	能够提供充足的纳税信息

资料链接 1 – 4

1978 ~ 2015 年我国税收收入情况表

单位：亿元

年份	税收收入		财政收入		GDP		税收收入占比	
	总量	增长率	总量	增长率	总量	增长率	占财政收入比重	占 GDP 比重
1978	519.28	—	1132.26	—	3645.29	—	45.86%	14.25%
1979	537.82	3.57%	1146.38	1.25%	4062.63	11.45%	46.91%	13.24%
1980	571.70	6.30%	1159.93	1.18%	4545.65	11.89%	49.29%	12.58%
1981	629.89	10.18%	1175.79	1.37%	4891.67	7.61%	53.57%	12.88%
1982	700.02	11.13%	1212.33	3.11%	5323.43	8.83%	57.74%	13.15%
1983	775.59	10.80%	1366.95	12.75%	5962.71	12.01%	56.74%	13.01%
1984	947.35	22.15%	1642.86	20.18%	7208.18	20.89%	57.66%	13.14%
1985	2004.82	115.42%	2040.79	22.03%	9016.03	25.08%	98.24%	22.64%
1986	2090.73	2.45%	2122.01	5.85%	10275.25	13.97%	98.53%	20.35%
1987	2140.36	2.37%	2199.35	3.64%	12058.68	17.36%	97.32%	17.75%
1988	2357.24	11.69%	2390.47	7.18%	15042.81	24.75%	98.61%	15.89%
1989	2664.90	14.09%	2727.40	13.05%	16992.35	12.96%	97.71%	16.05%
1990	2821.86	3.46%	2937.10	10.21%	18667.86	9.86%	96.08%	15.12%
1991	2990.17	5.96%	3149.48	7.23%	21781.54	16.68%	94.94%	13.73%
1992	3296.91	10.26%	3483.37	10.60%	26923.58	23.61%	94.65%	12.25%
1993	4255.30	29.07%	4348.95	24.85%	35333.92	31.24%	97.85%	12.04%
1994	5126.88	20.48%	5218.10	19.99%	48197.94	36.41%	98.25%	10.64%
1995	6038.04	17.77%	6242.20	19.63%	60793.75	26.13%	96.73%	9.93%
1996	6909.82	14.44%	7407.99	18.68%	71176.67	17.08%	93.28%	9.71%
1997	8234.04	19.16%	8651.14	16.78%	78973.03	10.95%	95.18%	10.43%
1998	9262.80	12.49%	9875.95	14.16%	84402.35	6.87%	93.79%	10.97%
1999	10682.58	15.33%	11444.08	15.88%	89677.18	6.25%	93.35%	11.91%
2000	12581.51	17.78%	13395.23	17.05%	99214.65	10.64%	93.93%	12.68%
2001	15301.38	21.62%	16386.04	22.33%	109655.21	10.52%	93.38%	13.95%
2002	17636.45	15.26%	18903.64	15.36%	120332.74	9.74%	93.30%	14.66%
2003	20017.31	13.50%	21715.25	14.87%	135822.85	12.87%	92.18%	14.74%
2004	24165.68	20.72%	26396.47	21.56%	159878.31	17.71%	91.55%	15.12%
2005	28778.54	19.09%	31649.29	19.90%	184937.46	15.67%	90.93%	15.56%
2006	34804.35	20.94%	38760.20	22.47%	216314.43	16.97%	89.79%	16.09%
2007	45621.97	31.08%	51321.78	32.41%	265810.32	22.88%	88.89%	17.16%
2008	54223.79	18.85%	61330.35	19.50%	314045.45	18.15%	88.41%	17.27%
2009	59521.59	9.77%	68518.30	11.72%	340902.86	8.55%	86.87%	17.46%
2010	73210.79	23.00%	83101.51	21.28%	401512.84	17.78%	88.10%	18.23%
2011	89738.39	22.58%	103874.43	25.00%	473104.03	17.83%	86.39%	18.97%
2012	100614.28	12.12%	117253.52	12.88%	518942.15	9.69%	85.81%	19.39%
2013	110530.70	9.85%	129143.00	10.14%	568845.26	9.62%	85.59%	19.43%
2014	119175.31	7.82%	140370.03	8.69%	636463.00	11.88%	84.90%	18.72%
2015	124892.00	4.80%	152217.00	8.40%	676708.00	6.90%	82.05%	18.46%

数据来源：《中国统计年鉴（2016）》。

第3节 税务会计的前提与原则

一、税务会计的基本前提

要保证税务会计信息的正确计算和准确计量，必须要明确税务会计的基本假定，即基本前提。由于税务会计以财务会计为基础，财务会计中的基本前提一般也适用于税务会计，如会计分期、货币计量等。但由于税务会计有自身特点，基本前提又有其特殊性。具体来说，税务会计的基本前提包括以下几个方面。

（一）纳税会计主体

纳税会计主体是指税法规定的直接负有纳税义务并享有纳税人权利的实体。正确界定纳税会计主体，就是要求每个纳税会计主体应与其他纳税会计主体分开，保持单独的会计记录并报告其经营状况。

纳税会计主体与财务会计中的会计主体有密切联系，但不一定相同。会计主体是财务会计为之服务的特定单位或组织，其会计处理的数据和提供的财务信息，被严格限定在一个特定独立或相对独立的经营单位之内，典型的会计主体是企业。纳税会计主体必须是能够独立承担纳税义务的纳税人。在一般情况下，会计主体应是纳税主体；但在特殊或特定情况下，会计主体不一定就是纳税主体，纳税主体也不一定就是会计主体。例如，企业的分支机构是会计主体，但不是纳税会计主体；对稿酬征纳个人所得税时，其纳税人（即稿酬收入者）并非会计主体，而作为扣缴义务人的出版社或杂志社则成为这一纳税事项的会计主体。纳税主体作为代扣（收、付）代缴义务人时，纳税人与负税人是分开的。作为税务会计的一项基本前提，应侧重从会计主体的角度来理解和应用纳税主体。

（二）持续经营

持续经营的前提意味着该企业个体将继续存在足够长的时间以实现其现在的承诺，如预期所得税在将来被继续课征。这是所得税款递延、亏损前溯或后转以及暂时性差异能够存在，并且能够使用纳税影响会计法进行所得税跨期摊配的理论依据。以固定资产折旧为例，它意味着在缺乏相反证据的时候，人们总是假定该企业将在足够长的时间内，为转回暂时性的纳税利益而经营并获得收益。

（三）货币时间价值

货币（资金）在其运行过程中具有增值能力。即使不考虑通货膨胀的因素，今天的1元钱比若干年后收到（或付出）1元钱的价值要大得多。这说明，同样一笔资金，不同时间具有不同的价值。随着时间的推移，投入周转使用的资金价值将会发生增值，这种增值的能力或数额，就是货币的时间价值。这一基本前提已成为税收立法、税收征管的基点，因此，各个税种都明确规定纳税义务发生时间的确认原则、纳税期限、交库期等。它深刻地揭示了纳税人进行税务筹划的目标之一即纳税最晚，也说明了所得税会计中采用纳税影响会计法进行纳税调整的必要性。

（四）纳税会计期间

纳税会计期间是指纳税人按照税法规定选定的纳税年度期间。因此，纳税会计期间亦称纳税年度。应税实体必须以年度为基础报告其经营成果，确定其纳税年度。即所有应税实体都必须选择一个年度会计期间，向政府报告其成果。我国纳税会计期间统一规定为公历年度，而不是由纳税人自己选择。虽然税务会计也可将会计年度划分为月、季，但强调的是年度应税收益，尤其是所得税。纳税会计期间不等同于纳税期限，如增值税、消费税的纳税期限是日或月。如果纳税人在一个纳税年度的中间开业，或者由于改组、合并、破产、清算等原因，使该纳税年度的实际经营期限不足12个月的，应当以其实际经营期限为一个纳税年度。纳税人清算时，应当以清算期间作为一个纳税年度。各国纳税年度规定的具体起止时间有所不同，一般有日历年度、非日历年度、财政年度或营业年度。纳税人可在税法规定的范围内选择、确定，但必须符合税法规定的采用和改变应纳税年度的办法，并且遵循税法中所做出的关于对不同企业组织形式、企业类型的各种限制性规定。

（五）年度会计核算

年度会计核算是税务会计中最基本的前提，各国税制都是建立在年度会计核算的基础上，而不是建立在某一特定业务的基础上。课税只针对某一特定纳税期间里发生的全部事项的净结果，而不考虑当期事项在后续年度中的可能得到的结果如何，后续事项将在其发生的年度内考虑，如在“所得税跨期摊配”中应用递延法时，由于强调原始差异对税额的影响而不强调转回差异对税额的影响，因此，它与未来税率没有关联性。当暂时性差异后来转回时，就应按暂时性差异产生时递延的同一数额调整所得税费用，从而使税务会计数据具有更多的可稽核性，以揭示税款分配的影响额。

二、税务会计的原则

由于税务会计与财务会计密切相关，因此，《企业会计准则》中规定的会计信息质量特征原则以及会计要素的确认与计量原则，基本上也适用于税务会计。但又因税务会计与税法的特定联系，税收理论和立法中的税款支付能力原则、公平税负原则、程序优先于实体原则等，也会非常明显地影响税务会计。

根据税务会计的特点，结合财务会计原则与税收原则，税务会计应遵循以下原则。

（一）法定性原则

税务会计应以税法为准绳，在财务会计确认、计量的基础上，再以税法为判断标准或者以税务筹划为目的进行重新确认和计量，在遵从或者不违反税法的前提下，履行纳税义务，寻求税收利益。该原则体现了“税法至上”，税法优先于会计法规等其他普通法规。

（二）修正的权责发生制

权责发生制以权利和义务的发生来确定收入和费用的实际归属，能够合理、有效地确定不同会计期间的收益和企业的经营成果，体现了公允性和合理性。因此，企业会计核算中，坚持以权责发生制为基本原则。相比之下，按照收付实现制来确定收入和费用的实际归属，则有失公允与合理。因此，收付实现制只适用于政府部门和事业单位等非营利组织会计核算。

在税收历史上，最初采用的是收付实现制。收付实现制具有运用简单、易于审核的特点，使收入和费用的实现具有确定性，在纳税人最有支付能力时上缴税款，税收征管操作性强。随着财务会计广泛采用权责发生制，加之账簿记录转换的不方便，税务会计也采用了权责发生制。但是，税务会计在应用权责发生制时具有以下特点：

第一，必须考虑支付能力原则，使得纳税人在最有能力支付时缴付税款；

第二，确定性的需要，使得收入和费用的实际实现具有确定性；

第三，保护政府税收收入。

在收入的确认上，遵循权责发生制的税务会计，由于在一定程度上被支付能力原则所覆盖而包含着一定的收付实现制的方法。例如，在商品与劳务税法规中，都将“取得索取销售款项凭据的当天（先开具发票的，为开具发票的当天）”，作为纳税义务发生的时间，但在确定转让不动产的纳税义务时间时规定：“纳税人转让土地使用权或者销售不动产，采用预收款方式的，其纳税义务发生时间为收到预收款的当天”，尽管纳税人收取的预收款在会计上要记为“预收账款”和“递延收益”。而在费用的扣除上，财务会计采用稳健原则列入的某些估计、预计费用，在税务会计中一般是不能够被接受的，后者强调“该经济行为已经发生”的限制条件，从而起到保护政府税收收入的目的。在美国税制中有一条著名的定律，即克拉尼斯基定律。其基本含义是：如果纳税人的财务会计方法致使收益立即得到确认，而费用永远得不到确认，税务当局可能会因所得税目的允许采用这种会计方法；如果纳税人的财务会计方法致使收益永远得不到确认，而费用立即得到确认，税务当局可能会因所得税目的不允许采用这种会计方法。依照该定律，如果纳税人采用收付实现制，其发生的一次性资产租金支出，税务当局不允许将其一次扣除，而要求企业将租金资本化，在租赁期内平均摊销；如果纳税人采用权责发生制，其取得的一次性资产租金收入，税务当局则要求将租金收入全部计入当期的应税收入，而不允许在租赁期内分期确认应税收入。

综上所述，税务会计在以权责发生制原则为基础确定收入和费用时，适度引用收付实现制，以达到保证国家财政收入的目的。

（三）配比原则

配比原则是财务会计的一般规范，将其应用于所得税会计，便成为支持“所得税跨期摊配”的重要指导思想。税务会计在总体上遵循纳税人取得的收入与其相关的成本、费用和损失配比的原则，在确定企业所得税税前扣除项目和金额时，对纳税人发生的费用应当在其应配比的当期申报扣除，纳税人某一纳税年度应申报的可扣除费用，不得提前或滞后申报扣除。税务会计运用配比原则的特点体现在以下三方面。

第一，税务会计坚持应纳税所得额是纳税人的应税收入与这些收入所实际发生的成本、费用相抵减后的结果，因而，存货跌价准备等非实际发生的费用不允许税前扣除，需做相应的纳税调整。

税务会计中的配比原则还要遵循“纳税人可扣除的费用从性质和根源上必须与取得的应税收入相关”。即首先区别不同项目的税收待遇并进行分项或分类配比；其次，将非广告的赞助支出、担保支出等视为与应税收入不相关，因而不得在所得税前扣除。

第二，税务会计由于适度地采用了收付实现制，不完全以会计上的收入与成本费用进行比较计算，因而，应纳税所得额往往不等于会计利润。

第三，在纳税处理上，纳税人不得因会计政策变更而调整以前年度的应纳税所得额和应纳税额，也不得因此调整以前年度尚未弥补的亏损。

（四）划分营业收益与资本收益原则

营业收益与资本收益具有不同的来源，担负着不同的纳税责任，在税务会计中应严格区分。

营业收益是指企业通过其经常性的经营活动而获得的收入，通常表现为现金流入或其他资产的增加或负债的减少，其内容包括主营业务收入和其他业务收入两个部分，其税额的课征标准一般按正常税率计征。

资本收益是指在出售或交换税法规定的资本资产时所得的利益，如投资收益、出售或交换有价证券的收益等。资本资产一般包括纳税人除应收款项、存货、经营中使用的地产和应折旧资产、某些政府债券，以及对文学和其他艺术作品的版权以外的资产。资本收益的课税标准具有许多不同于营业收益的特殊规定。因此，为了正确计算所得税费用，就应该有划分两种收益的原则和标准。

（五）历史成本原则

在税务会计中，除税法另有规定外，纳税人必须遵循历史成本计价原则，因为它具有确定性与可验证性。按照历史成本计价原则进行会计处理，既有利于对资产、负债、所有者权益的存量计量，也有利于对收入、费用、利润的流量计量，因此，能够客观、真实地反映企业的财务状况和经营成果。正如诺贝尔经济学奖获得者萨缪尔森所言："会计人员之所以使用历史成本，是因为它反映的是客观的评价，并且容易证实"但是，财务会计认为，该原则有一定的局限性，通过对资产计提减值准备等，对历史成本计价原则进行修订。

（六）确定性原则

确定性原则是指在所得税会计处理过程中，按所得税法的规定，在纳税收入和费用的实际实现上应具有确定性，即纳税人可扣除的费用不论何时支付，其金额必须是确定的。该原则适用于所得税的税前扣除，凡税前扣除的费用，如财产损失等必须是真实发生的，且其金额必须是确定的。

（七）相关性原则

相关性原则要求企业提供的会计信息应当与财务报告使用者的经济决策相关，有助于财务报告使用者对企业过去、现在或者未来的情况做出评价或者预测。相关性原则强调的是会计信息的价值在于满足会计核算的目的。

与财务会计中的相关性原则不同，税务会计相关性原则是指税前扣除的支出必须是与取得收入直接相关的支出。“与取得收入直接相关的支出”分为两类，一类支出是指能给企业带来现实的、实际的经济利益流入的支出，例如生产性企业为生产产品而购买的原材料等；另一类支出是指能给企业带来可预期经济利益流入的支出，虽然企业的这类支出并不直接表现为现实的、实际的经济利益流入，但是如果这种支出所对应的收益是可预期的，那么这类支出也属于“与取得收入直接相关的支出”，如企业的广告费支出。

（八）税款支付能力原则

税款支付能力与纳税能力有所不同。纳税能力是指纳税人应以合理的标准确定计税基数。有同等计税基数的纳税人应负担同一税种的同等税款。因此，纳税能力体现的是合理负税原则。与企业的其他费用支出有所不同，税款支付全部是现金流出，因此，在考虑纳税能力的同时，更应考虑税款的支付能力。税务会计在确认、计量、记录收入、收益、成本、费用时，应选择保证税款支付能力的会计方法。

（九）筹划性原则

税务会计既要保证依法计税、纳税，又要尽可能地争取纳税人的最大税收利益，因此，选择什么样的会计政策，采用何种税收筹划方案必须进行周密的谋划。“凡事预则立，不预则废”，“税务会计的目标不是会计，而是收益”（汉弗莱·H. 纳什，1997）。因此，它还具有财务职能。

资料链接 1－5　　避税天堂

避税天堂是指税率很低、甚至是完全免征税款的国家或地区，也可能只有个别税种税率较低，适用于特定分类的个人或商业机构。个人要受益于避税港的一个方法，就是迁徙到该地区，使法律上只需缴纳税款给避税港政府。另外，个人或商业机构也可以在避税港成立附属机构或独立的法律实体（即公司或普通法法制里的基金），资产移动到新公司后便可套现获利，从而交较低或者免除税款。不过，利用这种方法到底算是避税还是逃税，难以一概而论。这要看相关国家或地区、还有相关的个人或机构的个别情况。

避税天堂大多是较小的沿海国家和内陆小国，甚至是很小的岛屿或“飞地”。它们自然资源稀缺、人口数量较少、经济基础薄弱。但由于它具有某些“优越性”，因此吸引了大量国外公司来此注册。除列支敦士登外，还有安道尔、摩纳哥，以及开曼群岛、百慕大、巴哈马、荷属安的列斯等都属避税天堂。

避税天堂的主要特点包括金融信息及税收体制不透明，税率极低甚至不征税，为其他国家和地区的企业、组织和个人避税、洗钱提供方便，损害国际金融体系的稳定等。在2009年二十国集团伦敦金融峰会上，各国领导人同意对拒不合作的避税天堂采取行动，并准备实施制裁。

英属维尔京群岛：在目前全世界所有能自由进行公司注册的避税港中，英属维尔京群岛的注册要求最低，监管力度最小。在那里，设立注册资本在5万美元以下的公司，最低注册费仅为300美元，加上牌照费、手续费，当地政府总共收取980美元，此后每年只要交600美元的营业执照续费即可。

摩纳哥、列支敦士登、安道尔：目前全球避税地中只有摩纳哥、列支敦士登、安道尔三个国家仍在情报交换方面进展缓慢，被经合组织列为不合作避税地。

英属泽西群岛：因其宽松的法律制度吸引了众多的欧洲金融机构。其隶属的诺曼底群岛为225家银行和820家投资基金提供了庇护。

百慕大群岛：被视为处理保险及再保险业务的最佳地区之一。世界排名前35位的保险公司中，有16家安置在此。该岛也被认为是家族企业的最佳管理地点之一。

瑙鲁：瑙鲁实行银行保密制度，兑换活动不受监管，管理宽松。只需2.5万美元，就可在当地开一家银行。

巴拿马：地处中美洲，在当地能迅速注册一家公司，拥有众多优惠法律措施，能免去企业主对其行为不符合国际法规的担心。目前拥有数百家银行和数千家注册公司。

课后练习题

复习思考题

1. 试述税务会计的概念和产生条件。
2. 税务会计与财务会计有何联系与区别。
3. 简述税务会计的目标和对象。
4. 简述税务会计的基本前提。
5. 简述税务会计的一般原则。
6. 简述税务会计要素。

第 2 章　增值税会计

学习目标

◇　掌握增值税会计的科目设置，以及增值税确认、计量、记录、申报与缴纳。

◇　理解增值税两类纳税人会计核算的异同，以及增值税会计与财务会计的关系。

◇　了解增值税会计模式及特征。

导　言

就税收与价格的关系而言，增值税是典型的价外税，即增值税税款不包含在货物或劳务的价款中。增值税专用发票分别注明价款和税款就是最好的明证。但是，值得玩味的是，在零售环节，我国增值税又采取价税合一的标价方式，把增值税的税收负担隐藏在零售价格之中。固然，这种计价方式有助于不动声色地把增值税这个间接税种的税负转嫁出去，让大众消费者在不知不觉中承担了增值税税负，同时“税痛”感又不那么强烈。现代会计核算把税收作为影响企业利润的重要因素之一，称之为“税收成本”。但是，理论上讲，增值税作为“价外税”与企业利润无关。那么，问题接踵而至，增值税的“价外税”特性和增值税零售环节的“价税合一”计价方式如何科学合理地反映在现代会计核算中？果真如我们理论探讨中所言“增值税的多少与企业利润无关”吗？作为我国第一大税种，增值税的税额如何在增值税会计核算中体现出来？

第1节　增值税的基本制度

增值税（Value Added Tax，VAT）的兴起堪称税收史上一绝。自1954年增值税在法国产生伊始就受到众多国家的追捧。目前，全世界实行增值税（含带有增值税性质的税种）的国家有190多个。国际货币基金组织（IMF）的文件称，增值税是20世纪下半叶世界税制改革中最重大的事件之一。追根溯源，增值税的产生是时代潮流发展的必然选择。

一、增值税概述

（一）增值税概念及类型

1. 增值税概念。

增值税是对从事销售货物或提供加工、修理修配劳务、进口货物以及销售服务、无形资产或者不动产的单位和个人取得的增值额为课税对象征收的一种税。

所谓增值额，从理论上讲，是指企业在生产经营过程中新创造的那部分价值，即货物或劳务价值中V+M部分，在我国相当于净产值或国民收入部分。现实经济生活中，对增值额这一概念可以从两个方面理解：第一，从一个生产经营单位来看，增值额是指该单位销售货物或提供劳务的收入额扣除为生产经营这种货物（包括劳务、服务、无形资产和不动产，下同）而外购的那部分货物价款后的余额；第二，从一项货物来看，增值额是该货物经历的生产和流通各个环节所创造的增值额之和，也就是该项货物的最终销售价格。实际上，货物最终的售价相当于各流通环节的增值额之和，而且在税率一致的情况下，对每一流通环节征收的增值税之和就是按货物最终销售额征收的增值税。

实行增值税的国家，据以征税的增值额都是法定增值额，并非理论上的增值额。法定增值额是指各国政府根据各自国家的国情、政策要求，在增值税制度中确定的增值额。法定增值额不一定等于理论增值额，二者不一致的原因在于各国规定的扣除范围不同，特别是对外购固定资产处理的方法不同。

2. 增值税的类型。

由于世界各国对作为计税依据的增值额理解不同，或出于经济政策、财政承受能力以及税收征管水平等因素的考虑，各国之间增值税税基选择也存在较大差异，主要表现在外购生产材料（尤其是固定资产）税额的扣除范围和扣除方式上规定不同，据此，增值税被分为生产型增值税、收入型增值税和消费型增值税。如表2-1所示。

表2-1　　增值税类型比较

类型	特点	优点	缺点
生产型增值税（我国1994～2008年）	1. 确定法定增值额不允许扣除任何外购固定资产价款 2. 法定增值额 > 理论增值额	保证财政收入	不利于鼓励投资
收入型增值税	1. 对外购固定资产只允许扣除当期计入产品价值的折旧费部分 2. 法定增值额 = 理论增值额	完全避免重复征税	给凭票扣税造成困难
消费型增值税（我国2009年以后）	1. 当期购入固定资产价款一次全部扣除 2. 法定增值额 < 理论增值额	体现增值税优越性，便于操作	减少财政收入

（二）增值税的特点与优点

增值税从性质上讲，属于流转税；从税收收入归属来看，属于中央和地方共享税；从税收与价格的关系上看，属于价外税。增值税特殊的课税对象使其具有自身的特点和优点。

1. 增值税的特点。

第一，不重复征税，具有中性税收的特征。所谓中性税收是指税收对经济行为包括企业生产决策、生产组织形式等不产生影响，由市场对资源配置发挥基础性、主导性作用。此外，增值税税率档次少，一些国家只采取一档税率，即使采取二档或三档税率的，其绝大部分货物一般也都是按一个统一的基本税率征税。这不仅使得绝大部分货物的税负是一样的，而且同一货物在经历所有生产和流通各环节的整体税负也是一样的。这种情况使增值税对生产经营活动以及消费行为基本不发生影响，从而使增值税具有了中性税收的特征。

第二，逐环节征税，逐环节扣税，最终消费者承担全部税款。作为一种新型的流转税，增值税保留了传统间接税按流转额全值计税和道道征税的特点，同时还实行税款抵扣制度。即在逐环节征税的同时，还实行逐环节扣税。同时，增值税税负具有逐环节向前推移的特点，作为纳税人的生产经营者并不是增值税的真正负担者，只有最终消费者才是全部税款的负担者。

第三，税基广阔，具有征收的普遍性和连续性。无论是从横向看还是从纵向看，增值税都有着广阔的税基。从生产经营的横向关系看，无论工业、商业或者劳务服务活动，只要有增值收入就要纳税；从生产经营的纵向关系看，每一货物无论经过多少生产经营环节，都要按各道环节上发生的增值额逐次征税。

2. 增值税的优点。

第一，能够平衡税负，促进公平竞争。增值税能够平衡税负的内在合理性使得增值税能够适应商品经济的发展，为在市场经济下的公平竞争提供良好的外部条件。

第二，既便于对出口商品退税，又可避免对进口商品征税不足。世界各国为保护和促进本国经济发展，对出口货物普遍实行退税政策。在计算增值税应退税数额时，货物的出口价格就是其全部增值额，用出口价格乘以增值税税率，即可准确地计算出口货物应退税款，从而做到一次性全部将已征税款准确地退还给企业，使出口货物以不含税价格进入国际市场。对进口货物实行增值税，既有利于贯彻国际间同等纳税的原则，避免产生进口货物的税负轻于国内同类货物，以及进口货物利润大于国内相同货物利润的假象，又维护了国家经济权益。

第三，在组织财政收入上具有稳定性和及时性。征税范围的广阔性、征收的普遍性和连续性，使增值税有着充足的税源和为数众多的纳税人，从而使通过增值税组织的财政收入具有稳定性和可靠性。

第四，在税收征管上可以互相制约，交叉审计，避免发生偷税。和增值税实行税款抵扣的计税方法相适应，各国都实行凭发票扣税的征收制度。即销售方销售货物开具的增值税发票既是销货方计算销项税额的凭证，同时也是购货方据以扣税的凭证。正是通过发票才得以把货物承担的税款从一个经营环节传递到下一个经营环节，最后传递到最终消费者身上。在这一纳税链条中，如有哪一环节少缴了税款，必然导致下一个环节多缴税款。可见，增值税发票使买卖双方在纳税上形成了一种利益制约关系，这种制约关系一方面可以避免纳税人偷逃税和错计税款，另一方面也有助于税务机关进行检查和监督。

资料链接 2－1　　增值税思想的萌芽

通常，一个国家实行税制改革，开征一个新税种或是进行税制的局部调整，最重要的原因主要在于原有的税制存在着问题，已经不能适应经济发展的需要。在实行增值税之前，世界各国大多采用对商品流转环节征收销售税，其最大的弊端在于重复征税。

针对间接税重复征税的弊端，美国耶鲁大学经济学教授亚当斯（T. S. Adams）最早提出应对增值额进行征税，但其名称当时不是“增值”而是“营业毛利”。亚当斯1917年在向国家税务学会递交《营业税》（The Taxation of Business）报告中提出，对营业毛利（销售额减去进货额）课税比对利润课税的公司所得额好得多，这一营业毛利相当于工资薪金、租金、利息和利润之和，即相当于增值额，在文中所称的营业毛利正好就是计算国民收入的价值增加的那一部分，因此，他实际上已经提出了我们现在所谓的增值税。

1921年，亚当斯在美国经济季刊发表《联邦所得税的基本问题》（Fundamental Problems of Federal Income Taxation）中进一步提出，将企业负担的租税改为销售额的形态，准许销售税与购入税相互抵扣，增值税的思想逐步成熟起来。同一年，德国的西蒙斯（W. Von. Siemens）在其所著的《改进的周转税》（Veredolt Umsatzsteuer）一文中正式提出增值税的名称，建议以税基相减法的增值税替代多阶段的交易税，并详细描述了税制的内容。

1940年，美国最有影响的营业税学者保罗·史图登斯基（P. studenski）首先指出增值税是一种中性税收，认为“多阶段交易税会随交易次数而成金字塔的累积作用，建议改为增值税”。美国哥伦比亚大学的卡尔·肖普（Pr. C. S. Shoup）教授主张建立增值税，提出对毛利课税，从销售金额中扣减购进的金额，但这种思路主要是针对企业而不是针对产品。并且自1940年开始，增值税一直构成美国税务教科书的内容，但由于种种原因，除密歇根州短期实行增值税外，增值税一直没有正式实施。

可以看出，早期增值税理论的提出没有得到各国政府的重视，并未付诸实践。但是，上述学者们的思想并没有丧失影响力，他们关于增值税的理论构想为后来不少国家进行营业税制改革的尝试提供了方向。

资料来源：财政部财政科学研究所．中国税收政策报告：营改增·牵一发而动全身的改革（2013）［M］，中国财政经济出版社，2014年

二、增值税基本税制要素

（一）纳税人和扣缴义务人

凡在我国境内销售货物或提供加工、修理修配劳务，进口货物以及销售

服务、无形资产或不动产的单位和个人，都是增值税的纳税人。境外的单位或个人在境内提供应税劳务而境内未设有经营机构的，其应纳税款以境内代理人为扣缴义务人；在境内没有代理人的，以购买者为扣缴义务人。

为配合增值税专用发票的管理，按照销售额大小（定量标准）和会计核算水平（定性标准）把增值税纳税人分为一般纳税人和小规模纳税人。

1. 小规模纳税人和一般纳税人的划分标准。

增值税实行凭专用发票抵扣税款的制度，客观上要求纳税人具备健全的会计核算制度和能力。在实际经济生活中，我国增值税纳税人众多，会计核算水平差异较大，大量的小企业和个人还不具备发票抵扣税款的条件，为了既简化增值税的计算和征收，也有利于减少税收征管漏洞，将增值税纳税人按会计核算水平和经营规模分为一般纳税人和小规模纳税人两类，分别采取不同的计税方法。增值税两类纳税人的划分详如表 2 –2 所示。

表 2 –2　　小规模纳税人和一般纳税人的划分标准

纳税人 认定标准	小规模纳税人	一般纳税人
生产货物或提供应税劳务的纳税人，或以其为主，并兼营货物批发或零售的纳税人	年应税销售额在 50 万元（含）以下	年应税销售额在 50 万元以上
批发或零售货物的纳税人	年应税销售额在 80 万元（含）以下	年应税销售额在 80 万元以上
销售服务、无形资产或不动产的纳税人	年应税销售额在 500 万元（含）以下	年应税销售额在 500 万元以上

年应税销售额，是指增值税纳税人在连续不超过 12 个月的经营期内累计应征增值税销售额，包括纳税申报销售额、稽查查补销售额、纳税评估调整销售额、税务机关代开发票销售额和免税销售额。其中，经营期是指在纳税人存续期内的连续经营期，包含未取得销售收入的月份。

2. 小规模纳税人的管理。

除上述标准之外，年应税销售额超过小规模纳税人标准的其他个人（自然人），按小规模纳税人纳税；非企业性单位、不经常发生应税行为的企业，可选择按小规模纳税人纳税。兼有销售货物、提供加工修理修配劳务和其他应税行为，且不经常发生销售货物、提供加工修理修配劳务和其他应税行为的单位和个体工商户，可选择按照小规模纳税人纳税。增值税小规模纳税人偶然发生的转让不动产的销售额，不计入应税行为年销售额。

小规模纳税人实行简易办法征收增值税，一般不得使用增值税专用发票。一方面，小规模纳税人销售货物和提供加工修理修配劳务、销售服务、无形资产或不动产，纳税人自己只能使用普通发票；另一方面，小规模纳税人购进货物或接受服务等，即使取得增值税专用发票也不得抵扣进项税额。

3. 一般纳税人的登记管理。

国家税务总局发布《关于调整增值税一般纳税人管理有关事项的公告》（国家税务总局公告 2015 年第 18 号），自 2015 年 4 月 1 日起，增值税一般纳税人（以下简称一般纳税人）资格实行登记制，登记事项由增值税纳税人（以下简称纳税人）向其主管税务机关办理。

实行登记制以后，纳税人年应税销售额超过财政部、国家税务总局规定标准（以下简称规定标准）的，不用再向税务机关申请认定，只需向主管税务机关填报《增值税一般纳税人资格登记表》，并提供税务登记证件即可。税务机关窗口受理后，审核填写纳税人的内容无误后，当即就可认定为一般纳税人，纳税人自一般纳税人资格生效之日起，按照增值税一般计税方法计算应纳税额，并按照规定领用增值税专用发票。

纳税人办理一般纳税人资格登记的程序如下：

（1）纳税人向主管税务机关填报《增值税一般纳税人资格登记表》，并提供税务登记证件；

（2）纳税人填报内容与税务登记信息一致的，主管税务机关当场登记；

（3）纳税人填报内容与税务登记信息不一致，或者不符合填列要求的，税务机关应当场告知纳税人需要补正的内容。

纳税人年应税销售额超过财政部、国家税务总局规定标准，且符合有关政策规定，选择按小规模纳税人纳税的，应当向主管税务机关提交书面说明。个体工商户以外的其他个人年应税销售额超过规定标准的，不需要向主管税务机关提交书面说明。

纳税人年应税销售额超过规定标准的，在申报期结束后 20 个工作日内办理相关手续；未按规定时限办理的，主管税务机关应当在规定期限结束后 10 个工作日内制作《税务事项通知书》，告知纳税人应当在 10 个工作日内向主管税务机关办理相关手续。

除财政部、国家税务总局另有规定外，纳税人自其选择的一般纳税人资格生效之日起，按照增值税一般计税方法计算应纳税额，并按照规定领用增值税专用发票。

4. 一般纳税人辅导期管理。

主管税务机关可以在一定期限内对下列一般纳税人实行纳税辅导期

管理：

（1）新登记为一般纳税人的小型商贸批发企业。“小型商贸批发企业”，是指注册资金在80万元（含80万元）以下、职工人数在10人（含10人）以下的批发企业。

（2）国家税务总局规定的其他一般纳税人。“其他一般纳税人”是指具有下列情形之一的纳税人：① 增值税偷税数额占应纳税额的10%以上并且偷税数额在10万元以上的；② 骗取出口退税的；③ 虚开增值税扣税凭证的；④ 国家税务总局规定的其他情形。

新登记为一般纳税人的小型商贸批发企业实行纳税辅导期管理的期限为3个月；其他一般纳税人实行纳税辅导期管理的期限为6个月。辅导期纳税人取得的增值税专用发票抵扣联、海关进口增值税专用缴款书以及货物运输业增值税专用发票应当在交叉稽核比对无误后，方可抵扣进项税额。主管税务机关对辅导期纳税人实行限量限额发售专用发票。辅导期纳税人一个月内多次领购专用发票的，应从当月第二次领购专用发票起，按照上一次已领购并开具的专用发票销售额的3%预缴增值税，未预缴增值税的，主管税务机关不得向其发售专用发票。

（二）征税范围

1. 增值税征税范围的一般规定。

（1）销售货物，货物是指有形动产，包括电力、热力和气体在内；（2）提供加工修理修配劳务；（3）进口货物；（4）销售服务、无形资产或不动产。

2. 对视同销售货物行为的征税规定。

单位或者个体工商户的下列行为，视同销售货物：

（1）将货物交付其他单位或者个人代销；

（2）销售代销货物；

（3）设有两个以上机构并实行统一核算的纳税人，将货物从一个机构移送其他机构用于销售，但相关机构设在同一县（市）的除外；

（4）将自产或者委托加工的货物用于非增值税应税项目；

（5）将自产或者委托加工的货物用于集体福利或者个人消费；

（6）将自产、委托加工或者购进的货物作为投资，提供给其他单位或者个体工商户；

（7）将自产、委托加工或者购进的货物分配给股东或者投资者；

（8）将自产、委托加工或者购进的货物无偿赠送其他单位或者个人。

3. 对视同销售服务、无形资产或者不动产的征税规定。

（1）单位或者个体工商户向其他单位或者个人无偿提供服务，但用于公益事业或者以社会公众为对象的除外；

（2）单位或者个人向其他单位或者个人无偿转让无形资产或者不动产，但用于公益事业或者以社会公众为对象的除外；

（3）财政部和国家税务总局规定的其他情形。

4. 对混合销售行为、兼营行为的征税规定。

（1）混合销售行为的征税规定。

一项销售行为如果既涉及服务又涉及货物，为混合销售。从事货物的生产、批发或者零售的单位和个体工商户的混合销售行为，按照销售货物缴纳增值税；其他单位和个体工商户的混合销售行为，按照销售服务缴纳增值税。这里所称从事货物的生产、批发或者零售的单位和个体工商户，包括以从事货物的生产、批发或者零售为主，并兼营销售服务的单位和个体工商户在内。

（2）兼营行为的征税规定。

纳税人销售货物、加工修理修配劳务、服务、无形资产或者不动产适用不同税率或者征收率的，应当分别核算适用不同税率或者征收率的销售额，未分别核算销售额的，从高适用税率。

（三）税率和征收率

1. 增值税的适用税率。

根据财政部、税务总局《关于减并增值税税率有关问题的通知》（财税【2017】37 号）的有关规定，自 2017 年 7 月 1 日起，简并增值税税率结构，取消 13% 的增值税税率，将原适用 13% 的税率降为 11%。因此，我国增值税由五档税率降为四挡税率，分别是 17%、11%、6% 和零税率，如表 2－3 所示。

表 2－3　　增值税一般纳税人适用税率一览表

税率	适用范围
17%	销售或者进口除下列适用 13% 税率之外的货物；加工、修理修配劳务；有形动产租赁
11%	（1）粮食、食用植物油；自来水、暖气、冷气、热水、煤气、石油液化气、天然气、沼气、居民用煤炭制品；图书、报纸、杂志；饲料、化肥、农药、农机、农膜；国务院规定的其他货物 （2）提供交通运输、邮政、基础电信、建筑、不动产租赁服务，销售不动产，转让土地使用权

续表

税率	适 用 范 围
6%	提供增值电信服务、金融服务、现代服务（租赁服务除外）、生活服务
零税率	境内单位和个人发生的跨境应税行为

2. 增值税的征收率。

（1）小规模纳税人征收率的规定。

自2009年1月1日起，小规模纳税人的增值税征收率为3%。征收率的调整，由国务院决定。小规模纳税人（除其他个人外）销售自己使用过的固定资产，减按2%征收率征收增值税。只能够开具普通发票，不得由税务机关代开增值税专用发票。小规模纳税人销售自己使用过的除固定资产以外的物品，应按3%的征收率征收增值税。

（2）一般纳税人按照简易办法征收增值税的征收率规定

根据《财政部、国家税务总局关于简并增值税征收率政策的通知》（财税〔2014〕57号）规定，自2014年7月1日起，一般纳税人按照简易办法征收增值税，原适用6%和4%的增值税征收率统一调整为3%。

此外，根据财税〔2016〕36号文件规定，一般纳税人按照简易计税方法计税的销售不动产、不动产经营租赁服务（除试点前开工的高速公路的车辆通行费），征收率为5%。

3. 适用税率或征收率的特殊规定。

纳税人兼有不同税率或者征收率的销售货物、提供加工修理修配劳务或者销售服务、无形资产和不动产的，应当分别核算适用不同税率或征收率的销售额，未分别核算销售额的，从高适用税率。

（四）税收优惠

1. 增值税法定免税项目。

（1）农业生产者销售的自产农产品；

（2）避孕药品和用具；

（3）古旧图书；

（4）直接用于科学研究、科学试验和教学的进口仪器、设备；

（5）外国政府、国际组织无偿援助的进口物资和设备；

（6）由残疾人的组织直接进口供残疾人专用的物品；

（7）销售的自己使用过的物品。

除上述规定外，增值税的免税、减税项目由国务院规定，任何地区、部门均不得规定免税、减税项目。纳税人兼营免税、减税项目的，应当分别核算免税、减税项目的销售额；未分别核算销售额的，不得免税、减税。纳税人销售货物或应税劳务适用免税规定的，可以放弃免税，依照《增值税暂行条例》的规定缴纳增值税。放弃免税后，36个月内不得再申请免税。纳税人在免税期内购进用于免税项目的货物或者应税劳务所取得的增值税扣税凭证，一律不得抵扣。

2. 其他增值税税收优惠项目。

除上述增值税法定免税项目外，增值税税收优惠项目还包括如下减税、免税项目和即征即退项目。如表2－4所示。

表2－4　　增值税税收优惠项目一览表

项　目	具　体　内　容
粮食和食用植物油	对承担粮食收储任务的国有粮食购销企业销售的粮食免征增值税；政府储备食用植物油免征增值税
农业生产资料	下列货物免征增值税：农膜；生产销售的氮肥、磷肥以及以免税化肥为主要原料的复混肥；批发和零售的种子、种苗、化肥、农药、农机；有机肥；滴灌带和滴灌管产品；硝基复合肥（2013年1月1日起）
军队军工系统	军队系统的企事业单位，如军需工厂、军马场、军办农场、军办厂矿、军队院校、医院、科研文化单位、物资供销、仓库等可以按照规定享受税收优惠照顾；军需工厂之间为生产军需品而互相协作的产品免征增值税
公安司法部门	公安部所属研究所、公安侦察保卫器材厂研制生产的列明代号的侦察保卫器材产品，凡销售给公安、司法以及国家安全系统使用的，免征增值税；销售给其他单位的，按规定征收增值税
资源综合利用产品和劳务	根据《资源综合利用产品和劳务增值税优惠目录》（财税〔2015〕78号）文件的最新规定，资源综合利用产品和劳务适用增值税即征即退100%、70%、50%、30%政策
医疗卫生	对非营利性医疗机构自产自用的制剂，免征增值税；对非营利性医疗机构的药房分离为独立的药品零售企业，应按规定征收各项税收；供应给医疗机构的临床用血免征增值税
修理修配	飞机修理：实际税负超过6%的部分即征即退 铁路货车修理：铁路单位为本系统修理货车免增值税
煤层气抽采	先征后退
金融资产管理公司	对资产公司接受相关国有银行的不良债权、借款方以货物、不动产、无形资产、有价证券和票据等抵充贷款本息的，免征资产公司销售转让该货物、不动产、无形资产、有价证券、票据以及利用该货物、不动产从事融资租赁业务应缴纳的增值税

续表

项　目	具　体　内　容
软件产品	增值税一般纳税人销售其自行开发（包括本地化改造）生产的软件产品，按17%的法定税率征收增值税后，对其增值税实际税负超过3%的部分实行即征即退政策
供热企业	向居民个人收取的采暖收入免征增值税
节能服务产业	对符合条件的节能服务公司实施合同能源管理项目，将项目中的增值税应税货物转让给用能企业，暂免征收增值税
促进残疾人就业	对安置残疾人的单位，实行由税务机关按单位实际安置残疾人的人数，限额即征即退增值税的办法
蔬菜鲜活肉蛋产品	自2012年1月1日起，对从事蔬菜批发、零售的纳税人销售的蔬菜免征增值税，各种蔬菜罐头不属于免税的范围；自2012年10月1日起，免征部分鲜活肉蛋产品流通环节增值税

纳税人既有增值税即征即退、先征后退项目，也有出口等其他增值税应税项目的，增值税即征即退和先征后退项目不参与出口项目免抵退税计算。纳税人应分别核算增值税即征即退、先征后退项目和出口等其他增值税应税项目，分别申请享受增值税即征即退、先征后退和免抵退税政策。

3. 跨境应税行为适用增值税零税率和免税政策的规定。

中华人民共和国境内（以下称境内）的单位和个人销售的下列服务和无形资产，适用增值税零税率：

（1）国际运输服务。

（2）航天运输服务。

（3）向境外单位提供的完全在境外消费的下列服务：

①研发服务；

②合同能源管理服务；

③设计服务；

④广播影视节目（作品）的制作和发行服务；

⑤软件服务；

⑥电路设计及测试服务；

⑦信息系统服务；

⑧业务流程管理服务；

⑨离岸服务外包业务；

⑩转让技术。

(4) 财政部和国家税务总局规定的其他服务。

境内的单位和个人销售的下列服务和无形资产免征增值税，但财政部和国家税务总局规定适用增值税零税率的除外：

(1) 下列服务：

①工程项目在境外的建筑服务。

②工程项目在境外的工程监理服务。

③工程、矿产资源在境外的工程勘察勘探服务。

④会议展览地点在境外的会议展览服务。

⑤存储地点在境外的仓储服务。

⑥标的物在境外使用的有形动产租赁服务。

⑦在境外提供的广播影视节目（作品）的播映服务。

⑧在境外提供的文化体育服务、教育医疗服务、旅游服务。

(2) 为出口货物提供的邮政服务、收派服务、保险服务。

为出口货物提供的保险服务，包括出口货物保险和出口信用保险。

(3) 向境外单位提供的完全在境外消费的下列服务和无形资产：

①电信服务；

②知识产权服务；

③物流辅助服务（仓储服务、收派服务除外）；

④鉴证咨询服务；

⑤专业技术服务；

⑥商务辅助服务；

⑦广告投放地在境外的广告服务；

⑧无形资产。

(4) 以无运输工具承运方式提供的国际运输服务。

(5) 为境外单位之间的货币资金融通及其他金融业务提供的直接收费金融服务，且该服务与境内的货物、无形资产和不动产无关。

(6) 财政部和国家税务总局规定的其他服务。

按照国家有关规定应取得相关资质的国际运输服务项目，纳税人取得相关资质的，适用增值税零税率政策，未取得的，适用增值税免税政策。

境内的单位或个人提供程租服务，如果租赁的交通工具用于国际运输服务和港澳台运输服务，由出租方按规定申请适用增值税零税率。

境内的单位和个人向境内单位或个人提供期租、湿租服务，如果承租方利用租赁的交通工具向其他单位或个人提供国际运输服务和港澳台运输服务，由承租方适用增值税零税率。境内的单位或个人向境外单位或个人提供期租、湿租服务，由出租方适用增值税零税率。

境内单位和个人以无运输工具承运方式提供的国际运输服务，由境内实际承运人适用增值税零税率；无运输工具承运业务的经营者适用增值税免税政策。

境内的单位和个人提供适用增值税零税率的服务或者无形资产，如果属于适用简易计税方法的，实行免征增值税办法。如果属于适用增值税一般计税方法的，生产企业实行免抵退税办法，外贸企业外购服务或者无形资产出口实行免退税办法，外贸企业直接将服务或自行研发的无形资产出口，视同生产企业连同其出口货物统一实行免抵退税办法。

境内单位和个人发生的与香港、澳门、台湾有关的应税行为，除另有规定外，参照上述规定执行。

4. 增值税起征点的规定。

自 2011 年 11 月 1 日起，增值税起征点的幅度规定为：

（1）按月计征时：销售货物的，为月销售额 5 000 ~ 20 000 元（含）；提供应税劳务的，为月销售额 5 000 ~ 20 000 元（含）；

（2）按次纳税时：为每次（日）销售额 300 ~ 500 元（含）。

起征点的调整由财政部和国家税务总局规定。省、自治区、直辖市财政厅（局）和国家税务局应当在规定的幅度内，根据实际情况确定本地区适用的起征点，并报财政部和国家税务总局备案。

三、增值税专用发票的使用和管理

（一）增值税专用发票的构成与限额管理

增值税专用发票由基本联次或者基本联次附加其他联次构成，基本联次为三联：发票联、抵扣联和记账联。发票联，作为购买方核算采购成本和增值税进项税额的记账凭证；抵扣联，作为购买方报送主管税务机关认证和留存备查的凭证；记账联，作为销售方核算销售收入和增值税销项税额的记账凭证。其他联次用途，由一般纳税人自行确定。

增值税专用发票实行最高开票限额管理。最高开票限额，是指单份专用发票开具的销售额合计数不得达到的上限额度。最高开票限额由一般纳税人申请，税务机关依法审批。最高开票限额为十万元及以下的，由区县级税务机关审批；最高开票限额为一百万元的，由地市级税务机关审批；最高开票限额为一千万元及以上的，由省级税务机关审批。防伪税控系统的具体发行工作由区县级税务机关负责。

税务机关审批最高开票限额应进行实地核查。根据国家税务总局公告〔2014〕第19号规定，一般纳税人申请专用发票最高开票限额不超过十万元的，主管税务机关不需事前进行实地查验。各省国税机关可在此基础上适当扩大不需事前实地查验的范围，实地查验的范围和方法由各省国税机关确定。

（二）增值税专用发票的开具

纳税人销售货物、提供应税劳务和销售服务、无形资产或不动产，应当向索取增值税专用发票的购买方开具增值税专用发票，并在增值税专用发票上分别注明销售额和销项税额。

属于下列情形之一的，不得开具增值税专用发票：

1. 向消费者个人销售货物、提供应税劳务和销售服务、无形资产或不动产的；

2. 销售货物、提供应税劳务和销售服务、无形资产或不动产适用免税规定的；

3. 小规模纳税人销售货物、提供应税劳务和销售服务、无形资产或不动产的。①

有下列情形之一者，应按销售额依照增值税税率计算应纳税额，不得抵扣进项税额，也不得使用增值税专用发票：

（1）一般纳税人会计核算不健全，或者不能够提供准确税务资料的；

（2）纳税人销售额超过小规模纳税人标准，未申请办理一般纳税人登记手续的。

另外，根据《国家税务总局关于增值税发票开具有关问题的公告》（国家税务总局公告2017年第16号）规定，自2017年7月1日起，购买方为企业的，索取增值税普通发票时，应向销售方提供纳税人识别号或统一社会信用代码；销售方为其开具增值税普通发票时，应在“购买方纳税人识别号”栏填写购买方的纳税人识别号或统一社会信用代码。不符合规定的发票，不得作为税收凭证。

（三）增值税专用发票作废处理

增值税专用发票的作废处理有即时作废和符合条件作废。即时作废是指

---

① 从2016年8月1日起，住宿业小规模纳税人、鉴证咨询业小规模纳税人和建筑业小规模纳税人陆续可以自行开具增值税专用发票。详细内容参见国家税务总局2016公告第44号，国家税务总局2016公告第69号，国家税务总局2017公告第4号，国家税务总局2017公告第11号。

开具时发现有误的；符合作废条件是指一般纳税人在开具发票当月，发生销货退回、开票有误等情形，收到退回的发票联、抵扣联符合作废条件的。符合作废条件是指同时具有下列情形：

（1）收到退回的发票联、抵扣联时间未超过销售方开票当月；

（2）销售方未抄税并且未记账；

（3）购买方未认证或认证结果为“纳税人识别号认证不符”、“专用发票代码、号码认证不符”。

作废专用发票须在防伪税控系统中将相应的数据电文按“作废”处理，在纸质专用发票（含未打印的专用发票）各联次上注明“作废”字样，全联次留存。

（四）红字专用发票开具

增值税一般纳税人开具增值税专用发票（以下简称“专用发票”）后，发生销货退回、开票有误、应税服务中止等情形但不符合发票作废条件，或者因销货部分退回及发生销售折让，需要开具红字专用发票的，按以下方法处理：

1. 购买方取得专用发票已用于申报抵扣的，购买方可在增值税发票管理新系统（以下简称“新系统”）中填开并上传《开具红字增值税专用发票信息表》（以下简称《信息表》），在填开《信息表》时不填写相对应的蓝字专用发票信息，应暂依《信息表》所列增值税税额从当期进项税额中转出，待取得销售方开具的红字专用发票后，与《信息表》一并作为记账凭证。

购买方取得专用发票未用于申报抵扣、但发票联或抵扣联无法退回的，购买方填开《信息表》时应填写相对应的蓝字专用发票信息。

销售方开具专用发票尚未交付购买方，以及购买方未用于申报抵扣并将发票联及抵扣联退回的，销售方可在新系统中填开并上传《信息表》。销售方填开《信息表》时应填写相对应的蓝字专用发票信息。

2. 主管税务机关通过网络接收纳税人上传的《信息表》，系统自动校验通过后，生成带有“红字发票信息表编号”的《信息表》，并将信息同步至纳税人端系统中。

3. 销售方凭税务机关系统校验通过的《信息表》开具红字专用发票，在新系统中以销项负数开具。红字专用发票应与《信息表》一一对应。

4. 纳税人也可凭《信息表》电子信息或纸质资料到税务机关对《信息表》内容进行系统校验。

另外，税务机关为小规模纳税人代开专用发票，需要开具红字专用发票的，按照一般纳税人开具红字专用发票的方法处理。

纳税人需要开具红字增值税普通发票的，可以在所对应的蓝字发票金额范围内开具多份红字发票。红字机动车销售统一发票需与原蓝字机动车销售统一发票一一对应。

（五）专用发票缴销

专用发票的缴销，是指主管税务机关在纸质专用发票监制章处按“V”形剪角作废，同时作废相应的专用发票数据电文。被缴销的纸质专用发票应退还纳税人。

一般纳税人注销税务登记或者转为小规模纳税人，应将专用设备和结存未用的纸质专用发票送交主管税务机关。主管税务机关应缴销其专用发票，并按有关安全管理的要求处理专用设备。

（六）增值税专用发票使用的其他具体问题

1. 丢失已开具专用发票。

根据《国家税务总局关于简化增值税发票领用和使用程序有关问题的公告》（国家税务总局公告2014年第19号）规定，一般纳税人丢失已开具专用发票的抵扣联，如果丢失前已认证相符的，可使用专用发票发票联复印件留存备查；如果丢失前未认证的，可使用专用发票发票联认证，专用发票发票联复印件留存备查。一般纳税人丢失已开具专用发票的发票联，可将专用发票抵扣联作为记账凭证，专用发票抵扣联复印件留存备查。

2. 虚开增值税专用发票。

虚开增值税专用发票是指为他人虚开、为自己虚开、让他人为自己虚开、介绍他人为自己虚开增值税专用发票的行为。虚开增值税专用发票是严重的违法行为，既涉及专用发票开具方或销售方，也涉及专用发票接受方或购进方。

纳税人虚开增值税专用发票，未就其虚开金额申报并缴纳增值税的，应按照其虚开金额补缴增值税；已就其虚开金额申报并补缴增值税的，不再按照其虚开金额补缴增值税。

税务机关对纳税人虚开增值税专用发票的行为，应按照《税收征管法》和《发票管理办法》的有关规定给予处罚。

根据《国家税务总局关于纳税人对外开具增值税专用发票有关问题的公告》（国家税务总局公告2014年第39号）的规定，纳税人通过虚增增值税进项税额偷逃税款，但对外开具增值税专用发票同时符合以下情形的，不属于对外虚开增值税专用发票：

（1）纳税人向受票方纳税人销售了货物，或者提供了增值税应税劳务、应税行为；

（2）纳税人向受票方纳税人收取了所销售货物、所提供应税劳务或者应税行为的款项，或者取得了索取销售款项的凭据；

（3）纳税人按规定向受票方纳税人开具的增值税专用发票相关内容，与所销售货物、所提供应税劳务或者应税行为相符，且该增值税专用发票是纳税人合法取得、并以自己名义开具的。

受票方纳税人取得的符合上述情形的增值税专用发票，可以作为增值税扣税凭证抵扣进项税额。

3. 善意取得虚开的增值税专用发票。

购货方善意取得虚开的增值税专用发票，是指同时满足以下条件：购货方与销售方存在真实的交易，销售方使用的是其所在省（自治区、直辖市和计划单列市）的专用发票，专用发票注明的销售方名称、印章、货物数量、金额及税额等全部内容与实际相符，且没有证据表明购货方知道销售方提供的专用发票是以非法手段获得的。

善意取得虚开的增值税专用发票，对购货方应做如下处理：

（1）对购货方不以偷税或者骗取出口退税论处；

（2）取得的虚开专用发票应按有关法规不予抵扣进项税款或者不予出口、退税；购货方已经抵扣的进项税款或者取得的出口退税，应依法追缴；

（3）如能重新取得合法、有效的专用发票，准许其抵扣进项税款；如不能重新取得合法、有效的专用发票，不准其抵扣进项税款或追缴其已抵扣的进项税款；

（4）因善意取得虚开专用发票被依法追缴其已抵扣税款的，不再加收滞纳金。

4. 失控专用发票。

在税务机关按非正常户登记失控专用发票后，增值税一般纳税人又向税务机关申请防伪税控报税的，可通过防伪税控报税子系统的逾期报税功能受理报税。购买方主管税务机关对认证发现的失控发票，属于销售方已申报纳税的，可由销售方主管税务机关出具书面证明并通过协查系统回复购买方主管税务机关后，作为购买方抵扣增值税进项税额的凭证。

资料链接 2－2　虚开增值税专用发票会“人财两空”

实践中，税务机关认定虚开增值税专用发票采用实物流、现金流、发票流必须一致的标准。但是，实践中交易形式多样，货、票、款相分离的现象十分常见，难以保证“三流一致”。而已有的税收法规政策又不得不执行，这也会使虚开案件大规模爆发，纳税人面临巨大的法律风险。

从目前情况看，运输等行业相对易发虚开增值税专用发票案件，原因有三：一是经营方式较为粗放，财务管理和税务管理不细致；二是交易金额巨大，一笔小发票就会构成犯罪，巨额交易风险更大；三是机构分布广泛，管控难度大。

值得注意的是，虚开增值税发票案一般都是双罚制。对企业要补税、罚款、加收滞纳金；对法定代表人、财务负责人还要追究刑事责任。一旦被认定为犯罪，真可谓“人财两空”。不仅如此，为了核实虚开的刑事证据，一般都会一查到底。因此，涉及企业众多，经济责任巨大。

对纳税人而言，要有效防控税务风险，首先内控制度要健全。企业应确保财务管理制度到位，进而确保发票、合同、交易凭证准确、完整；人员的分工要明确，责任到人，避免出现问题时相互推诿、互不认账；相关人员之间要建立相互制约的监督机制，避免相关人员钻制度漏洞。同时，企业还应注重对财务人员的培训，注重采购和销售环节虚开增值税专用发票的风险防控，规避关联交易风险，对可能存在的风险要早发现、早诊断、早治疗。由其对虚开增值税发票行为一定要坚决杜绝，不可心存侥幸。

资料来源：节选自北京华税律师事务所．刘天永．虚开增值税专用发票会“人财两空”，中国税务报，2015－01－16 第 B01 版．

第 2 节　增值税的计算

一、一般纳税人应纳税额的计算

增值税一般纳税人当期应纳增值税税额的大小主要取决于当期销项税额和当期进项税额两个因素。应纳税额的计算公式为：

应纳税额＝当期销项税额－当期进项税额

（一）销项税额

销项税额是指纳税人销售货物、提供应税劳务或销售服务、无形资产和不动产，按照销售额和税法规定的税率计算并向购买方收取的增值税额。

销项税额 = 销售额 × 税率

或：销项税额 = 组成计税价格 × 税率

因此，销项税额确定的关键是销售额。

1. 销售额的一般规定。

销售额是纳税人销售货物、应税劳务或销售服务、无形资产和不动产向购买方收取的全部价款和价外费用，但不包括收取的销项税额（增值税是价外税）。销售额具体包括：

（1）销售货物、提供应税劳务或销售服务、无形资产和不动产向购买方收取的全部价款。

（2）向购买方收取的各种价外费用（价外收入）：包括手续费、补贴、基金、集资费、返还利润、奖励费、违约金、延期付款利息、滞纳金、赔偿金、包装费、包装物租金、储备费、优质费、运输装卸费、代收款项、代垫款项及其他各种性质的价外收费。

上述价外费用无论其会计制度如何核算，都应并入销售额征税，目的是防止纳税人以各种名目的收费减少计税销售额逃避纳税。另外，需要注意价外费用不包括以下费用：

①向购买方收取的销项税额；

②受委托加工应征消费税的货物，而由受托方向委托方代收代缴的消费税；

③同时符合以下两个条件的代垫运费：承运部门的运费发票开具给购买方，并且由纳税人将该项发票转交给购买方的；

④同时符合以下条件代为收取的政府性基金或者行政事业性收费：由国务院或财政部批准设立的政府性基金，由国务院或省级人民政府及其财政、价格主管部门批准设立的行政事业性收费，收取时开具省级以上财政部门印制的财政票据，所收款项全额上缴财政；

⑤销售货物的同时代办保险等向购买方收取保险费，以及向购买方收取的代购买方缴纳的车辆购置税、车船牌照费等。

（3）消费税税金。由于消费税属于价内税，因此，凡征收消费税的货物在计征增值税额时，其应税销售额包含消费税税金。

2. 价款和税款合并收取情况下销售额的确定。

价款和税款合并收取情况下的销售额，即含税销售额。价款和价税合并收取的销售额通常有如下几种情况：①价税合计金额；②商业企业零售价；③普通发票上注明的销售额；④价外费用视为含税收入；⑤逾期包装物押金。这种情况下，必须将含税销售额换算成不含税销售额，作为计算增值税应纳税额的计税依据。换算公式为：

不含税销售额＝含税销售额÷(1＋税率或征收率)

3. 核定销售额。

核定销售额包括两种情形，一是视同销售行为中无价款结算的；二是纳税人销售货物、提供应税劳务或销售服务、无形资产和不动产的价格明显偏低又没有正当理由的。上述情况下，主管税务机关有权按照下列顺序核定计税销售额：

(1) 按纳税人最近时期同类货物的平均销售价格确定；

(2) 按其他纳税人最近时期同类货物的平均销售价格确定；

(3) 按组成计税价格确定。组成计税价格的公式为：

组成计税价格＝成本×(1＋成本利润率)

属于应征消费税的货物，其组成计税价格中应加计消费税额。公式中的成本是指销售自产货物的为实际生产成本，销售外购货物的为实际采购成本。公式中的成本利润率由国家税务总局确定。

4. 特殊销售方式销售额的确定。

在市场竞争中，纳税人会采取某些特殊、灵活的销售方式销售货物，以求扩大销售，占领市场。这些特殊销售方式下增值税销售额的确定是不相同的，如表2－5所示。

表2－5 特殊销售方式下增值税销售额的确定

特殊销售方式	销售额的确定
折扣销售（商业折扣）	如果销售额和折扣额在同一张专用发票上分别注明，可按折扣后的销售额作为计税销售额；如果将折扣额另开发票，不论其在财务上如何处理，均不得从销售额中减除折扣额
销售折扣（现金折扣）	销售折扣发生在销货之后，销售折扣不得从销售额中扣减
销售折让	销售折让可以通过开具红字增值税专用发票从销售额中扣减，因此，销售折让是以折让后的销售额为计税销售额
以旧换新	按新货物的同期售价确定销售额，不得减除旧货物的收购金额（金银首饰除外）
还本销售	按销售货物的全部价格确定计税销售额，不得从销售额中减除还本支出
以物易物	双方都作购销处理，分别计算销项税额和进项税额

5. 包装物押金计税问题。

根据税法规定，纳税人为销售货物而出租出借包装物收取的押金，单独记账核算的，时间在 1 年内，又未过期的，不并入销售额征税；但对逾期（一般以 12 个月为期限）未收回不再退还的包装物押金，应按所包装货物的适用税率计算纳税。因为押金属于含税收入，应先将其换算为不含税销售额再并入销售额征税，换算的公式为：

应纳增值税 = 逾期押金 ÷（1 + 税率）× 税率

对销售除啤酒、黄酒外的其他酒类产品收取的包装物押金，无论是否返还以及会计上如何核算，均应并入当期销售额征税。啤酒、黄酒押金按是否逾期处理。

此外，注意包装物押金和包装物租金的区别，包装物租金属于价外费用，应在收取时并入销售额征税。

（二）进项税额

纳税人购进货物、接受加工修理修配劳务、服务、无形资产或者不动产，所支付或者负担的增值税额为进项税额。它与销售方收取的销项税额相对应，销货方收取的销项税额就是购货方支付的进项税额。

1. 准予从销项税额中抵扣的进项税额。

一般而言，准予从销项税额中抵扣的进项税额可以根据两种方式来确定，一是凭发票抵扣，即根据增值税专用发票或海关进口增值税专用缴款书上注明的税额进行抵扣，不需要计算；二是计算抵扣，即购进某些货物时，根据支付金额和法定扣除率计算出准予抵扣的进项税额。具体而言，准予从销项税额中抵扣的进项税额包括以下几种情形：

（1）销售方取得的增值税专用发票（包括货物运输业增值税专用发票（2016 年 7 月 1 日停止使用）、税控机动车销售统一发票，下同）上注明的增值税额。

（2）从海关取得的进口增值税专用缴款书上注明的增值税额。

（3）购进免税农产品，按照农产品收购发票或者销售发票上注明的农产品买价和 13%（或 11%）的扣除率计算进项税额，从当期销项税额中扣除。计算公式为：

进项税额 = 买价 × 13%（或 11%）

根据财政部、税务总局《关于减并增值税税率有关问题的通知》（财税【2017】37 号）的有关规定，自 2017 年 7 月 1 日起，纳税人购进农产品，按下列规定抵扣进项税额。

纳税人购进农产品，取得一般纳税人开具的增值税专用发票或海关进口增值税专用缴款书的，以增值税专用发票或海关进口增值税专用缴款书上注明的增值税额为进项税额；从按照简易计税方法依照3%征收率计算缴纳增值税的小规模纳税人取得增值税专用发票的，以增值税专用发票上注明的金额和11%的扣除率计算进项税额；取得（开具）农产品销售发票或收购发票的，以农产品销售发票或收购发票上注明的农产品买价和11%的扣除率计算进项税额。

营业税改征增值税试点期间，纳税人购进用于生产销售或委托受托加工17%税率货物的农产品维持原扣除力度不变。

纳税人从批发、零售环节购进适用免征增值税政策的蔬菜、部分鲜活肉蛋而取得的普通发票，不得作为计算抵扣进项税额的凭证。

纳税人购进农产品既用于生产销售或委托受托加工17%税率货物又用于生产销售其他货物服务的，应当分别核算用于生产销售或委托受托加工17%税率货物和其他货物服务的农产品进项税额。未分别核算的，统一以增值税专用发票或海关进口增值税专用缴款书上注明的增值税额为进项税额，或以农产品收购发票或销售发票上注明的农产品买价和11%的扣除率计算进项税额。

（4）纳税人购买境外单位或者个人提供的服务、转让的无形资产或者不动产，从税务机关或者扣缴义务人取得的解缴税款的完税凭证上注明的增值税额准予抵扣。“完税凭证”至少包括《税收缴款书》和《税收完税证明》两种票证。

2. 不得从销项税额中抵扣的进项税额。

（1）纳税人购进货物、应税劳务或销售服务、无形资产或不动产，取得的增值税扣税凭证不符合法律、行政法规或者国务院税务主管部门有关规定的，其进项税额不得从销项税额中抵扣。这里所称增值税扣税凭证包括：增值税专用发票、海关进口增值税专用缴款书、农产品收购发票和农产品销售发票、中华人民共和国税收完税凭证。

（2）有下列情形之一的，应按销售额依增值税税率计算应纳税额，不得抵扣进项税额，也不得使用增值税专用发票：

①一般纳税人会计核算不健全，或不能准确提供税务核算资料的；

②超过小规模纳税人标准，未申请办理一般纳税人登记手续的。

（3）用于简易计税方法计税项目、免征增值税项目、集体福利或者个人消费的购进货物、加工修理修配劳务、服务、无形资产和不动产。其中涉及的固定资产、无形资产、不动产，仅指专用于上述项目的固定资产、无形资产（不包括其他权益性无形资产）、不动产。

（4）非正常损失的购进货物及相关的加工修理修配劳务和交通运输服务。

（5）非正常损失的在产品、产成品所耗用的购进货物（不包括固定资产）、加工修理修配劳务和交通运输服务。

（6）非正常损失的不动产，以及该不动产所耗用的购进货物、设计服务和建筑服务。

（7）非正常损失的不动产在建工程所耗用的购进货物、设计服务和建筑服务。

纳税人新建、改建、扩建、修缮、装饰不动产，均属于不动产在建工程。

（8）购进的旅客运输服务、贷款服务、餐饮服务、居民日常服务和娱乐服务。

（9）财政部和国家税务总局规定的其他情形。

需要注意的是，固定资产、无形资产、不动产的进项税额抵扣原则与其他允许抵扣的项目相比有一定的特殊性。对纳税人涉及的固定资产、无形资产、不动产项目的进项税额，凡发生专用于简易计税方法计税项目、免征增值税项目、集体福利或者个人消费项目的，该进项税额不得予以抵扣；但是，发生兼用于上述不允许抵扣项目情况的，该进项税额准予全部抵扣。

此外，适用一般计税方法的纳税人，兼营简易计税方法计税项目、免征增值税项目而无法划分不得抵扣的进项税额，按照下列公式计算不得抵扣的进项税额：

不得抵扣的进项税额 = 当期无法划分的全部进项税额 ×（当期简易计税方法计税项目销售额 + 免征增值税项目销售额）÷ 当期全部销售额

主管税务机关可以按照上述公式依据年度数据对不得抵扣的进项税额进行清算。

3. 一般纳税人应纳税额的计算。

应纳税额 = 当期销项税额 − 当期进项税额

销项税额“当期”（即纳税义务发生时间）的时间界定，总的原则是销项税额的计算不得滞后；进项税额“当期”的时间界定，总的原则是进项税额的计算不得提前。

（1）进项税额不足抵扣的税务处理。

纳税人在计算应纳税额时，如果当期销项税额小于当期进项税额，不足抵扣的部分，可以结转下期继续抵扣。

（2）一般纳税人注销时存货及留抵税额的税务处理。

一般纳税人注销或被取消辅导期一般纳税人资格，转为小规模纳税人时，其存货不做进项税额转出处理，留抵税额也不予退税。

(3) 一般纳税人既欠缴增值税、又有增值税留抵税额问题的税务处理。

为加强增值税管理，及时追缴欠税，解决增值税一般纳税人既欠缴增值税、又有增值税留抵税额的问题，税法规定，对纳税人因销项税额小于进项税额而产生期末留抵税额的，应以期末留抵税额抵减增值税欠税。抵减欠缴税款时，应按欠税发生时间逐笔抵扣，先发生的先抵。抵缴的欠税包括呆账税金及欠税滞纳金。

(4) 关于增值税税控系统专用设备和技术维护费用抵减增值税税额有关政策。

增值税纳税人初次购买增值税税控系统专用设备（包括分开票机）支付的费用，可凭购买增值税税控系统专用设备取得的增值税专用发票，在增值税应纳税额中全额抵减（抵减额为价税合计额）；非初次购买增值税税控系统专用设备支付的费用，由其自行负担，不得在增值税应纳税额中抵减。

增值税纳税人缴纳的技术维护费，可凭技术维护服务单位开具的技术维护费发票，在增值税应纳税额中全额抵减。增值税一般纳税人支付的专用设备和技术维护费用在增值税应纳税额中全额抵减的，其增值税专用发票不作为增值税抵扣凭证，其进项税额不得从销项税额中抵扣。

根据《国家税务总局关于停止发售金税卡 IC 卡等税控专用设备有关问题的公告》（国家税务总局公告 2014 年第 44 号）的规定，自 2014 年 8 月 1 日起，增值税防伪税控系统服务单位只允许发售金税盘、报税盘，停止发售金税卡、IC 卡等税控专用设备；原使用金税卡、IC 卡的纳税人可以继续使用金税卡、IC 卡等税控专用设备。

二、小规模纳税人应纳税额的计算

（一）应纳税额的计算公式

小规模纳税人销售货物、提供应税劳务、销售服务、无形资产和不动产，实行简易办法按照销售额和规定的征收率计算应纳税额，不得抵扣进项税额。计算公式为：

应纳税额 = 不含税销售额 × 征收率

或 = 含税销售额 ÷ (1 + 3%) × 3% (或 2%)

（二）主管税务机关为小规模纳税人代开发票

小规模纳税人销售货物、提供应税劳务、销售服务、无形资产和不动产，可以申请由主管税务机关代开专用发票。主管税务机关为小规模纳税人代开专用发票后，发生退票的，可比照增值税一般纳税人开具专用发票后作废或开具红字发票的有关规定处理，由销售方到税务机关办理。对于重新开票的，应同时进行新开票税额与原开票税额的清算，多退少补。对于无需重新开票的，退还其已征的税款或抵顶下期正常申报税款。

（三）小规模纳税人购进税控收款机的进项税额抵扣

增值税小规模纳税人购置税控收款机，经主管税务机关审核批准后，可凭购进税控收款机取得的增值税专用发票，按照发票上注明的增值税额，抵免当期应纳增值税。或者按照购进税控收款机取得的普通发票上注明的价款，依下列公式计算可抵免的税额：

可抵免的税额 = 价款 ÷ (1 + 17%) × 17%

当期应纳税额不足抵免的，未抵免的部分可在下期继续抵免。

三、进口货物应纳税额的计算

（一）进口货物的纳税人

对报关进口的货物，以进口货物的收货人或办理报关手续的单位和个人为进口货物的纳税人。实际征收中，对于企业、单位和个人委托代理应征增值税的货物，鉴于代理进口货物的海关完税凭证有的可以开具给委托方，有的可以开具给受托方的特殊性，对代理进口货物以海关开具的完税凭证上的纳税人为增值税纳税人。

（二）进口货物的征税范围

申报进入中华人民共和国海关境内的货物，均应缴纳增值税。实际征收中，只要是报关进口的应税货物，不管其用途如何，是自行采购还是用于贸易，还是自用；无论是购进，还是国外捐赠，均应按照规定缴纳进口环节的增值税（免税的进口货物除外）。

（三）进口货物的适用税率

进口货物增值税税率与增值税一般纳税人在国内销售同类货物的税率相同。

（四）进口货物应纳税额的计算

纳税人进口货物，按照组成计税价格和增值税暂行条例规定的税率计算应纳税额，不得抵扣任何税额。即在计算进口环节的应纳增值税税额时，不得抵扣发生在我国境外的各种税金。另外，如果进口应税消费品，组成计税价格中包含进口环节应纳的消费税。其计算公式为：

应纳税额 = 组成计税价格 × 税率

组成计税价格 = 关税完税价格 + 关税 +（消费税）

进口货物在海关缴纳进口环节增值税后，符合抵扣范围的，可以凭借海关进口增值税专用缴款书从当期销项税额中抵扣。

【例2-1】 某县一家具生产企业为增值税一般纳税人，12月份发生如下业务：

（1）从国外进口一台生产设备，关税完税价格为40万元，将该设备从海关运往企业车间，发生运费8万元，已取得运输公司开具的普通发票；进口一辆豪华轿车（用于职工福利），关税完税价格为100万元。假设进口关税税率均为20%，轿车消费税税率为40%，进口生产设备和小轿车均取得海关进口增值税专用缴款书。

（2）从某林场采购原木一批，开具农产品收购凭证，注明的价款为80万元，支付运费6万元，已取得增值税专用发票。

（3）外购三合板一批，取得增值税专用发票，注明价款为20万元，当月装修厂房，领用其中的10%。

（4）年初购进的一批原木因管理不善霉烂变质，账面成本为8.7万元。

（5）采取“以旧换新”方式销售某型号的自产家具，新产品的不含税销售额为10万元，旧产品作价6万元，共取得差价款4万元。

（6）向某家具商城批发一批家具，开具专用发票取得不含税销售收入300万元，收取包装物押金10万元并单独记账。

（7）本月底采取委托银行收款方式销售自产家具两套，价款为12万元，尚未办理托收手续。

（8）本年10月份销售的一套家具，由于质量出现了问题，对方要求给予一定的价格减让，已按规定开具了红字专用发票，发票注明价款为2万元。

（9）销售增值税转型前购入的一台旧设备，取得收入8万元，并开具了普通发票。

（10）销售给小规模纳税人办公家具一套，取得收入3.51万元，开具了普通发票。

（11）企业下设独立核算的运输车队，为其同行业其他企业提供运输服务，共取得运输费收入20万元（不含税）。

已知：以上取得的有关票据均通过税务机关认证。

要求：根据上述资料，计算该家具生产企业12月份应纳增值税额。

分析：

(1) 进口设备应纳增值税 $=(40+40\times20\%)\times17\%=8.16$（万元）

进口轿车应纳增值税 $=\{(100+100\times20\%)\div(1-40\%)\}\times17\%=34$（万元）

根据增值税暂行条例规定，进口货物在海关缴纳进口环节增值税后，符合抵扣范围的，可以凭借海关进口增值税专用缴款书从当期销项税额中抵扣。家具生产企业进口机器设备，其进项税额允许抵扣，而进口轿车用于职工福利，其进项税额不得抵扣。

进口环节允许抵扣的进项税额 $=8.16$（万元）

(2) 原木属于农产品，从林场采购原木属于从农业生产者手中购入免税农产品，可按收购凭证注明价款计算抵扣进项税额。同时，取得增值税专用发票，支付运费允许抵扣进项税额。

购入原木和支付运费允许抵扣的进项税额 $=80\times13\%+6\times11\%=11.06$（万元）

(3) 外购三合板的10%用于装修厂房，营改增后，厂房属于增值税应税项目，允许抵扣进项税额。

外购三合板允许抵扣的进项税额 $=20\times17\%=3.4$（万元）

(4) 年初购入原木因管理不善霉烂变质，属于非正常损失，要做进项税额转出处理。

进项税额转出 $=8.7\div(1-13\%)\times13\%=1.3$（万元）

(5) 以“以旧换新”方式自产家具，不得扣减旧家具的收购价格，应以新家具的不含税售价作为计税依据。

以旧换新销售家具销项税额 $=10\times17\%=1.7$（万元）

(6) 批发家具收取包装物押金无论是否单独记账，在收取时不计算缴纳增值税，只有在逾期时才需要缴纳增值税。

批发家具的销项税额 $=300\times17\%=51$（万元）

(7) 采取委托银行收款方式销售自产家具，由于尚未办理托收手续，因此本月不计算缴纳销项税额。

(8) 对已售出的家具由于质量问题给予价格折让，开具红字增值税专用发票，应冲减销售时的销项税额。

应冲减的销项税额 $=2\times17\%=0.34$（万元）

(9) 12月销售增值税转型前购入的一台旧设备，根据《关于简并增值税征收率政策的通知》（财税［2014］57号）规定，属于一般纳税人销售自已使用过的不得抵扣且未抵扣进项税额的固定资产，按照简易办法依照3%征收率减按2%征收增值税。

销售旧设备的销项税额 =8÷(1+3%)×2% =0.155（万元）

(10) 销售给小规模纳税人家具，开具普通发票，取得收入为含增值税收入，计算销项税额时需换算为不含增值税销售额。

销售给小规模纳税人的销项税额 =3.51÷(1+17%)×17% =0.51（万元）

(11) 提供运输服务属于营改增范围，应计算缴纳增值税。

运输服务的销项税额 =20×11% =2.2（万元）

(12) 应纳增值税 =(1.7+51+0.155+2.2+0.51-0.34)-(8.16+11.06+3.4)+1.3 =33.905（万元）

第3节 增值税的会计处理

一、会计科目的设置

营改增试点改革全面推开之后，为进一步规范增值税会计处理，促进《关于全面推开营业税改征增值税试点的通知》（财税〔2016〕36号）的贯彻落实，财政部制定了《增值税会计处理规定》（财会〔2016〕22号），全面调整和规范了增值税及其营改增的会计处理。

增值税一般纳税人在计税时用销项税额减去进项税额，凭增值税扣税凭证进行抵扣；小规模纳税人采用简易核算办法，不能抵扣进项税额。此外，营改增后，一般纳税人的特定应税行为也可以选择适用简易计税方法。不同纳税人计算方法的不同导致了增值税核算时设置的会计科目有所不同。

（一）一般纳税人会计科目的设置

增值税作为一种价外税，销售货物、提供应税劳务、销售服务、无形资产和不动产收取的增值税不计入销售收入，购进货物、接受应税劳务与应税行为支付的增值税一般不计入货物或劳务与应税行为的成本，在价外单独核算。增值税一般纳税人应当在“应交税费”科目下设置“应交增值税”、“未交增值税”、“预交增值税”、“待抵扣进项税额”、“待认证进项税额”、“待转销项税额”、“增值税留抵税额”、“简易计税”、“转让金融商品应交增值税”、“代扣代交增值税”等明细科目。此外，还可以设置“增值检查调整”明细科目。

1. “应交税费——应交增值税”科目。

“应交税费——应交增值税”账户采用多栏式账页格式，在借方和贷方共设置10个专栏对应交增值税进行核算。如图2-1“T形”账户所示。

应交税费——应交增值税

（1）进项税额 （2）销项税额抵减 （3）已交税金 （4）减免税款 （5）出口抵减内销产品应纳税额 （6）转出未交增值税	（7）销项税额 （8）出口退税 （9）进项税额转出 （10）转出多交增值税
余额：多缴的增值税或留抵税款	余额：应交未缴的增值税

图2-1 “应交税费——应交增值税”T形账户

具体而言，各个专栏的核算内容和核算时需要注意事项如下：

（1）“进项税额”专栏，记录一般纳税人购进货物、加工修理修配劳务、服务、无形资产或不动产而支付或负担的、准予从当期销项税额中抵扣的增值税额；一般纳税人购入货物（包含加工修理修配劳务、服务、无形资产或不动产，下同）支付的进项税额，用蓝字登记；退回所购货物应冲销的进项税额，在借方用红字登记。

（2）“销项税额抵减”专栏，记录一般纳税人按照现行增值税制度规定因扣减销售额而减少的销项税额；

（3）“已交税金”专栏，记录一般纳税人当月缴纳当月应纳增值税税额。

（4）“减免税款”专栏，记录一般纳税人按规定减免的增值税款。一般纳税人按规定直接减免的增值税额借记本科目，贷记“营业外收入——政府补贴”科目。

（5）“出口抵减内销产品应纳税额”专栏，记录实行“免、抵、退”办法的一般纳税人向税务机关办理免、抵、退税申报，按规定计算的应免抵税额，借记本科目，贷记“应交税费——应交增值税（出口退税）”科目。

（6）“转出未交增值税”专栏，记录一般纳税人月终转出应缴未缴的增值税。月末，一般纳税人“应交税费——应交增值税”明细账出现贷方余额时，根据余额借记本科目，贷记“应交税费——未交增值税”科目。

（7）“销项税额”专栏，记录一般纳税人销售货物、加工修理修配劳务、服务、无形资产或不动产应收取的增值税额。一般纳税人销售货物收取的销项税额，用蓝字登记；退回销售货物应冲减的销项税额，在贷方用红字登记。

(8)“出口退税”专栏，记录一般纳税人出口货物、加工修理修配劳务、服务、无形资产，在向海关办理报关出口手续后，凭出口报关单等有关单证，向税务机关申报办理出口退税而收到退回的税款。出口货物退回的增值税税额，用蓝字登记；出口货物办理退税后发生退货或者退关而补缴已退的税款，用红字登记。出口企业当期按规定应退税额，借记“其他应收款——应收出口退税款（增值税）”科目，贷记本科目。

(9)“进项税额转出”专栏，记录一般纳税人购进货物、加工修理修配劳务、服务、无形资产或不动产等发生非正常损失以及其他原因而不应从销项税额中抵扣，按规定转出的进项税额。根据税法规定，该专栏主要记录如下三种情形：一是已经抵扣进项税额的外购货物改变用途，用于不得抵扣进项税额的用途，做进项税额转出处理；二是在产品、产成品发生非正常损失，其所用外购货物等进项税额做转出处理；三是生产企业出口自产货物的免抵退税不得免征和抵扣税额，应做进项税额转出处理，借记“主营业务成本”，贷记本科目。

(10)“转出多交增值税”专栏，记录一般纳税人月终转出多缴的增值税。月末一般纳税人“应交税费——应交增值税”明细账出现借方余额时，根据余额借记“应交税费——未交增值税”科目，贷记本科目。用本科目核算需要注意的是，对于增值税一般纳税人由于借方的进项税额大于贷方的销项税额而出现的“应交税费——应交增值税”的借方余额，月末不需进行账务处理，多出的进项税额留待下期抵扣；对于由于多预缴税款形成的“应交税费——应交增值税”的借方余额，才需要做转出处理，按照“已交税金”与应交增值税借方余额较小一方做“转出多交增值税”处理。

2.“应交税费——未交增值税”科目。

“应交税费——未交增值税”科目，核算一般纳税人月度终了从“应交增值税”或“预交增值税”明细科目转入当月应交未交、多交或预缴的增值税额，以及当月交纳以前期间未交的增值税额。月末，本科目的借方余额反映的是企业期末留抵和专用税票预缴等多缴的增值税税款，贷方余额反映的是期末结转下期的应缴增值税。核算内容如下图2-2“T形”账户所示。

应交税费——未交增值税

(1) 转入本月多缴增值税 (2) 本月上缴以前各期应缴未缴的增值税 (3) 转入本月预缴的增值税	转入本月应缴未缴的增值税
余额：多缴的增值税或留抵税款	余额：应交未缴的增值税

图2-2　“应交税费——未交增值税”T形账户

“应交税费——未交增值税”科目具体核算情形如下：

（1）月份终了，将当月发生的应缴未缴增值税额自“应交税费——应交增值税”科目借方转入“应交税费——未交增值税”科目贷方。会计分录为：

借：应交税费——应交增值税（转出未交增值税）

　　贷：应交税费——未交增值税

（2）月份终了，将当月多缴的增值税额自“应交税费——应交增值税”科目贷方转入“应交税费——未交增值税”科目借方。会计分录为：

借：应交税费——未交增值税

　　贷：应交税费——应交增值税（转出多交增值税）

（3）月份终了，将当月预缴的增值税额自“应交税费——预交增值税”科目贷方转入“应交税费——未交增值税”科目借方。会计分录为：

借：应交税费——未交增值税

　　贷：应交税费——预交增值税

（4）当月缴纳以前各期应缴未缴的增值税时，会计分录为：

借：应交税费——未交增值税

　　贷：银行存款

【例2-2】 宏达公司为增值税一般纳税人，20×7年1月8日上缴20×6年12月应纳增值税额148 000元。请做出相关的会计处理。

缴税时：

借：应交税费——未交增值税　　148 000

　　贷：银行存款　　148 000

（5）用进项留抵税额抵减增值税欠税的会计处理。

对纳税人因销项税额小于进项税额而产生期末留抵税额的，应以期末留抵税额抵减增值税欠税。核算时，按增值税欠税税额与期末留抵税额中较小的数字红字借记“应交税费——应交增值税（进项税额）”科目，贷记“应交税费——未交增值税”科目。

【例2-3】 某企业2月在税务稽查中应补增值税22万元，欠税未补。若2月期末留抵税额15万元，3月末留抵税额10万元，则2月和3月末用留抵税额抵减欠税的会计处理为：

2月末：

借：应交税费——应交增值税（进项税额）　　[150 000]

　　贷：应交税费——未交增值税　　[150 000]

3月末：

借：应交税费——应交增值税（进项税额） 70 000

贷：应交税费——未交增值税 70 000

3.“应交税费——预交增值税”科目。

“应交税费——预交增值税”明细科目，核算一般纳税人转让不动产、提供不动产经营租赁服务、提供建筑服务、采用预收款方式销售自行开发的房地产项目等，以及其他按现行增值税制度规定应预缴的增值税额。

企业预缴增值税时，借记“应交税费——预交增值税”科目，贷记“银行存款”科目。月末，企业应将“预交增值税”明细科目余额转入“未交增值税”明细科目，借记“应交税费——未交增值税”科目，贷记“应交税费——预交增值税”科目。房地产开发企业等在预缴增值税后，应直至纳税义务发生时方可从“应交税费——预交增值税”科目结转至“应交税费——未交增值税”科目。

4.“应交税费——待抵扣进项税额”科目。

“应交税费——待抵扣进项税额”明细科目，核算一般纳税人已取得增值税扣税凭证并经税务机关认证，按照现行增值税制度规定准予以后期间从销项税额中抵扣的进项税额。包括：一般纳税人自2016年5月1日后取得并按固定资产核算的不动产或者2016年5月1日后取得的不动产在建工程，按现行增值税制度规定准予以后期间从销项税额中抵扣的进项税额；实行纳税辅导期管理的一般纳税人取得的尚未交叉稽核比对的增值税扣税凭证上注明或计算的进项税额。

一般纳税人自2016年5月1日后取得并按固定资产核算的不动产或者2016年5月1日后取得的不动产在建工程，其进项税额按现行增值税制度规定自取得之日起分2年从销项税额中抵扣的，应当按取得成本，借记“固定资产”、“在建工程”等科目，按当期可抵扣的增值税额，借记“应交税费——应交增值税（进项税额）”科目，按以后期间可抵扣的增值税额，借记“应交税费——待抵扣进项税额”科目，按应付或实际支付的金额，贷记“应付账款”、“应付票据”、“银行存款”等科目。尚未抵扣的进项税额待以后期间允许抵扣时，按允许抵扣的金额，借记“应交税费——应交增值税（进项税额）”科目，贷记“应交税费——待抵扣进项税额”科目。

【例2-4】 20×7年5月某工业企业为新修建厂房购进一批工程物资，取得增值税专用发票上注明的价款100万元，增值税税款17万。假设该增值税专用发票当月通过认证。购进工程物资的会计处理如下：

该工业企业为新修建厂房购进一批工程物资属于新建不动产，按照现行增值税相关制度，其购入工程物资的税额分两年抵扣，即取得扣税凭证当月可以抵扣全部进项税额的60%；于取得扣税凭证当月起的第13个月抵扣剩余的40%。因此，当期允许抵扣的增值税税款 = 170 000 × 60% = 102 000（元）；计入待抵扣的进项税额 = 170 000 × 40% = 68 000（元）。

20×7年5月的会计处理：

借：在建工程　　1 000 000
　　应交税费——应交增值税（进项税额）　　102 000
　　应交税费——待抵扣进项税额　　68 000
　　贷：银行存款　　1 170 00

20×8年5月的会计处理：

借：应交税费——应交增值税（进项税额）　　68 000
　　贷：应交税费——待抵扣进项税额　　68 000

5. “应交税费——待认证进项税额”科目。

“应交税费——待认证进项税额”明细科目，核算一般纳税人由于未经税务机关认证而不得从当期销项税额中抵扣的进项税额。包括：一般纳税人已取得增值税扣税凭证、按照现行增值税制度规定准予从销项税额中抵扣，但尚未经税务机关认证的进项税额；一般纳税人已申请稽核但尚未取得稽核相符结果的海关缴款书进项税额。

企业取得未经税务机关认证的扣税凭证或未经海关稽核相符的海关缴款书，借记“在途物资”、“原材料”等科目，同时借记“应交税费——待认证进项税额”，贷记“银行存款”、“应付账款”等相关科目。待认证通过或认证相符后，借记“应交税费——应交增值税（进项税额）”，贷记“应交税费——待认证进项税额”。

6. “应交税费——待转销项税额”科目。

“应交税费——待转销项税额”明细科目，核算一般纳税人销售货物、加工修理修配劳务、服务、无形资产或不动产，已确认相关收入（或利得）但尚未发生增值税纳税义务而需于以后期间确认为销项税额的增值税额。

按照国家统一的会计制度确认收入或利得的时点早于按照增值税制度确认增值税纳税义务发生时点的，应将相关销项税额计入“应交税费——待转销项税额”科目，待实际发生纳税义务时再转入“应交税费——应交增值税（销项税额）”或“应交税费——简易计税”科目。

按照增值税制度确认增值税纳税义务发生时点早于按照国家统一的会计制度确认收入或利得的时点的，应将应纳增值税额，借记“应收账款”科目，贷记“应交税费——应交增值税（销项税额）”或“应交税费——简易计税”科目，按照国家统一的会计制度确认收入或利得时，应按扣除增值税销项税额后的金额确认收入。

7. “应交税费——增值税留抵税额”科目。

“应交税费——增值税留抵税额”明细科目，核算兼有销售服务、无形资产或者不动产的原增值税一般纳税人，截止到纳入营改增试点之日前的增值税期末留抵税额按照现行增值税制度规定不得从销售服务、无形资产或不动产的销项税额中抵扣的增值税留抵税额。

纳入营改增试点当月月初，原增值税一般纳税人应按不得从销售服务、无形资产或不动产的销项税额中抵扣的增值税留抵税额，借记“应交税费——增值税留抵税额”科目，贷记“应交税费——应交增值税（进项税额转出）”科目。待以后期间允许抵扣时，按允许抵扣的金额，借记“应交税费——应交增值税（进项税额）”科目，贷记“应交税费——增值税留抵税额”科目。

8. “应交税费——简易计税”科目。

“应交税费——简易计税”明细科目，核算一般纳税人采用简易计税方法发生的增值税计提、扣减、预缴、缴纳等业务。

一般纳税人采用简易计税办法计税，实际发生增值税计提、扣减、预缴、缴纳等业务时，借记“银行存款”、“应付账款”等科目，贷记“主营业务收入”、“其他业务收入”等科目，贷记“应交税费——简易计税”科目。

9. “应交税费——转让金融商品应交增值税”科目。

“应交税费——转让金融商品应交增值税”明细科目，核算增值税纳税人转让金融商品发生的增值税额。金融商品实际转让月末，如产生转让收益，则按应纳税额借记“投资收益”等科目，贷记“应交税费——转让金融商品应交增值税”科目；如产生转让损失，则按可结转下月抵扣税额，借记“应交税费——转让金融商品应交增值税”科目，贷记“投资收益”等科目。交纳增值税时，应借记“应交税费——转让金融商品应交增值税”科目，贷记“银行存款”科目。年末，本科目如有借方余额，则借记“投资收益”等科目，贷记“应交税费——转让金融商品应交增值税”科目。

10. “应交税费——代扣代交增值税”科目。

“应交税费——代扣代交增值税”明细科目，核算纳税人购进在境内未设经营机构的境外单位或个人在境内的应税行为代扣代缴的增值税。按照现行增值税制度规定，境外单位或个人在境内发生应税行为，在境内未设有经营机构的，以购买方为增值税扣缴义务人。

境内一般纳税人购进服务、无形资产或不动产，按应计入相关成本费用或资产的金额，借记“生产成本”、“无形资产”、“固定资产”、“管理费用”等科目，按可抵扣的增值税额，借记“应交税费——应交增值税（进项税额）”科目，按应付或实际支付的金额，贷记“应付账款”等科目，按应代扣代缴的增值税额，贷记“应交税费——代扣代交增值税”科目。实际缴纳代扣代缴增值税时，按代扣代缴的增值税额，借记“应交税费——代扣代交增值税”科目，贷记“银行存款”科目。

境外单位或者个人在境内发生应税行为，在境内未设有经营机构的，以购买方为增值税扣缴义务人，扣缴义务人对于代扣代缴的增值税应该通过此科目核算。

11. “应交税费——增值税检查调整”科目。

根据国家税务总局关于《增值税日常稽查办法的通知》（国税发〔1998〕44 号）规定，在税务机关对增值税一般纳税人增值税纳税情况进行检查后，凡涉及增值税涉税账务调整的，应设立“应交税费——增值税检查调整”专门账户。调账过程中与增值税有关的账户用“应交税费——增值税检查调整”替代。凡检查后应调减账面进项税额或调增销项税额和进项税额转出的，借记有关科目，贷记“应交税费——增值税检查调整”；凡检查后应调增账面进项税额或调减销项税额和进项税额转出的，借记“应交税费——增值税检查调整”，贷记有关科目；全部调账事项入账后，结出“应交税费——增值税检查调整”的余额，并将该余额转至“应交税费——未交增值税”中。处理之后，本账户无余额。如图 2－3“T 形”账户所示。

应交税费——增值税检查调整

调增账面进项税额	调减账面进项税额
调减账面销项税额	调增账面销项税额
调减账面进项税额转出	调增账面进项税额转出

图 2－3 “应交税费——增值税检查调整”T 形账户

【例 2－5】 8 月 15 日，经主管国税局检查，发现兴达公司上月购进的甲材料用于单位食堂建设，企业仅以账面金额 5 万元（不含税价格）结转至“在建工程”科目核算；另有 2 万元的乙材料购入业务取得的增值税专用发票不符合规定，相应税金 0.34 万元已于上月抵扣。税务机关要求该企业在本月调账并于 8 月 31 日前补交税款入库（不考虑滞纳金和罚款）。会计处理如下：

借：在建工程　　8 500

　　贷：应交税费——增值税检查调整　　8 500

借：原材料 3 400
　　贷：应交税费——增值税检查调整 3 400
借：应交税费——增值税检查调整 11 900
　　贷：应交税费——未交增值税 11 900
借：应交税费——未交增值税 11 900
　　贷：银行存款 11 900

（二）小规模纳税人会计科目的设置

小规模纳税人采用简易办法计算增值税，不得抵扣进项税额。因此，小规模纳税人需在“应交税费”科目下设置“应交增值税”明细科目进行核算，无需再设置销项税额和进项税额等专栏。其贷方反映应缴的增值税，借方反映实际上缴的增值税，贷方余额反映未缴或欠缴的增值税，借方余额反映多缴的增值税。如图2－4“T形”账户所示。需要注意的是，小规模纳税人购买物资、服务、无形资产或不动产，取得增值税专用发票上注明的增值税应计入相关成本费用或资产，不通过“应交税费——应交增值税”科目核算。此外，全面推开营改增试点改革后，小规模纳税人还应设置“转让金融商品应交增值税”、“代扣代交增值税”等明细科目。

应交税费——应交增值税

实际上缴的增值税	应缴的增值税
余额：多缴的增值税	余额：应交未缴或欠缴的增值税

图2－4　小规模纳税人“应交税费——应交增值税”T形账户

二、进项税额及其转出的会计处理

（一）增值税进项税额的会计处理

我国现行增值税采取的是凭票扣税和计算扣税两种方式抵扣进项税额。根据纳税人购进货物、接受应税劳务或应税行为的方式、取得的凭证和履行的手续不同、用途不同，其进项税额的会计处理也不尽相同。具体在进项税额的核算中，关键是要区分哪些进项税额允许抵扣，哪些进项税额不得抵扣，进而决定按价税分开记账还是价税合一记账。如果进项税额可以抵扣，则价税分开记账；如果进项税额不可以抵扣，则价税合一记账。

1. 允许抵扣进项税额的会计处理——价税分开记账。

在准予当期抵扣进项税额的情况下，购进货物按照从销售方取得的增值税专用发票注明的增值税额，或者购进免税农产品依照计算抵扣率计算的进项税额，借记“应交税费——应交增值税（进项税额）”科目，按不含增值税购买价款借记“原材料”、“委托加工物资”、“库存商品”等科目，按照价款和税款合计数贷记“银行存款”、“应付账款”、“应付票据”等科目。

（1）国内采购业务进项税额的会计核算。

国内采购业务进项税额的会计核算分为工业企业采购和商品流通企业采购两种情况。

其一，工业企业购进货物进项税额的会计核算。

工业企业从国内购进货物，按增值税专用发票上注明的增值税额借记“应交税费——应交增值税（进项税额）”，按专用发票上注明的价款借记“原材料”、“材料采购”等科目，贷记“银行存款”、“应付账款”、“应付票据”等科目。购入货物发生退货作相反的会计分录。

【例2-6】宏达食品厂采购面粉100袋用于生产各类食品，每袋不含税价480元，增值税税率13%，取得增值税专用发票，面粉已经验收入库，发票已通过认证，款项已经支付。宏达食品厂的会计处理如下：

允许抵扣的进项税额=480×100×13%=6 240（元）

借：原材料	48 000	
应交税费——应交增值税（进项税额）	6 240	
贷：银行存款		54 240

【例2-7】宏达食品厂3月购买一辆小汽车用于接送公司领导，取得税控机动车销售统一发票，注明价款50万元、税款8.1万元。发票已通过认证，款项已经支付。宏达食品厂的会计处理如下：

借：固定资产	500 000	
应交税费——应交增值税（进项税额）	81 000	
贷：银行存款		581 000

分析：

根据财税〔2013〕37号文件规定，自2013年8月1日起，原增值税一般纳税人自用的应征消费税的摩托车、小汽车、游艇（两车一艇），其进项税额准予从销项税额中抵扣。实践中，凭票抵扣，即取得合法的“税控机动车销售统一发票”就可以抵扣进项税额。

【例2-8】宏达食品厂购进食用植物油200桶用于生产蛋糕，每桶不含增值税价180元，增值税税率11%，取得增值税专用发票并通过认证，植物油已经验收入库。另有对方代垫运费1 000元，取得的货物运输业增值税专用发票注明价款1 000元、增值税进项税额110元。宏达食品厂用银行存款支付货款、运费及其税款。宏达食品厂的会计处理如下：

允许抵扣的进项税额 = 200 × 180 × 11% + 110 = 4 070（元）

借：原材料　　37 000

　　应交税费——应交增值税（进项税额）　　4 070

　　贷：银行存款　　41 070

分析：

自2017年7月1日起，简并增值税税率结构，取消增值税13%的适用税率，原食用植物油适用13%的税率降为11%。

【例2-9】 宏达食品厂购进食用天然蜂蜜，取得增值税专用发票，注明价款20 000元；购入奶油，取得增值税专用发票，注明价款30 000元。月末进行核算时，增值税专用发票尚未通过税务机关认证。宏达食品厂的会计处理如下：

待抵扣的进项税额 = 20 000 × 11% + 30 000 × 17% = 7 300（元）

借：原材料　　50 000

　　应交税费——待认证进项税额　　7 300

　　贷：银行存款　　57 300

待专用发票通过认证后，作如下会计处理：

借：应交税费——应交增值税（进项税额）　　7 300

　　贷：应交税费——待认证进项税额　　7 300

其二，商品流通企业采购货物进项税额的会计核算。

商品流通企业分为商业批发企业和商业零售企业。商业批发企业从国内购进商品，其进项税额的会计核算与工业企业基本一致。

【例2-10】 某百货批发公司购进商品一批、全部款项119.22万元，其中增值税专用发票上注明的价款为100万元、税额为17万元，对方代垫运费及税款2.22万元，取得承运部门开具的增值税专用发票一张。所有款项已由银行划拨。该百货批发公司的会计处理如下：

借：材料采购　　1 020 000

　　应交税费——应交增值税（进项税额）　　172 200

　　贷：银行存款　　1 192 200

验收入库时，如仓库管理员发现这批外购商品发生合理损耗，会计处理如下：

借：库存商品　　1 020 000

　　贷：材料采购　　1 020 000

如发现有1/10的货物发生非正常损失，则根据毁损商品报告单，按实际未毁损商品入库，毁损商品计入待处理财产损益，已经抵扣的进项税额作转出处理。会计处理如下：

借：库存商品　　　　918 000（1 020 000 ×9000/10000）

　　贷：材料采购　　　　918 000

借：待处理财产损益　　　　119 220

　　贷：材料采购　　　　102 000

　　　　应交税费——应交增值税（进项税额转出）　　17 220

分析：

（1）新会计准则对商品流通企业在采购商品过程中发生的运输费、装卸费等，明确规定计入商品采购成本。企业采购商品的进货费用金额较小的，可以在发生时直接计入当期损益。

（2）正常损失（合理损耗）的进项税额允许抵扣，非正常损失的进项税额不予抵扣，如果已经抵扣，则需要做进项税额转出处理。

由于商业零售企业的库存商品采用“售价法”进行记账，因此，商业零售企业从国内购进货物的会计核算需要增设“商品进销差价”科目核算企业商品含税售价与进价之间的差额。“商品进销差价”科目可按商品类别或实物管理负责人进行明细核算。本科目的期末贷方余额反映企业库存商品的商品进销差价。

商品零售企业购进商品，应根据销货方开具的增值税专用发票注明的销货金额，借记“材料采购”、“库存商品”等科目，按增值税专用发票注明的增值额（进项税额）借记“应交税费——应交增值税（进项税额）”，按应付或实际支付的价款和税款合计数贷记“银行存款”、“应付账款”等科目。商品入库时，按商品的含税售价借记“库存商品”科目，按不含税的进价贷记“在途物资”等科目，再按含税的进销差价，贷记“商品进销差价”科目。

商业零售企业会计核算的最大特点在于，“库存商品”与“商品进销差价”是形影不离的，只要“库存商品”增加，“商品进销差价”就要增加；只要“库存商品”减少，“商品进销差价”就要减少。

【例 2 -11】 兴隆商场为从事商品零售业务的增值税一般纳税人，10 月购进冰箱 100 台，取得的增值税专用发票上注明单价 3 000 元/台，不含税全额合计 30 万元，税额 5.1 万元；该冰箱的不含税售价为 3 500 元/台，商品已验收入库，所有款项以银行存款支付，增值税专用发票通过税务机关认证。兴隆商场的会计处理如下：

购进商品，支付货款：

借：材料采购　　300 000

　　应交税费——应交增值税（进项税额）　　51 000

　　贷：银行存款　　351 000

商品验收入库：

冰箱的含税售价 =3 500 ×(1 +17%)=4 095（元）

借：库存商品　　409 500

　　贷：材料采购　　300 000

　　　　商品进销差价　　109 500

零售企业在购进的商品验收入库后，由于商品质量、规格与合同不符等原因，向供货方提出退货要求，经双方协商后，可将原购进商品退还给供货方。发生进货退出时，购买方取得专用发票已用于申报抵扣的，购买方可在增值税发票管理新系统中填开并上传《开具红字增值税专用发票信息表》(以下简称《信息表》)，在填开《信息表》时不填写相对应的蓝字专用发票信息，应暂依《信息表》所列增值税税额从当期进项税额中转出，待取得销售方开具的红字专用发票后，与《信息表》一并作为记账凭证。然后按商品含税零售价冲减“库存商品”科目，相应调整“商品进销差价”科目，同时将收回的进项税额予以冲销。

假设兴隆商场上述购进冰箱在拆包上柜时，发现有10台冰箱存在质量缺陷，予以退货，收回的价款和税款已存入银行。兴隆商场的会计处理如下：

借：银行存款　　35 100

　　应交税费——应交增值税（进项税额）　　[5 100]

　　商品进销差价　　109 500

　　贷：库存商品　　409 500

在会计实务中，也可以将上述一笔分录分成以下两笔：

借：银行存款　　35 100

　　应交税费——应交增值税（进项税额）　　[5 100]

　　贷：材料采购　　30 000

借：材料采购　　30 000

　　商品进销差价　　109 500

　　贷：库存商品　　409 500

(2) 接受投资转入货物进项税额的核算。

一般纳税人接受投资转让货物，按增值税专用发票上注明的增值税额，借记“应交税费——应交增值税（进项税额）”科目，按照双方确认的投资货物价值，借记“原材料”等科目，按其在注册资本中所占的份额，贷记“实收资本”科目；按其差额，贷记“资本公积”科目。

【例2－12】宏达食品厂本月接受A企业投入原材料一批，取得增值税专用发票，注明该批原材料价款为70万元，税金11.9万元。该批原材料的成本价为50万元，双方以该批材料的成本加税金61.9万元作为投资价值。该公司存货均采用实际成本核算。宏达食品厂的会计处理如下：

借：原材料	700 000	
应交税费——应交增值税（进项税额）	119 000	
贷：实收资本		619 000
资本公积		200 000

【例2－13】宏达食品厂接受B企业以原材料作为投资，B企业开出一份增值税专用发票，注明货款256 410元，税款43 590元，直接将货物送到仓库验收入库。假设确认B企业的注册资本份额为250 000元。宏达食品厂的会计处理如下：

借：原材料	256 410	
应交税费——应交增值税（进项税额）	43 590	
贷：实收资本		250 000
资本公积		50 000

（3）接受捐赠转入货物进项税额的核算。

一般纳税人接受捐赠转让的货物，按增值税专用发票上注明的增值税额，借记“应交税费——应交增值税（进项税额）”科目，按照双方确认的捐赠货物的价值，借记“原材料”等科目，按接受捐赠的非货币资产的公允价值贷记“营业外收入”科目。

【例2－14】宏达食品厂接受C企业捐赠的生产小食品的机器一台，收到的增值税专用发票注明设备价款20万元，配套模具价款1万元，增值税额分别为3.4万元和0.17万元。宏达食品厂的会计处理如下：

借：固定资产	200 000	
周转材料——低值易耗品	10 000	
应交税费——应交增值税（进项税额）	35 700	
贷：营业外收入		245 700

（4）接受应税劳务进项税额的核算。

一般纳税人接受应税劳务，按增值税专用发票上注明的增值税额，借记“应交税费——应交增值税（进项税额）”科目，按专用发票上记载的应计入加工、修理修配等货物成本的金额，借记“委托加工物资”、“其他业务成本”、“制造费用”、“管理费用”等科目；按照实付或应付的金额，贷记“银行存款”等科目。

【例 2－15】 宏达食品厂提供面粉，委托 D 企业加工面包。宏达食品厂支付加工费 8 000 元，取得的专用发票注明增值税 1 360 元。宏达食品厂的会计处理如下：

借：委托加工物资　　8 000

　　应交税费——应交增值税（进项税额）　　1 360

　贷：银行存款　　9 360

（5）进口货物进项税额的核算。

一般纳税人进口货物取得的属于增值税扣税范围的海关缴款书，实行“先比对后抵扣”的管理办法，经税务机关稽核比对后，如果比对结果相符并且核查后允许抵扣的，按海关缴款书上注明的增值税额，借记“应交税费——应交增值税（进项税额）”科目；如果比对结果暂不相符，则借记“应交税费——待认证进项税额”。按进口货物应计入采购成本的金额，借记“原材料”、“材料采购”等科目，按照实付或应付的金额，贷记“银行存款”等科目。

【例 2－16】 宏达食品厂从国外进口原材料，到岸价 100 000 美元，从外汇存款账户支付，进口关税税率为 10%，增值税税率为 17%；支付国内运费 10 000 元人民币，取得的增值税专用发票注明运费 10 000 元，增值税 1 100元。宏达食品厂转账支付税款和运费，汇率为 1:6.3。

支付货款时，宏达食品厂会计处理如下：

借：原材料　　630 000

　贷：银行存款——美元户　　630 000

完税凭证通过认证后，宏达食品厂会计处理如下：

应纳关税 = 630 000 × 10% = 63 000（元）

应纳增值税 =（630 000 + 63 000）× 17% = 117 810（元）

借：原材料　　63 000

　　应交税费——应交增值税（进项税额）　　117 810

　贷：银行存款——人民币户　　180 810

分析：

关税是价内税，支付的进口关税计入原材料采购成本；增值税是价外税，支付的增值税进项税额允许抵扣。

支付国内运费，宏达食品厂会计处理如下：

借：原材料　　10 000

应交税费——应交增值税（进项税额） 1 100
贷：银行存款——人民币户 11 100

（6）购进免税农产品进项税额的核算。

一般纳税人购入免税农产品，按买价或收购凭证等有关凭证上注明金额的一定比率（现行规定抵扣率为13%）计算进项税额并允许从销项税额中进行抵扣，借记“应交税费——应交增值税（进项税额）”科目，买价或收购凭证上注明的金额扣除允许抵扣的进项税额之后的余额作为购进成本，借记“原材料”等科目；按照实付或应付的金额，贷记“银行存款”等科目。

【例2-17】宏达食品厂从农业生产者手中直接收购玉米等农产品，农产品收购凭证上注明价款50万元；另宏达食品厂支付运输费用2万元，取得增值税普通发票。转账支付所有款项时，宏达食品厂的会计处理如下：

允许抵扣的进项税额 = 500 000 × 11% = 55 000（元）

借：原材料 455 000
应交税费——应交增值税（进项税额） 55 000
贷：银行存款 510 000

分析：

（1）根据财政部、税务总局《关于减并增值税税率有关问题的通知》（财税【2017】37号）的有关规定，自2017年7月1日起，纳税人购进农产品，取得（开具）农产品销售发票或收购发票的，以农产品销售发票或收购发票上注明的农产品买价和11%的扣除率计算进项税额。

（2）自2013年8月1日起（铁路运输自2014年1月1日起），购入或销售货物支付的运费如果取得了货物运输业增值税专用发票（全面推行增值税发票新系统后，货物运输业增值税专用发票已统一为增值税专用发票），允许按11%的税率抵扣进项税额；如果取得了增值税普通发票，其进项税额不允许抵扣，全部运费计入原材料的采购成本中。

（7）通过债务重组方式取得货物进项税额的核算。

企业会计准则规定，债权人接受债务人以存货资产抵偿债务方式进行债务重组的，按增值税专用发票上注明的进项税额，借记“应交税费——应交增值税（进项税额）”科目，按受让存货资产的公允价值，借记“原材料”、“库存商品”等科目，按该债权已提的坏账准备，借记“坏账准备”科目；按重组债权的账面价值与受让存货资产公允价值和可抵扣增值税进项税额之和的差额，借记“营业外支出——债务重组损失”科目，按应税债权的账面余额，贷记“应收账款”等科目。

【例2-18】宏达食品厂8月销售一批食品给E公司，含税价为351 000

元。12月，E公司经营出现问题，发生财务困难，无法按合同约定偿还欠款。经双方协商，宏达食品厂同意E公司用自产产品抵偿该项欠款。该产品市场不含税售价为260 000元，适用17%增值税税率，产品成本为220 000元。宏达食品厂为该项产品计提了坏账准备20 000元。宏达食品厂12月份的会计处理为：

借：库存商品　260 000
　　应交税费——应交增值税（进项税额）　44 200
　　坏账准备　20 000
　　营业外支出——债务重组损失　26 800
　　贷：应收账款　351 000

2. 不准予抵扣进项税额的会计处理——价税合一记账。

纳税人购入货物或应税劳务时即能认定其进项税额不得抵扣的，应将取得货物的进项税计入相应的资产成本。纳税人应按已付或应付的含税总金额，借记“原材料”、“材料采购”、“固定资产”、“在建工程”、“应付职工薪酬”、“其他业务成本”、“待处理财产损溢”、“管理费用”、“制造费用”等科目，贷记“银行存款”、“应付账款”、“应付票据”等科目。此外，纳税人未按照规定取得并保存增值税扣税凭证，进项税额也不予抵扣。

【例2-19】 宏达食品厂外购电暖气发给职工作为福利，取得的增值税专用发票注明价款10万元，税款1.7万元，价款和税款已通过银行转账支付。宏达食品厂的会计处理如下：

借：应付职工薪酬　117 000
　　贷：银行存款　117 000

【例2-20】 宏达食品厂从外地购入原材料一批，价款86万元，税款14.62万元，价款和税款已通过银行转账支付，取得一张专用发票，但在规定期限内未办理认证手续。宏达食品厂的会计处理如下：

借：原材料　1 006 200
　　贷：银行存款　1 006 200

值得注意的是，根据财会【2016】22号文件的最新规定，采购等业务进项税额不得抵扣项目采用如下会计处理方法。一般纳税人购进货物、加工修理修配劳务、服务、无形资产或不动产，用于简易计税方法计税项目、免征增值税项目、集体福利或个人消费等，其进项税额按照现行增值税制度规定不得从销项税额中抵扣的，取得增值税专用发票时，应借记相关成本费用或资产科目，借记“应交税费——待认证进项税额”科目，贷记“银行存款”、“应付账款”等科目，经税务机关认证后，应借记相关成本费用或资产科目，贷记“应交税费——应交增值税（进项税额转出）”科目。

3. 货物等已验收入库但尚未取得增值税扣税凭证的会计处理。

一般纳税人购进的货物等已到达并验收入库，但尚未收到增值税扣税凭证并未付款的，应在月末按货物清单或相关合同协议上的价格暂估入账，不需要将增值税的进项税额暂估入账。下月初，用红字冲销原暂估入账金额，待取得相关增值税扣税凭证并经认证后，按应计入相关成本费用或资产的金额，借记“原材料”、“库存商品”、“固定资产”、“无形资产”等科目，按可抵扣的增值税额，借记“应交税费——应交增值税（进项税额）”科目，按应付金额，贷记“应付账款”等科目。

4. 购买方作为扣缴义务人的会计处理。

按照现行增值税制度规定，境外单位或个人在境内发生应税行为，在境内未设有经营机构的，以购买方为增值税扣缴义务人。境内一般纳税人购进服务、无形资产或不动产，按应计入相关成本费用或资产的金额，借记“生产成本”、“无形资产”、“固定资产”、“管理费用”等科目，按可抵扣的增值税额，借记“应交税费——进项税额”科目（小规模纳税人应借记相关成本费用或资产科目），按应付或实际支付的金额，贷记“应付账款”等科目，按应代扣代缴的增值税额，贷记“应交税费——代扣代交增值税”科目。实际缴纳代扣代缴增值税时，按代扣代缴的增值税额，借记“应交税费——代扣代交增值税”科目，贷记“银行存款”科目。

需要注意的是，扣缴义务人凭完税凭证抵扣进项税额的，应当具备书面合同、付款证明和境外单位的对账单或者发票。资料不全的，其进项税额不得从销项税额中抵扣。

（二）增值税进项税额转出的会计处理

因发生非正常损失或改变用途等，原已计入进项税额、待抵扣进项税额或待认证进项税额，但按现行增值税制度规定不得从销项税额中抵扣的，借记“待处理财产损溢”、“应付职工薪酬”、“固定资产”、“无形资产”等科目，贷记“应交税费——应交增值税（进项税额转出）”科目；原不得抵扣且未抵扣进项税额的固定资产、无形资产等，因改变用途等用于允许抵扣进项税额的应税项目的，应按允许抵扣的进项税额，借记“应交税费——应交增值税（进项税额）”科目，贷记“固定资产”、“无形资产”等科目。固定资产、无形资产等经上述调整后，应按调整后的账面价值在剩余尚可使用寿命内计提折旧或摊销。

一般纳税人购进时已全额计提进项税额的货物或服务等转用于不动产在

建工程的，对于结转以后期间的进项税额，应借记“应交税费——待抵扣进项税额”科目，贷记“应交税费——应交增值税（进项税额转出）”科目。

1. 外购货物改变用途进项税额转出的会计处理。

纳税人用于生产经营的购进货物、加工修理修配劳务、服务、无形资产和不动产改变用途，用于简易计税方法计税项目、免征增值税项目、集体福利或者个人消费，其在购入时已经抵扣的进项税额就成为税法中规定的不得抵扣的进项税额，应将其从改变用途当期的进项税额中转出。纳税人应按转出货物的购入价和应当转出的增值税进项税额合计借记“生产成本”、“主营业务成本”、“营业外支出”、“在建工程”、“应付职工薪酬”、“待处理财产损溢”等科目；按不得抵扣的进项税额，贷记“应交税费——应交增值税（进项税额转出）”科目；按转出货物价款贷记“原材料”、“生产成本”、“库存商品”等科目。

【例2-21】 宏达食品厂9月份外购面粉和果酱用于生产果酱面包，取得的增值税专用发票注明面粉价款6.8万元，果酱价款1.8万元，价款和税款全部通过银行转账支付，购入时已经进行了相应的账务处理。购入后这两种原料的50%改变了用途，直接发给职工作为中秋节福利。宏达食品厂的会计处理如下：

购入时抵扣的进项税额 = 68 000 × 11% + 18 000 × 17% = 10 540（元）

应转出的进项税额 = (68 000 × 11% + 18 000 × 17%) × 50% = 5 270（元）

购入时：

借：原材料——面粉	68 000	
原材料——果酱	18 000	
应交税费——应交增值税（进项税额）	10 540	
贷：银行存款		96 540

改变用途时：

借：应付职工薪酬	48 270	
贷：原材料——面粉		34 000
原材料——果酱		9 000
应交税费——应交增值税（进项税额转出）		5 270

2. 非正常损失进项税额转出的会计处理。

非正常损失的购进货物及相关的加工修理修配劳务和交通运输服务；非正常损失的在产品、产成品所耗用的购进货物、加工修理修配劳务和交通运输服务；非正常损失的不动产，以及该不动产所耗用的购进货物、设计服务和建筑服务以及非正常损失的不动产在建工程所耗用的购进货物、设计服务和建筑服务在购入时已经抵扣了进项税额，发生非正常损失时，已经抵扣的进项税额需作转出处理。非正常损失，是指因管理不善造成货物被盗、丢失、霉烂变质，以及因违反法律法规造成货物或者不动产被依法没收、销毁、拆除的情形。

【例2-22】 宏达食品厂由于管理不善，部分库存货物发生霉烂变质，经过清查发现，损失免税农产品为1.74万元（假设农产品购入时按13%抵扣率计算抵扣）；损失产成品账面价值为6万元，当期总的生产成本为30万元，其中耗用外购原材料成本为20万元，外购原材料均适用17%的增值税税率，购入原材料时取得了增值税专用发票，并在规定期限内抵扣了增值税进项税额。发生非正常损失时宏达食品厂的会计处理如下：

损失免税农产品应转出进项税额 $=17\ 400\div(1-13\%)\times13\%=2\ 600$（元）

损失产成品成本中所耗外购原料购进金额应转出进项税额

$=60\ 000\times(200\ 000\div300\ 000)\times17\%=6\ 800$（元）

借：待处理财产损溢　　86 800

　贷：原材料　　17 400

　　库存商品　　60 000

　　应交税费——应交增值税（进项税额转出）　　9 400

三、销项税额的会计处理

增值税销项税额是一般纳税人销售货物、提供劳务或销售服务、无形资产和不动产向购买方收取的增值税额。销项税额的会计核算涉及的会计科目主要包括“应交税费——应交增值税（销项税额）”、“主营业务收入”、“其他业务收入”以及与结算有关的“银行存款”、“应收账款”和“应收票据”等科目。

（一）销售货物、提供应税劳务或应税服务的会计处理

一般纳税人销售货物、提供应税劳务或销售服务、无形资产和不动产，按照实现的销售收入和按规定收取的增值税额，借记“银行存款”、“应收账款”和“应收票据”等科目，按照实现的销售收入贷记“主营业务收入”、“其他业务收入”等科目，按照规定收取的增值税额，贷记“应交税费——应交增值税（销项税额）”科目。发生的销售退回，作相反的会计分录。具体核算时，根据不同的结算方式，纳税义务发生时间的具体规定又有所不同。一般情况下，纳税人销售货物、提供应税劳务或销售服务、无形资

产和不动产，以收讫销售款或取得索取销售款凭据的当天作为纳税义务的发生时间；如果先开具发票的，以开票当天作为纳税义务的发生时间。

1. 直接收款方式销售货物的会计处理。

纳税人采取直接收款方式销售货物（含提供应税劳务和销售服务、无形资产或不动产，下同）的，不论货物是否发出，纳税义务发生时间均为收到销售款或取得索取销售款凭据的当天。

【例2－23】 宏达食品厂5月份销售生产的八宝粥一批，开具的增值税专用发票注明价款18万元，增值税款3.06万元；另以银行存款支付运费价税合计数5 550元，并取得货物运输业增值税专用发票。货物已发出，货款与税款以银行存款转账收讫。宏达食品厂作会计处理如下：

收取货款与税款：

借：银行存款　　210 600

　　贷：主营业务收入　　180 000

　　　　应交税费——应交增值税（销项税额）　　30 600

支付运费：

借：销售费用　　5 000

　　应交税费——应交增值税（进项税额）　　550

　　贷：银行存款　　5 550

2. 托收承付和委托收款方式销售货物的会计处理。

纳税人采取托收承付和委托收款方式销售货物的，纳税义务发生时间为发出货物并办妥托收手续的当天。采取这种结算方式，企业按合同向购买方发货，然后凭运单、发票账单向银行办理托收手续。银行受理后，即可确认收款的权利，应确认销售收入和税金。

【例2－24】 宏达食品厂6月份采用托收承付结算方式销售罐头一批，生产成本为15万元，不含税售价20万元，增值税款3.4万元，另以现金代垫运费0.5万元，银行已受理，托收手续办妥。宏达食品厂的会计处理如下：

发出商品：

借：发出商品　　150 000

　　贷：库存商品　　150 000

办妥托收手续：

借：应收账款　　239 000

　　贷：主营业务收入　　200 000

　　　　应交税费——应交增值税（销项税额）　　34 000

库存现金 5 000

同时结转成本：

借：主营业务成本 150 000

贷：发出商品 150 000

3. 赊销和分期收款方式销售货物的会计处理。

纳税人采取赊销和分期收款方式销售货物，其纳税义务发生时间为书面合同约定的收款日期的当天；无书面合同或书面合同没有约定收款日期的，为货物发出的当天。发出商品时，按其实际成本，借记“发出商品”，贷记“库存商品”；按合同约定的收款日期收款并开具发票时，借记“银行存款”、“应收账款”等科目，贷记“主营业务收入”、“应交税费——应交增值税（销项税额）”等科目；同时结转成本。

【例 2－25】 宏达食品厂 6 月 12 日以分期收款方式销售饼干一批，生产成本为 26 万元，不含税售价为 35 万元，合同约定两次收款，第一次收款日期为 7 月 1 日，收取价款 20 万元；第二次收款日期为 7 月 31 日，收取剩余价款 15 万元。但是，第二笔款项在 8 月 20 日才到账。宏达食品厂的会计处理如下：

发出商品：

借：发出商品 260 000

贷：库存商品 260 000

7 月 1 日收到第一笔款项时，确认收入，结转成本：

借：银行存款 234 000

贷：主营业务收入 200 000

应交税费——应交增值税（销项税额） 34 000

借：主营业务成本 148 571 [260 000 × (200 000 ÷ 350 000)]

贷：发出商品 148 571

7 月 31 日第二笔款项虽未收取，但按照合同约定纳税义务已经发生，应作如下会计处理：

借：应收账款 175 500

贷：主营业务收入 150 000

应交税费——应交增值税（销项税额） 25 500

借：主营业务成本 111 429 [260 000 × (150 000 ÷ 350 000)]

贷：发出商品 111 429

8 月 20 日收到第二笔款项：

借：银行存款 175 500

贷：应收账款　　175 500

4. 预收货款方式销售货物的会计处理。

纳税人采取预收货款方式销售货物，除生产工期超过12个月的大型机械设备、船舶、飞机等货物外，纳税义务发生时间为发出货物的当天。纳税人在收到预收款时，借记“银行存款”，贷记“预收账款”科目；产品发出时，确认收入与销项税额，借记“预收账款”、“银行存款”等科目，贷记“主营业务收入”、“应交税费——应交增值税（销项税额）”等科目；同时结转成本。

【例2-26】 宏达食品厂6月25日以预收货款方式销售食品，收取价款税款合计10万元。7月5日发出该批食品，实际成本8万元，不含税售价12万元，增值税2.04万元，当日收到对方补齐的货款与税款。宏达食品厂的会计处理如下：

收到预收款：

借：银行存款　　100 000

　　贷：预收账款　　100 000

发出商品：

借：预收账款　　100 000

　　银行存款　　40 400

　　贷：主营业务收入　　120 000

　　　　应交税费——应交增值税（销项税额）　　20 400

结转成本：

借：主营业务成本　　80 000

　　贷：库存商品　　80 000

（二）视同销售行为的会计处理

按照税法规定，视同销售行为发生了货物所有权转让，对这些行为均按视同销售缴纳增值税。具体核算时，对于纳税人能够获得收益或体现纳税人与外部业务往来的视同销售行为，需要根据有关销售发票在会计上确认收入，并按税法规定计算增值税销项税额；对于不能够获得收益或体现纳税人内部货物移送的视同销售行为，则不确认会计收入，而是直接结转成本，并按税法规定计算增值税销项税额。

1. 纳税人将货物交付他人代销的会计处理。

纳税人将货物交付他人代销，是指以支付手续费等经济利益为条件，将自己的货物交付他人代销的行为。代销货物有三个特点：一是代销货物的所有权属于委托方；二是受托方按委托方规定的条件出售；三是货物的销售收入归委托方所有，受托方只收取手续费。

按照增值税征收制度规定，纳税人（委托方）将货物发送他人（受托方）代为销售时，并不发生纳税义务，因为商品所有权的主要风险和报酬并未转移给受托方，所以此时不能确认收入的实现。只有在委托方收到受托方定期送交的代销清单或全部或部分货款的当天，增值税纳税义务才发生并可以开具增值税专用发票，确认收入的实现；对于未收到代销清单或货款的，其纳税义务发生时间为发出代销货物满 180 天的当天。该项视同销售行为涉及的会计科目主要包括“委托代销商品”、“库存商品”、“主营业务收入”、“应收账款”、“银行存款”、“应交税费——应交增值税”等科目。

【例 2 -27】 宏达食品厂 7 月初委托某商贸公司（增值税一般纳税人）代销新上市甜点 100 箱，该新产品成本 800 元/箱。代销合同规定，该新产品不含税售价 1 000 元/箱，每箱产品支付代销费用 50 元（不含税）。月末该商贸公司将新品全部销售完毕，并转来代销清单和手续费结算发票，宏达食品厂开具增值税专用发票给该商贸公司，商贸公司当月向宏达食品厂结清代销货款。宏达食品厂（委托方）作会计处理如下：

发出代销商品：

借：委托代销商品（或发出商品）　　80 000
　　贷：库存商品　　80 000

收到商贸公司转来的代销清单，确认收入（纳税义务发生）：

借：应收账款　　117 000
　　贷：主营业务收入　　100 000
　　　　应交税费 - 应交增值税（销项税额）　　17 000

同时结转成本：

借：主营业务成本　　80 000
　　贷：委托代销商品（或发出商品）　　80 000

收到商贸公司转来的手续费结算发票时：

借：销售费用　　5 000
　　应交税费——应交增值税（进项税额）　　300
　　贷：应收账款　　5 300

收到代销货款：

借：银行存款　　111 700
　　贷：应收账款　　111 700

2. 销售代销货物的会计处理。

纳税人销售代销货物，按实际对外售价计算销项税额；在取得委托方开具的增值税专用发票后，可以抵扣进项税额；同时，受托方收取的代销手续费，按现行政策规定，属于“营改增”项目，按6%的税率或3%的征收率征收增值税。

【例2-28】 资料同【例2-27】，商贸公司（受托方）的会计处理如下：

收到代销商品：

借：受托代销商品	100 000	
贷：代销商品款		100 000

售出代销商品：

借：银行存款	117 000	
贷：应付账款		100 000
应交税费——应交增值税（销项税额）		17 000
借：代销商品款	100 000	
贷：受托代销商品		100 000

收到宏达食品厂（委托方）的增值税专用发票并支付货款，：

借：应交税费——应交增值税（进项税额）	17 000	
贷：应付账款		17 000
借：应付账款	111 700	
贷：银行存款		111 700

结转应收手续费收入：

借：应付账款	5 300	
贷：其他业务收入（或主营业务收入）		5 000
应交税费——应交增值税（销项税额）		300

3. 不在同一县（市）并实行统一核算的总分支机构之间、分支机构之间货物移送用于销售的会计处理。

根据国税发〔1998〕137号《关于企业所属机构间转移货物征收增值税问题的通知》规定，货物移至异地另一机构“用于销售”是指受货机构发生以下情形之一的经营行为：一是向购货方开具发票，二是向购货方收取货款。受货机构的货物移送行为有上述两种情形之一的，应当向所在地税务机关缴纳增值税。对于移送货物的一方应视同销售，在移送货物当天开具增值税专用发票，计算销项税额，异地接受方符合条件可以作为进项税额抵扣。

（1）移送货物的一方：

借：应收账款——收货方

　　贷：主营业务收入

　　　　应交税费——应交增值税（销项税额）

同时结转成本：

借：主营业务成本

　　贷：库存商品

（2）接受货物的一方：

借：库存商品

　　应交税费——应交增值税（进项税额）

　　贷：应付账款——移货方

未发生上述两项情形的，则应由总机构统一缴纳增值税，移送货物则不属于“用于销售”，移货方不用视同销售计算缴纳增值税，货物实际对外销售时，再确认收入计算缴纳增值税；而受货方只做货物进、销、存仓库保管账，不作涉税会计处理。如果受货机构只就部分货物向购买方开具发票或收取货款，则应当区别不同情况计算并分别向总机构所在地或分支机构所在地缴纳税款。

4. 将自产、委托加工的货物用于集体福利或个人消费的会计处理。

纳税人将自产、委托加工的货物用于集体福利或个人消费属于视同销售行为，应当计算缴纳增值税销项税额，其纳税义务发生时间为货物移送的当天。

用于集体福利或个人消费，在移送时，按移送货物的销售价格及其负担的增值税销项税额合计数，借记“应付职工薪酬——职工福利”、“管理费用”等科目，按货物的销售价格，贷记“主营业务收入”科目，按销售价格计算销项税额，贷记“应交税费——应交增值税（销项税额）”科目。

【例2－29】 宏达食品厂9月将自产的月饼发给职工作为福利，月饼的成本价100元/盒，市场不含税销售价格180元/盒，共发放500盒。宏达食品厂的会计处理如下：

销项税额＝180×500×17%＝15 300（元）

借：应付职工薪酬——职工福利　　105 300

　　贷：主营业务收入　　90 000（180×500）

　　　　应交税费——应交增值税（销项税额）　　15 300

借：主营业务成本　　50 000

　　贷：库存商品　　50 000

5. 将自产、委托加工或购买的货物用于对外投资、无偿赠送或分配给股东或投资者的会计处理。

纳税人将自产、委托加工或购买的货物用于对外投资、无偿赠送或分配给股东或投资者，属于视同销售行为，应当计算增值税销项税额。

纳税人将自产、委托加工或购买的货物用于对外投资，提供给其他单位或个体经营者，应作为非货币性资产交换进行账务处理。当满足交换的两个条件（一是该项交换具有商业实质；二是换入资产或换出资产的公允价值能够可靠地计量）时，应当以公允价值和支付的相关税费作为换入资产的成本，公允价值与换出资产价值的差额计入当期损益；未同时满足上述条件的，应当以换出资产的账面价值和支付的相关税费作为换入资产的成本，不确认损益。因此，在货物移送进行投资时，应分两种情况处理。第一种情况，满足商业交换实质的对外投资，按移送货物的市场价格及其负担的增值税销项税额合计数，借记“长期股权投资”科目，按市场价，贷记“主营业务收入”科目，按市场价计算的销项税额，贷记“应交税费——应交增值税（销项税额）”科目；第二种情况，不满足商业交换实质的对外投资，按移送货物的成本价及其负担的增值税销项税额合计数，借记“长期股权投资”科目，按货物成本，贷记“库存商品”等科目，按市场价格计算的销项税额，贷记“应交税费——应交增值税（销项税额）”科目。

纳税人将自产、委托加工或购买的货物用于无偿赠送，在货物移送用于赠送时，按移送货物的成本及其负担的增值税销项税额合计数，借记“营业外支出”、“销售费用”等科目，按货物成本，贷记“库存商品”、“原材料”等科目，按市场价计算销项税额，贷记“应交税费——应交增值税（销项税额）”科目。

纳税人将自产、委托加工或购买的货物作为利润分配给股东或投资者，虽然没有直接的货币流入，但却避免了货币的流出，所以也属于视同销售行为。在货物移送分配时，按照税法核定的销售额与增值税销项税额的合计数，借记“应付股利”科目，按核定的销售额，贷记“主营业务收入”科目，按销售额计算的销项税额，贷记“应交税费——应交增值税（销项税额）”科目。

【例2-30】 华康公司将委托加工收回的实际成本为150万元的产品投资于A公司，占A公司全部股份的10%。

第一种情况：假设此项投资具有商业实质，双方协商以公允价值200万元（不含税价）作价，则华康公司的会计处理如下：

借：长期股权投资　　　　2 340 000

贷：主营业务收入 2 000 000

应交税费—应交增值税（销项税额） 340 000

结转成本：

借：主营业务成本 1 500 000

贷：库存商品 1 500 000

第二种情况：假设此项投资不具有商业实质，双方协商以成本价150万元（不含税价）作价，则华康公司的会计处理如下：

借：长期股权投资 1 840 000

贷：库存商品 1 500 000

应交税费—应交增值税（销项税额） 340 000

【例2-31】 宏达食品厂12月将自产的速冻食品和外购的鲜肉无偿捐赠给本市的孤儿院。其中，自产的速冻食品无同类产品的销售价格，已知该批产品的成本价1.5万元，成本利润率为10%；外购的鲜肉不含税市场价格为2.4万元，购入时取得增值税专用发票。宏达食品厂的会计处理如下：

自产的速冻食品的销项税额 = 15 000 ×（1 + 10%）× 17% = 2 805（元）

外购鲜肉的销项税额 = 24 000 × 11% = 2 640（元）

借：营业外支出 44 445

贷：库存商品——速冻食品 15 000

原材料——鲜肉 24 000

应交税费——应交增值税（销项税额） 5 445

【例2-32】 宏达食品厂12月向投资者分配利润，经与投资者协商，决定以自产的一批高端保健食品作为利润分配给投资者。该批食品的实际成本为20万元，不含税售价28万元。宏达食品厂的会计处理如下：

销项税额 = 280 000 × 17% = 47 600（元）

借：应付股利 327 600

贷：主营业务收入 280 000

应交税费—应交增值税（销项税额） 47 600

借：主营业务成本 200 000

贷：库存商品 200 000

（三）特殊销售业务的会计处理

1. 折扣方式销售货物的会计处理。

（1）折扣销售。

折扣销售，也称为商业折扣，是指销售方在销售货物、提供应税劳务或应税行为时，因购买方购买数量较大等原因，而给予购买方的价格优惠。由于折扣销售属于“先折扣，后销售”，因此在交易发生时折扣额已经确定。如果销售额和折扣额在同一张专用发票上分别注明，可按折扣后的销售额作为计税销售额；如果将折扣额另开发票，不论其在财务上如何处理，均不得从销售额中减除折扣额。在商业折扣方面，会计规定与税法规定对收入的确认是一致的，即只要开在同一张发票上，购销双方均按扣减折扣额后的余额计价入账。其会计处理同一般销售业务。

【例2-33】 宏达食品厂6月初销售饮料一批，市场不含税销售价格70万元，由于购买方购买数量较大，宏达食品厂给予了10%的商业折扣，折扣额与销售额在同一张发票上注明，货款尚未收到。宏达食品厂的会计处理如下：

销项税额 =700 000 ×(1 -10%) ×17% =107 100（元）

借：应收账款	737 100	
贷：主营业务收入		630 000
应交税费——应交增值税（销项税额）		107 100

（2）销售折扣。

销售折扣，也称为现金折扣，是指企业为了鼓励客户在一定时期内早日偿还货款而给予对方的一种折扣优待。由于销售折扣发生在销货之后，属于“先销售，后折扣”，因此，销售折扣实质是一种融资性的理财费用，直接计入当期损益。税法规定，对于销售折扣，其折扣额不得从销售额中扣减。销售业务发生时，以未扣减现金折扣的销售价格确认销售收入、计算销项税额；收款时，企业实际支付的现金折扣，则通过“财务费用”进行核算，不得调整已入账的销售收入和销项税额。

【例2-34】 接【例2-33】，宏达食品厂为尽快收回货款，又为对方规定了现金折扣条件2/10、1/20、n/30，其他条件不变。该公司在10日内支付了货款。宏达食品厂在收到货款时的会计处理如下：

借：银行存款	722 358	
财务费用	14 742(737 100 ×2%)	
贷：应收账款		737 100

（3）销售退回与折让。

销售退回与折让都是在货物销售后，因品种、质量、规格等原因给予购货方退货，或未予退货而给予购货方的价格折让。纳税人发生销货退回时，无论是本年度销售还是以前年度销售，都应冲减本期的销售收入；发生销售折让时，也要冲减发生折让当期的销售收入。即企业在实现销售时，按销售全额确认收入和计算销项税额；在发生销售折让时，通过开具红字增值税专用发票从销售额中扣减折让额，借记“主营业务收入”科目（或贷方红字登记），红字贷记“应交税费——应交增值税（销项税额）”科目，同时贷记“银行存款”、“应收账款”等科目（或借方红字登记）。

【例2-35】 接【例2-33】，宏达食品厂6月份销售的饮料中，有1/10的饮料因包装破损影响到饮料的销售。后通过双方协商，宏达食品厂给予购买方这部分包装破损饮料30%的价格折让。7月宏达食品厂在收到购买方主管税务机关出具的《信息表》后，开具红字专用发票，冲减当期的销售收入和销项税额，会计处理如下：

冲减的销售收入 = 630 000 × 1/10 × 30% = 18 900（元）

冲减的销项税额 = 18 900 × 17% = 3 213（元）

借：主营业务收入　　18 900

　贷：银行存款　　22 113

　　应交税费——应交增值税（销项税额）　　3213

2. “以物易物”方式销售货物的会计处理。

纳税人以物易物，将自产、委托加工或外购的货物用于交换原材料或其他商品，虽然没有直接的货币结算，但属于有偿转让货物所有权，按照税法的规定，双方都要作购销处理，分别计算各自换入和换出货物的进项税额和销项税额。进行会计核算时，分为两种情况：一是具有商业实质且换入（换出）资产的公允价值能够可靠计量，应当以公允价值和支付的相关税费作为换入资产的成本，公允价值与换出资产价值的差额计入当期损益；二是不具有商业实质且换入（换出）资产的公允价值不能可靠计量，应当以换出资产的账面价值和支付的相关税费作为换入资产的成本，不确认损益。如果双方以物易物价值不等，按换出资产和换入资产的价值差额借记“营业外支出”或贷记“营业外收入”科目。

【例2-36】 宏达食品厂8月份以生产的面包等值换取某商贸企业的食物膨松剂、奶油和黄油等生产原料。已知面包的生产成本8万元，宏达食品厂开具的增值税专用发票注明面包的市场不含税售价为12万元，税款2.04万元；换回的食物膨松剂等生产原料已验收入库；商贸企业开来的增值税专用发票上注明食物膨松剂等原料的市场不含税售价为12万元，税款2.04万元，商贸企业收到面包已验收入库。双方的会计处理如下：

宏达食品厂的会计处理：

借：原材料——膨松剂等　　120 000

应交税费——应交增值税（进项税额） 20 400
贷：主营业务收入 120 000
应交税费——应交增值税（销项税额） 20 400
借：主营业务成本 80 000
贷：库存商品——面包 80 000

商贸企业的会计处理：

借：材料采购——面包 120 000
应交税费——应交增值税（进项税额） 20 400
贷：主营业务收入 120 000
应交税费——应交增值税（销项税额） 20 400
借：库存商品——面包 120 000
贷：材料采购——面包 120 000

【例2－37】 华康公司10月以自用固定资产作价10.6万元换取B公司原材料一批，该固定资产为增值税转型后购进，账面原值15万元，抵扣进项税额2.55万元，已提折旧6万元；换回的原材料已验收入库，华康公司取得并通过认证的增值税专用发票上注明价款10.6万元，税款1.802万元。华康公司会计处理如下：

借：固定资产清理 90 000
累计折旧 60 000
贷：固定资产 150 000
借：原材料 106 000
应交税费——应交增值税（进项税额） 18 020
贷：固定资产清理 106 000
应交税费——应交增值税（销项税额） 18 020
借：固定资产清理 16 000
贷：营业外收入 16 000

3. "以旧换新"方式销售货物的会计处理。

纳税人采取以旧换新方式销售货物，因为销售和收购是两种不同的业务活动，所以销售额和收购额不能相互抵减，应按新货物的同期售价确定销售额，不得减除旧货物的收购金额（金银首饰除外）。采取以旧换新方式销售货物，虽然也是物物交换，但一般收购旧货的价值较低，通常不被认定为非货币性资产交换。以旧换新行为发生时，按实际收到的价款，借记"库存现金"、"银行存款"等科目，按回收旧货物扣除报废部分的数额，借记"材料采购"、"原材料"等科目，回收旧货物不能使用而报废的部分，借记“待处理财产损益”科目，按新货物的同期销售价格和计算的增值税额，贷记“主营业务收入”和“应交税费——应交增值税（销项税额）”科目。

【例2-38】华康公司采取以旧换新方式销售产品一批，已知该批产品成本价7.8万元，不含税售价11万元，增值税金1.87万元；同时收回同类旧产品作价0.8万元，其中，有0.2万元的产品不能继续使用，作报废处理，其余旧产品已验收入库。余款以银行存款转账收讫。华康公司的会计处理如下：

借：银行存款	120 700	
原材料	6 000	
待处理财产损益	2 000	
贷：主营业务收入		110 000
应交税费——应交增值税（销项税额）		18 700
借：主营业务成本	78 000	
贷：库存商品		78 000

4. “还本销售”方式销售货物的会计处理。

纳税人采取还本方式销售货物，实际上是以提供货物的使用权换取还本不付息的一种筹集资金的方法。所以其发生的还本支出相当于融资费用，不得从销售额中减除，应按销售货物的全部价格确定计税销售额。还本销售发生时，按实际销售货物收取的价款确认收入和计算销项税额，会计处理同一般销售业务的会计处理；分期提取还本支出时，借记“财务费用”、“销售费用”等科目，贷记“其他应付款”等科目。

（四）包装物的会计处理

1. 包装物出售的会计处理。

包装物随同货物一同出售，无论是否单独计价，均应计算缴纳增值税。随同产品出售单独计价的包装物，包装物收入贷记“其他业务收入”科目，销售产品的收入贷记“主营业务收入”科目，包装物应纳增值税随同产品应纳的增值税一并贷记“应交税费——应交增值税（销项税额）”科目；随同产品出售不单独计价的包装物，包装物收入和产品收入一并贷记“主营业务收入”科目，二者应纳增值税一并贷记“应交税费——应交增值税（销项税额）”科目。

【例2-39】宏达食品厂8月销售产品一批，不含税售价为5万元，随同产品出售但单独计价的包装物1 000个，普通发票上注明单价为每个10元，款项尚未收到。宏达食品厂的会计处理如下：

增值税销项税额 $=50\ 000\times17\%+1\ 000\times10\div(1+17)\times17\%$

$=9\ 953$（元）

借：应收账款　　68 500

　　贷：主营业务收入　　50 000

　　　　其他业务收入　　8 547

　　　　应交税费——应交增值税（销项税额）　　9 953

2. 包装物租金的会计处理。

随同货物销售收取的包装物租金，属于价外费用，应并入货物销售额征收增值税，其会计处理与一般货物销售的会计处理相同。需要注意的是，如果是租赁业单独出租收取的包装物租金，属于服务业中的租赁业，营改增前应缴营业税，营改增后，属于有形动产租赁范畴，应缴增值税。

【例2-40】 宏达食品厂销售一批食品给某商贸公司，开具的增值税专用发票注明不含税价款22万元，增值税3.74万元；另收取该批食品的包装物租金0.936万元，所有款项已通过银行转账收取。宏达食品厂的会计处理如下：

增值税销项税额 $=37\ 400+9\ 360\div(1+17)\times17\%=38\ 760$（元）

借：银行存款　　266 760

　　贷：主营业务收入　　220 000

　　　　其他业务收入　　8 000

　　　　应交税费——应交增值税（销项税额）　　38 760

3. 包装物押金的会计处理。

一般情况下，包装物押金如单独记账核算，时间在1年以内，又未逾期的，不并入销售额征税；逾期（1年）未收回包装物不再退还的押金，应按所包装的货物的适用税率征税。征税时注意：第一，逾期包装物押金为含税收入，需换算成不含税价计算销项税额；第二，税率为所包装货物适用税率。收取包装物押金时，借记“银行存款”、“库存现金”等科目，贷记“其他应付款”科目；逾期未退还的包装物押金，按规定应缴纳增值税，借记“其他应付款”等科目，贷记“应交税费——应交增值税（销项税额）”、“其他业务收入”等科目。另外，除啤酒、黄酒以外的其他酒类产品收取的包装物押金，无论是否返还以及会计上如何核算，均应并入当期销售额征税。

【例2-41】 宏达食品厂去年7月销售一批食品，为促使对方尽早归还包装物，收取1.5万元包装物押金。1年后，包装物逾期未归还，该批包装物所包装的食品适用17%的税率。宏达食品厂的会计处理如下：

收取时：

借：银行存款　　15 000

　　贷：其他应付款　　15 000

逾期时：

增值税销项税额 = 15 000 ÷ (1 + 17%) × 17% = 2 179（元）

借：其他应付款　　15 000

　　贷：其他业务收入　　12 821

　　　　应交税费——应交增值税（销项税额）　　2 179

四、差额征税的会计处理

（一）企业发生相关成本费用允许扣减销售额的会计处理

按现行增值税制度规定企业发生相关成本费用允许扣减销售额的，发生成本费用时，按应付或实际支付的金额，借记“主营业务成本”、“存货”、“工程施工”等科目，贷记“应付账款”、“应付票据”、“银行存款”等科目。待取得合规增值税扣税凭证且纳税义务发生时，按照允许抵扣的税额，借记“应交税费——应交增值税（销项税额抵减）”或“应交税费——简易计税”科目（小规模纳税人应借记“应交税费——应交增值税”科目），贷记“主营业务成本”、“存货”、“工程施工”等科目。

（二）金融商品转让按规定以盈亏相抵后的余额作为销售额的会计处理

金融商品实际转让月末，如产生转让收益，则按应纳税额借记“投资收益”等科目，贷记“应交税费——转让金融商品应交增值税”科目；如产生转让损失，则按可结转下月抵扣税额，借记“应交税费——转让金融商品应交增值税”科目，贷记“投资收益”等科目。交纳增值税时，应借记“应交税费——转让金融商品应交增值税”科目，贷记“银行存款”科目。年末，本科目如有借方余额，则借记“投资收益”等科目，贷记“应交税费——转让金融商品应交增值税”科目。

五、上缴增值税的会计处理

纳税期满，纳税人根据“应交税费——应交增值税”明细科目各专栏中的相关数据计算出本期借方发生额、贷方发生额和期末余额，然后根据实际情况进行结转。

如果出现当期销项税额小于当期进项税额不足抵扣的情形，不足抵扣部分留待下期继续抵扣，不必结转，月末也无需进行账务处理。

如果出现由于当期多缴税款而形成了期末借方余额的情形，则应转入“应交税费——未交增值税”借方，即借记“应交税费——未交增值税”，贷记“应交税费——应交增值税（转出多交增值税）”。相反，如果当期期末出现贷方余额，即当月发生了应缴未缴的增值税，借记“应交税费——应交增值税（转出未交增值税）”，贷记“应交税费——未交增值税”。

企业实际上缴增值税时，要区分纳税人本月缴纳上月应缴未缴增值税，还是本月缴纳本月应缴未缴增值税。本月缴纳以前月份应缴未缴增值税，借记“应交税费——未交增值税”，贷记“银行存款”；本月缴纳本月应缴未缴增值税，借记“应交税费——应交增值税（已交税金）”，贷记“银行存款”。

企业预缴增值税时，借记“应交税费——预交增值税”科目，贷记“银行存款”科目。月末，企业应将“预交增值税”明细科目余额转入“未交增值税”明细科目，借记“应交税费——未交增值税”科目，贷记“应交税费——预交增值税”科目。房地产开发企业等在预缴增值税后，应直至纳税义务发生时方可从“应交税费——预交增值税”科目结转至“应交税费——未交增值税”科目。

【例2-42】 华康公司10月8日上缴9月应缴未缴增值税4.5万元，10月25日又上缴本月增值税2.5万元。本月末“应交税费——应交增值税”还有期末贷方余额1.6万元。华康公司相关的会计处理如下：

本月上缴以前月份应缴未缴增值税：

借：应交税费——未交增值税	45 000	
贷：银行存款		45 000

本月上缴本月增值税：

借：应交税费——应交增值税（已交税金）	25 000	
贷：银行存款		25 000

月末结转本月未缴增值税：

借：应交税费——应交增值税（转出未交增值税）	16 000	
贷：应交税费——未交增值税		16 000

六、增值税减免与返还的会计处理

增值税的税收优惠包括税收减免和即征即退、先征后退、先征后返等税收返还形式。纳税人收到返还的增值税，或直接减免的增值税，都应通过“营业外收入——补贴收入”科目进行核算。

（一）直接免征增值税的会计处理

纳税人销售增值税免税货物，享受增值税免税优惠政策的，除国务院另有规定外，不能开具增值税专用发票，其销售收入价税合一。对于直接减免的增值税，应通过“应交税费——应交增值税（减免税款）”科目核算。具体而言，纳税人按税法规定享受直接减免的增值税，借记“应交税费——应交增值税（减免税款）”科目，贷记“营业外收入——补贴收入”科目。

根据财会【2016】22号文件的规定，小微企业在取得销售收入时，应当按照税法的规定计算应交增值税，并确认为应交税费，在达到增值税制度规定的免征增值税条件时，将有关应交增值税转入当期损益。

【例2-43】 某农场主要从事玉米等农作物种植，为增值税一般纳税人。10月份对外销售自产的玉米200吨，每吨不含税价格2 200元。会计处理如下：

直接减免税款 = 2 200 × 200 × 11% = 48 400（元）

借：银行存款	431 200	
贷：主营业务收入		382 800
应交税费——应交增值税（销项税额）		48 400
借：应交税费——应交增值税（减免税款）	48 400	
贷：营业外收入——补贴收入		48 400

【例2-44】 某设计公司（小规模纳税人、小微企业）8月10日取得设计收入8 000元，26日取得设计收入12 000元，均含税。本月无其他收入，会计处理如下：

8月10日取得收入时：

借：银行存款	8 000	
贷：主营业务收入		7 766.99
应交税费——应交增值税		233.01

8月26日取得收入时：

借：银行存款	12 000	
贷：主营业务收入		11 650.49
应交税费——应交增值税		349.51

月底确认免征增值税收入时：

借：应交税费——应交增值税　　582.52

　　贷：营业外收入——补贴收入　　582.52

（二）即征即退、先征后退、先征后返增值税的会计处理

即征即退，是指按税法规定缴纳的税款，由税务机关在征税时部分或全部退还纳税人的一种税收优惠。纳税人享受即征即退优惠时，会计上按正常核算程序核算应纳增值税款；收到即征即退税款时，借记“银行存款”科目，贷记“营业外收入——补贴收入”科目。

先征后退是指税务机关先将增值税正常征收入库，然后再由税务机关定期退还已征的全部或部分增值税。先征后返是指税务机关先将增值税正常征收入库，然后再由财政机关按税收政策相关规定审核并返还企业已缴入库的增值税。二者的区别在于，先征后退是由税务机关退税，先征后返是由财政机关返还。虽然退还机关不一致，但二者的会计处理并没有实质差别，因为二者都属于在增值税正常缴纳之后的退还，并不影响增值税计算抵扣链条的完整性。实现销售时，按规定可以开具增值税专用发票，正常计算销项税额，购买方也可以正常抵扣进项税额；实际缴纳税款时，借记“应交税费——应交增值税（已交税金）”、“应交税费——未交增值税”科目，贷记“银行存款”科目；收到先征后退、先征后返税款时，借记“银行存款”科目，贷记“营业外收入——补贴收入”科目。

【例2-45】 某软件开发企业为增值税一般纳税人，11月销售自行开发生产的软件产品，取得不含税销售额6.8万元；从国外进口软件进行本地化改造后对外销售，取得不含税销售额20万元。本月购进一批电脑用于软件设计，取得的增值税专用发票注明金额10万元。会计处理如下：

当期软件产品增值税销项税额 =68 000×17% +200 000×17% =45 560（元）

当期软件产品增值税允许抵扣的进项税额 =100 000×17% =17 000（元）

当期软件产品增值税应纳税额 =45 560 - 17 000 =28 560（元）

实际税负 =28 560/(68 000 +200 000)×100% =10.66%

即征即退税额 =28 560 -（68 000 +200 000）×3% =20 520（元）

软件产品销售：

借：银行存款　　313 560

　　贷：主营业务收入　　268 000

　　　　应交税费——应交增值税（销项税额）　　45 560

购进电脑：

借：固定资产——电脑　　100 000

应交税费——应交增值税（进项税额） 17 000
贷：银行存款 117 000

月末结转：

借：应交税费——应交增值税（转出未交增值税） 28 560
贷：应交税费——未交增值税 28 560

实际上缴税款：

借：应交税费——未交增值税 28 560
贷：银行存款 28 560

收到即征即退税款：

借：银行存款 20 520
贷：营业外收入——补贴收入 20 520

分析：

增值税一般纳税人销售其自行开发生产的软件产品，按17%税率征收增值税后，对其增值税实际税负超过3%的部分实行即征即退政策。将进口软件产品进行本地化改造后对外销售，其销售的软件产品可享受即征即退政策。

（三）增值税税控系统专用设备和技术维护费用抵减增值税额的会计处理

按现行增值税制度规定，企业初次购买增值税税控系统专用设备支付的费用以及缴纳的技术维护费允许在增值税应纳税额中全额抵减的，按规定抵减的增值税应纳税额，借记“应交税费——应交增值税（减免税款）”科目（小规模纳税人应借记“应交税费——应交增值税”科目），贷记“管理费用”等科目。

资料链接2－3　增值税即征即退优惠审批及处理

根据《国家税务总局关于公开行政审批事项等相关工作的公告》（国家税务总局公告2014年10号）规定，增值税即征即退审批是予以保留的非行政许可审批事项。现将有关注意事项表述如下：

政策依据。增值税即征即退主要政策依据：《税收征收管理法》、《财政部关于税制改革后对某些企业实行“先征后退”有关预算管理问题的暂行规定的通知》（财预字〔1994〕第55号）及《国家税务总局关于调整增值税即征即退优惠政策管理措施有关问题的公告》（国家税务总局公告2011年第60号，以下简称60号公告）等。

主要内容。为扶持企业发展，提高纳税人资金使用效率，60号公告决定自 2011 年 12 月 1 日起，由原来的先评估后退税改为先退税后评估的管理模式。现行增值税即征即退优惠政策主要有：

1. 自 2011 年 1 月 1 日起，对纳税人销售其自行开发生产的软件产品，其实际税负超过 3% 部分实行即征即退。

2. 自 2012 年 1 月 1 日起，纳税人既有增值税即征即退、先征后退项目，也有出口等其他增值税应税项目的，纳税人应分别核算、分别申请享受增值税即征即退、先征后退和免抵退税政策。

3. 自 2013 年 1 月 1 日至 2017 年 12 月 31 日，对动漫企业销售其自主开发生产的动漫软件，其增值税实际税负超过 3% 部分实行即征即退。

4. 自 2007 年 7 月 1 日起，对安置残疾人的单位，按实际安置残疾人数，限额即征即退增值税。

5. "营改增"试点纳税人提供的国内货物运输服务、仓储服务和装卸搬运服务以及安置残疾人的单位、提供管道运输服务、提供有形动产融资租赁服务等实行增值税即征即退政策等。

6. 如何审批及处理。实行先退税后评估，对指标异常的疑点不能排除的，还要移交税务稽查部门查处。如有违法行为，已退税款必须追缴，同时将涉及罚款和加处滞纳金等，构成犯罪的还要承担刑事责任，无疑加大了涉税风险。60 号公告只是办税流程的调整，并非是政策的放宽。纳税人应准确核算即征即退货物、劳务和应税服务的销售额、应纳税额、应退税额，规避和化解涉税风险。

资料来源：节选自施月梅．图解增值税即征即退优惠审批及处理，中国税务报，2014－04－07 第 B02 版

七、小规模纳税人增值税的会计处理

增值税小规模纳税人的征收管理采取简易办法，按 3% 征收率征税，不得抵扣进项税额，也不得直接领购使用增值税专用发票。具体核算时，小规模纳税人只需在"应交税费"科目下设置"应交增值税"、"转让金融商品应交增值税"、"代扣代交增值税"明细科目。

（一）小规模纳税人购进货物的会计处理

小规模纳税人购进货物、接受应税劳务或销售服务、无形资产和不动产，按实际支付的价款和税款，借记"材料采购"、"原材料"、"管理费用"等科目，贷记"应付账款"、"银行存款"等科目。需要注意，即使小规模

纳税人外购时取得了增值税专用发票，也不得抵扣进项税额，采取价税合一记账。

【例 2－46】兴隆汽修厂是增值税小规模纳税人，3 月购入汽车配件，支付价款 1.34 万元，取得普通发票。兴隆汽修厂会计处理如下：

借：原材料　　13 400

　　贷：银行存款　　13 400

（二）小规模纳税人销售货物的会计处理

小规模纳税人销售货物、提供应税劳务或销售服务、无形资产和不动产，按实现的销售收入和收取的税款借记“应收账款”、“银行存款”等科目，按不含税销售收入，贷记“主营业务收入”、“其他业务收入”等科目，按应收取的增值税款，贷记“应交税费——应交增值税”科目。收到退回多缴的增值税时，作相反的会计分录。

【例 2－47】兴隆汽修厂 4 月取得的汽车修理收入 4.8 万元，以银行存款收讫。同时 3 月又从某增值税一般纳税人处购入品牌汽修配件，共支付价税合计数 2.34 万元，并取得了对方开具的增值税专用发票一张。兴隆汽修厂会计处理如下：

应纳增值税税额 $=48\ 000\div(1+3\%)\times3\%=1\ 398$（元）

借：银行存款　　48 000

　　贷：主营业务收入　　46 602

　　　　应交税费——应交增值税　　1 398

（三）小规模纳税人上缴增值税的会计处理

小规模纳税人上缴增值税，借记“应交税费——应交增值税”科目，贷记“银行存款”科目。

【例 2－48】接【例 2－47】，兴隆汽修厂上缴 4 月的增值税，会计处理如下：

借：应交税费——应交增值税　　1 398

　　贷：银行存款　　1 398

第4节 增值税的申报与缴纳

一、增值税纳税申报的基本规定

（一）纳税期限

增值税的纳税期限分别为1日、3日、5日、10日、15日、1个月或者1个季度。纳税人的具体纳税期限，由主管税务机关根据纳税人应纳税额的大小分别核定。以1个季度为纳税期限的规定适用于小规模纳税人、银行、财务公司、信托投资公司、信用社，以及财政部和国家税务总局规定的其他纳税人。不能按照固定期限纳税的，可以按次纳税。

纳税人以1个月或者1个季度为1个纳税期的，自期满之日起15日内申报纳税；以1日、3日、5日、10日或者15日为1个纳税期的，自期满之日起5日内预缴税款，于次月1日起15日内申报纳税并结清上月应纳税款。

扣缴义务人解缴税款的期限，依照上述规定执行。

纳税人进口货物，应当自海关填发进口增值税专用缴款书之日起15日内缴纳税款。

（二）纳税义务发生时间

销售货物或者应税劳务、销售服务、无形资产或不动产，为收讫销售款项或者取得索取销售款项凭据的当天；先开具发票的，为开具发票的当天。其中，收讫销售款项或者取得索取销售款项凭据的当天，按销售结算方式的不同，具体为：

1. 采取直接收款方式销售货物，不论货物是否发出，均为收到销售款或者取得索取销售款凭据的当天；

2. 采取托收承付和委托银行收款方式销售货物，为发出货物并办妥托收手续的当天；

3. 采取赊销和分期收款方式销售货物，为书面合同约定的收款日期的当天，无书面合同的或者书面合同没有约定收款日期的，为货物发出的当天；

4. 采取预收货款方式销售货物，为货物发出的当天，但生产销售生产周期超过 12 个月的大型机械设备、船舶、飞机等货物，为收到预收款或者书面合同约定的收款日期的当天；

5. 委托其他纳税人代销货物，为收到代销单位的代销清单或者收到全部或者部分货款的当天。未收到代销清单及货款的，为发出代销货物满 180 天的当天；

6. 提供应税劳务，为提供劳务同时收讫销售款或者取得索取销售款凭据的当天；

7. 纳税人发生的视同销售货物行为，为货物移送的当天；

8. 进口货物为报关进口的当天；

9. 销售服务、无形资产或不动产，为收讫销售款项或者取得索取销售款项凭据的当天。收讫销售款项，是指纳税人销售服务、无形资产或者不动产过程中或者完成后收到款项；取得索取销售款项凭据的当天，是指书面合同确定的付款日期；未签订书面合同或者书面合同未确定付款日期的，为服务、无形资产转让完成的当天或者不动产权属变更的当天；

10. 纳税人提供建筑服务、租赁服务采取预收款方式的，其纳税义务发生时间为收到预收款的当天；

11. 纳税人从事金融商品转让，为金融商品所有权转移的当天；

12. 纳税人发生视同销售服务、无形资产或者不动产情形的，其纳税义务发生时间为服务、无形资产转让完成的当天或者不动产权属变更的当天；

13. 增值税扣缴义务发生时间为纳税人增值税纳税义务发生的当天。

（三）纳税地点

固定业户应当向其机构所在地的主管税务机关申报纳税。总机构和分支机构不在同一县（市）的，应当分别向各自所在地的主管税务机关申报纳税；经国务院财政、税务主管部门或者其授权的财政、税务机关批准，可以由总机构汇总向总机构所在地的主管税务机关申报纳税。

固定业户到外县（市）销售货物或者应税劳务，应当向其机构所在地的主管税务机关申请开具外出经营活动税收管理证明，并向其机构所在地的主管税务机关申报纳税；未开具证明的，应当向销售地或者劳务发生地的主管税务机关申报纳税；未向销售地或者劳务发生地的主管税务机关申报纳税的，由其机构所在地的主管税务机关补征税款。

非固定业户销售货物或者应税劳务，应当向应税行为发生地的主管税务机关申报纳税；未向应税行为发生地的主管税务机关申报纳税的，由其机构所在地或者居住地的主管税务机关补征税款。

其他个人提供建筑服务，销售或者租赁不动产，转让自然资源使用权，应向建筑服务发生地、不动产所在地、自然资源所在地税务机关申报纳税。

进口货物，应当向报关地海关申报纳税。

扣缴义务人应当向其机构所在地或者居住地的主管税务机关申报缴纳其扣缴的税款。

二、一般纳税人增值税纳税申报

根据《国家税务总局关于全面推开营业税改征增值税试点后增值税纳税申报有关事项的公告》（国家税务总局2016年第13号）规定，自2016年6月1日起，中华人民共和国境内增值税纳税人均应按照本公告的规定进行增值税纳税申报。

（一）一般纳税人纳税申报的资料

纳税申报资料包括纳税申报表及其附列资料和纳税申报其他资料。纳税申报表及其附列资料为必报资料，纳税申报其他资料的报备要求由各省、自治区、直辖市和计划单列市国家税务局确定。

1. 增值税一般纳税人（以下简称一般纳税人）纳税申报表及其附列资料。

（1）《增值税纳税申报表（一般纳税人适用）》。

（2）《增值税纳税申报表附列资料（一）》（本期销售情况明细）。

（3）《增值税纳税申报表附列资料（二）》（本期进项税额明细）。

（4）《增值税纳税申报表附列资料（三）》（服务、不动产和无形资产扣除项目明细）。

一般纳税人销售服务、不动产和无形资产，在确定服务、不动产和无形资产销售额时，按照有关规定可以从取得的全部价款和价外费用中扣除价款的，需填报《增值税纳税申报表附列资料（三）》。其他情况不填写该附列资料。

（5）《增值税纳税申报表附列资料（四）》（税额抵减情况表）。

（6）《增值税纳税申报表附列资料（五）》（不动产分期抵扣计算表）。

（7）《固定资产（不含不动产）进项税额抵扣情况表》。

（8）《本期抵扣进项税额结构明细表》。

（9）《增值税减免税申报明细表》。

2. 纳税申报其他资料。

（1）已开具的税控机动车销售统一发票和普通发票的存根联。

（2）符合抵扣条件且在本期申报抵扣的增值税专用发票（含税控机动车销售统一发票）的抵扣联。

（3）符合抵扣条件且在本期申报抵扣的海关进口增值税专用缴款书、购进农产品取得的普通发票的复印件。

（4）符合抵扣条件且在本期申报抵扣的税收完税凭证及其清单，书面合同、付款证明和境外单位的对账单或者发票。

（5）已开具的农产品收购凭证的存根联或报查联。

（6）纳税人销售服务、不动产和无形资产，在确定服务、不动产和无形资产销售额时，按照有关规定从取得的全部价款和价外费用中扣除价款的合法凭证及其清单。

（7）主管税务机关规定的其他资料。

（二）一般纳税人增值税纳税申报表及其填制要求

一般纳税人增值税纳税申报表如表2-6所示。表中所称“应税货物”，是指增值税的应税货物；所称“应税劳务”，是指增值税的应税加工、修理、修配劳务；所称“服务、无形资产和不动产”，是指销售服务、无形资产和不动产。表中所称“按适用税率计税”、“按适用税率计算”和“一般计税方法”，均指按“应纳税额＝当期销项税额－当期进项税额”公式计算增值税应纳税额的计税方法；所称“按简易办法计税”、“按简易征收办法计算”和“简易计税方法”，均指按“应纳税额＝销售额×征收率”公式计算增值税应纳税额的计税方法。所称“扣除项目”，是指纳税人销售服务、无形资产和不动产，在确定销售额时，按照有关规定允许其从取得的全部价款和价外费用中扣除价款的项目。

具体的《增值税纳税申报表（一般纳税人适用）》填写说明及填制要求请参见《国家税务总局关于全面推开营业税改征增值税试点后增值税纳税申报有关事项的公告》（国家税务总局2016年第13号）附件。

表2－6　　**增值税纳税申报表**

（一般纳税人适用）

根据国家税收法律法规及增值税相关规定制定本表。纳税人不论有无销售额，均应按税务机关核定的纳税期限填写本表，并向当地税务机关申报。

税款所属时间：自　年 月 日至　年　月　日填表日期：　年　月　日　　金额单位：元至角分

纳税人识别号					所属行业：	
纳税人名称	（公章）	法定代表人姓名		注册地址		生产经营地址
开户银行及账号		登记注册类型			电话号码	

项目		栏次	一般项目		即征即退项目	
			本月数	本年累计	本月数	本年累计
销售额	（一）按适用税率计税销售额	1				
	其中：应税货物销售额	2				
	应税劳务销售额	3				
	纳税检查调整的销售额	4				
	（二）按简易办法计税销售额	5				
	其中：纳税检查调整的销售额	6				
	（三）免、抵、退办法出口销售额	7			—	—
	（四）免税销售额	8			—	—
	其中：免税货物销售额	9			—	—
	免税劳务销售额	10			—	—
税款计算	销项税额	11				
	进项税额	12				
	上期留抵税额	13				—
	进项税额转出	14				
	免、抵、退应退税额	15			—	—
	按适用税率计算的纳税检查应补缴税额	16			—	—
	应抵扣税额合计	17＝12＋13－14－15＋16				

续表

项目		栏次	一般项目		即征即退项目	
			本月数	本年累计	本月数	本年累计
税款计算	实际抵扣税额	18（如 17<11，为 17，否则为 11）				
	应纳税额	19 = 11 - 18				
	期末留抵税额	20 = 17 - 18				—
	简易计税办法计算的应纳税额	21				
	按简易计税办法计算的纳税检查应补缴税额	22			—	—
	应纳税额减征额	23				
	应纳税额合计	24 = 19 + 21 - 23				
税款缴纳	期初未缴税额（多缴为负数）	25				
	实收出口开具专用缴款书退税额	26			—	—
	本期已缴税额	27 = 28 + 29 + 30 + 31				
	①分次预缴税额	28		—		—
	②出口开具专用缴款书预缴税额	29		—	—	—
	③本期缴纳上期应纳税额	30				
	④本期缴纳欠缴税额	31				
	期末未缴税额（多缴为负数）	32 = 24 + 25 + 26 - 27				
	其中：欠缴税额(≥0)	33 = 25 + 26 - 27		—		—
	本期应补（退）税额	34 = 24 - 28 - 29		—		—
	即征即退实际退税额	35	—	—		

续表

<table>
<tr><td colspan="2" rowspan="2">项　目</td><td rowspan="2">栏次</td><td colspan="2">一般项目</td><td colspan="2">即征即退项目</td></tr>
<tr><td>本月数</td><td>本年累计</td><td>本月数</td><td>本年累计</td></tr>
<tr><td rowspan="3">税款缴纳</td><td>期初未缴查补税额</td><td>36</td><td></td><td></td><td>—</td><td>—</td></tr>
<tr><td>本期入库查补税额</td><td>37</td><td></td><td></td><td>—</td><td>—</td></tr>
<tr><td>期末未缴查补税额</td><td>38 = 16 + 22 + 36 − 37</td><td></td><td></td><td>—</td><td>—</td></tr>
<tr><td>授权声明</td><td colspan="2">如果你已委托代理人申报，请填写下列资料：
为代理一切税务事宜，现授权
（地址）为本纳税人的代理申报人，任何与本申报表有关的往来文件，都可寄予此人。
授权人签字：</td><td>申报人声明</td><td colspan="3">本纳税申报表是根据国家税收法律法规及相关规定填报的，我确定它是真实的、可靠的、完整的。
声明人签字：</td></tr>
</table>

主管税务机关：　　　　　　　　　　接收人：　　　　　　　　　　接收日期：

三、小规模纳税人增值税纳税申报

根据《国家税务总局关于合理简并纳税人申报缴税次数的公告》（国家税务总局公告2016年第6号）规定，自2016年4月1日起，增值税小规模纳税人原则上实行按季申报缴纳增值税，自期满之日起15日内申报纳税。不能按固定期限纳税的可以按次纳税。

（一）小规模纳税人纳税申报资料

增值税小规模纳税人（以下简称小规模纳税人）纳税申报应报送下列纳税申报表（小规模纳税人适用）及其附列资料：

（1）《增值税纳税申报表（小规模纳税人适用）》。

（2）《增值税纳税申报表（小规模纳税人适用）附列资料》。

小规模纳税人销售服务，在确定销售额时，按照有关规定可以从取得的全部价款和价外费用中扣除价款的，需填报《增值税纳税申报表（小规模纳税人适用）附列资料》。其他情况不填写该附列资料。

（二）小规模纳税人纳税申报表及其填制要求

小规模纳税人增值税纳税申报表和附列资料如表2－7和表2－8所示。其相应的填写说明和填制要求请参见《国家税务总局关于全面推开营业税改征增值税试点后增值税纳税申报有关事项的公告》（国家税务总局2016年第13号）附件。

表 2－7　　**增值税纳税申报表**

（小规模纳税人适用）

纳税人识别号：

纳税人名称（公章）：　　　　金额单位：元至角分

税款所属期：　年　月　日至　年　月　日　　填表日期：　年　月　日

	项　目	栏次	本期数		本年累计	
			货物及劳务	服务、不动产和无形资产	货物及劳务	服务、不动产和无形资产
一、计税依据	（一）应征增值税不含税销售额	1				
	税务机关代开的增值税专用发票不含税销售额	2				
	税控器具开具的普通发票不含税销售额	3				
	（二）销售、出租不动产不含税销售额	4	——		——	
	税务机关代开的增值税专用发票不含税销售额	5	——		——	
	税控器具开具的普通发票不含税销售额	6	——		——	
	（三）销售使用过的固定资产不含税销售额	7（7≥8）		——		——
	其中：税控器具开具的普通发票不含税销售额	8		——		——
	（四）免税销售额	9＝10＋11＋12				
	其中：小微企业免税销售额	10				
	未达起征点销售额	11				
	其他免税销售额	12				
	（五）出口免税销售额	13（13≥14）				
	其中：税控器具开具的普通发票销售额	14				

续表

<table>
<tr><td rowspan="2" colspan="2">项　目</td><td rowspan="2">栏次</td><td colspan="2">本期数</td><td colspan="2">本年累计</td></tr>
<tr><td>货物及劳务</td><td>服务、不动产和无形资产</td><td>货物及劳务</td><td>服务、不动产和无形资产</td></tr>
<tr><td rowspan="8">二、税款计算</td><td>本期应纳税额</td><td>15</td><td></td><td></td><td></td><td></td></tr>
<tr><td>本期应纳税额减征额</td><td>16</td><td></td><td></td><td></td><td></td></tr>
<tr><td>本期免税额</td><td>17</td><td></td><td></td><td></td><td></td></tr>
<tr><td>其中：小微企业免税额</td><td>18</td><td></td><td></td><td></td><td></td></tr>
<tr><td>未达起征点免税额</td><td>19</td><td></td><td></td><td></td><td></td></tr>
<tr><td>应纳税额合计</td><td>20 = 15 - 16</td><td></td><td></td><td></td><td></td></tr>
<tr><td>本期预缴税额</td><td>21</td><td></td><td></td><td>——</td><td>——</td></tr>
<tr><td>本期应补（退）税额</td><td>22 = 20 - 21</td><td></td><td></td><td>——</td><td>——</td></tr>
<tr><td colspan="2">纳税人或代理人声明：</td><td colspan="5">如纳税人填报，由纳税人填写以下各栏：</td></tr>
<tr><td colspan="2" rowspan="3">本纳税申报表是根据国家税收法律法规及相关规定填报的，我确定它是真实的、可靠的、完整的。</td><td colspan="5">办税人员：　　财务负责人：
法定代表人：　　联系电话：</td></tr>
<tr><td colspan="5">如委托代理人填报，由代理人填写以下各栏：</td></tr>
<tr><td colspan="5">代理人名称（公章）：　　经办人：
联系电话：</td></tr>
</table>

主管税务机关：　　接收人：　　接收日期：

表2-8　增值税纳税申报表（小规模纳税人适用）附列资料

税款所属期：　年　月　日至　年　月　日　　填表日期：　年　月　日

纳税人名称（公章）：　　金额单位：元至角分

<table>
<tr><td colspan="4">服务扣除额计算</td></tr>
<tr><td>期初余额</td><td>本期发生额</td><td>本期扣除额</td><td>期末余额</td></tr>
<tr><td>1</td><td>2</td><td>3（3≤1+2之和，且3≤5）</td><td>4 = 1 + 2 - 3</td></tr>
<tr><td></td><td></td><td></td><td></td></tr>
<tr><td colspan="4">计税销售额计算</td></tr>
<tr><td>全部含税收入</td><td>本期扣除额</td><td>含税销售额</td><td>不含税销售额</td></tr>
<tr><td>5</td><td>6 = 3</td><td>7 = 5 - 6</td><td>8 = 7 ÷ 1.03</td></tr>
<tr><td></td><td></td><td></td><td></td></tr>
</table>

第5节　出口退（免）增值税的会计处理及其申报

出口货物退（免）税是指在国际贸易业务中，对报关出口的货物退还在国内各生产环节和流转环节按税法规定已缴纳的增值税和消费税，或免征应缴纳的增值税和消费税。它是国际贸易中通常采用并为世界各国普遍接受的、目的在于鼓励各国出口货物公平竞争的一种税收措施。本节主要介绍出口货物退（免）增值税的会计处理问题。

一、出口货物退（免）税的基本政策

我国目前对出口货物实行免税和退税相结合的政策，具体包括三种类型：一是出口免税并退税，出口免税是指对出口货物在出口环节不征收增值税，出口退税是指对出口货物在出口前各环节实际承担的税款，按规定的退税率计算后予以退还；二是出口免税不退税，这类出口货物仅在出口环节免征增值税，因出口环节之前各环节免税，因此无需退税；三是出口不免税也不退税，对于国家限制或禁止出口的某些货物，出口环节视同内销环节正常征税，同时出口前各环节负担税款也无需退税。这三种类型中，只有当出口货物适用“出口免税并退税”政策时，才会涉及计算出口退（免）税问题，并对所退税款进行会计处理。

（一）出口货物退（免）税的适用范围

对下列出口货物或劳务，除适用增值税免税政策和征税政策的出口货物劳务规定的义务，实行免征和退还增值税，即增值税退（免）税政策。

1. 出口企业出口货物。

出口货物，是指向海关报关后实际离境并销售给境外单位或个人的货物，分为自营出口货物和委托出口货物两类。

2. 出口企业或其他单位视同出口货物。

（1）出口企业对外援助、对外承包、境外投资的出口货物。

（2）出口企业经海关报关进入国家批准的出口加工区、保税物流园区、保税港区、综合保税区、自由贸易区等特殊区域并销售给特殊区域内单位或境外单位、个人的货物。

(3) 免税品经营企业销售的货物（国家规定不允许经营和限制出口的货物、卷烟和超出免税品经营企业经营范围的货物除外）。

(4) 出口企业或其他单位销售给用于国际金融组织或外国政府贷款国际招标建设项目的中标机电产品。

(5) 生产企业向海上石油天然气开采企业销售的自产海洋工程结构物。

(6) 出口企业或其他单位销售给国际运输企业用于国际运输工具上的货物（如：外轮供应公司、远洋运输供应公司销售给外轮、远洋国轮的货物；国内航空供应公司生产销售给国内和国外航空公司国际航班的航空食品）。

(7) 出口企业或其他单位销售给特殊区域内生产企业生产耗用且不向海关报关而输入特殊区域的水（包括蒸汽）、电力、燃气。

3. 出口企业对外提供加工修理修配劳务。

对外提供加工修理修配劳务，是指对进境复出口货物或从事国际运输的运输工具进行的加工修理修配。

（二）增值税退（免）税办法

目前，我国增值税退（免）税主要有两种办法，一种是适用于生产企业的“免抵退税”办法，另一种是适用于外贸企业的“免退税”办法。

1. 增值税“免抵退税”办法。

生产企业出口自产货物和视同自产货物及对外提供加工修理修配劳务，以及《财政部国家税务总局关于出口货物劳务增值税和消费税政策的通知》（财税〔2012〕39号）附件5列明生产企业出口非自产货物，免征增值税，相应的进项税额抵减应纳增值税额（不包括适用增值税即征即退、先征后退政策的应纳增值税额），未抵减完的部分予以退还。

具体而言，增值税“免抵退税”适用范围包括：(1) 生产企业出口自产货物；(2) 视同自产货物；(3) 对外提供加工修理修配劳务；(4) 生产企业出口非自产货物（即外购货物）。其中，视同自产货物的具体范围如下：

(1) 持续经营以来从未发生骗取出口退税、虚开增值税专用发票或农产品收购发票、接受虚开增值税专用发票（善意取得虚开增值税专用发票除外）行为且同时符合下列条件的生产企业出口的外购货物，可视同自产货物适用增值税退（免）税政策：

①已取得增值税一般纳税人资格；

②已持续经营2年及2年以上；

③纳税信用等级为A级；

④上一年度销售额5亿元以上；

⑤外购出口的货物与本企业自产货物同类型或具有相关性。

（2）持续经营以来从未发生骗取出口退税、虚开增值税专用发票或农产品收购发票、接受虚开增值税专用发票（善意取得虚开增值税专用发票除外）行为但不能同时符合上述第（1）条规定条件的生产企业，出口的外购货物符合下列条件之一的，可视同自产货物申报适用增值税退（免）税政策，具体范围可关注：

①外购的与本企业所生产的产品名称、性能相同，且使用本企业注册商标的产品；

②外购的与本企业所生产的产品配套出口的产品；

③收购经主管出口退税的税务机关认可的集团公司（或总厂）成员企业（或分厂）的产品；

④委托加工收回的产品；

⑤用于本企业中标项目下的机电产品；

⑥用于对外承包工程项目下的货物；

⑦用于境外投资的货物；

⑧用于对外援助的货物；

⑨生产自产货物的外购设备和原材料（农产品除外）。

2. 增值税“免退税”办法。

不具有生产能力的出口企业或其他单位出口货物劳务，免征增值税，相应的进项税额予以退还。

（三）增值税出口退税率

1. 退税率的一般规定。

除另有规定外，出口货物退税率为其适用税率。退税率有调整的，除另有规定外，其执行时间以出口货物（包括被加工修理修配的货物）报关单（出口退税专用）上注明的出口日期为准。

2. 退税率的特殊规定。

外贸企业购进按简易办法征税的出口货物、从小规模纳税人购进的出口货物，其退税率分别为简易办法实际执行的征收率、小规模纳税人征收率。上述出口货物取得增值税专用发票的，退税率按照增值税专用发票上的税率和出口货物退税率孰低的原则确定。

出口企业委托加工修理修配货物，其加工修理修配费用的退税率，为出口货物的退税率。中标机电产品、出口企业向海关报关进入特殊区域销售给特殊区域内生产企业生产耗用的列名原材料、输入特殊区域的水电气，其退税率为适用税率。如果国家调整列名原材料的退税率，列名原材料应当自调整之日起按调整后的退税率执行。

适用不同退税率的货物劳务，应分开报关、核算并申报退（免）税，未分开报关、核算或划分不清的，从低适用退税率。

（四）增值税退（免）税的计税依据

出口货物劳务的增值税退（免）税的计税依据，按出口货物劳务的出口发票（外销发票）、其他普通发票或购进出口货物劳务的增值税专用发票、海关进口增值税专用缴款书确定。具体计税依据如表2-9所示。

表2-9　　不同企业增值税退（免）税的计税依据

主体	具体业务	计税依据
生产企业	出口货物劳务（进料加工复出口货物除外）	出口货物劳务的实际离岸价（FOB）
	进料加工复出口货物	出口货物的离岸价（FOB）扣除出口货物所含的海关保税进口料件的金额后确定
	国内购进无进项税额且不计提进项税额的免税原材料加工后出口的货物	出口货物的离岸价（FOB）扣除出口货物所含的国内购进免税原材料的金额后确定
外贸企业	出口货物（委托加工修理修配货物除外）	购进出口货物的增值税专用发票注明的金额或海关进口增值税专用缴款书注明的完税价格
	出口委托加工修理修配货物	为加工修理修配费用增值税专用发票注明的金额
各类企业	出口进项税额未计算抵扣的已使用过的设备	退（免）税计税依据＝增值税专用发票上的金额或海关进口增值税专用缴款书注明的完税价格 × 已使用过的设备固定资产净值 ÷ 已使用过设备原值
免税品经营企业	销售的货物	为购进货物的增值税专用发票注明的金额或海关进口增值税专用缴款书注明的完税价格

（五）增值税退（免）税的计算

1. 生产企业“免抵退税”计算步骤。

（1）当期应纳税额的计算。

当期应纳税额＝当期销项税额－（当期进项税额－当期不得免征和抵扣税额）

当期不得免征和抵扣税额＝当期出口货物离岸价×外汇人民币折合率×

（出口货物适用税率－出口货物退税率）－当期不得免征和抵扣税额抵减额－

当期不得免征和抵扣税额抵减额＝当期免税购进原材料价格×（出口货物适用税率－出口货物退税率）

若当期计算出应纳税额是正数，表示应上缴的增值税税款，不退税。

（2）当期免抵退税额的计算。

当期免抵退税额＝当期出口货物离岸价×外汇人民币折合率×出口货物退税率－当期免抵退税额抵减额

当期免抵退税额抵减额＝当期免税购进原材料价格×出口货物退税率

（3）当期应退税额和免抵税额的计算。

①当期期末留抵税额≤当期免抵退税额，则

当期应退税额＝当期期末留抵税额

当期免抵税额＝当期免抵退税额－当期应退税

②当期期末留抵税额＞当期免抵退税额，则

当期应退税额＝当期免抵退税额

当期免抵税额＝0

当期期末留抵税额为当期增值税纳税申报表中“期末留抵税额”。

（4）当期免税购进原材料价格。

包括当期国内购进的无进项税额且不计提进项税额的免税原材料的价格和当期进料加工保税进口料件的价格，其中当期进料加工保税进口料件的价格为组成计税价格。

当期进料加工保税进口料件的组价＝当期进口料件到岸价格＋海关实征关税＋海关实征消费税

（1）采用“实耗法”的，当期进料加工保税进口料件的组成计税价格为当期进料加工出口货物耗用的进口料件组成计税价格。其计算公式为：

当期进料加工保税进口料件的组成计税价格＝当期进料加工出口货物离岸价×外汇人民币折合率×计划分配率

计划分配率＝计划进口总值÷计划出口总值×100%

实行纸质手册和电子化手册的生产企业，应根据海关签发的加工贸易手册或加工贸易电子化纸质单证所列的计划进出口总值计算计划分配率。

实行电子账册的生产企业，计划分配率按前一期已核销的实际分配率确定；新启用电子账册的，计划分配率按前一期已核销的纸质手册或电子化手册的实际分配率确定。

（2）采用“购进法”的，当期进料加工保税进口料件的组成计税价格为当期实际购进的进料加工进口料件的组成计税价格。

若当期实际不得免征和抵扣税额抵减额大于当期出口货物离岸价×外汇人民币折合率×(出口货物适用税率-出口货物退税率)的，则：

当期不得免征和抵扣税额抵减额=当期出口货物离岸价×外汇人民币折合率×(出口货物适用税率-出口货物退税率)

2. 外贸企业出口货物劳务增值税“免退税”的计算。

(1) 外贸企业出口委托加工修理修配货物以外的货物：

增值税应退税额 =增值税退（免）税计税依据×出口货物退税率

(2) 外贸企业出口委托加工修理修配货物：

增值税应退税额=委托加工修理修配的增值税退（免）税计税依据×出口货物退税率

3. 退税率低于适用税率的，相应计算出的差额部分的税款计入出口货物劳务成本。

4. 出口企业既有适用增值税免抵退项目，也有增值税即征即退、先征后退项目的，增值税即征即退和先征后退项目不参与出口项目免抵退税计算。出口企业应分别核算增值税免抵退项目和增值税即征即退、先征后退项目，并分别申请享受增值税即征即退、先征后退和免抵退税政策。

用于增值税即征即退或者先征后退的进项税额无法划分的，按照下列公式计算：

无法划分进项税额中用于增值税即征即退或者先征后退项目的部分=当月无法划分的全部进项税额×当月增值税即征即退或者先征后退项目销售额÷当月全部销售额、营业额合计

二、生产企业出口货物退（免）税的会计处理

为核算纳税人出口货物应收取的出口退税款，设置“应收出口退税款”科目，该科目借方反映销售出口货物按规定向税务机关申报应退回的增值税、消费税等，贷方反映实际收到的出口货物应退回的增值税、消费税等。期末借方余额，反映尚未收到的应退税额。

实行增值税“免抵退税”办法有进出口经营权的生产企业，购入适用增值税“免抵退税”办法的货物或劳务，应进行如下会计处理。

首先，这类货物免征出口环节增值税，其耗用的购进货物所负担的进项税额，按一般购进业务处理，记入“应交税费——应交增值税（进项税额）”科目；按该货物适用的增值税率与退税率之差乘以出口货物离岸价折合人民币的金额，计算出口货物不予抵扣或退税的税额，借记“主营业务成本”科目，贷记“应交税费——应交增值税（进项税额转出）”科目；如果

购进免税货物，红字借记“主营业务成本”科目，红字贷记“应交税费——应交增值税（进项税额转出）”科目。

其次，按当期全部进项税额剔除不予抵扣或退税税额的余额，确定当期准予抵扣的税额，借记“应交税费——应交增值税（出口抵减内销产品应纳税额）”科目，贷记“应交税费——应交增值税（出口退税）”科目；同时，将经批准，应予退回的增值税，借记“应收出口退税款——增值税”科目，贷记“应交税费——应交增值税（出口退税）”科目。

最后，实际收到出口退税款时，借记“银行存款”科目，贷记“应收出口退税款——增值税”科目。出口货物办理退税后，发生退货或退关补交已退的增值税时，作相反的会计处理。

【例2-49】 某自营出口生产企业是增值税一般纳税人，兼营出口与内销货物。该自营企业出口货物的征税率为17%，退税率为13%。3月该自营出口生产企业发生如下业务：购进原材料一批，取得的增值税专用发票注明的价款200万元，外购货物准予抵扣进项税款34万元，货已入库。上期期末留抵税额3万元。当月内销货物销售额100万元，销项税额17万元；本月出口货物销售额折合人民币200万元。该自营出口生产企业申请退税单证齐全。

要求：计算该企业本期免抵退税额，应退税额，免抵税额，并进行相应的会计处理。

（1）购进原材料：

借：原材料　　2 000 000

　　应交税费——应交增值税（进项税额）　　340 000

　　贷：银行存款　　2 340 000

（2）实现内销：

借：银行存款　　1 170 000

　　贷：主营业务收入　　1 000 000

　　　　应交税费——应交增值税（销项税额）　　170 000

（3）实现外销：

借：银行存款　　2 000 000

　　贷：主营业务收入　　2 000 000

（4）计算本期免抵退税不得免征和抵扣税额：

当期免抵退税不得免征和抵扣税额＝2 000 000×（17%－13%）＝80 000（元）

借：主营业务成本　　80 000

贷：应交税费——应交增值税（进项税额转出） 80 000

（5）计算当期应纳增值税额、免抵税额和应退税额：

应纳增值税额＝1 000 000×17%－(340 000－80 000)－30 000＝－120 000（元）

出口货物免抵退额(出口退税最高限额)＝2 000 000×13%＝260 000（元）

当期应纳税额为负数，则当期期末留抵税额＝120 000元＜当期免抵退税额260 000元

因此，当期应退税额＝当期期末留抵税额＝120 000元

当期免抵税额＝260 000－120 000＝140 000（元）

期末留抵税额＝0

借：应收出口退税款——增值税 120 000

应交税费——应交增值税（出口抵减内销产品应纳税额） 140 000

贷：应交税费——应交增值税（出口退税） 260 000

（6）实际收到出口退税款：

借：银行存款 120 000

贷：应收出口退税款——增值税 120 000

【例2－50】接【例2－49】，该自营出口生产企业4月发生如下业务：外购原材料一批，取得增值税专用发票注明价款500万元，税款85万元，本月内销货物不含税销售额80万元，出口货物销售额折合人民币220万元。增值税专用发票已通过认证，办理出口退税单证齐全。

要求：计算该企业本期免抵退税额，应退税额，免抵税额，并进行相应的会计处理。

（1）购进原材料：

借：原材料 5 000 000

应交税费——应交增值税（进项税额） 850 000

贷：银行存款 5 850 000

（2）实现内销：

借：银行存款 936 000

贷：主营业务收入 800 000

应交税费——应交增值税（销项税额） 136 000

（3）实现外销：

借：银行存款 2 200 000

贷：主营业务收入 2 200 000

（4）计算本期免抵退税不得免征和抵扣税额：

当期免抵退税不得免征和抵扣税额 = 2 200 000 × (17% - 13%) = 88 000 (元)

借：主营业务成本　　88 000

　　贷：应交税费——应交增值税（进项税额转出）　　88 000

(5) 计算当期应纳增值税额、免抵税额和应退税额，并作如下会计处理：

应纳增值税额 = 800 000 × 17% - (850 000 - 88 000) = -626 000（元）

出口货物免抵退额(出口退税最高限额) = 2 200 000 × 13% = 286 000（元）

当期应纳税额为负数，则当期期末留抵税额 = 626 000 元 > 当期免抵退税额 286 000 元

因此，当期应退税额 = 当期免抵税额 = 286 000 元

当期免抵税额 = 0

期末留抵税额 = 626 000 - 286 000 = 340 000（元）（本期期末留抵税额结转至下期继续抵扣）

借：应收出口退税款——增值税　　286 000

　　贷：应交税费——应交增值税（出口退税）　　286 000

(6) 实际收到出口退税款：

借：银行存款　　286 000

　　贷：应收出口退税款——增值税　　286 000

三、外贸企业出口货物退（免）税的会计处理

外贸企业一般纳税人收购货物后直接出口或委托其他外贸企业代理出口，适用“免退税”办法。除税法另有规定外，一律实行“先征后退”退税管理办法。外贸企业应单独设账核算出口货物的购进金额和进项税额，若购进货物时不能确定是用于出口的，先计入出口库存账，用于其他用途时应从出口库存账转出。

外贸企业收购货物出口时，借记“库存商品”、“应交税费——应交增值税（进项税额）”等科目，贷记“银行存款”、“应付账款”等科目。货物出口时，按当期出口货物应收的款项，借记“应收账款”、“银行存款”等科目，贷记“主营业务收入”科目；同时结转成本，借记“主营业务成本”科目，贷记“库存商品”科目。按收购成本与退税率计算应退税额时，借记“应收出口退税款——增值税”科目，贷记“应交税费——应交增值税（出口退税）”科目。最后，外贸企业在购进货物时所支付的增值税税额与应收的退税额之差计入企业成本，借记“主营业务成本”科目，贷记“应交税

费——应交增值税（进项税额转出）”科目。实际收到退税款时，借记“银行存款”科目，贷记“应收出口退税款——增值税”科目。出口货物办理退税后，发生退货或退关补交已退的增值税时，作相反的会计处理。

【例2-51】 某外贸公司6月从国内采购化工原料100吨用于出口，从生产企业取得的增值税专用发票上注明价款25 000元/吨，增值税425 000元，款项已支付。出口离岸价为51.6万美元（入账当天人民币美元汇率为1:6.2），款项已收取，并办理了出口退税手续，根据现行出口退税政策规定，该化工原料适用退税率为8%。

要求：计算该外贸公司当月应退税额，并进行会计处理。

（1）购进出口化工原料：

借：库存商品　　2 500 000

　　应交税费——应交增值税（进项税额）　　425 000

　　贷：银行存款　　2 925 000

（2）实现外销：

借：银行存款　　3 199 200（516 000×6.2）

　　贷：主营业务收入　　3 199 200

（3）按照出口货物购进时取得的增值税专用发票上的进项税额与国家规定的退税率之间的差额计算不予抵扣或退税的税额，并结转销售成本：

不予抵扣或退税的税额 = 2 500 000×(17% - 8%) = 225 000（元）

借：主营业务成本　　2 725 000

　　贷：库存商品　　2 500 000

　　　　应交税费——应交增值税（进项税额转出）　　225 000

（4）按规定退税率计算应收出口退税款，申报批准退税：

应退增值税额 = 2 500 000×8% = 200 000（元）

借：应收出口退税款——增值税　　200 000

　　贷：应交税费——应交增值税（出口退税）　　200 000

（5）实际收取出口退税款：

借：银行存款　　200 000

　　贷：应收出口退税款——增值税　　200 000

四、出口货物退（免）税申报

（一）生产企业出口货物退（免）税申报

1. 生产企业“免抵退税”申报时间。

生产企业出口并按会计规定确认销售的货物，须在确认销售的次月进行增值税纳税申报，还需办理免抵退税相关申报及消费税免税申报（属于消费税应税货物的）。

企业应在货物报关出口之日（以出口货物报关单〈出口退税专用〉上的出口日期为准，下同）次月起至次年4月30日前的各增值税纳税申报期内收齐有关凭证，向主管税务机关申报办理出口货物增值税免抵退税及消费税退税。逾期的，企业不得申报免抵退税。

根据《国家税务总局关于调整出口退（免）税申报办法的公告》（国家税务总局公告2013年第61号）第一条规定：企业出口货物劳务及适用增值税零税率的应税服务，在正式申报出口退（免）税之前，应按现行申报办法向主管税务机关进行预申报，在主管税务机关确认申报凭证的内容与对应的管理部门电子信息无误后，方可提供规定的申报退（免）税凭证、资料及正式申报电子数据，向主管税务机关进行正式申报。

2. 生产企业“免抵退税”申报需提供的资料。

（1）企业向主管税务机关办理增值税纳税申报时，除按纳税申报的规定提供有关资料外，还应提供下列资料：

①主管税务机关确认的上期《免抵退税申报汇总表》；

②主管税务机关要求提供的其他资料。

（2）企业向主管税务机关办理增值税免抵退税申报，应提供下列凭证资料：

①《免抵退税申报汇总表》及其附表；

②《免抵退税申报资料情况表》；

③《生产企业出口货物免抵退税申报明细表》。

（二）外贸企业出口货物退（免）税申报

1. 外贸企业“免退税”申报时间。

外贸企业出口并按会计规定确认销售的货物，须在确认销售的次月进行增值税纳税申报，将适用退（免）税政策的出口货物销售额填报在增值税纳税申报表的“免税货物销售额”栏。

企业应在货物报关出口之日次月起至次年4月30日前的各增值税纳税申报期内，收齐有关凭证，向主管税务机关办理出口货物增值税、消费税免退税申报。经主管税务机关批准的，企业在增值税纳税申报期以外的其他时间也可办理免退税申报。逾期的，企业不得申报免退税。

2. 外贸企业“免退税”申报需提供的资料。

（1）《外贸企业出口退税汇总申报表》；

（2）《外贸企业出口退税进货明细申报表》；

（3）《外贸企业出口退税出口明细申报表》；

（4）出口货物退（免）税正式申报电子数据；

（5）原始凭证：包括出口货物报关单；增值税专用发票（抵扣联）、出口退税进货分批申报单、海关进口增值税专用缴款书（提供海关进口增值税专用缴款书的，还需同时提供进口货物报关单）；出口收汇核销单；委托出口的货物，还应提供受托方主管税务机关签发的代理出口货物证明，以及代理出口协议副本；属应税消费品的，还应提供消费税专用缴款书或分割单、海关进口消费税专用缴款书（提供海关进口消费税专用缴款书的，还需同时提供进口货物报关单）；主管税务机关要求提供的其他资料。

资料链接2-5　　出口退税新规范推出新举措

2015年2月1日起，全国税务机关出口退（免）税管理工作规范1.0版在全国国税机关施行。退税规范梳理了散见于600多份文件中有关税务机关办理出口退税的规定，依据新优化的办理退税业务流程进行了归集和创新完善，共推出了7项服务措施。

1. 下放审批权限。将管理难度小、便于征退税衔接的对生产企业退税工作全部下放到所在县（区）国税局审批，停止执行市、县局两级审批。考虑到外贸企业情况相对复杂，原则上其退税继续由市国税局审批，有条件的地方由市局下放到县（区）局审批。

2. 实施分类管理。根据纳税信用管理办法、重大税收违法案件信息公布办法，结合出口企业的经营情况，对纳税信用好的企业实行先退后审；对纳税信用差的企业，强化管理，从严审核，排除疑点后方可退税，改变过去无差别的管理办法，使信用好的企业出口退税时间进一步缩短。

3. 简化审核程序。最大限度实施计算机自动比对信息，减少人工审核项目，将生产企业人工审核项目由14项减为3项，外贸企业由21项减为5项。

4. 加快退税进度。对纳税人申报的符合规定的出口退（免）税，必须在20个工作日内完成审核、审批，如果企业的出口退（免）税管理类别为信用好的第一类，这一时限要求将缩短至2个工作日以内。

5. 优化退税服务。提供网络申报、自助办税申报等多种服务方式。对疑点信息全面推行地区间网上函调，并规范往复各环节要求，缩短函调时间。加快税库银联网，缩短退税退库时间。采用短信、微信、电子邮件等方式，为企业办理退税免费提供政策宣传和业务提醒。

6. 规范管理流程。规范出口退税岗位设置，细化岗位责任，明确审核程序，并固化到信息系统中。加强上级对退税情况的监督检查，要求各省国税局3年实现一轮检查和督察全覆盖。

7. 强化风险防范。定期向企业通报相关退税风险信息，引导出口企业建立风险内控机制。规范骗税疑点实地核查程序，完善出口退税预警评估机制，突破过去退税审核“就单审单”的局限，进一步提高风险防范和打击的针对性、及时性、有效性，有利于形成“内控外防”的防范出口骗税体系。

资料来源：出口退税新规范推出7项便民措施．中国财经报，2015-03-03第002版．

课后练习题

（一）复习思考题

1. 增值税“价税合一”和“价税分离”记账方式与进项税额能否抵扣有何联系？

2. 增值税税收优惠如何进行会计处理？

3. 生产企业和外贸企业出口货物免（退）增值税政策和会计处理有何不同？

4. 营改增后，增值税征税范围扩大到“应税服务”，请问各项“应税服务”营改增前后的会计处理有什么不同？

（二）练习题

某公司为增值税一般纳税人，适用的增值税税率为17%，生产各种日用家电产品，其存货采用实际成本核算，流转税纳税期限为一个月，已使用防伪税控系统。4月30日，“应交税费——应交增值税”账户借方余额2 000元。5月企业发生的主要经济业务如下：

（1）5月8日，购进甲材料一批，价款100 000元，税额17 000元，取得增值税专用发票5张，已验收入库，货款未支付，发票已通过认证。

（2）5月13日，售出小家电产品一批，企业开具的专用发票上注明不含税价款20 000元，增值税3 400元；同时以库存现金向运输企业支付运输费用，取得货物运输业增值税专用发票1张，注明运费1 000元，税额110元。

(3) 5月15日，从中国境内某机械制造厂购入生产设备一套，收到增值税专用发票1张，注明价款400 000元，增值税68 000元，款项已付，供货方免费安装、调试完毕，已于5月25日交付使用。

(4) 5月18日，修理本单位机床，取得增值税专用发票一张，注明修理费2 500元，增值税425元，款项已用银行存款支付，发票已通过认证。

(5) 5月19日，收到某公司退货一批，该批货物系当年2月份售出，因不符合购货方要求，双方协商未果，本月予以退回，货物已验收入库，根据收到的符合税法规定的“进货退出及索取折让证明单”，开具红字增值税专用发票1份，全部款项35 100元已退还。

(6) 5月21日，销售本企业使用过的增值税转型后购入的生产用设备一套，该设备账面原值150 000元，累计折旧为120 000元，售价26 000元。

(7) 5月26日，销售产成品一批，开具增值税专用发票15份，累计注明不含税价款800 000元，开具普通发票8份，累计注明金额70 200元，货款全部收讫。

(8) 5月28日，购进乙材料一批，取得增值税专用发票3张，累计注明价款50 000元，税额8 500元，未验收入库，货款已用银行存款支付，发票尚未认证。

要求：根据上述资料编制相应的会计分录（不考虑城市维护建设税和教育费附加）。

增值税练习题参考答案

(1) 借：原材料——甲材料	100 000	
应交税费——应交增值税（进项税额）	17 000	
贷：应付账款		117 000
(2) 借：银行存款	23 400	
贷：主营业务收入		20 000
应交税费——应交增值税（销项税额）		3 400
借：销售费用	1 000	
应交税费——应交增值税（进项税额）	110	
贷：库存现金		1 110
(3) 借：固定资产	400 000	
应交税费——应交增值税（进项税额）	68 000	
贷：银行存款		468 000
(4) 借：制造费用	2 500	
应交税费——应交增值税（进项税额）	425	

贷：银行存款 2 925

（5）借：主营业务收入 30 000

贷：银行存款 35 100

应交税费——应交增值税（销项税额） 5 100

（6）借：固定资产清理 30 000

累计折旧 120 000

贷：固定资产 150 000

借：银行存款 26 000

贷：固定资产清理 22 222.22

应交税费——应交增值税（销项税额） 3 777.78

（26 000 ÷（1 + 17%）× 17% = 3 777.78）

借：营业外支出 7 777.78

贷：固定资产清理 7 777.78

（7）借：银行存款 1 006 200

贷：主营业务收入 860 000

应交税费——应交增值税（销项税额） 146 200

（800 000 × 17% + 70 200 ÷（1 + 17%）× 17% = 146 200）

（8）借：材料采购 50 000

应交税费——待认证进项税额 8 500

贷：银行存款 58 500

第 3 章 消费税会计

学习目标

◇ 掌握消费税会计的科目设置，以及消费税的确认、计量、记录、申报与缴纳。

◇ 熟悉自产、委托加工和进口应税消费品消费税会计核算的异同。

◇ 了解消费税会计处理与增值税会计处理的不同。

导 言

消费税（Consumer tax）是以消费品或消费行为的流转额作为课税对象的一种流转税。消费税是典型的间接税，税款随价格及交易行为的完成转嫁给消费者负担，销售者是纳税人，消费者是负税人。从我国设立消费税制度的最初目标看，它是增值税制度的有效补充，即两者相互配合，在对货物普遍征收增值税的基础上，选择部分消费品或消费行为征收消费税，主要是发挥调节和引导消费的作用。世界卫生组织欧洲地区主任雅各布说："虽然烟草税并不受欢迎，却是我们减少烟草消费、挽救生命的有效措施之一。在这 26 个国家中，税收占到烟草售价的 75%，我们要求其余 27 个欧洲国家以此为榜样。"①

我国规定在生产销售应税消费品环节缴纳消费税，作为一种价内税，其税款必然会计入应税消费品价格中，提高其销售价格。如果你是公司的财务人员，应该如何计算应纳消费税税额，并对其进行正确的会计处理？其会计处理与增值税有何不同？

① 资料来源：烟草税涨 50% 可救上千万人，http://www.hbqnb.com/html/2014/dashiye_0602/20148.html.

第1节　消费税的基本制度

一、消费税概述

（一）消费税的起源与发展

消费税具有悠久的历史。早在公元前81年，汉昭帝改酒的专卖为普遍征税，允许各地地主、商人自行酿酒卖酒，每升酒缴税四文。这是我国较早的消费税。

新中国成立后，1950年统一税制时，曾开征特种消费行为税（娱乐、筵席、冷食、旅馆），1953年取消。1988年9月，国务院针对社会上存在的不合理消费现象开征了筵席税。1989年2月1日，为缓解彩色电视机、小轿车的供求矛盾开征了彩色电视机特别消费税和小轿车特别消费税。

1993年国务院正式颁布了《中华人民共和国消费税暂行条例》，1994年1月1日起实施，决定在增值税进行普遍征收的基础上，再对部分消费品征收消费税，以贯彻落实国家消费政策。2006年3月20日，对消费税税目、税率及相关政策进行调整。新增高尔夫球及球具、高档手表、游艇、木制一次性筷子、实木地板5个税目，取消汽油、柴油税目，增列成品油税目，取消护肤护发品税目，将原属于护肤护发品征税范围的高档护肤类化妆品列入化妆品税目，由原来的11个税目，调整为14个税目，调整后使消费税政策更加适合于我国的客观实际。

2014年11月经国务院批准，对部分消费品进行调整，并于2014年12月1日实施。其调整内容为取消气缸容量250毫升（不含）以下的小排量摩托车消费税，气缸容量250毫升和250毫升（不含）以上的摩托车继续分别按3%和10%的税率征收消费税；取消车用含铅汽油消费税，汽油税目不再划分二级子目，统一按照无铅汽油税率征收消费税；取消酒精消费税，并将“酒及酒精”税目改为“酒”；取消汽车轮胎税目；增加电池和涂料两个税目。调整后消费税由原来的14个税目增加为15个税目。2016年10月1日起，将“化妆品”税目更名为“高档化妆品”，税率调整为15%。2016年12月1日起，“小汽车”税目下增设“超豪华小汽车”子税目。对超豪华小汽车在生产（进口）环节按现行税率征收消费税的基础上，在零售环节加征消费税，税率为10%。

消费税是世界各国普遍征收的一种税，据不完全统计，全世界100多个国家开征了消费税。消费税的征收具有较强的选择性，是国家贯彻消费政策、引导消费结构从而引导产业结构的重要手段，同时在保证国家财政收入，体现国家经济政策等方面具有十分重要的意义。消费税会随着国家政策的变化而调整，被誉为是国家政策的“晴雨表”。

资料链接3-1　　新中国最早的特种消费行为税

解放初期，全国各大中城市曾沿用国民党统治时期旧制，开征筵席税、娱乐税、冷食税及旅店捐等，但各地征收情况不统一。为了统一对消费行为的征税，1949年11月的全国首届税务会议上，决定将上述四税合为一个税种，称为特种消费行为税。1951年1月，政务院公布实施了《特种消费行为税暂行条例》。

特种消费行为税采取弹性税率，如电影、戏剧及娱乐税率为10%—30%，筵席税率为10%—20%等。该税从价计征，税款由消费者负担，由经营者代征代缴。1953年修订工商税制时，取消了特种消费行为税。

资料来源：张国梁、逄吉庆．《税事珍闻集萃》．中国华侨出版社1996年10月

（二）消费税的概念与特点

消费税是对商品销售课征的税收，属于间接税的范畴。英文是Consumption Tax，译为国内消费税或国内货物税，有时也称为货物税。这种含义的课税基础是消费品，但不是所有的消费品，只是选择特定消费品作为课税对象。消费税可分为一般消费税和特别消费税，前者主要针对所有的消费品，包括生活必需品和日用品普遍课税。后者主要针对特定消费品或特定消费行为，如非生活必需品、奢侈品等课税。我国现行消费税是对在我国境内从事生产、委托加工和进口应税消费品的单位和个人征收的一种税，它选择部分消费品征税，因而属于特别消费税。其特点主要表现在以下几个方面：

1. 征收范围具有选择性。

我国仅选择部分消费品征收消费税，不是对所有的消费品征收，目前有15个税目，在消费税税目税率表上列举的消费品征税，未列举的不征收消费税。因此，我国消费税是以特定消费品或消费行为的流转额为征税对象而征收的一种税。

2. 征税环节具有单一性。

消费税的最终负担人是消费者，但是为了加强税源控制，防止税款流

失，现行消费税基本上是选择在产制环节或进口环节课税，也就是说，应税消费品在生产环节或进口环节征税之后，除个别消费品的纳税环节为零售环节外，再继续销售该消费品不再征收消费税（卷烟、超豪华小汽车除外）。1995 年 1 月 1 日起，对金银首饰由生产销售环节改为零售环节征税，从 2002 年 1 月 1 日起，钻石及钻石饰品由生产、进口环节改为零售环节征税。此外，卷烟除在生产环节课税之外，自 2009 年 5 月 1 日起，在批发环节加征 5% 的从价税；自 2015 年 5 月 10 日起，卷烟批发环节从价税税率由 5% 提高至 11%，并按 0.005 元/支加征从量税。自 2016 年 12 月 1 日起，对不含增值税售价在 130 万元以上的超豪华小汽车，在零售环节加征 10% 的消费税。

3. 税率设计具有灵活性、差别性。

消费税属于国家运用税收杠杆对某些消费品进行特殊调节的税种。为了有效体现国家政策，消费税的平均税率较高，而且针对不同的商品设置高低不同的税率，对需要限制或控制的消费品，通常税负较重，由此也体现了消费税的调节作用。

4. 征收方法多样性。

消费税在征收方法上，既可以采用对消费品制定单位税额，依消费品的数量实行从量定额的征收方法，也可以采用对消费品制定比例税率，依消费品的价格实行从价定率的征收方法。此外，对卷烟和白酒实行复合计税方法，既采用从价定率征收，又同时采用从量定额征收。

5. 税负具有转嫁性。

消费税就消费应税消费品课税，因此，税负归宿应为消费者，但为了简化征收管理，我国消费税直接以应税消费品的生产者为纳税人，于产制销售环节、进口环节或零售环节缴纳税款，并成为商品价格的一个重要组成部分向购买者收取，消费者为税负的最终负担者。

资料链接 3-2　　消费税与其他税种的关系

1. 消费税与增值税的关系。

消费税与增值税构成对流转额交叉征税（双层征收）的格局。缴纳增值税的货物并不都缴纳消费税，但是缴纳消费税的货物要缴纳增值税，而且都是属于 17% 税率的货物，不涉及低税率。但若是增值税小规模纳税人，会涉及增值税的征收率。消费税除了上述征税对象范围方面与增值税有差异外，还存在如表 3-1 所列差异：

表3－1　消费税与增值税的差异

差异方面	增值税	消费税
征税范围	销售、进口货物；加工、修理修配劳务；提供应税服务	生产、委托加工、进口、零售、批发应税消费品
纳税环节	多环节：生产、批发、零售、进口环节	单一环节：除金银首饰、钻石及钻石饰品在零售环节，卷烟在批发环节加征11%的从价税和每支0.005元的从量税，超豪华小汽车在零售环节加征1%的从价税外，其他在进口、生产环节缴纳
计税依据	单一性：只有从价定率计征	多样性：包括从价定率计征、从量定额计征、复合计征
与价格的关系	价外税	价内税
税收收入归属	进口环节海关征收的增值税归中央，其他中央、地方共享	中央税

表3－2　消费税与增值税纳税环节对比表

纳税环节	增值税	消费税
进口应税消费品	缴纳	缴纳
生产应税消费品出厂销售	缴纳	缴纳
自产应税消费品用于连续生产应税消费品	不缴	不缴
自产应税消费品用于连续生产非应税消费品	不缴	缴纳
将自产应税消费品用于投资、分红、赠送、职工福利、在建工程	缴纳	缴纳
批发应税消费品	缴纳	卷烟缴纳，其他不缴
零售应税消费品	缴纳	金银、铂金首饰、钻石及钻石饰品、超豪华小汽车缴纳，其他不缴

2. 消费税与城市维护建设税的关系。

纳税人实际缴纳的消费税税额，会构成城市维护建设税和教育费附加及地方教育费附加的计算依据。海关对进口产品代征消费税的，不征收城市维护建设税；对出口产品退还消费税的，不退还已缴纳的城市维护建设税。对消费税补罚，城建税也要补罚，但消费税的滞纳金和罚款不作城建税的计税依据；消费税减免，城建税也减免。

3. 消费税与企业所得税的关系。

消费税是计算企业所得税应纳税所得额时可以扣除的税金（即可在企业所得税税前扣除）。消费税在“税金及附加”科目核算，消费税的征与退影响所得税的计算，与所得税之间形成了此消彼长的关系。

二、消费税的基本税制要素

（一）消费税的纳税人

在中华人民共和国境内生产、委托加工和进口《中华人民共和国消费税暂行条例》规定的消费品的单位和个人，以及国务院确定的销售本条例规定消费品的其他单位和个人，为消费税纳税义务人。详见表 3－3 所示。

表 3－3　　消费税纳税人的具体规定

<table>
<tr><th colspan="2">消费税纳税人</th><th>备　注</th></tr>
<tr><td rowspan="2">生产应税消费品的单位和个人</td><td>自产销售</td><td>销售时纳税</td></tr>
<tr><td>自产自用</td><td>纳税人自产的应税消费品，用于连续生产消费品时，不纳税；用于其他方面的，于移送时纳税</td></tr>
<tr><td colspan="2">进口应税消费品的单位和个人</td><td>进口应税消费品的收货人或办理报关手续的单位和个人为消费税的纳税人，进口消费税由海关代征</td></tr>
<tr><td colspan="2">委托加工应税消费品的单位和个人</td><td>委托加工的应税消费品，除受托方为个人外，由受托方向委托方交货时代收代缴税款</td></tr>
<tr><td colspan="2">零售金银首饰、钻石及钻石饰品的单位和个人</td><td>生产和进口及批发时不纳税，零售时缴纳税款</td></tr>
<tr><td colspan="2">从事卷烟批发业务的单位和个人</td><td>纳税人销售给纳税人以外的单位和个人的卷烟于销售时纳税，纳税人（批发商）之间销售的卷烟不缴纳消费税</td></tr>
<tr><td colspan="2">将超豪华小汽车销售给消费者的单位和个人</td><td>对超豪华小汽车，在生产（进口）环节按现行税率征收消费税基础上，在零售环节加征消费税</td></tr>
</table>

（二）消费税的征税范围

消费税的征税范围是指消费税法规定征收消费税的消费品及消费行为的具体种类。从世界上开征消费税各国实践看，消费税的征税范围主要分为有限型、中间型和延伸型三种类型。有限型消费税的征税范围一般仅限于传统的货物项目，如烟草制品、酒精饮品、石油制品，以及机动车车辆和各种形式的娱乐活动。中间型消费税的征税范围除了包括传统的消费税税目以外，还会涉及食品、纺织品、药品、奢侈品以及某些生产资料。延伸型消费税的征税范围最广，除了包括中间型的课税范围以外，还包括更多消费品，如电视机、冰箱、洗衣机等家用电器。

我国实行的是选择性的有限型消费税，消费税的征税范围主要包括如下四大类商品：一是过度消费会对人类健康、社会秩序和生态环境造成危害的特殊消费品，包括烟、酒、鞭炮与焰火、电池、涂料等；二是奢侈品、非生活必需品，包括贵重首饰及珠宝玉石、化妆品、高尔夫球及球具、高档手表、游艇等；三是高能耗及高档消费品，包括小汽车、摩托车等；四是不可再生和替代的稀缺资源消费品，包括成品油、木制一次性筷子、实木地板等。

（三）消费税的税目与税率

1. 税目。

按照《消费税暂行条例》规定，经2015年2月调整后，确定征收消费税的有烟、酒、高档化妆品等15个税目。具体规定如下表3-4。

表3-4　　消费税税目表

序号	税目	具体规定
1	烟	凡是以烟叶为原料加工生产的产品，不论使用何种辅料，均属于本税目的征收范围。包括甲类卷烟、乙类卷烟、雪茄烟和烟丝4个子税目
2	酒	本税目经调整后，包括白酒、黄酒、啤酒和其他酒4个子税目
3	高档化妆品	本税目征收范围包括高档美容、修饰类化妆品、高档护肤类化妆品和成套化妆品
4	贵重首饰及珠宝玉石	包括凡以金、银、白金、宝石、珍珠、钻石、翡翠、珊瑚、玛瑙等高贵稀有物质以及其他金属、人造宝石等制作的各种纯金银首饰及镶嵌首饰和经采掘、打磨、加工的各种珠宝玉石
5	鞭炮、焰火	包括各种鞭炮、焰火。体育上用的发令纸、鞭炮药引线，不按本税目征收
6	成品油	本税目包括汽油、柴油、石脑油、溶剂油、航空煤油、润滑油、燃料油7个子税目
7	小汽车	小汽车是指由动力驱动，具有四个或四个以上车轮的非轨道承载车辆。包括乘用车和中轻型商用客车。电动汽车不属于本税目征收范围
8	摩托车	包括轻便摩托车和摩托车两种
9	高尔夫球及球具	本税目征收范围包括高尔夫球、高尔夫球杆、高尔夫球包（袋）。高尔夫球杆的杆头、杆身和握把
10	高档手表	高档手表是指不含增值税销售价格每只10 000元（含）以上的各类手表
11	游艇	艇身长度大于8米小于90米，内置发动机，可以在水上移动，一般为私人或团体购置，主要用于水上运动和休闲娱乐等非牟利活动的各类机动艇。按照动力划分，分为无动力艇、帆艇和机动艇
12	木制一次性筷子	本税目征收范围包括各种规格的木质一次性筷子

续表

序号	税目	具体规定
13	实木地板	本税目征收范围包括各类规格的实木地板、实木指接地板、实木复合地板及用于装饰墙壁、天棚的侧端面为榫、槽的实木装饰板、未经涂饰的素板
14	电池	自2015年2月1日起对电池（铅蓄电池除外）征收消费税；对无汞原电池、金属氢化物镍蓄电池、锂原电池、锂离子蓄电池、太阳能电池、燃料电池、全钒液流电池免征消费税。2015年12月31日前对铅蓄电池缓征消费税，自2016年1月1日起，对铅蓄电池按4%税率征收消费税
15	涂料	自2015年2月1日起对涂料征收消费税，施工状态下挥发性有机物含量低于420克/升（含）的涂料免征消费税

2. 税率。

消费税采用比例税率和定额税率两种形式，以适应不同应税消费品的实际情况，如表3-5所示。

表3-5　消费税税目税率表

税　目	税　率
一、烟	
1. 卷烟	
（1）甲类卷烟	56%加0.003元/支
（2）乙类卷烟	36%加0.003元/支
批发环节	11%加0.005元/支
2. 雪茄烟	36%
3. 烟丝	30%
二、酒	
1. 白酒	20%加0.5元/500克（或者500毫升）
2. 黄酒	240元/吨
3. 啤酒	
（1）甲类啤酒	250元/吨
（2）乙类啤酒	220元/吨
4. 其他酒	10%
三、高档化妆品	15%
四、贵重首饰及珠宝玉石	
1. 金银首饰、铂金首饰和钻石及钻石饰品	5%

续表

税目	税率
2. 其他贵重首饰和珠宝玉石	10%
五、鞭炮、焰火	15%
六、成品油	
1. 汽油	1.52 元/升
2. 柴油	1.2 元/升
3. 航空煤油	1.2 元/升
4. 石脑油	1.52 元/升
5. 溶剂油	1.52 元/升
6. 润滑油	1.52 元/升
7. 燃料油	1.2 元/升
七、摩托车	
1. 气缸容量（排气量，下同）在250毫升的	3%
2. 气缸容量在250毫升以上的	10%
八、小汽车	
1. 乘用车	
(1) 气缸容量（排气量，下同）在1.0升（含1.0升）以下的	1%
(2) 气缸容量在1.0升以上至1.5升（含1.5升）的	3%
(3) 气缸容量在1.5升以上至2.0升（含2.0升）的	5%
(4) 气缸容量在2.0升以上至2.5升（含2.5升）的	9%
(5) 气缸容量在2.5升以上至3.0升（含3.0升）的	12%
(6) 气缸容量在3.0升以上至4.0升（含4.0升）的	25%
(7) 气缸容量在4.0升以上的	40%
2. 中轻型商用客车	5%
3. 超豪华小汽车（零售环节）	10%
九、高尔夫球及球具	10%
十、高档手表	20%
十一、游艇	10%
十二、木制一次性筷子	5%
十三、实木地板	5%
十四、电池	4%
十五、涂料	4%

资料链接 3－3

表 3－6　财政部、国家税务总局关于消费税政策调整汇总

时间	文件名称	具体内容
2014. 11. 25	财政部 国家税务总局关于调整消费税政策的通知 财税［2014］93 号	1. 取消气缸容量 250 毫升（不含）以下的小排量摩托车消费税，气缸容量 250 毫升和 250 毫升（不含）以上的摩托车继续分别按 3% 和 10% 的税率征收消费税 2. 取消汽车轮胎税目 3. 取消车用含铅汽油消费税，汽油税目不再划分二级子目，统一按照无铅汽油税率征收消费税 4. 取消酒精消费税，取消酒精消费税后，“酒及酒精”品目相应改为“酒”，并继续按现行消费税政策执行 5. 本通知自 2014 年 12 月 1 日起执行
2014. 11. 28	财政部 国家税务总局关于提高成品油消费税的通知 财税［2014］94 号	1. 将汽油、石脑油、溶剂油和润滑油的消费税单位税额在现行单位税额基础上提高 0. 12 元/升 2. 将柴油、航空煤油和燃料油的消费税单位税额在现行单位税额基础上提高 0. 14 元/升。航空煤油继续暂缓征收 3. 本通知自 2014 年 11 月 29 日起执行
2015. 1. 12	财政部 国家税务总局关于继续提高成品油消费税的通知 财税［2015］11 号	1. 将汽油、石脑油、溶剂油和润滑油的消费税单位税额由 1. 4 元/升提高到 1. 52 元/升 2. 将柴油、航空煤油和燃料油的消费税单位税额由 1. 1 元/升提高到 1. 2 元/升。航空煤油继续暂缓征收 3. 本通知自 2015 年 1 月 13 日起执行
2015. 1. 26	财政部国家税务总局关于对电池 涂料征收消费税的通知 财税［2015］16 号	1. 将电池、涂料列入消费税征收范围，在生产、委托加工和进口环节征收，适用税率均为 4% 2. 对无汞原电池、金属氢化物镍蓄电池（又称“氢镍蓄电池”或“镍氢蓄电池”）、锂原电池、锂离子蓄电池、太阳能电池、燃料电池和全钒液流电池免征消费税。2015 年 12 月 31 日前对铅蓄电池缓征消费税；自 2016 年 1 月 1 日起，对铅蓄电池按 4% 税率征收消费税。对施工状态下挥发性有机物（Volatile Organic Compounds，VOC）含量低于 420 克/升（含）的涂料免征消费税 3. 除上述规定外，电池、涂料消费税征收管理的其他事项依照《中华人民共和国消费税暂行条例》、《中华人民共和国消费税暂行条例实施细则》等相关规定执行

续表

时间	文件名称	具体内容
2015. 5. 7	财政部 国家税务总局关于调整卷烟消费税的通知 财税〔2015〕60 号	1. 将卷烟批发环节从价税税率由 5% 提高至 11%，并按 0. 005 元/支加征从量税 2. 纳税人兼营卷烟批发和零售业务的，应当分别核算批发和零售环节的销售额、销售数量；未分别核算批发和零售环节销售额、销售数量的，按照全部销售额、销售数量计征批发环节消费税 3. 本通知自 2015 年 5 月 10 日起执行。此前有关文件规定与本通知相抵触的，以本通知为准
2016. 9. 30	财政部国家税务总局关于调整化妆品消费税政策的通知 财税〔2016〕103 号	1. 取消对普通美容、修饰类化妆品征收消费税，将“化妆品”税目名称更名为“高档化妆品”。征收范围包括高档美容、修饰类化妆品、高档护肤类化妆品和成套化妆品。税率调整为 15%。 高档美容、修饰类化妆品和高档护肤类化妆品是指生产（进口）环节销售（完税）价格（不含增值税）在 10 元/毫升（克）或 15 元/片（张）及以上的美容、修饰类化妆品和护肤类化妆品。 2. 本通知自 2016 年 10 月 1 日起执行。
2016. 11. 30	财政部国家税务总局关于对超豪华小汽车加征消费税有关事项的通知 财税〔2016〕129 号	1. “小汽车”税目下增设“超豪华小汽车”子税目。征收范围为每辆零售价格 130 万元（不含增值税）及以上的乘用车和中轻型商用客车，即乘用车和中轻型商用客车子税目中的超豪华小汽车。对超豪华小汽车，在生产（进口）环节按现行税率征收消费税基础上，在零售环节加征消费税，税率为 10%。 2. 将超豪华小汽车销售给消费者的单位和个人为超豪华小汽车零售环节纳税人。 3. 超豪华小汽车零售环节消费税应纳税额计算公式： 应纳税额 = 零售环节销售额（不含增值税，下同）× 零售环节税率 国内汽车生产企业直接销售给消费者的超豪华小汽车，消费税税率按照生产环节税率和零售环节税率加总计算。消费税应纳税额计算公式： 应纳税额 = 销售额 ×（生产环节税率 + 零售环节税率） 4. 上述规定自 2016 年 12 月 1 日起执行。对于 11 月 30 日（含）之前已签订汽车销售合同，但未交付实物的超豪华小汽车，自 12 月 1 日（含）起 5 个工作日内，纳税人持已签订的汽车销售合同，向其主管税务机关备案。对按规定备案的不征收零售环节消费税，未备案以及未按规定期限备案的，征收零售环节消费税。

资料链接 3－4　　欧洲主要国家的消费税

欧洲一些国家在实行增值税后，相应地征收消费税或其他间接税，用以发挥税收的特殊调节作用。这种把中性化的、普遍调节的税种与发挥特殊调节作用的税种相配合的间接税制，更有利于发挥税收聚财和经济调控的综合效应。

表 3－7　　欧洲主要国家消费税征税范围

国家	消费税征税范围的具体内容
法国	酒精、葡萄酒、苹果酒、梨酒、蜂蜜酒、碳酸葡萄汁、啤酒、矿泉水、火柴、打火机、葡萄糖等
丹麦	烟、酒类、汽油、机动车等
德国	烟、酒、茶叶、矿物油、彩票、糖等
荷兰	酒、烟、燃料等
芬兰	液体燃料、烟草、电力、化肥、啤酒、酒精、某些食品、人造奶油、矿泉水、软饮料、糖等
意大利	烟草、火柴、化妆品、橄榄油、植物油、矿物油、液化气、人造黄油、打火机、咖啡、可可、电、电视机、收录机、录像机、望远镜、幻灯片、摄像机、放映机、电子游戏机等
葡萄牙	机动车辆、游艇、酒精、含酒精饮料、啤酒、烟草、石油、无烟煤、照明用燃料，以及对酒吧、夜总会、迪斯科舞厅、酒店及夜间娱乐等
瑞典	酒类（包括酒精、葡萄酒和其他酒）、卷烟、能源（电、煤、碳、原油、石油、煤油、挥化油等）、机动车、摩托车、化妆品、啤酒、清凉饮料、金银制品、宝石、丝织地毯、留声机及唱盘、毛皮等
挪威	汽车、汽油、白酒、果酒、啤酒、非酒精饮料、电动产品、烟草、矿物油产品、煤和焦炭、糖和巧克力、声像带、收音机、电视、游船、客运等
奥地利	烟草、酒精、饮料、盐等

从以上征收消费税的情况分析有以下特点：

（1）这些国家征收增值税后，普遍都征收消费税或其他间接税。

（2）征收范围是根据各国的国情制定的，宽、窄有所不同，部分消费品具有共同性，如烟、酒、汽车、石油产品等，其他产品具有较大选择性。

三、消费税应纳税额的计算

(一) 消费税的计算方法

消费税实行从价定率、从量定额，或者从价定率和从量定额复合计税(以下简称复合计税)的办法计算应纳税额。

表3-8 消费税的计税方法及计税公式

计税方法	计税消费品	计税公式
从价定率	除采用从量定额和复合计征的应税消费品	应纳税额=销售额×比例税率
从量定额	啤酒、黄酒、成品油	应纳税额=销售数量×定额税率
复合计税	白酒、卷烟	应纳税额=销售额×比例税率+销售数量×定额税率

以上三种计算方法，纳税人销售的应税消费品，以人民币计算销售额。纳税人以人民币以外的货币结算销售额的，应当折合成人民币计算。

(二) 消费税的计税依据

1. 实行从价定率的计税依据——销售额。

根据消费税暂行条例规定，销售额为纳税人销售应税消费品向购买方收取的全部价款和价外费用。

价外费用，包括价外向购买方收取的手续费、补贴、基金、集资费、返还利润、奖励费、违约金、滞纳金、延期付款利息、赔偿金、代收款项、代垫款项、包装费、包装物租金、储备费、优质费、运输装卸费以及其他各种性质的价外收费。

但下列项目不包括在内：

(1) 同时符合以下条件的代垫运输费用：①承运部门的运输费用发票开具给购买方的；②纳税人将该项发票转交给购买方的。

(2) 同时符合以下条件代为收取的政府性基金或者行政事业性收费：①由国务院或者财政部批准设立的政府性基金，由国务院或者省级人民政府及其财政、价格主管部门批准设立的行政事业性收费；②收取时开具省级以上财政部门印制的财政票据；③所收款项全额上缴财政。

除上述两项外，其他的价外费用，无论是否属于纳税人收入，均应并入销售额计算征税。

另外，销售额不包括向购买方收取的增值税税款，如果纳税人应税消费品的销售额中含有增值税，需将其换算为不含增值税的销售额。换算公式为：

应税消费品的销售额 = 含增值税的销售额 ÷ （1 + 增值税税率或征收率）

实行从价定率办法计算应纳税额的应税消费品连同包装物销售的，无论包装物是否单独计价，也不论在会计上如何核算，均应并入应税消费品的销售额中征收消费税。如果包装物不作价随同产品销售，而是收取押金，此项押金则不应并入应税消费品的销售额中征税。但对因逾期未收回的包装物不再退还的，或者已收取时间超过 12 个月的押金，应并入应税消费品的销售额，按照应税消费品的适用税率缴纳消费税。

对既作价随同应税消费品销售，又另外收取押金的，凡纳税人在规定的期限内没有退还的，均应并入应税消费品的销售额，按照应税消费品的适用税率缴纳消费税。

从 1995 年 6 月 1 日起，对酒类产品生产企业销售酒类产品（啤酒、黄酒除外）而收取的包装物押金，无论押金是否返还与会计上如何核算，均应并入应税消费品的销售额，按照应税消费品的适用税率征收消费税。具体而言，包装物押金税务处理总结如下表 3 – 9 所示。

表 3 – 9　　　　包装物押金税务处理总结

押金种类	收取	逾期或已收取 1 年以上
酒类产品以外的应税消费品包装物押金	不缴纳增值税，不缴纳消费税	缴纳增值税、缴纳消费税
酒类产品包装物押金（除啤酒、黄酒外）	缴纳增值税、消费税（押金需换算为不含税价）	不再缴纳增值税、消费税

2. 实行从量定额的计税依据——销售数量。

销售数量是指纳税人生产、加工和进口应税消费品的数量。具体规定为：

（1）销售应税消费品的，为应税消费品的销售数量；

（2）自产自用应税消费品的，为应税消费品的移送和使用数量；

（3）委托加工应税消费品的，为纳税人收回应税消费品的数量；

（4）进口的应税消费品，为海关核定的应税消费品进口征税数量。

根据《消费税暂行条例》的规定，黄酒、啤酒是以“吨”为税额单位；成品油是以“升”为税额单位。但是，考虑到在实际销售过程中，一些纳税人会把“吨”或“升”这两个计税单位混用，为了规范不同产品的计量单位，以准确计算应纳税额，“吨”与“升”两个计量单位的换算标准见表 3 – 10。

表3－10 部分应税消费品“吨”、“升”换算表

序号	名 称	计量单位的换算标准
1	黄酒	1吨=962升
2	啤酒	1吨=988升
3	汽油	1吨=1 388升
4	柴油	1吨=1 176升
5	航空煤油	1吨=1 246升
6	石脑油	1吨=1 385升
7	溶剂油	1吨=1 282升
8	润滑油	1吨=1 126升
9	燃料油	1吨=1 015升

3. 实行从价从量复合计征的计税依据。

根据现行消费税规定，卷烟和白酒采用复合计税方法。应纳税额等于应税销售数量乘以单位税额再加上应税销售额乘以比例税率。

4. 计税依据的特殊规定。

(1) 纳税人兼营不同税率的应税消费品，应当分别核算不同税率应税消费品的销售数量、销售额。未分别核算销售数量、销售额，或者将不同税率的应税消费品组成成套消费品销售的，从高适用税率。

(2) 纳税人通过自设非独立核算门市部销售的自产应税消费品，应当按照门市部对外销售额或者销售数量征收消费税。

(3) 纳税人用于换取生产资料和消费资料，投资入股和抵偿债务等方面的应税消费品，应当以纳税人同类应税消费品的最高销售价格作为计税依据计算消费税。

(4) 酒类关联企业间关联交易消费税问题处理。

根据《税收征收管理法实施细则》第五十五条规定，纳税人与关联企业之间的购销业务，不按照独立企业之间的业务往来作价的，税务机关可以按照下列方法调整其计税收入额或者所得额，核定其应纳税额：

①按照独立企业之间进行相同或者类似业务活动的价格；

②按照再销售给无关联关系的第三者的价格所取得的收入和利润水平；

③按照成本加合理的费用和利润；

④按照其他合理的方法。

白酒生产企业向商业销售单位收取的“品牌使用费”属于应税白酒销售

价款的组成部分，不论企业采取何种方式或以何种名义收取价款，均应并入白酒的销售额中缴纳消费税。

（三）消费税应纳税额的计算

1. 生产销售环节应纳消费税额的计算。

纳税人在生产销售环节应纳的消费税，包括直接对外销售应税消费品应缴纳的消费税和自产自用应税消费品应缴纳的消费税。

（1）直接对外销售应税消费品应纳消费税的计算。

①从价定率。

在从价定率计算方法下，应纳消费税额等于应税消费品的销售额乘以适用税率。计算公式为：

应纳税额 = 应税消费品的销售额 × 比例税率

②从量定额。

在从量定额计算方法下，应纳消费税额等于应税消费品的销售数量乘以单位税额。计算公式为：

应纳税额 = 应税消费品的销售数量 × 定额税率

③从价定率和从量定额复合计征。

现行消费税的征税范围中，只有卷烟和白酒采用复合计算方法。计算公式为：

应纳税额 = 应税消费品的销售数量 × 定额税率 + 应税消费品的销售额 × 比例税率

（2）自产自用应税消费品应纳消费税的计算。

所谓自产自用，就是纳税人生产应税消费品后，不是用于直接对外销售，而是用于自己连续生产应税消费品或用于其他方面。

①用于连续生产应税消费品。

纳税人自产自用的应税消费品，用于连续生产应税消费品的，不纳税。

所谓“用于连续生产应税消费品”，是指作为生产最终应税消费品的直接材料并构成最终产品实体的应税消费品。例如，卷烟厂生产出烟丝，烟丝已是应税消费品，卷烟厂再用生产出的烟丝连续生产卷烟，这样，用于连续生产卷烟的烟丝就不缴纳消费税，只对生产的卷烟征收消费税。

②用于其他方面的应税消费品。

纳税人自产自用的应税消费品，用于其他方面的，在移送使用时纳税。

所谓“用于其他方面”，是指纳税人用于生产非应税消费品和在建工程、管理部门、非生产机构、提供劳务，以及用于馈赠、赞助、集资、广告、样品、职工福利、奖励等方面。

纳税人自产自用的应税消费品，凡用于其他方面应当纳税的，按照纳税人生产的同类消费品的销售价格计算纳税。同类消费品的销售价格是指纳税人当月销售的同类消费品的销售价格，如果当月同类消费品各期销售价格高低不同，应按照销售数量加权平均计算。但销售的应税消费品销售价格明显偏低又无正当理由的或者无销售价格的，不得列入加权平均计算。

没有同类消费品销售价格的，按照组成计税价格计算纳税。

实行从价定率办法计算纳税的组成计税价格计算公式：

组成计税价格 =（成本 + 利润）÷（1 - 消费税比例税率）

= 成本 ×（1 + 成本利润率）÷（1 - 消费税比例税率）

应纳税额 = 组成计税价格 × 比例税率

实行复合计税办法计算纳税的组成计税价格计算公式：

组成计税价格 =（成本 + 利润 + 自产自用数量 × 定额税率）÷（1 - 消费税比例税率）

= [成本 ×（1 + 成本利润率）+ 自产自用数量 × 定额税率] ÷（1 - 消费税比例税率）

应纳税额 = 组成计税价格 × 适用税率 + 自产自用数量 × 定额税率

上述公式中的“成本”是指应税消费品的产品生产成本。“利润”是指根据应税消费品的全国平均成本利润率计算的利润。应税消费品全国平均成本利润率由国家税务总局确定。见表3-11。

表3-11 应税消费品平均成本利润率表

货物名称	利润率（%）	货物名称	利润率（%）
1. 甲类卷烟	10	10. 贵重首饰及珠宝玉石	6
2. 乙类卷烟	5	11. 摩托车	6
3. 雪茄烟	5	12. 高尔夫球及球具	10
4. 烟丝	5	13. 高档手表	20
5. 粮食白酒	10	14. 游艇	10
6. 薯类白酒	5	15. 木质一次性筷子	5
7. 其他酒	5	16. 实木地板	5
8. 化妆品	5	17. 乘用车	8
9. 鞭炮、焰火	5	18. 中轻型商用客车	5

综上，生产销售环节应纳消费税等相关内容的税务处理如下表 3－12、3－13、3－14 所示。

表 3－12　　生产销售环节应纳消费税计算总结

<table>
<tr><th>纳税人</th><th>应税行为</th><th>纳税环节</th><th>计税依据</th><th>生产领用抵扣税额</th></tr>
<tr><td rowspan="7">生产应税消费品的单位和个人</td><td rowspan="4">出厂销售</td><td rowspan="3">出厂销售环节</td><td>从价定率：不含增值税的销售额</td><td rowspan="7">符合条件的，在计算出的当期应纳消费税税款中，按生产领用量抵扣外购或委托加工收回的应税消费品的已纳消费税税款</td></tr>
<tr><td>从量定额：销售数量</td></tr>
<tr><td>复合计税：不含增值税的销售额、销售数量</td></tr>
<tr><td>用于连续生产应税消费品的，不纳税</td><td>不涉及</td></tr>
<tr><td rowspan="3">自产自用</td><td rowspan="3">用于生产非应税消费品、在建工程；用于管理部门、非生产机构、提供劳务；用于馈赠、赞助、集资、职工福利、奖励等方面的，在移送使用时纳税</td><td>从价定率：同类消费品售价或组成计税价格</td></tr>
<tr><td>从量定额：移送使用数量</td></tr>
<tr><td>复合计税：同类消费品售价或组成计税价格，移送使用数量</td></tr>
</table>

表 3－13　　增值税与消费税组成计税价格对比

	消费税组成计税价格	增值税组成计税价格	成本利润率
从价计税	成本×(1＋成本利润率)÷(1－消费税比例税率)	成本×(1＋成本利润率)÷(1－消费税比例税率) 或成本×(1＋成本利润率)＋消费税	消费税成本利润率
从量计税	无组价	成本×(1＋成本利润率)＋消费税	增值税成本利润率
复合计税	(成本＋利润＋自产自用数量×定额税率)÷(1－消费税比例税率)	成本×(1＋成本利润率)＋消费税	消费税成本利润率
不缴消费税货物	不计税	成本×(1＋成本利润率)	增值税成本利润率

表3-14　自产自用应税消费品的计税规则

生产经营行为	增值税	消费税
将自产应税消费品用于连续生产应税消费品，如：自产烟丝连续加工卷烟	不计税	不计税
将自产应税消费品用于连续生产非应税消费品，如：自产香水连续生产普通护肤护发品	不计税	计税
将自产应税消费品用于馈赠、赞助、集资、职工福利、奖励、不动产在建工程等	计税	计税
将自产应税消费品用于换取生产资料和消费资料、投资入股、抵偿债务	按同类平均价计税	按同类最高价计税

2. 委托加工环节应纳消费税额的计算。

委托加工的应税消费品是指由委托方提供原料和主要材料，受托方只收取加工费和代垫部分辅助材料加工的应税消费品。对于由受托方提供原材料生产的应税消费品，或者受托方先将原材料卖给委托方，然后再接受加工的应税消费品，以及由受托方以委托方名义购进原材料生产的应税消费品，不论纳税人在财务上是否作销售处理，都不得作为委托加工应税消费品，而应当按照销售自制应税消费品缴纳消费税。

委托加工的应税消费品，由受托方在向委托方交货时代收代缴税款。但对纳税人委托个体经营者加工应税消费品一律于委托方收回后在委托方所在地缴纳消费税。委托加工的应税消费品，受托方在交货时已代收代缴消费税，委托方收回后直接出售的，不再征收消费税。

委托加工的应税消费品，按照受托方同类消费品的销售价格计算应纳税额，同类消费品的销售价格是指受托方（即代收代缴义务人）当月销售的同类消费品的销售价格，如果当月同类消费品各期销售价格高低不同，应按销售数量加权平均计算。但销售的应税消费品如果销售价格明显偏低又无正当理由的或者无销售价格的，不得列入加权平均计算。

没有同类消费品销售价格的，按照组成计税价格计算纳税。

实行从价定率办法计算纳税的组成计税价格计算公式：

组成计税价格 =（材料成本 + 加工费）÷（1 - 消费税比例税率）

应纳税额 = 组成计税价格 × 比例税率

实行复合计税办法计算纳税的组成计税价格计算公式：

组成计税价格 =（材料成本 + 加工费 + 委托加工数量 × 定额税率）÷（1 - 消费税比例税率）

应纳税额 = 组成计税价格 × 适用税率 + 委托加工数量 × 定额税率

公式中，“材料成本”是指委托方所提供加工材料的实际成本；“加工费”是指受托方加工应税消费品向委托方所收取的全部费用（包括代垫辅助材料的实际成本，不包括增值税税金）。

综上，委托加工业务中委托方和受托方税务处理如下表 3－15 所示。

表 3－15　　委托加工中委托方与受托方税务处理

	委托方	受托方
加工及提货时涉及的税种	1. 支付加工费涉及增值税进项税额 2. 委托加工应税消费品应纳消费税	1. 购买辅料涉及增值税进项税额 2. 收取加工费和代垫辅料涉及增值税销项税额
消费税纳税环节	1. 提货时由受托方代收代缴消费税（受托方为个人的除外） 2. 受托方未代收代缴消费税的，由委托方收回后缴纳消费税	1. 交货时代收代缴消费税（受托方为个人的除外） 2. 未履行代收代缴义务的，处以应代收代缴税款 50% 以上 3 倍以下罚款（受托方为个人的除外）
委托加工消费品收回后的税务处理	1. 以不高于受托方计税价格销售的，不再缴纳消费税 2. 高于受托方计税价格销售的，按照规定申报缴纳消费税 3. 连续加工应税消费品后销售的，在出厂销售时缴纳消费税，如符合抵扣条件的，可以按生产领用的数量抵扣已纳消费税	

3. 进口环节应纳消费税额的计算。

纳税人进口应税消费品，进口的应税消费品，按照组成计税价格计算纳税。进口应税消费品税务处理如下表 3－16 所示。

表 3－16　　进口应税消费品的税务处理

征收方式	计税依据	应纳税额
从价计税	组成计税价格 =（关税完税价格 + 关税）÷（1 － 消费税比例税率）	增值税 = 组成计税价格 × 增值税税率
		消费税 = 组成计税价格 × 消费税税率
从量定额	增值税：组成计税价格 = 关税完税价格 + 关税 + 消费税	增值税 = 组成计税价格 × 增值税税率
	消费税：进口数量	消费税 = 进口数量 × 定额税率
复合计税	组成计税价格 =（关税完税价格 + 关税 + 进口数量 × 消费税定额税率）÷（1 － 消费税比例税率）	增值税 = 组成计税价格 × 增值税税率
		消费税 = 组成计税价格 × 消费税比例税率 + 进口数量 × 定额税率

4. 已纳消费税扣除的计算。

为了避免重复征税，现行消费税规定，将外购应税消费品和委托加工收回的应税消费品继续生产应税消费品销售的，可以将外购应税消费品和委托加工收回应税消费品已缴纳的消费税给予扣除。扣除范围包括：

A. 外购或委托加工收回已税烟丝生产的卷烟；

B. 外购或委托加工收回已税化妆品生产的化妆品；

C. 外购或委托加工收回已税珠宝玉石生产的贵重首饰及珠宝玉石；

D. 外购或委托加工收回已税鞭炮焰火生产的鞭炮焰火；

E. 外购或委托加工收回已税杆头、杆身和握把为原料生产的高尔夫球杆；

F. 外购或委托加工收回已税木质一次性筷子为原料生产的木质一次性筷子；

G. 外购或委托加工收回已税实木地板为原料生产的实木地板；

H. 对外购或委托加工收回的已税汽油、柴油、石脑油、燃料油、润滑油用于连续生产应税成品油；

I. 外购或委托加工已税摩托车连续生产摩托车（如用外购两轮摩托车改装为三轮摩托车）；

J. 外购或委托加工已税葡萄酒连续生产葡萄酒。

（1）外购应税消费品已纳税款的扣除。

由于某些应税消费品是用外购已缴纳消费税的应税消费品连续生产出来的，在对这些连续生产出来的应税消费品计算征税时，税法规定应按当期生产领用数量计算准予扣除外购的应税消费品已纳的消费税税款。

当期准予扣除外购应税消费品已纳消费税税款的计算公式为：

当期准予扣除外购应税消费品已纳税款 = 当期准予扣除的外购应税消费品（当期生产领用数量）的买价 × 外购应税消费品的适用税率

当期准予扣除的外购应税消费品的期初库存的外购应税消费品的买价 + 当期购进的外购应税消费品的买价 − 期末库存的外购应税消费品的买价

外购已税消费品的买价是指购货发票上注明的销售额（不包括增值税税款）。

需要说明的是，纳税人用外购的已税珠宝玉石生产的改在零售环节征收消费税的金银首饰（镶嵌首饰），在计税时一律不得扣除外购珠宝玉石的已纳税款。

（2）委托加工收回的应税消费品已纳税款的扣除。

委托加工的应税消费品因为已由受托方代收代缴消费税，因此，委托方收回货物后用于连续生产应税消费品的，其已纳税款准予按照规定从连续生产的应税消费品应纳消费税税额中抵扣。

当期准予扣除的委托加工收回的应税消费品已纳消费税税款的计算公式是：

当期准予扣除的委托加工应税消费品已纳消费税税款 = 期初库存的委托加工应税消费品已纳消费税税款 + 当期收回的委托加工应税消费品已纳消费税税款 - 期末库存的委托加工应税消费品已纳消费税税款

需要说明的是，纳税人用委托加工收回的已税珠宝玉石生产的改在零售环节征收消费税的金银首饰，在计税时一律不得扣除委托加工收回的珠宝玉石的已纳消费税税款。

5. 消费税出口退税的计算。

（1）出口免税并退税。

有出口经营权的外贸企业购进应税消费品直接出口，以及外贸企业受其他外贸企业委托代理出口应税消费品。外贸企业只有受其他外贸企业委托，代理出口应税消费品才可办理退税，外贸企业受其他企业（主要是非生产性的商贸企业）委托，代理出口应税消费品不予以退（免）税。

属于从价定率计征消费税的，为已征且未在内销应税消费品应纳税额中抵扣的购进出口货物金额；属于从量定额计征消费税的，为已征且未在内销应税消费品应纳税额中抵扣的购进出口货物数量；属于复合计征消费税的，按从价定率和从量定额的计税依据分别确定，其计算公式如下：

应退消费税税额 = 从价定率计征消费税的退税计税依据 × 比例税率 + 从量定额计征消费税的退税计税依据 × 定额税率

（2）出口免税但不退税。

有出口经营权的生产性企业自营出口或委托外贸企业代理出口自产的应税消费品，依据其实际出口数量免征消费税，不予办理退还消费税。免征消费税是指对生产性企业按其实际出口数量免征生产环节的消费税。不予办理退还消费税，因已免征生产环节的消费税，该应税消费品出口时，已经不含有消费税，所以无须再办理退还消费税。

（3）出口不退（免）税。

除生产企业、外贸企业外的其他企业，具体是指一般商贸企业，这类企业委托外贸企业代理出口应税消费品一律不予退（免）税。出口货物的消费税应退税额的计税依据，按购进出口货物的消费税专用缴款书和海关进口消费税专用缴款书确定。

【例 3-1】 某化妆品生产企业为增值税一般纳税人，主要生产化妆品和护肤品，3月发生如下业务：

(1) 销售A化妆品10箱给甲商场，取得不含税销售收入120万元，另收取包装物押金2万元（单独核算）、包装费3万元；销售B护肤品10箱给某批发站，取得含税销售额175.5万元，由于与该批发站有长期合作关系，另外赠送批发站同类B护肤品2箱。

(2) 为回馈老客户，采取以旧换新方式销售口红2万支，每只规定销售价格175元，顾客将以往使用过的旧口红交回的，旧口红可作价折合50元。

(3) 将本企业生产的化妆品和护肤品组成C礼品套盒，发放给本企业的100名女职工，其中化妆品同类出厂不含税价为100元，护肤品同类出厂不含税价为80元。

(4) 受托加工化妆品一批，收取委托方提供的100万元原材料及辅料，不含增值税的加工费10万元，该企业无同类产品市场价格。当月加工完毕后，交付给委托方。

(5) 将新研制的一批香水赠送给客户，成本价15万元，成本利润率为5%，该新型香水无同类产品市场销售价格。

(6) 转让增值税转型后购入的一台旧设备，开具增值税专用发票，注明销售额20万元。

(7) 从某小规模纳税人购进5万元生产用标签，取得普通发票；从另一小规模纳税人购进包装物一批，取得税务机关代开的增值税专用发票，注明价款10万元，增值税0.3万元。

(8) 从某工业企业外购香水一批，取得增值税专用发票注明价款200万元、增值税34万元，当月因管理不善损失了20%，其余全部领用，用于生产化妆品。

(9) 本月从国外进口香水一批，关税完税价格为100万元，关税税额25万元，海关征收进口环节相关税金后放行。

以上相关发票均已通过税务机关认证并在当月抵扣。化妆品消费税税率为30%。

要求：

(1) 计算该企业当月增值税销项税额；

(2) 计算该企业当月准予抵扣的增值税进项税额；

(3) 计算该企业应代收代缴的消费税；

(4) 计算该企业进口香水应缴的增值税和消费税；

(5) 计算该企业当月应向税务机关缴纳的增值税和消费税（不包括代收代缴消费税）。

分析：

（1）包装物押金收取时不计税，包装费属于价外费用，应换算为不含税收入并入销售额征税。

销售A化妆品、B护肤品的销项税额 = [120 + 3 ÷（1 + 17%）] × 17% + 175.5 ÷ 10 × 12 ÷（1 + 17%）× 17% = 51.43（万元）

销售A化妆品应纳消费税 = [120 + 3 ÷（1 + 17%）] × 15% = 18.38（万元）

（2）以旧换新方式销售口红应按新口红的销售价格计算缴纳增值税和消费税。

以旧换新口红销项税额 = 2 × 175 ÷（1 + 17%）× 17% = 50.85（万元）

以旧换新口红应纳消费税 = 2 × 175 ÷（1 + 17%）× 15% = 44.87（万元）

（3）将自产货物用于职工福利，应视同销售，计征增值税、消费税。

发放给女职工的礼品套盒销项税额 = 100 ×（100 + 80）÷ 10 000 × 17% = 0.31（万元）

发放给女职工的礼品套盒应纳消费税 = 100 ×（100 + 80）÷ 10 000 × 15% = 0.27（万元）

（4）加工劳务销项税额 = 10 × 17% = 1.7（万元）

组成计税价格 =（100 + 10）÷（1 − 15%）= 129.41（万元）

应代收代缴消费税 = 129.41 × 15% = 19.41（万元）

（5）赠送客户香水的销项税额 = 15 ×（1 + 5%）÷（1 − 15%）× 17% = 3.15（万元）

赠送客户香水应纳的消费税 = 15 ×（1 + 5%）÷（1 − 15%）× 15% = 2.78（万元）

（6）应纳增值税 = 20 × 17% = 3.4（万元）

（7）可抵扣的进项税额 = 0.3（万元）

（8）当月可抵扣的进项税额 = 34 ×（1 − 20%）= 27.2（万元）

当月可抵扣的消费税 = 200 ×（1 − 20%）× 15% = 24（万元）

（9）组成计税价格 =（100 + 25）÷（1 − 15%）= 147.06（万元）

进口香水应纳消费税 = 147.06 × 15% = 22.06（万元）

进口香水应纳增值税 = 147.06 × 17% = 25（万元）

总结与归纳上述计算过程为：

（1）当月增值税销项税额 = 51.43 + 50.85 + 0.31 + 1.7 + 3.15 = 107.44（万元）

（2）当月准予抵扣的进项税额 =0.3 +27.2 =27.5（万元）

（3）应代收代缴消费税 =19.41（万元）

（4）进口香水应纳消费税 =22.06（万元）

进口香水应纳增值税 =25（万元）

（5）应纳增值税额 =107.44 −27.5 +3.4 −25 =58.34（万元）

应纳消费税额 =18.38 +44.87 +0.27 +2.78 −24 =42.3（万元）

第2节 消费税的会计处理

为了正确核算纳税人应缴的消费税，纳税人应在“应交税费”科目下设置“应交消费税”明细科目。明细科目的借方反映纳税人实际缴纳的消费税额和代扣的消费税额；明细科目的贷方反映按规定应缴纳的消费税额。期末，贷方余额表示纳税人尚未缴纳的消费税额，借方余额表示纳税人多缴或待抵扣的消费税额（见图3－1）。

应交税费——应交消费税

1. 实际缴纳的消费税 2. 待抵扣的消费税	应缴纳的消费税
余额：1. 多缴的消费税 2. 待抵扣的消费税	余额：尚未缴纳的消费税

图3－1 “应交税费——应交消费税”T形账户

一、自产应税消费品的会计处理

（一）自产应税消费品直接销售的会计处理

由于消费税属于价内税，对外销售应税消费品的消费税应包含在售价当中（但是不包含增值税），通常情况下，企业在计算销售利润时，应从应税消费品售价中扣除消费税。所以，企业核算消费税时，应计入“税金及附加”科目，期末转入“本年利润”账户。企业按规定计算出消费税后，作如下会计分录：

1. 销售实现时，计提消费税：

借：税金及附加

　　贷：应交税费——应交消费税

2. 实际缴纳时：

借：应交税费——应交消费税

贷：银行存款

3. 销售退回时，红字冲回原有分录：

借：应交税费——应交消费税

贷：银行存款

借：税金及附加

贷：应交税费——应交消费税

【例 3-2】 某化妆品生产企业为增值税一般纳税人，8 月销售化妆品一批，为购货方开具的增值税专用发票上注明价款为 50 万元，增值税税率为 17%，消费税税率为 15%。款项全部收到并存入银行。该笔经济业务的会计处理如下：

应纳增值税（销项税额）=500 000×17%=85 000（元）

应纳消费税=500 000×15%=75 000（元）

（1）确认销售实现时：

借：银行存款	585 000	
贷：主营业务收入		500 000
应交税费——应交增值税（销项税额）		85 000

（2）计算应缴纳的消费税额时：

借：税金及附加	75 000	
贷：应交税费——应交消费税		75 000

（3）实际缴纳消费税款时：

借：应交税费——应交消费税	75 000	
贷：银行存款		75 000

（二）自产应税消费品用于其他方面的会计处理

1. 自产应税消费品用于换取生产资料、消费资料和抵偿债务的会计处理。

纳税人自产应税消费品用于换取生产资料、消费资料和抵偿债务时，按照销售作会计处理。纳税人应该以换回物资的相关凭证注明的金额，借记“长期股权投资”、“应付账款”、“原材料”等科目；以换出或抵债的应税消费品的公允价值或当月同类产品平均售价确定销售额和增值税税额，贷记“主营业务收入”科目和“应交税费——应交增值税（销项税额）”科目；以换出的应税消费品当月同类产品最高售价计算出消费税额，借记“税金及附加”，贷记“应交税费——应交消费税”。

（1）具有商业实质，且换入资产与换出资产的公允价值能够可靠计量的：

①确认收入：

借：长期股权投资、应付账款、原材料等

　　贷：主营业务收入

　　　　应交税费——应交增值税（销项税额）

②计提消费税：

借：税金及附加

　　贷：应交税费——应交消费税

（2）不符合上述条件的：

借：长期股权投资、应付账款、原材料等

　　贷：库存商品

　　　　应交税费——应交增值税（销项税额）

　　　　应交税费——应交消费税

【例3-3】 某酒厂6月份以自产的粮食白酒2吨换取粮站的高粱若干，双方按粮食白酒的平均单价3 510元/吨（含税价）兑换，交易总价值7 020元，并互开增值税专用发票，认证通过。当月销售最高单价3 500元/吨（不含税价），当月运回并验收入库。该笔经济业务的会计处理如下：

应纳增值税（进项税额）$=7\ 020\div(1+13\%)\times13\%=807.61$（元）

应纳增值税（销项税额）$=7\ 020\div(1+17\%)\times17\%=1\ 020$（元）

应纳消费税 $=2\times2\ 000\times0.5+3\ 500\times2\times20\%=3\ 400$（元）

（1）换入生产资料时：

借：原材料	6 212.39	
应交税费——应交增值税（进项税额）	807.61	
贷：主营业务收入		6 000
应交税费——应交增值税（销项税额）		1 020

（2）计算应缴纳的消费税：

借：税金及附加	3 400	
贷：应交税费——应交消费税		3 400

【例3-4】 某白酒厂1月份用粮食白酒10吨，抵偿胜利农场玉米款58 500元。本月销售粮食白酒每吨不含税售价在4 800～5 200元之间浮动，平均不含税价格为5 000元/吨。该笔经济业务的会计处理如下：

应纳增值税（销项税额）$=5\ 000\times10\times17\%=8\ 500$（元）

应纳消费税 =5 200 ×10 ×20% +10 ×2 000 ×0.5 =20 400（元）

会计分录如下：

借：应付账款　58 500

　贷：主营业务收入　50 000

　　应交税费——应交增值税（销项税额）　8 500

借：税金及附加　20 400

　贷：应交税费——应交消费税　20 400

【例 3 -5】 某汽车制造厂以自产的 10 辆小轿车用于对外投资，经双方协议，税务机关认可，每辆汽车的不含增值税售价为 160 000 元，每辆汽车的实际成本为 130 000 元，该汽车的消费税税率为 5%，该笔业务的会计处理如下：

应纳增值税（销项税额）=10 ×160 000 ×17% =272 000（元）

应纳消费税 =10 ×160 000 ×5% =80 000（元）

借：长期股权投资　1 872 000

　贷：主营业务收入　1 600 000

　　应交税费——应交增值税（销项税额）　272 000

借：主营业务成本　1 300 000

　贷：库存商品　1 300 000

借：税金及附加　80 000

　贷：应交税费——应交消费税　80 000

2. 自产应税消费品用于生产非应税消费品的会计处理。

纳税人自产自用的应税消费品，用于连续生产应税消费品时，不缴纳消费税，只需要进行实际成本的核算。

【例 3 -6】 某企业领用自产库存烟丝（属于自制半成品），用于连续生产卷烟，烟丝的实际成本为 30 000 元。其会计处理如下：

借：生产成本　30 000

　贷：库存商品　30 000

纳税人自产自用的应税消费品用于生产非应税消费品时，应于移送使用环节计算缴纳消费税。在领用应税消费品时，按领用应税消费品的成本与应纳消费税额，借记“生产成本”等科目；按领用消费品的实际成本，贷记“库存商品”等科目；按规定计算的应缴纳消费税额，贷记“应交税费——应交消费税”科目。

【例 3 -7】 某酒厂领用自制的啤酒 2 吨，用于连续生产巧克力 100 箱，啤酒的实际成本为 5 300 元，市场销售价格 6 800 元，该笔经济业务的会计处理如下：

应纳消费税 =2 ×250 =500（元）

借：生产成本　　5 800

　　贷：库存商品　　5 300

　　　　应交税费——应交消费税　　500

3. 自产应税消费品用于在建工程、管理部门、非生产机构、提供劳务等方面的会计处理。

纳税人自产的应税消费品用于在建工程、管理部门、非生产机构、提供劳务，以及用于馈赠、赞助、集资、广告、样品、职工福利、奖励等方面的，视同销售处理，在按成本结转的同时，按同类消费品的平均售价或组成计税价格计算增值税销项税额和消费税。借记“在建工程”、“固定资产”、“销售费用”、“应付职工薪酬”等科目，贷记“库存商品”科目；按计算的增值税额和消费税额，贷记“应交税费——应交增值税（销项税额）”、“应交税费——应交消费税”科目。

【例3－8】某汽车制造厂将自产的2辆汽车用于办公自用，同类汽车的销售价格为200 000元，汽车的成本为180 000元，消费税税率为5%，增值税税率为17%，该笔业务的会计处理如下：

应纳消费税 =2 ×200 000 ×5% =20 000（元）

借：固定资产　　380 000

　　贷：库存商品　　360 000

　　　　应交税费——应交消费税　　20 000

【例3－9】某啤酒厂将自产啤酒20吨作为福利发给职工，将10吨用于广告宣传，让客户免费品尝。啤酒成本2 500元/吨，出厂价4 000元/吨。该笔业务的会计处理如下：

（1）作为福利发放的20吨啤酒：

应纳增值税（销项税额） =4 000 ×20 ×17% =13 600（元）

应纳消费税 =20 ×250 =5 000（元）

借：应付职工薪酬　　93 600

　　贷：主营业务收入　　80 000

　　　　应交税费——应交增值税（销项税额）　　13 600

借：税金及附加　　5 000

　　贷：应交税费——应交消费税　　5 000

（2）作为客户免费品尝的10吨啤酒：

应纳增值税（销项税额） =4 000 ×10 ×17% =6 800（元）

应纳消费税 = 10 × 250 = 2 500（元）

借：销售费用	46 800	
贷：主营业务收入		40 000
应交税费——应交增值税（销项税额）		6 800
借：税金及附加	2 500	
贷：应交税费——应交消费税		2 500

4. 应税消费品包装物应交消费税的会计处理。

应税消费品连同包装物一并出售的，无论包装物是否单独计价，都应并入应税消费品的销售额中缴纳增值税和消费税。其销售收入计入“主营业务收入”科目，消费税一同计入“税金及附加”科目。随同产品销售但单独计价的应税消费品包装物，其销售收入计入“其他业务收入”科目，消费税计入“税金及附加”科目。会计处理如下：

（1）一般商品包装物押金的会计核算。

①收取时，不纳消费税和增值税：

借：银行存款

　　贷：其他应付款

②逾期时，缴纳消费税和增值税：

借：其他应付款

　　贷：其他业务收入

　　　　应交税费——应交增值税（销项税额）

借：税金及附加

　　贷：应交税费——应交消费税

（2）酒类产品（除啤酒、黄酒外）包装物押金的会计核算：在收取押金时计征消费税和增值税

①收取时：

借：银行存款

　　贷：其他应付款

借：其他应付款

　　贷：应交税费——应交增值税（销项税额）

借：其他应付款

　　贷：应交税费——应交消费税

②逾期时：

借：其他应付款

　　贷：其他业务收入

【例3-10】 某化妆品企业为增值税一般纳税人，收取了逾期一年未收回包装物押金1 170元，消费税适用税率15%。该笔业务的会计处理如下：

应纳增值税（销项税额）=1 170÷(1+17%)×17%=170（元）

应纳消费税=1 170÷(1+17%)×15%=150（元）

(1) 收取押金时：

借：银行存款	1 170	
贷：其他应付款		1 170

(2) 逾期时：

借：其他应付款	1 170	
贷：其他业务收入		1 000
应交税费——应交增值税（销项税额）		170
借：税金及附加	150	
贷：应交税费——应交消费税		150

【例3-11】 某白酒企业为增值税一般纳税人，8月销售白酒0.5吨，取得不含增值税销售收入10 000元，另收取包装物押金1 000元。该笔业务的会计处理如下：

白酒应纳增值税（销项税额）=10 000×17%=1 700（元）

白酒应纳消费税=10 000×20%+0.5×1 000=2 500（元）

包装物应纳增值税（销项税额）=1 000÷1.17×17%=145.30（元）

包装物应纳消费税=1 000÷1.17×20%=170.94（元）

借：银行存款	12 700	
贷：主营业务收入		10 000
应交税费——应交增值税（销项税额）		1 700
其他应付款		1 000
借：其他应付款	145.30	
贷：应交税费——应交增值税（销项税额）		145.30
借：税金及附加	2 500	
其他应付款	170.94	
贷：应交税费——应交消费税		2 670.94

二、委托加工应税消费品的会计处理

（一）委托加工应税消费品收回后直接用于销售的会计处理

委托加工应税消费品收回后用于直接销售的，在销售时不缴纳消费税，并将受托方代收代缴的消费税和支付的加工费一并计入委托加工应税消费品的成本，借记“委托加工物资”科目，贷记“应付账款”或“银行存款”科目。

表 3－17　　委托加工应税消费品缴纳消费税的会计处理

委托方的处理（直接销售）		受托方的处理	
发出材料时	借：委托加工物资 　贷：原材料		
支付加工费	借：委托加工物资 　应交税费——应交增值税（进项税额） 　贷：银行存款	收取加工费	借：银行存款 　贷：主营业务收入 　　应交税费——应交增值税（销项税额）
支付消费税	借：委托加工物资 　贷：银行存款	代收消费税	借：银行存款 　贷：应交税费——应交消费税
加工物资入库	借：库存商品（原材料） 　贷：委托加工物资	上缴代收税费	借：应交税费——应交消费税 　贷：银行存款

【例 3－12】 某 A 企业委托 B 企业（均为一般纳税人）加工烟丝，发出材料的实际成本 4 000 元，加工费 800 元（不含税价），B 企业同类、同量烟丝的销售收入为 8 000 元。A 企业将烟丝提回后直接销售，取得销售收入 7 900元，烟丝的加工费及 B 企业代交的消费税均未结算。该笔业务的会计处理如下：

委托加工的应税消费品，应按照受托方同类消费品的销售价格计算纳税；没有同类消费品销售价格的，按照组成计税价格计算纳税。本例中受托方同类、同量烟丝的销售收入为 8 000 元，因此受托方应按 8 000 元为依据计算应代收代缴烟丝的消费税，烟丝的消费税税率为 30%，受托方应代收代缴的消费税为 2 400 元（8 000 × 30%）。

A、B 企业相关的会计分录为：

A 企业：

（1）发出材料时：

借：委托加工物资　　4 000

　贷：原材料　　4 000

（2）提回烟丝计算应付的加工费时：

委托方支付的加工费 = 2 400 + 800 + 800 × 17% = 3 336（元）

委托方支付加工费应纳增值税额 = 800 × 17% = 136（元）

委托方支付的消费税额 =8 000 ×30% =2 400（元）

借：委托加工物资　　3 200
　　应交税费——应交增值税（进项税额）　　136
　　贷：应付账款　　3 336
借：库存商品——烟丝　　7 200
　　贷：委托加工物资　　7 200

（3）销售烟丝时：

借：应收账款　　9 243
　　贷：主营业务收入　　7 900
　　　　应交税费——应交增值税（销项税额）　　1 343

B 企业：

借：应收账款—— A 企业　　3 336
　　贷：主营业务收入　　800
　　　　应交税费——应交消费税　　2 400
　　　　应交税费——应交增值税（销项税额）　　136

（二）委托加工应税消费品收回后连续生产应税消费品的会计处理

委托加工应税消费品收回后用于连续生产应税消费品的，受托方代收代缴消费税准予抵扣，企业应按准予抵扣的消费税额，借记“应交税费——应交消费税”科目，贷记“银行存款”等科目。生产的最终消费品销售时，按最终应税消费品应缴纳的消费税税额，借记“税金及附加”科目，贷记“应交税费——应交消费税”科目。会计分录如下：

1. 支付代收代缴消费税时：

借：应交税费——应交消费税
　　贷：银行存款

2. 加工物资入库时：

借：库存商品或原材料
　　贷：委托加工物资

3. 销售连续生产的应税消费品需计提消费税：

借：税金及附加
　　贷：应交税费——应交消费税

4. 实际上缴时（已经抵扣后的金额）：

借：应交税费——应交消费税
　　贷：银行存款

【例 3－13】继【例 3－12】，A 企业将烟丝提回后投入卷烟生产，生产出的卷烟全部售出，销售收入为 15 000 元，该类卷烟的消费税税率为 36%。销售卷烟的消费税为 5 400 元。

B 企业的会计处理同上例。A 企业有关的会计分录为：

（1）发出材料的处理同上例。

（2）计算应付的加工费及消费税：

借：委托加工物资　　800
　　应交税费——应交消费税　　2 400
　　应交税费——应交增值税（进项税额）　　136
　　贷：应付账款——B 企业　　3 336

（3）烟丝验收入库：

借：原材料——烟丝　　4 800
　　贷：委托加工物资　　4 800

（4）生产卷烟销售时：

借：应收账款　　17 550
　　贷：主营业务收入　　15 000
　　　　应交税费——应交增值税（销项税额）　　2 550
借：税金及附加　　5 400
　　贷：应交税费——应交消费税　　5 400

（5）交纳消费税时：

借：应交税费——应交消费税　　3 000
　　贷：银行存款　　3 000

三、进口应税消费品的会计处理

纳税人进口应税消费品，按照规定除了缴纳进口环节的关税和增值税之外，还应缴纳消费税，并且将应缴纳的消费税计入到该项应税消费品的成本中。按采购成本和应缴纳的消费税合计，借记“固定资产”、“材料采购”、“原材料”、“应交税费——应交增值税（进项税额）”等科目；贷记“银行存款”、“应付账款”、“应交税费”等科目。

【例 3－14】康泰进出口公司，8 月从国外进口一批化妆品，已知该批化妆品的关税完税价格为 1 000 000 元，按规定应缴纳关税 250 000 元，进口的化妆品的消费税税率为 15%。该批化妆品已验收入库，款项已通过银行支付。该笔业务的会计处理如下：

该批进口化妆品进口环节应缴纳的消费税计算如下：

组成计税价格 = (1 000 000 + 250 000) ÷ (1 - 15%) = 1 470 588.24 (元)

应纳增值税 = 1 470 588.24 × 17% = 250 000 (元)

应纳消费税额 = 1 470 588.24 × 15% = 220 588.24 (元)

支付款项总额 = 1 000 000 + 250 000 + 250 000 + 220 588.24 = 1 720 588.24 (元)

借：库存商品　　1 470 588.24

　　应交税费——应交增值税（进项税额）　　250 000

　　贷：银行存款　　1 720 588.24

第3节　消费税的申报与缴纳

一、消费税的纳税期限和纳税地点

（一）消费税的纳税义务发生时间

1. 纳税人生产应税消费品，除金银首饰、钻石及钻石饰品外，均于销售时纳税。根据销售方式和结算方式的不同，其纳税义务发生时间具体规定为：

（1）纳税人采取赊销和分期收款结算方式的，为书面合同约定的收款日期的当天，书面合同没有约定收款日期或者无书面合同的，为发出应税消费品的当天。

（2）纳税人采取预收货款结算方式的，为发出应税消费品的当天。

（3）纳税人采取托收承付和委托银行收款方式销售的应税消费品，为发出应税消费品并办妥托收手续的当天。

（4）纳税人采取其他结算方式，为收讫销售款或者取得索取销售款凭据的当天。

2. 除铂金首饰在生产环节纳税外，其他金银首饰消费品在生产、批发和进口环节不纳消费税，只在零售环节纳税，其纳税义务发生时间为收讫销货款或取得索取销货款凭据的当天。

3. 纳税人自产自用的应税消费品，其纳税义务的发生时间，为移送使用的当天。

4. 委托加工的应税消费品，其纳税义务的发生时间，为纳税人提货的当天。

5. 进口的应税消费品，其纳税义务的发生时间，为报关进口的当天。

（二）消费税的纳税期限

按照《消费税暂行条例》规定，消费税的纳税期限分别为1日、3日、5日、10日、15日、1个月或者1个季度。纳税人的具体纳税期限，由主管税务机关根据纳税人应纳税额的大小分别核定；不能按照固定期限纳税的，可以按次纳税。

纳税人以1个月或者1个季度为1个纳税期的，自期满之日起15日内申报纳税；以1日、3日、5日、10日或者15日为1个纳税期的，自期满之日起5日内预缴税款，于次月1日起15日内申报纳税并结清上月应纳税款。

纳税人进口应税消费品，应当自海关填发海关进口消费税专用缴款书之日起15日内缴纳税款。

（三）消费税的纳税地点

消费税纳税地点的具体规定是：

1. 纳税人销售应税消费品，以及自产自用的应税消费品，除国务院财政、税务主管部门另有规定外，应当向纳税人机构所在地或者居住地的主管税务机关申报纳税。

2. 委托加工的应税消费品，除受托方为个人外，由受托方向机构所在地或者居住地的主管税务机关解缴消费税税款。

3. 进口应税消费品，由进口人或者其代理人向报关地海关申报纳税。

4. 纳税人到外县（市）销售或者委托外县（市）代销自产应税消费品的，于应税消费品销售后，向机构所在地或者居住地主管税务机关申报纳税。

纳税人的总机构与分支机构不在同一县（市），但在同一省（自治区、直辖市）范围内，经省（自治区、直辖市）财政厅（局）、国家税务局审批同意，可以由总机构汇总向总机构所在地的主管税务机关申报缴纳消费税。

省（自治区、直辖市）财政厅（局）、国家税务局应将审批同意的结果，上报财政部、国家税务总局备案。

5. 纳税人销售的应税消费品，如因质量等原因由购买者退回时，经所在地主管税务机关审核批准后，可退还已征收的消费税税款，但不能自行直接抵减应纳税款。

二、消费税的纳税申报

消费税纳税人应按照有关规定及时办理纳税申报，并按规定如实填写“消费税纳税申报表”。

表 3-18　　烟类应税消费品消费税纳税申报表

税款所属期：　　年　　月　　日至　　年　　月　　日

纳税人名称（公章）：　　纳税人识别号：

填表日期：年　　月　　日　　单位：卷烟万支、雪茄烟支、烟丝千克；金额单位：元（列至角分）

项目 应税 消费品名称	适用税率		销售数量	销售额	应纳税额
	定额税率	比例税率			
卷烟	30元/万支	56%			
卷烟	30元/万支	36%			
雪茄烟	—	36%			
烟丝	—	30%			
合计	—	—	—	—	

<table>
<tr><td>本期准予扣除税额：</td><td rowspan="3">声明
此纳税申报表是根据国家税收法律的规定填报的，我确定它是真实的、可靠的、完整的。
经办人（签章）：
财务负责人（签章）：
联系电话：</td></tr>
<tr><td>本期减（免）税额：</td></tr>
<tr><td>期初未缴税额：</td></tr>
</table>

续表

<table>
<tr><td>本期缴纳前期应纳税额：</td><td rowspan="4">（如已委托代理人申报，请填写）
授权声明
为代理一切税务事宜，现授权____（地址）为本纳税人的代理申报人，任何与本申报表有关的往来文件，都可寄予此人。
授权人签章：</td></tr>
<tr><td>本期预缴税额：</td></tr>
<tr><td>本期应补（退）税额：</td></tr>
<tr><td>期末未缴税额：</td></tr>
</table>

以下由税务机关填写

受理人（签章）： 受理日期： 年 月 日 受理税务机关（章）：

烟类应税消费品消费税纳税申报表填表说明：

1. 本表仅限烟类消费税纳税人使用。

2. 本表“销售数量”为《中华人民共和国消费税暂行条例》、《中华人民共和国消费税暂行条例实施细则》及其他法规、规章规定的当期应申报缴纳消费税的烟类应税消费品销售（不含出口免税）数量。

3. 本表“销售额”为《中华人民共和国消费税暂行条例》、《中华人民共和国消费税暂行条例实施细则》及其他法规、规章规定的当期应申报缴纳消费税的烟类应税消费品销售（不含出口免税）收入。

4. 根据《中华人民共和国消费税暂行条例》和《财政部 国家税务总局关于调整烟类产品消费税政策的通知》（财税〔2001〕91号）的规定，本表“应纳税额”计算公式如下：

（1）卷烟：

应纳税额 = 销售数量 × 定额税率 + 销售额 × 比例税率

（2）雪茄烟、烟丝：

应纳税额 = 销售额 × 比例税率

5. 本表“本期准予扣除税额”按本表附件一的本期准予扣除税款合计金额填写。

6. 本表“本期减（免）税额”不含出口退（免）税额。

7. 本表“期初未缴税额”填写本期期初累计应缴未缴的消费税额，多缴为负数。其数值等于上期“期末未缴税额”。

8. 本表“本期缴纳前期应纳税额”填写本期实际缴纳入库的前期消费税额。

9. 本表“本期预缴税额”填写纳税申报前已预先缴纳入库的本期消费税额。

10. 本表“本期应补（退）税额”计算公式如下，多缴为负数：

本期应补（退）税额 = 应纳税额（合计栏金额） - 本期准予扣除税额 - 本期减（免）税额 - 本期预缴税额

11. 本表“期末未缴税额”计算公式如下，多缴为负数：

期末未缴税额 = 期初未缴税额 + 本期应补（退）税额 − 本期缴纳前期应纳税额

12. 本表为A4竖式，所有数字小数点后保留两位。一式二份，一份纳税人留存，一份税务机关留存。

表3－19　　　　卷烟批发环节消费税纳税申报表

税款所属期：　　　年　　月　　日至　　年　　月　　日

纳税人名称（公章）：　　　纳税人识别号：□□□□□□□□□□□□□□□□□□□□

填表日期：　　年　　月　　日　　　　　　　　　　　　　单位：万支、元（列至角分）

<table>
<tr><td rowspan="2">项目
应税
消费品名称</td><td colspan="2">适用税率</td><td rowspan="2">销售数量</td><td rowspan="2">销售额</td><td rowspan="2">应纳税额</td></tr>
<tr><td>定额税率</td><td>比例税率</td></tr>
<tr><td>卷烟</td><td>50元/万支</td><td>11%</td><td></td><td></td><td></td></tr>
<tr><td>合计</td><td>—</td><td>—</td><td></td><td></td><td></td></tr>
</table>

<table>
<tr><td>期初未缴税额：</td><td rowspan="2">声明
此纳税申报表是根据国家税收法律、法规规定填报的，我确定它是真实的、可靠的、完整的。
经办人（签章）：
财务负责人（签章）：
联系电话：</td></tr>
<tr><td>本期缴纳前期应纳税额：</td></tr>
<tr><td>本期预缴税额：</td><td rowspan="3">（如已委托代理人申报，请填写）
授权声明
为代理一切税务事宜，现授权____（地址）为本纳税人的代理申报人，任何与本申报表有关的往来文件，都可寄予此人。
授权人签字：</td></tr>
<tr><td>本期应补（退）税额：</td></tr>
<tr><td>期末未缴税额：</td></tr>
</table>

以下由税务机关填写

受理人（签章）：　　　受理日期：　　年　　月　　日　　受理税务机关（章）：

卷烟批发环节消费税纳税申报表填表说明：

1. 本表仅限卷烟批发环节消费税纳税人使用。

2. 本表“税款所属期”是指纳税人申报的消费税应纳税额的所属时间，应填写具体的起止年、月、日。

3. 本表“纳税人识别号”栏，填写纳税人的税务登记证号码。

4. 本表“纳税人名称”栏，填写纳税人单位名称全称。

5. 本表“销售数量”栏，填写按照税收法规规定的本期应当申报缴纳消费税的卷烟批发销售数量。

6. 本表“销售额”栏，填写按照税收法规规定的本期应当申报缴纳消费税的卷烟批发销售收入。

7. 本表“应纳税额”栏，填写本期按照税收法规规定的适用税率计算缴纳的消费税应纳税额，计算公式为：

应纳税额 = 销售数量 × 定额税率 + 销售额 × 比例税率

8. 本表“期初未缴税额”栏，填写本期期初累计应缴未缴的消费税额，多缴为负数。其数值等于上期申报表“期末未缴税额”栏数值。

9. 本表“本期缴纳前期应纳税额”栏，填写纳税人本期实际缴纳入库的前期应缴未缴消费税额。

10. 本表“本期预缴税额”栏，填写纳税申报前纳税人已预先缴纳入库的本期消费税额。

11. 本表“本期应补（退）税额”栏，填写纳税人本期应纳税额中应补缴或应退回的数额，计算公式如下，多缴为负数：

本期应补（退）税额 = 应纳税额（合计栏金额） - 本期预缴税额

12. 本表“期末未缴税额”栏，填写纳税人本期期末应缴未缴的消费税税额，计算公式如下，多缴为负数：

期末未缴税额 = 期初未缴税额 + 本期应补（退）税额 - 本期缴纳前期应纳税额

13. 本表为 A4 竖式，所有数字小数点后保留两位。一式二份，一份纳税人留存，一份税务机关留存。

表 3-20　　酒类应税消费品消费税纳税申报表

税款所属期：　　年　　月　　日 至　　年　　月　　日

纳税人名称（公章）：　　纳税人识别号：□□□□□□□□□□□□□□□□□□□□

填表日期：　　年　　月　　日　　　　金额单位：元（列至角分）

项目 应税消费品名称	适用税率		销售数量	销售额	应纳税额
	定额税率	比例税率			
粮食白酒	0.5 元/斤	20%			
薯类白酒	0.5 元/斤	20%			
啤酒	250 元/吨	—			
啤酒	220 元/吨	—			
黄酒	240 元/吨	—			
其他酒	—	10%			
合计	—	—	—	—	

续表

<table>
<tr><td>本期准予抵减税额：</td><td rowspan="3">声明
此纳税申报表是根据国家税收法律的规定填报的，我确定它是真实的、可靠的、完整的。
经办人（签章）：
财务负责人（签章）：
联系电话：</td></tr>
<tr><td>本期减（免）税额：</td></tr>
<tr><td>期初未缴税额：</td></tr>
<tr><td>本期缴纳前期应纳税额：</td><td rowspan="4">（如已委托代理人申报，请填写）
授权声明
为代理一切税务事宜，现授权____（地址）为本纳税人的代理申报人，任何与本申报表有关的往来文件，都可寄予此人。
授权人签章：</td></tr>
<tr><td>本期预缴税额：</td></tr>
<tr><td>本期应补（退）税额：</td></tr>
<tr><td>期末未缴税额：</td></tr>
</table>

以下由税务机关填写

受理人（签章）：　　受理日期：　　年　　月　　日　　　受理税务机关（章）：

酒类应税消费品消费税纳税申报表填表说明：

1. 本表仅限酒类应税消费品消费税纳税人使用。

2. 本表“税款所属期”是指纳税人申报的消费税应纳税额的所属时间，应填写具体的起止年、月、日。

3. 本表“纳税人识别号”栏，填写纳税人的税务登记证号码。

4. 本表“纳税人名称”栏，填写纳税人单位名称全称。

5. 本表“销售数量”为《中华人民共和国消费税暂行条例》、《中华人民共和国消费税暂行条例实施细则》及其他法规、规章规定的当期应申报缴纳消费税的酒类应税消费品销售（不含出口免税）数量。计量单位：粮食白酒和薯类白酒为斤（如果实际销售商品按照体积标注计量单位，应按500毫升为1斤换算），啤酒、黄酒和其他酒为吨。

6. 本表“销售额”为《中华人民共和国消费税暂行条例》、《中华人民共和国消费税暂行条例实施细则》及其他法规、规章规定的当期应申报缴纳消费税的酒类应税消费品销售（不含出口免税）收入。

7. 根据《中华人民共和国消费税暂行条例》和《财政部　国家税务总局关于调整酒类产品消费税政策的通知》（财税［2001］84号）的规定，本表“应纳税额”计算公式如下：

（1）粮食白酒、薯类白酒：

应纳税额 = 销售数量 × 定额税率 + 销售额 × 比例税率

（2）啤酒、黄酒：

应纳税额 = 销售数量 × 定额税率

（3）其他酒：

应纳税额 = 销售额 × 比例税率

8. 本表“本期准予抵减税额”填写按税收法规规定的本期准予抵减的消费税应纳税额。其准予抵减的消费税应纳税额情况，需填报本表附1《本期准予抵减税额计算表》（略）予以反映。

“本期准予抵减税额”栏数值与本表附1《本期准予抵减税额计算表》“本期准予抵减税款合计”栏数值一致。

9. 本表“本期减（免）税额”不含出口退（免）税额。

10. 本表“期初未缴税额”栏，填写本期期初累计应缴未缴的消费税额，多缴为负数。其数值等于上期申报表“期末未缴税额”栏数值。

11. 本表“本期缴纳前期应纳税额”填写本期实际缴纳入库的前期应缴未缴消费税额。

12. 本表“本期预缴税额”填写纳税申报前纳税人已预先缴纳入库的本期消费税额。

13. 本表“本期应补（退）税额”填写纳税人本期应纳税额中应补缴或应退回的数额，计算公式如下，多缴为负数：

本期应补（退）税额 = 应纳税额（合计栏金额） - 本期准予抵减税额 - 本期减（免）税额 - 本期预缴税额

14. 本表“期末未缴税额”填写纳税人本期期末应缴未缴的消费税额，计算公式如下，多缴为负数：

期末未缴税额 = 期初未缴税额 + 本期应补（退）税额 - 本期缴纳前期应纳税额

15. 本表为A4竖式，所有数字小数点后保留两位。一式二份，一份纳税人留存，一份税务机关留存。

表 3-21　　　　成品油消费税纳税申报表

税款所属期：　　年　　月　　日至　　年　　月　　日

纳税人名称（公章）：　　纳税人识别号：□□□□□□□□□□□□□□□□□□□□

填表日期：　　年　　月　　日　　　　计量单位：升；金额单位：元（列至角分）

项目 应税消费品名称	适用税率（元/升）	销售数量	应纳税额
汽油	1.12		
	1.40		
	1.52		
柴油	0.94		
	1.10		
	1.20		
石脑油	1.12		
	1.40		
	1.52		
溶剂油	1.12		
	1.40		
	1.52		
润滑油	1.12		
	1.40		
	1.52		

续表

项目 应税 消费品名称	适用税率 （元/升）	销售数量	应纳税额
燃料油	0.94		
	1.10		
	1.20		
航空煤油	0.94		—
	1.10		—
	1.20		—
合计	—	—	

本期减（免）税额：	声明 此纳税申报表是根据国家税收法律、法规规定填报的，我确定它是真实的、可靠的、完整的。 声明人签字：
期初留抵税额：	
本期准予扣除税额：	
本期应抵扣税额：	
期初未缴税额：	
期末留抵税额：	
本期实际抵扣税额：	
本期缴纳前期应纳税额：	（如委托代理人申报，请填写） 授权声明 为代理一切税务事宜，现授权（地址）为本纳税人的代理申报人，任何与本申报表有关的往来文件，都可寄予此人。 授权人签字：
本期预缴税额：	
本期应补（退）税额：	
期末未缴税额：	

以下由税务机关填写

受理人（签字）： 受理日期： 年 月 日 受理税务机关（公章）

成品油消费税纳税申报表填表说明：

1. 本表仅限成品油消费税纳税人使用。

2. 本表“税款所属期”是指纳税人申报的消费税应纳税额的所属时间，应填写具体的起止年、月、日。

3. 本表“纳税人识别号”栏，填写纳税人的税务登记证号码。

4. 本表“纳税人名称”栏，填写纳税人单位名称全称。

5. 本表“销售数量”栏，填写按照税收法规规定本期应当申报缴纳消费税的成品油应税消费品销售（不含出口免税）数量。

6. 本表“应纳税额”栏，填写本期按适用税率计算缴纳的消费税应纳税额，计算公式为：应纳税额 = 销售数量 × 适用税率

“应纳税额”合计栏等于汽油、柴油、石脑油、溶剂油、润滑油、燃料油应纳税额的合计数。

7. 本表“本期减（免）税额”栏，填写本期按照税收法规规定减免的消费税应纳税额，不包括暂缓征收的项目。其减免的消费税应纳税额情况，需填报本表附2《本期减（免）税额计算表》（略）予以反映。本栏数值与本表附2《本期减（免）税额计算表》“本期减（免）税额”合计栏一致。

8. 本表“期初留抵税额”栏按上期申报表“期末留抵税额”栏数值填写。

9. 本表“本期准予扣除税额”栏，填写按税收法规规定，外购、进口或委托加工收回汽油、柴油、石脑油、润滑油、燃料油后连续生产应税消费品准予扣除汽油、柴油、石脑油、润滑油、燃料油的消费税已纳税款。其准予扣除的已纳税额情况，需填报本表附1《本期准予扣除税额计算表》（略）予以反映。本栏数值与本表附1《本期准予扣除税额计算表》“本期准予扣除税款”合计栏数值一致。

10. 本表“本期应抵扣税额”栏，填写纳税人本期应抵扣的消费税税额，计算公式为：

本期应抵扣税额 = 期初留抵税额 + 本期准予抵扣税额

11. 本表“期初未缴税额”栏，填写本期期初累计应缴未缴的消费税额，多缴为负数。其数值等于上期申报表“期末未缴税额”栏数值。

12. 本表“期末留抵税额”栏，计算公式如下，其值大于零时按实际数值填写，小于等于零时填写零：

期末留抵税额 = 本期应抵扣税额 - 应纳税额（合计栏金额）+ 本期减（免）税额

13. 本表“本期实际抵扣税额”栏，填写纳税人本期实际抵扣的消费税税额，计算公式为：本期实际抵扣税额 = 本期应抵扣税额 - 期末留抵税额

14. 本表“本期缴纳前期应纳税额”栏，填写纳税人本期实际缴纳入库前期应缴未缴消费税额。

15. 本表“本期预缴税额”栏，填写纳税申报前纳税人已预先缴纳入库的本期消费税额。

16. 本表“本期应补（退）税额”栏，填写纳税人本期应纳税额中应补缴或应退回的数额，计算公式如下，多缴为负数：

本期应补（退）税额 = 应纳税额（合计栏金额）- 本期减（免）税额 - 本期实际抵扣税额 - 本期预缴税额

17. 本表“期末未缴税额”栏，填写纳税人本期期末应缴未缴的消费税额，计算公式如下，多缴为负数：

期末未缴税额 = 期初未缴税额 + 本期应补（退）税额 - 本期缴纳前期应纳税额

18. 本表为A4竖式，所有数字小数点后保留两位。一式二份，一份纳税人留存，一份税务机关留存。

表 3-22　　　　其他应税消费品消费税纳税申报表

税款所属期：　　　年　　月　　日 至　　　年　　月　　日

纳税人名称（公章）：　　　纳税人识别号：□□□□□□□□□□□□□□□□□□□□

填表日期：　　年　　月　　日　　　　　　　　　　金额单位：元（列至角分）

项目 应税消费品名称	适用税率	销售数量	销售额	应纳税额
合计	——	——	——	

续表

<table>
<tr><td>本期准予抵减税额：</td><td rowspan="3">声明
此纳税申报表是根据国家税收法律的规定填报的，我确定它是真实的、可靠的、完整的。
经办人（签章）：
财务负责人（签章）：
联系电话：</td></tr>
<tr><td>本期减（免）税额：</td></tr>
<tr><td>期初未缴税额：</td></tr>
<tr><td>本期缴纳前期应纳税额：</td><td rowspan="4">（如已委托代理人申报，请填写）
授权声明
为代理一切税务事宜，现授权____（地址）为本纳税人的代理申报人，任何与本申报表有关的往来文件，都可寄予此人。
授权人签章：</td></tr>
<tr><td>本期预缴税额：</td></tr>
<tr><td>本期应补（退）税额：</td></tr>
<tr><td>期末未缴税额：</td></tr>
</table>

以下由税务机关填写

受理人（签章）： 受理日期： 年 月 日 受理税务机关（章）：

其他应税消费品消费税纳税申报表填表说明：

1. 本表限化妆品、贵重首饰及珠宝玉石、鞭炮焰火、摩托车（排量>250毫升）、摩托车（排量=250毫升）、高尔夫球及球具、高档手表、游艇、木制一次性筷子、实木地板等消费税纳税人使用。

2. 本表“税款所属期”是指纳税人申报的消费税应纳税额的所属时间，应填写具体的起止年、月、日。

3. 本表“纳税人识别号”栏，填写纳税人的税务登记证号码。

4. 本表“纳税人名称”栏，填写纳税人单位名称全称。

5. 本表“应税消费品名称”和“适用税率”按照以下内容填写：

高档化妆品：15%；贵重首饰及珠宝玉石：10%；金银首饰（铂金首饰、钻石及钻石饰品）：5%；鞭炮焰火：15%；摩托车（排量>250毫升）：10%；摩托车（排量=250毫升）：3%；高尔夫球及球具：10%；高档手表：20%；游艇：10%；木制一次性筷子：5%；实木地板：5%。

6. 本表“销售数量”为《中华人民共和国消费税暂行条例》、《中华人民共和国消费税暂行条例实施细则》及其他法规、规章规定的当期应申报缴纳消费税的应税消费品销售（不含出口免税）数量。计量单位是：摩托车为辆；高档手表为只；游艇为艘；实木地板为平方米；木制一次性筷子为万双；化妆品、贵重首饰及珠宝玉石（含金银首饰、铂金首饰、钻石及钻石饰品）、鞭炮焰火、高尔夫球及球具按照纳税人实际使用的计量单位填写并在本栏中注明。

7. 本表“销售额”为《中华人民共和国消费税暂行条例》、《中华人民共和国消费税暂行条例实施细则》及其他法规、规章规定的当期应申报缴纳消费税的应税消费品销售（不含出口免税）收入。

8. 根据《中华人民共和国消费税暂行条例》的规定，本表“应纳税额”计算公式如下：

应纳税额=销售额×适用税率

9. 本表“本期准予扣除税额”填写按税收法规规定本期外购或委托加工收回应税消费品后连续

生产应税消费品准予扣除的消费税应纳税额。其准予扣除的消费税应纳税额情况，需填报本表附1《本期准予扣除税额计算表》（略）予以反映。

"本期准予扣除税额"栏数值与本表附1《本期准予扣除税额计算表》"本期准予扣除税款合计"栏数值一致。

10. 本表"本期减（免）税额"不含出口退（免）税额。

11. 本表"期初未缴税额"填写本期期初累计应缴未缴的消费税额，多缴为负数。其数值等于上期申报表"期末未缴税额"。

12. 本表"本期缴纳前期应纳税额"填写本期实际缴纳入库的前期应缴未缴消费税额。

13. 本表"本期预缴税额"填写纳税申报前纳税人已预先缴纳入库的本期消费税额。

14. 本表"本期应补（退）税额"填写纳税人本期应纳税额中应补缴或应退回的数额，计算公式如下，多缴为负数：

本期应补（退）税额 = 应纳税额（合计栏金额） - 本期准予扣除税额 - 本期减（免）税额 - 本期预缴税额

15. 本表"期末未缴税额"填写纳税人本期期末应缴未缴的消费税额，计算公式如下，多缴为负数：

期末未缴税额 = 期初未缴税额 + 本期应补（退）税额 - 本期缴纳前期应纳税额

16. 本表为A4竖式，所有数字小数点后保留两位。一式二份，一份纳税人留存，一份税务机关留存。

课后练习题

（一）复习思考题

1. 消费税与增值税、城市维护建设税、企业所得税的联系。
2. 消费税会计处理包括哪几方面？
3. 分析消费税会计与增值税会计的异同。

（二）练习题

1. 某啤酒厂将自已生产的啤酒5吨作为福利发给职工，1吨用于广告宣传，让客户及顾客免费品尝。该啤酒每吨成本2 000元，不含税出厂价为3 000元/吨。

要求：

（1）计算该笔业务的增值税销项税额；

（2）计算该笔业务应纳的消费税额；

（3）编制酒厂该笔业务的会计分录。

2. 甲化妆品厂委托乙化工厂加工化妆品，甲化妆品厂和乙化工厂均为增值税一般纳税人，甲化妆品厂提供原材料55 000元，化妆品加工完毕后，甲化妆品厂支付乙化工厂加工费20 000元，增值税3 400元。甲化妆品厂收回委托加工的化妆品验收入库，准备连续加工化妆品。已知化妆品的消费税率15%，增值税率17%。

要求：根据上述资料编制相应的会计分录。

消费税练习题参考答案

1. 作为福利发给职工及广告宣传的消费品，按税法规定“视同销售”，应计算其应纳增值税销项税额及消费税额。

(1) 增值税销项税额 = (5 + 1) × 3 000 × 17% = 3 060（元）

(2) 应纳消费税额 = (5 + 1) × 250 = 1 500（元）

(3) 会计处理：

借：应付职工薪酬　　17 550

　　销售费用　　3 510

　　贷：主营业务收入　　18 000

　　　　应交税费——应交增值税（销项税额）　　3 060

借：税金及附加　　1 500

　　贷：应交税费——应交消费税　　1 500

借：主营业务成本　　12 000

　　贷：库存商品　　12 000

2. 甲化妆品厂的处理：

(1) 发出材料：

借：委托加工物资——A 化妆品　　55 000

　　贷：原材料　　55 000

(2) 支付加工费：

借：委托加工物资——A 化妆品　　20 000

　　应交税费——应交增值税（进项税额）　　3 400

　　贷：银行存款　　23 400

(3) 支付代收代缴消费税：

组成计税价格 = (55 000 + 20 000) ÷ (1 − 15%) = 88 235.29（元）

代收代缴的消费税 = 88 235.29 × 15% = 13 235.29（元）

借：应交税费——应交消费税　　13 235.29

　　贷：银行存款　　13 235.29

(4) 收回化妆品验收入库：

借：原材料——A 化妆品　　75 000

　　贷：委托加工物资　　75 000

第4章　关税会计

学习目标

◇ 掌握关税会计的科目设置，以及关税的确认、计量、记录、申报与缴纳。

◇ 理解自营进出口和代理进出口关税会计处理的异同。

◇ 了解关税会计处理的特点。

导　言

海关是国家的门户，而关税是国家主权的体现。梁启超先生曾经形象地把关税比喻为“护身的短刀”，确是很贴切。一个主权国家，关税必须自主，方能在进出口贸易中，根据需要实行奖限，以保护本国经济，有利国计民生。此理此策，中外皆然；自古至今，概莫能外。

对进出口货物征收关税，势必会提高纳税人的经营成本，从而对商品出入境的销售利润产生直接的影响，进而影响到整个进出口贸易。例如，上海宏达进出口贸易公司从法国进口红酒一批，货物以离岸价格（FOB）成交，成交价格折合人民币1 500万元，其中包括单独计价并经海关审查属实的向境外采购代理人支付的买方佣金20万元，宏达进出口贸易公司向卖方支付的特许权使用费100万元，红酒包装费20万元，境外考察费用25万元。另支付红酒运抵我国上海港的运费、保险费等40万元，以及运抵我国境内起卸后发生的运输及其相关费用、保险费6万元。假设该进口红酒适用的关税税率为14%。根据税法的有关规定该公司在进口环节要缴纳增值税、消费税和关税，这些税种的征收必然会计入进口红酒的成本中，提高其销售价格。如果你是公司的财务人员，应该如何计算该批红酒应纳各税税额，并对其进行正确的会计核算？

第1节 关税的基本制度

一、关税概述

(一) 关税的起源与发展

关税是一个经济范畴,也是一个历史范畴,它是一定历史条件下的产物。关税的起源可以追溯到原始社会后期。马克思在《德意志意识形态》中指出:“关税起源于封建主对其领地上的过往客商所征收的捐税,客商缴了这种税款就可免遭抢劫。”配第在《赋税论》中说:“关税最初是为了保护进出口的货物免遭海盗劫掠而送给君主的报酬。”欧洲早在公元前8世纪至公元前6世纪希腊城邦兴起就存在关税。如在雅典,统治者对输出输入的货物征收2%—5%的港口使用费,不缴纳者不得进港;以后发展成为向客商征收市场税和港口税,这是古代欧洲关税的雏形。古罗马在公元前509年就已经对通过境内各交通要道的货物征收2.5%的过境税,并开始实行分类税率。关税在中国的起源更早,早在3000多年前的西周时期就已开始设关征税。如在《周礼·地官》中就有“关市之赋”的记载。春秋时期各诸侯普遍设关征税。

关税是随着社会经济的发展而发展的。不同历史时期有不同的社会经济特征,这就决定了关税在不同历史时期的不同特征。据此,关税的发展历程大致可分为三个阶段(如图4-1所示):

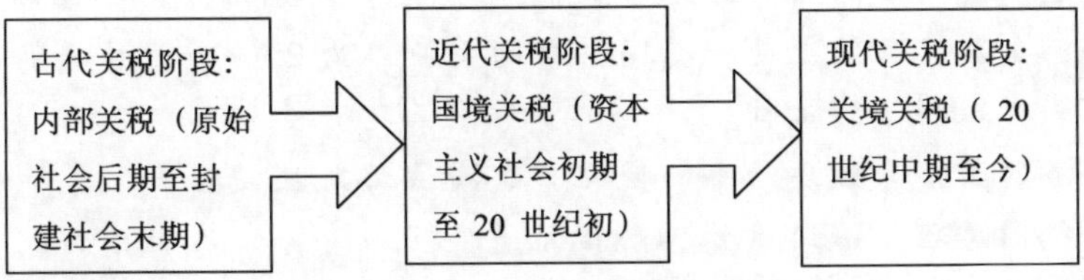

图4-1 关税产生与发展示意图

资料链接 4-1　　美国的《斯穆特—霍利关税法》

今天当历史学家讨论20世纪30年代大萧条的原因时，1930年6月美国通过的《斯穆特—霍利关税法》被列为一系列原因之首。

20世纪20年代欧洲从第一次世界大战的废墟中走出来，百废待兴，失业率居高不下，劳动力价格便宜，农产品连续几年大丰收，导致农产品在国际市场上价格持续走低。美国农民面对欧洲农产品价格竞争压力，纷纷要求政府提供贸易保护。1928年美国总统竞选时，共和党候选人胡佛以保护农民为主的政策诉求得到支持，因而竞选成功。

1929年胡佛一上任就着手兑现保护农民的竞选诺言，美国国会开始制定新的关税法案。消息一传出，各种利益游说集团纷至沓来，纺织、钢铁、机械等利益集团也纷纷要求政府提供保护。等到该法案制定好了到达总统那里需要签字时，列入保护范围的产品已达12 000多种。这时，农产品只是其中一小部分，商品种类涵盖纺织、机械、钢铁、造船、工具等多种工业产品。

对于这一法案，虽然美国在1930年6月才通过，但市场早有预期，各种有关法案的报道经常出现在世界各大报纸中。1929年10月28日美国纽约时报头版头条报道了该法案通过的可能性，第二天，世界各大报纸都进行了跟踪报道。当天，黑色星期二，股市崩盘，世界经济进入大萧条。

该法案将进口平均关税税率提高到60%，提交总统签字前，1 028位经济学家集体呼吁总统行使否决权，因为法案将增加经济的无效运作，导致其他国家报复，减少美国出口，损害农民的根本利益。

但是，胡佛总统还是签了字。结果正如经济学家所预言的，40多个国家对美国实行了贸易报复，导致世界范围内大面积提高进口关税，世界贸易遭受重创。1929~1932年世界贸易下降了66%，世界各国经济陷入萧条，失业率骤然上升，美国当时的失业率为25%，意味着每四个人中就有一个人找不到工作。

经济的萧条导致政治上的变化，欧洲法西斯主义抬头，希特勒1933年担任德国总理，1934年成为德国元首，1939年第二次世界大战爆发。

资料来源：1. 80年前的货币战争：《霍利—斯穆特关税法》，文史参考2010. 22
2. 大萧条与“斯穆特-霍利关税法案”，第一财经日报（2010-10-12）

（二）关税的概念与特点

关税是由海关根据国家制定的有关法律、以进出关境的货物和物品为征税对象而征收的一种商品税。关税除具有税收的共性外，还具有如下特点：

1. 关税具有较强的涉外性。这是关税区别于其他税种的重要特点，关税不仅体现了国家的主权，也是调节国际经济关系的重要工具。国家通过制定高低不同的关税税率、减免以及征收反倾销税、反补贴税等体现关税的涉外性。

2. 关税的征税对象是进出境的货物和物品，计税依据是完税价格。关税只对有形的货物和物品征税，对无形的货物和物品不征税。

3. 关税是单一环节的价外税。即关税的完税价格中不包括关税，但海关代为征收增值税和消费税时，其计税依据包括关税在内。

4. 关税由海关负责征收。根据我国《海关法》的规定，海关是设在关境上的国家行政管理机构，海关依照法律规定监管进出境的运输工具、货物、行李物品、邮递物品和其他物品，征收关税和其他税费，查缉走私，并编制海关统计和办理其他海关业务。此外，海关除征收关税外，还要代征进口货物应缴纳的增值税和消费税。

（三）关税的分类

按不同的分类标准，关税主要可分为以下五类。如下表4-1所示。

表4-1　关税分类一览表

分类标准	分类内容
按征税对象的流向	进口关税、出口关税、过境关税
按征税的主要目的	财政关税、保护关税
按征税的标准和方法	从量关税、从价关税、复合关税、选择关税、滑准关税、季节关税
按征税的性质	普通关税、优惠关税（特惠税、普惠制、最惠国待遇）、差别关税（反倾销关税、反补贴关税、加重关税、报复性关税）
按货物的保护形式和程度	关税壁垒、非关税壁垒（政府采购、海关估价、进口许可制度、进口配额制、关税配额制）

资料链接 4-2　　新中国第一部关税税则故事

1949 年 11 月 20 日中央人民政府海关总署成立伊始，海关总署就成立税则委员会制订中华人民共和国国定税则一事向政务院财政经济委员会专门请示，文中写道："现各关所用的进口税则大都以一九四八年旧税则为参考，其中税目、税率已不合我管制贸易保护关税政策，自应详为研究妥加修改。"海关总署的请示仅仅过了十余日，1949 年 12 月 1 日，政务院财政经济委员会批复海关总署，指示由海关总署负责筹组关税税则委员会的工作，并抽调必要的工作人员组成了工作班子。

1950 年 1 月 13 日，政务院批准在中财委领导下成立关税税则委员会。关税税则委员会是依照政务院《中央人民政府关于关税政策和海关工作的决定》中规定的关税税则六项基本原则来开展工作的。这六项基本原则是："1. 对国内能大量生产的或将来有发展可能的工业品及半制品的进口采用保护税率；2. 对于一切奢侈品和非必需品，定征更高的税率；3. 对国内很少或不能生产的设备器材、工业原料、粮食种子及肥料等，其税率要低或免征关税；4. 一切必须的科学图书，防治病虫害等物品及若干药品，免征或减征关税；5. 对于凡与中华人民共和国有贸易条约或协定的国家，应该规定一般正常税率，对于凡与中华人民共和国没有贸易条约或协定的国家，要规定比一般高的税率；6. 为了发展我国的出口货物的生产，出口只订低税或免税。"同时规定，关税主要以从价税为主，对数量大宗而易确定的货物可以考虑制订从量税率。

这次制订海关关税税则是以我国当时传统进出口商品为基础，参照国际联盟税则分类目录和前苏联关税税则的商品分类办法制订的。按照商品的自然属性、用途和加工程度的不同，分为 17 大类、89 组、939 个税号，共 1700 余个税目。

1950 年上半年，关税税则委员会办公室完成了关税税则草案，10 月 24 日关税税则委员会完成了对新税则草案的审查，随后上报政务院财政经济委员会审批通过。为了完善配套的法规措施，10 月 26 日，政务院财政经济委员会批准了《海关审理税则分类估价申诉案件暂行办法》。1951 年 5 月 4 日，中央人民政府政务院批准颁布《中华人民共和国海关进出口税则》及其实施条例，并规定于 5 月 16 日起实施。这标志着近百年来，中国拥有了第一部独立自主的、有益于国计民生的关税税则。该税则制定了较高的税率，平均达到 52.9%，比当时西方主要国家的平均关税税率44%还高，充分体现了关税保护国内生产的政策意图。

资料来源：1. 百度文库http：//wenku. baidu. com/view.

2. 李九领 . 关税理论与政策 . 中国海关出版社，2010. 3.

二、关税的基本税制要素

关税的基本税制要素主要包括纳税人、征税对象、税率、税收优惠等。具体内容概括如下表4－2和4－3所示。

表4－2　　关税基本税制要素一览表

税制要素		主要内容
纳税人		进口货物的收货人、出口货物的发货人、进出境物品的所有人
征税对象		准许进出境的货物和物品。货物是指贸易性商品；物品是指非贸易性商品，包括入境旅客随身携带的行李和物品、个人邮递物品、各种运输工具上的服务人员携带进口的自用物品、馈赠物品以及其他方式进入国境的个人物品
税率①	进口税率	货物进口关税税率。包括最惠国税率、协定税率、特惠税率、普通税率和附加关税税率（报复性关税税率、反倾销关税税率、反补贴关税税率、保障措施关税税率）
		进境物品进口税率（见表4－3）
	出口税率	现行税则对36种商品计征出口关税，主要包括鳗鱼苗、部分有色金属矿砂及其精矿、生锑、磷、苯、山羊板皮、部分铁合金等矿产品。上述范围内的23种商品实行0～20%的暂定税率，其中16种商品为零关税，6种商品税率为1%及以下。与进口暂定税率一样，出口暂定税率优先适用于出口税则中规定的出口税率。因此，我国真正征收出口关税的商品只有20余种，税率也较低
税收优惠		法定减免税、特定减免税、临时减免税
		个人邮寄物品的减免税。自2010年9月1日起，个人邮寄物品，应征进口税额在人民币50元以下的，免征

① 具体的进出口税率及其调整变化请参阅每年海关总署发布的《关税实施方案》及其附件以及国务院、关税税则委员会的具体通知。

表 4-3 中华人民共和国进境物品进口税率表

税号	税率（%）	物品名称
1	10	书报、刊物、教育专用电影片、幻灯片、原版录音带、录像带、金银及其制品、计算机、视频摄录一体机，数字照相机等信息技术产品、照相机、食品、饮料、本表税号 2、3、4 及备注不包含的其他商品
2	20	纺织品及其制品、电视摄像机及其他电器用具、自行车、手表、钟表（含配件、附件）
3	30	高尔夫球及球具、高档手表
4	50	烟、酒、化妆品

资料链接 4-3 财政部与商务部关于扩大进口之争

2010 年下半年，商务部就一直在酝酿支持扩大进口的政策。而这一政策也被定调为 2011 年乃至整个“十二五”期间商务部的工作重点。之后，商务部部长陈德铭在多个场合都明确表示，要坚持进口与出口并重。在稳定出口增长、保持和扩大国际市场份额的同时，更加重视扩大进口，发挥进口对宏观经济平衡和结构调整的重要作用。2011 年初，商务部下属多个厅局即对东南沿海省份进行了密集调研，确定出一份涵盖了百种进口商品的减税目录，准备在首次扩大进口会议上抛出。备受关注的扩大进口会议最初的预定时间是 2011 年的两会之后，随后被推迟到 6 月份。进口关税难撼的传言不胫而走。盛夏之际，商务部和财政部的“奢侈品关税之争”被媒体爆出。

2011 年 6 月 24 日商务部在其官网上转发了一篇引用专家观点称应调降商品进口环节税的报道。有人认为这是商务部借专家之口“暗挺”降低关税。然而，时隔一天，财政部官网上则转发了其旗下《中国财经报》的一篇题为《不应取消或降低奢侈品进口消费税》。此事件将“奢侈品关税究竟是否下调?”这一问题推到了风口浪尖，围绕“部分奢侈品是否成为生活必需品？降税是否导致奢侈品降价？什么原因造成人们到国外购买奢侈品？降低奢侈品税，是否有利于扩大内需?”等问题，两队阵营里的专家针锋相对。直到 2012 年的两会之后，首届全国扩大进口会议才真正得以成行。

2012 年 3 月 28 日召开的国务院常务会议在调整进口关税、提高贸易便利化水平等方面提出了新要求，发出了进一步扩大进口的明确信号。

3月30日，国务院又召开常务会议专题研究扩大进口问题，中国历史上首次研究如何扩大进口的国务院常务会议召开。这次会议确定了调整关税的总原则，以暂定税率的方式，降低部分能源原材料进口关税，降低部分与人民群众生活密切相关生活用品的进口关税，降低初级能源原材料及战略性新兴产业所需国内不能生产或性能不能满足需要的关键零部件进口关税。4月15日，海关总署2012年第15号公告将所调整商品的税号公之于众，化妆品税率不变，仍为50%，但部分化妆品的完税价格却有所上调；部分电子、摄像产品的税率有所下调；食品、饮料、箱包及钟表的税率则保持不变。

最终，海关总署2012年第15号公告为本次争议划上了句号。

资料来源：经济观察网，http：//www.eeo.com.cn/2012/0420/224950.shtml，2012-4-24.

三、关税完税价格[①]

完税价格是关税法中特有的概念，是海关计征关税的基础。根据我国《海关法》及《进出口条例》的规定，进出口货物的完税价格，由海关以进出口货物的实际成交价格为基础审查确定。完税价格通常为到岸价格（CIF）、离岸价格（FOB）或成本加运费价格（CFR），不能确定到岸价格或离岸价格时，由海关估定。

（一）一般进口货物的完税价格

进口货物的完税价格，由海关以该货物的成交价格为基础审查确定，并应当包括货物运抵中华人民共和国境内输入地点起卸前的运输及其相关费用、保险费。

1. 一般进口货物：以成交价格为基础的完税价格。

进口货物的成交价格，是指卖方向中华人民共和国境内销售该货物时买方为进口该货物向卖方实付、应付的，并且按照《海关审定进出口货物完税价格办法》规定调整后的价款总额，包括直接支付的价款和间接支付的价款。其中，需要特别注意计入关税完税价格的费用和不得计入关税完税价格的费用。如下表4-4所示。

---

① 详细内容请参阅《中华人民共和国海关审定进出口货物完税价格办法》（海关总署令148号）和《中华人民共和国进出口关税条例》（国务院令第392号）。

表 4－4　　计入和不得计入关税完税价格的费用比较

计入关税完税价格的费用	不得计入关税完税价格的费用
（1）买方负担的除购货佣金以外的佣金和经纪费；与该货物视为一体的容器费用；包装材料费用和包装劳务费用 （2）与进口货物的生产和向中华人民共和国境内销售有关的，由买方以免费或者以低于成本的方式提供，并可以按适当比例分摊的货物或者服务的价值 （3）买方需向卖方或者有关方直接或者间接支付的特许权使用费 （4）卖方直接或者间接从买方对该货物进口后销售、处置或者使用所得中获得的收益	（1）厂房、机械或者设备等货物进口后发生的建设、安装、装配、维修或者技术援助费用，但是保修费用除外 （2）进口货物运抵中华人民共和国境内输入地点起卸后发生的运输及其相关费用、保险费 （3）进口关税、进口环节海关代征税及其他国内税 （4）为在境内复制进口货物而支付的费用 （5）境内外技术培训及境外考察费用

【例 4－1】 某企业从境外某公司引进钢结构产品自动生产线，境外成交价格（FOB）1 600 万元。该生产线运抵我国输入地点起卸前的运费和保险费 120 万元，境内运输费用 12 万元。另支付由买方负担的经纪费 10 万元，买方负担的包装材料和包装劳务费 20 万元，与生产线有关的境外开发设计费用 50 万元，生产线进口后的现场培训指导费用 200 万元。取得海关开具的完税凭证及国内运输部门开具的合法运输发票。请计算该产品进口环节的完税价格。

分析：

进口环节关税完税价格＝1 600＋120＋10＋20＋50＝1 800（万元）

2. 一般进口货物：海关估定的完税价格。

进口货物的成交价格不符合上述规定的，或者成交价格不能确定的，海关经了解有关情况，并与纳税义务人进行价格磋商后，依次以下列方法审查确定该货物的完税价格：

（1）相同货物成交价格估价方法；

（2）类似货物成交价格估价方法；

（3）倒扣价格估价方法；

（4）计算价格估价方法；

（5）合理估计方法。

3. 进口货物完税价格中的运输及相关费用、保险费的计算。

（1）进口货物的运费，应当按照实际支付的费用计算。如果进口货物的运费无法确定的，海关应当按照该货物的实际运输成本或者该货物进口同期运输行业公布的运费率（额）计算运费。

（2）进口货物的保险费，应当按照实际支付的费用计算。如果进口货物的保险费无法确定或者未实际发生，海关应当按照“货价加运费”两者总额的3‰计算保险费，其计算公式如下：

保险费 =（货价 + 运费）×3‰

（3）邮运进口的货物，应当以邮费作为运输及其相关费用、保险费。

（4）以境外边境口岸价格条件成交的铁路或者公路运输进口货物，海关应当按照境外边境口岸价格的1%计算运输及其相关费用、保险费。

（二）特殊进口货物的完税价格

1. 加工贸易完税价格的确定。

（1）进料加工进口料件或者其制成品（包括残次品）内销时，海关以料件原进口成交价格为基础审查确定完税价格。

（2）来料加工进口料件或者其制成品（包括残次品）内销时，海关以接受内销申报的同时或者大约同时进口的、与料件相同或者类似的货物的进口成交价格为基础审查确定完税价格。

（3）保税区、出口加工区内的加工贸易企业申报内销加工贸易制成品时，海关以接受内销申报的同时或者大约同时进口的、与制成品相同或者类似货物的进口成交价格为基础审查确定完税价格。

2. 复运进境的境外修理货物完税价格的确定。

运往境外修理的机械器具、运输工具或者其他货物，出境时已向海关报明，并在海关规定的期限内复运进境的，应当以海关审定的境外修理费和料件费为基础审查确定完税价格。

3. 复运进境的境外加工货物完税价格的确定。

运往境外加工的货物，出境时已向海关报明，并在海关规定期限内复运进境的，应当以海关审定的境外加工费和料件费、以及该货物复运进境的运输及其相关费用、保险费为基础审查确定完税价格。

4. 留购的进口货样完税价格的确定。

经海关批准留购的暂时进境货物，如境内留购的进口货样、展览品和广告陈列品，以海关审查确定的留购价格作为完税价格。

5. 以租赁方式进口货物完税价格的确定。

以租金方式对外支付的租赁货物，在租赁期间以海关审查确定的租金作为完税价格，利息应当予以计入；留购的租赁货物，以海关审查确定的留购价格作为完税价格；承租人申请一次性缴纳税款的，可以选择按照一般进口货物估价办法的规定估定完税价格，或者按照海关审查确定的租金总额作为完税价格。

6. 予以补税的减免税货物完税价格的确定。

减税或者免税进口的货物应当补税时，以海关审查确定的该货物原进口时的价格，扣除折旧部分价值作为完税价格，其计算公式如下：

完税价格 = 海关审定的该货物原进口时的价格 × [1 - 补税时实际已进口的时间（月）÷（监管年限 ×12）]

上述计算公式中“补税时实际已进口的时间”按月计算，不足 1 个月但是超过 15 日的，按照 1 个月计算；不超过 15 日的，不予计算。

【例 4 -2】 某科技公司 20 ×3 年 5 月 7 日经批准进口一套特定免税设备用于研发项目，20 ×5 年 10 月 27 日经海关批准，该公司将设备出售，取得销售收入 240 万元，该设备进口时经海关审定的完税价格为 320 万元，已提折旧 60 万元。20 ×5 年 10 月该公司应补缴关税？（关税税率为 10%，海关规定的监管年限为 5 年）

分析：

补税时实际已进口的时间按月计算，不足 1 个月但是超过 15 日的，按照 1 个月计算，不超过 15 日的，不予计算。

应补缴关税 = 320 × [1 - 30 ÷ (5 × 12)] × 10% = 16（万元）

7. 以其他方式进口货物完税价格的确定。

易货贸易、寄售、捐赠、赠送等其他方式进口的货物，海关与纳税义务人进行价格磋商后，按照一般进口货物估价办法审查确定完税价格。

（三）出口货物的完税价格

1. 出口货物完税价格的确定。

出口货物的完税价格由海关以该货物的成交价格以及该货物运至中华人民共和国境内输出地点装载前的运输及其相关费用、保险费为基础审查确定。出口货物的成交价格，是指该货物出口销售时，卖方为出口该货物应当向买方直接收取和间接收取的价款总额。下列税费不计入出口货物的完税价格：

（1）出口关税；

（2）在货物价款中单独列明的货物运至中华人民共和国境内输出地点装载后的运输及其相关费用、保险费；

（3）在货物价款中单独列明由卖方承担的佣金。

2. 出口货物完税价格的估定。

出口货物的成交价格不能确定的，海关经了解有关情况，并与纳税义务人进行价格磋商后，依次以下列价格审查确定该货物的完税价格：

（1）同时或者大约同时向同一国家或者地区出口的相同货物的成交价格；

（2）同时或者大约同时向同一国家或者地区出口的类似货物的成交价格；

（3）根据境内生产相同或者类似货物的成本、利润和一般费用（包括直接费用和间接费用）、境内发生的运输及其相关费用、保险费计算所得的价格；

（4）按照合理方法估定的价格。

资料链接4－4　FOB、CFR、CIF的基本含义

进口货物的成交价格，因有不同的成交条件而有不同的价格形式，最常用的价格形式有FOB、CFR、CIF三种。

"FOB"是"船上交货价格"（Free on board）的价格术语简称，又称"离岸价格"。是指卖方在合同规定的起运港把货物装上买方指定的船上，并负责货物装到船上为止的一切费用和风险，即意味着从起运港至目的地的运输费和保险费等费用和风险由买方承担。

"CFR"是"成本加运费"（Cost and freight）的价格术语简称，又称"离岸加运费价格"。是指卖方负责将合同规定的货物装上买方指定运往目的港的船上，负责货物装到船上为止的一切费用和风险，并支付运费。

"CIF"是"成本、保险费加运费"（Cost，insurance and freight）的价格术语简称，又称"到岸价格"。是指卖方负责将合同规定的货物装上买方指定运往目的港的船上，办理保险手续，并负责支付运费和保险费。

资料来源：李晓红．税法［M］．清华大学出版社·北京交通大学出版社，2011.6.

四、进出口货物应纳税额的计算

根据《进出口关税条例》的规定，进出口货物应纳税额的计算如表4－5所示：

表4－5　进出口货物应纳税额计算公式一览表

从价税	应纳税额＝完税价格×关税税率
从量税	应纳税额＝货物数量×单位税额
复合税	应纳税额＝货物数量×单位税额＋完税价格×关税税率
滑准税	应纳税额＝完税价格×滑准税税率

【例4－3】 某卷烟厂进口一批烟丝，境外成交价格150万元，运至我国境内输入地点起卸前运费20万元，无法确知保险费用；将烟丝从海关监管

区运往仓库，发生运费12万元，取得合法货运发票。请计算该卷烟厂当月进口环节应缴纳税金。

分析：

（1）关税完税价格 =（150 +20）×（1 +0.003）=170.51（万元）

（2）应纳关税 =170.51 ×10% =17.05（万元）

（3）应纳进口增值税 =（170.51 +17.05）÷（1 -30%）×17% =45.55（万元）

（4）应纳进口消费税 =（170.51 +17.05）÷（1 -30%）×30% =80.38（万元）

（5）当月进口环节缴纳税金合计 =7.05 +45.55 +80.38 =142.98（万元）

【例4 -4】 有进出口经营权的某外贸公司，10月经有关部门批准从境外进口小轿车30辆，每辆小轿车货价15万元，运抵我国海关前发生的运输费用、保险费用无法确定，经海关查实其他运输公司相同业务的运输费用占货价的比例为2%。向海关缴纳了相关税款，并取得了完税凭证。假设该小轿车关税税率60%、消费税税率9%。请计算小轿车在进口环节应缴纳的关税、消费税、增值税。

分析：

（1）进口小轿车的货价 =15 ×30 =450（万元）

（2）进口小轿车的运输费 =450 ×2% =9（万元）

（3）进口小轿车的保险费 =（450 +9）×3‰ =1.38（万元）

（4）进口小轿车应纳关税：

关税完税价格 =450 +9 +1.38 =460.38（万元）

应纳关税 =460.38 ×60% =276.23（万元）

（5）进口环节小轿车应缴纳消费税：

消费税组成计税价格 =（460.38 +276.23）÷（1 -9%）=809.46（万元）

应纳消费税 =809.46 ×9% =72.85（万元）

（6）进口环节小轿车应缴纳增值税：

应纳增值税 =809.46 ×17% =137.61（万元）

五、进境物品应纳税额的计算

进境物品的关税以及进口环节海关代征税合并为进口税，由海关依法征收。海关总署规定数额以内的个人自用进境物品，免征进口税。超过海关总署规定数额但仍在合理数量以内的个人自用进境物品，由进境物品的纳税义务人在进境物品放行前按照规定缴纳进口税。进境物品进口税采用从价计征的方法。

进境物品进口税应纳税额 = 进境物品完税价格 × 进口税税率

六、关税的征收管理①

关税的征收管理如表4-6所示。

表4-6 关税征收管理一览表

关税缴纳	1. 申报期限：进口货物的纳税义务人应当自运输工具申报进境之日起14日内，出口货物的纳税义务人除海关特准的外，应当在货物运抵海关监管区后、装货的24小时以前，向货物的进出境地海关申报；海关审核后填发税款缴款书
	2. 缴纳期限：纳税义务人应当自收到海关填发税款缴款书之日起15日内，向指定银行缴纳税款。如关税缴纳期限的最后1日是周末或法定节假日，则关税缴纳期限顺延至周末或法定节假日过后的第1个工作日
	3. 延期缴纳：因不可抗力或国家税收政策调整，不能按期缴纳税款的，经海关总署批准，可以延期缴纳税款，但最长不得超过6个月
关税的强制执行	1. 征收关税滞纳金：自关税缴纳期限届满之次日起，至纳税义务人缴纳关税之日止，按滞纳税款0.5‰的比例按日征收，周末或法定节假日不予扣除。滞纳金的起征点为50元。关税滞纳金金额 = 滞纳关税税额 × 滞纳金征收比例（0.5‰） × 滞纳天数
	2. 强制征收：如纳税义务人自海关填发缴款书之日起3个月仍未缴纳税款，经海关关长批准，海关可以采取强制扣缴、变价抵缴等强制措施
关税退还	1. 海关发现多征税款的，应当立即通知纳税人办理退税手续。纳税人应自收到海关通知之日起3个月内办理有关退税手续
	2. 有下列情形之一的，纳税义务人自缴纳税款之日起1年内，可以申请退还关税，并应当以书面形式向海关说明理由，提供原缴款凭证及相关资料： （1）已征进口关税的货物，因品质或者规格原因，原状退货复运出境的 （2）已征出口关税的货物，因品质或者规格原因，原状退货复运进境，并已重新缴纳因出口而退还的国内环节有关税收的 （3）已征出口关税的货物，因故未装运出口，申报退关的
	3. 对已征出口关税的出口货物和已征进口关税的进口货物，因货物品种或规格原因（非其他原因）原状复运进境或出境的，经海关查验属实的，也应退还已征关税。海关应当自受理退税申请之日起30日内，做出书面答复并通知退税申请人

① 详细内容请参阅《中华人民共和国海关进出口货物征税管理办法》（海关总署令第124号）。

续表

关税补征与追征	1. 关税补征：非因纳税人违反海关规定造成的少征或漏征关税，关税补征期为缴纳税款或货物放行之日起 1 年内
	2. 关税追征：因纳税人违反海关规定造成少征或漏征关税，关税追征期为进出口货物完税之日或货物放行之日起 3 年内，并加收滞纳金
关税纳税争议	1. 在纳税义务人同海关发生争议时，可以向海关申请复议，但同时应当在规定期限内按海关核定的税额缴纳关税，逾期则构成滞纳，海关有权按规定采取强制执行措施
	2. 关税纳税争议的内容：一般为进出境货物和物品的纳税人对海关在原产地、税则归类、税率或汇率适用、完税价格确定、关税减免、免征、追征、补征和退税、征收滞纳金、从银行账号划拨税款，拍卖或变卖财产抵缴税款及其他征税行为是否合法或适当，是否侵害了纳税人的合法权益，而对海关征收关税的行为表示异议
	3. 关税纳税争议的申诉程序： （1）纳税义务人自海关填发税款缴款书之日起 30 日内，向原征税海关的上一级海关书面申请复议。逾期申请复议的，海关不予受理 （2）海关应当自收到复议申请之日起 60 日内做出复议决定，并以复议决定书的形式正式答复纳税义务人 （3）纳税义务人对海关复议决定仍然不服的，可以自收到复议决定书之日起 15 日内，向人民法院提起诉讼

第 2 节　关税的会计处理

进行关税会计核算时，纳税人应当在“应交税费”科目下设置“应交进口关税”和“应交出口关税”明细科目。“应交税费——应交进口关税”和“应交税费——应交出口关税”科目贷方核算应缴纳的关税金额，借方核算已缴纳的关税金额，期末余额若在贷方反映应缴而未缴的关税金额，若在借方反映多缴纳的关税金额。

一、工业企业关税的会计处理

（一）自营进口业务关税的会计处理

工业企业自营进口业务应缴纳的关税，应通过“应交税费——应交进口关税”科目核算。应缴纳的进口关税，借记“材料采购”或“原材料”科目，贷记“应交税费——应交进口关税”科目；实际缴纳时，借记“应交税费——应交进口关税”科目，贷记“银行存款”科目。企业也可不通过该账户进行核算，即实际缴纳关税时，直接借记“材料采购”等账户，贷记“银行存款”等。

【例4-5】 某生产企业拥有进出口经营权，5月从美国进口一批原材料，以CIF价格成交。其中原材料价格200 000美元，运费12 000美元，保险费2 000美元。已知报关当日的外汇买卖中间价为：1美元=6.2元人民币；该材料适用的进口关税税率为20%，增值税税率17%。根据海关开出的专用缴款书，当月以银行转账支票付讫税款。该公司材料核算采用实际成本法，并单独核算关税。该公司进口环节应纳税款及会计处理如下：

关税完税价格=(200 000+12 000+2 000)×6.2=1 326 800（元）

应纳关税=1 326 800×20%=265 360（元）

应纳增值税=(1 326 800+265 360)×17%=270 667（元）

（1）报关进口：

借：原材料　1 592 160

　　贷：应交税费——应交进口关税　265 360

　　　　银行存款　1 326 800

（2）缴纳税款：

借：应交税费——应交进口关税　265 360

　　应交税费——应交增值税（进项税额）　270 667

　　贷：银行存款　536 027

【例4-6】 某公司拥有进出口经营权，8月进口生产用设备一套，以CIF价格成交，成交价折合人民币为3 000 000元，进口关税税率为10%，增值税税率为17%。根据海关开出的专用缴款书，该公司次月以转账支票付讫税款。该公司进口生产设备应纳税款及会计处理如下：

应纳进口关税=3 000 000×10%=300 000（元）

应纳增值税=(3 000 000+300 000)×17%=561 000（元）

（1）8月份报关进口：

借：固定资产　3 300 000

　　贷：应交税费——应交进口关税　300 000

　　　　银行存款　3 000 000

（2）9月份以银行存款缴纳进口关税和增值税：

借：应交税费——应交进口关税　300 000

应交税费——应交增值税（进项税额）　561 000
　贷：银行存款　861 000

（二）自营出口业务关税的会计处理

工业企业自营出口业务应缴纳的关税，应通过“应交税费——应交出口关税”和“税金及附加”科目核算。应缴纳的出口关税，借记“税金及附加”科目，贷记“应交税费——应交出口关税”科目；实际缴纳时，借记“应交税费——应交出口关税”科目，贷记“银行存款”科目。

【例4－7】某化工厂向韩国出口一批黄磷，国内港口FOB价格折合人民币为800万元，黄磷出口关税税率为20%，关税以支票转账付讫。该化工厂出口黄磷的会计处理如下：

应纳出口关税＝8 000 000÷(1＋20%)×20%＝1 333 333（元）

（1）报关出口：

借：银行存款　8 000 000
　贷：主营业务收入　8 000 000
借：税金及附加　1 333 333
　贷：应交税费——应交出口关税　1 333 333

（2）缴纳出口关税：

借：应交税费——应交出口关税　1 333 333
　贷：银行存款　1 333 333

二、商品流通企业关税的会计处理

有进出口经营权的商品流通企业（包括商业、粮食、外贸、物资供销、供销合作社等），按其经营方式的不同，其进出口业务分为自营进出口和代理进出口两大类。

（一）自营进出口业务关税的会计处理

自营进出口是指由有进出口自营权的企业办理对外洽谈和签订进出口合同，执行合同并办理运输、开证、付汇全过程，并自负进出口盈亏。

1. 自营进口业务关税的会计处理。

商品流通企业自营进口业务应缴纳的关税，应通过“应交税费——应交进口关税”科目核算。计算应缴纳的进口关税，借记“物资采购”、“库存商品”账户，贷记“应交税费——应交进口关税”等相关科目；实际缴纳时，借记“应交税费——应交进口关税”，贷记“银行存款”。也可不通过

“应交税费——应交进口关税”科目核算，直接借记“材料采购”、“库存商品”，贷记“银行存款”、“应付账款”等科目。

【例4-8】 宏达外贸进出口公司从国外自营进口化妆品，CIF价格折合人民币为500万元，进口关税税率（普通税率）为150%，消费税税率为15%，增值税税率为17%。根据海关开具的税款缴纳凭证，以银行转账支票付讫税款。宏达公司应纳税款及会计处理如下：

应纳进口关税 = 5 000 000 × 150% = 7 500 000（元）

应纳消费税 = (5 000 000 + 7 500 000) ÷ (1 - 15%) × 15%

= 2 205 882.35（元）

应纳增值税 = (5 000 000 + 7 500 000) ÷ (1 - 15%) × 17%

= 2 500 000（元）

（1）支付货款并计提税金：

借：材料采购	14 705 882.35	
贷：银行存款		5 000 000
应交税费——应交进口关税		7 500 000
——应交消费税		2 205 882.35

（2）实际缴纳税金：

借：应交税费——应交进口关税	7 500 000	
——应交消费税	2 205 882.35	
——应交增值税（进项税额）	2 500 000	
贷：银行存款		12 205 882.35

（3）化妆品验收入库：

借：库存商品	14 705 882.35	
贷：材料采购		14 705 882.35

2. 自营出口业务关税的会计处理。

商品流通企业自营出口货物应缴纳的出口关税，应通过“税金及附加”和“应交税费——应交出口关税”科目核算。计提时，借记“税金及附加”，贷记“应交税费——应交出口关税”；实际缴纳时，借记“应交税费——应交出口关税”，贷记“银行存款”。这样进行会计处理的好处在于，可以完整地反映企业的税负情况，便于企业进行税负分析。也可不通过“应交税费——应交出口关税”科目核算，直接借记“税金及附加”，贷记“银行存款”、“应付账款”等科目。

【例4-9】 宏达外贸公司出口精练铜一批，该商品的FOB价格折合人民币为200万元，出口关税税率为30%。根据海关开具的税款缴纳凭证，以银行转账支票付讫税款。宏达公司应纳出口关税及会计处理如下：

应纳出口关税 = 2 000 000 ÷ (1 + 30%) × 30% = 461 538（元）

（1）计提出口关税：

借：税金及附加　　461 538

　　贷：应交税费——应交出口关税　　461 538

（2）缴纳出口关税：

借：应交税费——应交出口关税　　461 538

　　贷：银行存款　　461 538

（二）代理进出口业务关税的会计处理

代理进出口是外贸企业接受国内委托方的委托，办理对外洽谈和签订进出口合同，执行合同并办理运输、开证、付汇全过程的进出口业务。代理进出口业务，受托方不负担进出口盈亏，一般也不垫付货款，多以收取手续费形式为委托方提供代理服务。进出口商品计缴的关税均由委托单位负担，受托单位即使向海关缴纳了关税，也只是代垫或代付，日后仍要从委托方收回。

代理进出口业务所计缴的关税，在会计核算上也是通过设置“应交税费——应交进口关税”、“应交税费——应交出口关税”科目来反映的，其对应科目是“应付账款”、“应收账款”、“银行存款”等。

1. 代理进口业务关税的会计处理。

【例 4－10】 金星公司委托宏达外贸进出口公司进口商品一批，预收进口货款 200 万元已汇入宏达公司存款户。该进口商品我国口岸 CIF 价格为 24 万美元，当日的外汇买卖中间价为 1 美元 = 6.28 元人民币，进口关税税率为 20%，代理手续费按货价 2% 收取，现该批商品已运达，向委托单位办理相关结算事宜。宏达进出口公司代理进口应纳关税的计算及其会计处理如下：

该批商品的人民币货价 = 240 000 × 6.28 = 1 507 200（元）

应纳关税 = 1 507 200 × 20% = 301 440（元）

代理手续费 = 1 507 200 × 2% = 30 144（元）

（1）收到委托方货款：

借：银行存款　　2 000 000

　　贷：应付账款——金星公司　　2 000 000

（2）对外支付进口商品货款：

借：应收账款——××外商　　1 507 200

贷：银行存款　　1 507 200

(3) 计提并缴纳进口关税：

借：应付账款——金星公司　　301 440

　　贷：应交税费——应交进口关税　　301 440

借：应交税费——应交进口关税　　301 440

　　贷：银行存款　　301 440

(4) 将进口商品交付委托单位并收取手续费：

借：应付账款——金星公司　　1 537 344

　　贷：其他业务收入——手续费　　30 144

　　　　应收账款——××外商　　1 507 200

(5) 将委托单位剩余进口货款退回：

借：应付账款——金星公司　　161 216

　　贷：银行存款　　161 216

2. 代理出口业务关税的会计处理。

【例4-11】 宏达外贸进出口公司代理天源工厂出口一批商品。我国口岸FOB价折合人民币为36万元，出口关税税率为20%，手续费按货价的3%提取。宏达进出口公司代理出口应纳关税的计算及其会计处理如下：

应纳出口关税 $=360\,000\div(1+20\%)\times20\%=60\,000$（元）

应收手续费 $=360\,000\times3\%=10\,800$（元）

(1) 计提并代缴出口关税：

借：应收账款——天源工厂　　60 000

　　贷：应交税费——应交出口关税　　60 000

借：应交税费——应交出口关税　　60 000

　　贷：银行存款　　60 000

(2) 收取手续费：

借：应收账款——天源工厂　　10 800

　　贷：其他业务收入——手续费　　10 800

(3) 收到委托方划来的税款及手续费：

借：银行存款　　70 800

　　贷：应收账款——天源工厂　　70 800

第3节　关税的申报与缴纳

一、关税的申报

进出口货物通关的一般程序包括：申报、查验、征税、放行。

（一）申报

申报是海关通关过程的第一个环节，它是海关进行后续监管的基础和依据。海关对进出境申报的时间、方式、地点和内容都有明确的规定，从而形成了一套法定的申报制度。进出口货物必须在规定的期限内进行申报，否则要受到海关相应处罚。就申报方式来说，一般有口头申报和书面申报两种。根据《海关法》的规定，企业在进出口货物申报时，应当向海关机关提供有关单证。进出口货物申报单证一般包括进出口货物报关单、相关的进出口许可证及其有关单证（如发票、提单等）。海关对申报单证进行预审、初审和复审等审查过程，对不符合申报要求的报关单证，可作退单处理，由报关人重新填写或补齐手续后再行申报。

（二）查验

查验的目的在于验明申报的内容是否属实，申报“单”、“证”是否相符，“单”、“货”是否一致。海关规定，除按照国家规定、国际惯例以及海关总署特准免验的货物、运输工具和进出境人员携带的物品外，均应接受海关查验。查验的方法分一般查验和重点查验。

（三）征税

海关在征收关税时，根据纳税人的申请及进出口商品的情况，可以在关境地征收，也可以在主管地征收。纳税人在缴纳关税时，需要填写“海关进出口关税专用缴款书”（如表4－7所示），并携带有关单证。海关进口关税专用缴款书一式六联，依次是收据联（此联是国库收到税款签章后退还纳税人作为完税凭证的法律文书，是关税核算的原始凭证）、付款凭证联、收款凭证联、回执联、报查联、存根联。

表4-7　　　　海关进出口关税专用缴款书

收入系统：　　　　　　填发日期：　年　月　日　　　　　　No.

<table>
<tr><td rowspan="3">收款单位</td><td>收入机关</td><td colspan="2"></td><td rowspan="3">缴款单位（人）</td><td>名称</td><td></td><td rowspan="3"></td></tr>
<tr><td>科目</td><td colspan="2"></td><td>账号</td><td></td></tr>
<tr><td>收缴国库</td><td colspan="2"></td><td>开户银行</td><td></td></tr>
<tr><td>税号</td><td>货物名称</td><td>数量</td><td>单位</td><td>完税价格（¥）</td><td>税率（%）</td><td>税款金额（¥）</td><td rowspan="7">签章后交缴款单位或缴纳人</td></tr>
<tr><td></td><td></td><td></td><td></td><td></td><td></td><td></td></tr>
<tr><td colspan="6">金额人民币（大写）</td><td>合计（¥）</td></tr>
<tr><td colspan="2">申请单位编号</td><td colspan="2"></td><td>报关单编号</td><td>填制单位</td><td>收缴国库（银行）</td></tr>
<tr><td colspan="2">合同（批文）号</td><td colspan="2"></td><td>运输工具号</td><td rowspan="3">制单人–
复核人–</td><td rowspan="3"></td></tr>
<tr><td colspan="2">缴款日期</td><td colspan="2">年 月 日</td><td>提/装货单号</td></tr>
<tr><td colspan="5">备注</td></tr>
</table>

（四）放行

在海关对进出境的运输工具、货物和物品经过审单、查验和征税后，就可在有关单证上签印放行。针对不同的情况，海关可以采取正常放行、担保放行和信任放行三种放行方式。正常放行是对货物先征税后放行，是最基本的放行方式；担保放行是海关暂不征收关税，而是以接受担保的形式给予放行，它包括缴纳保证金和提交保证函两种形式；信任放行是指海关对一些资信好的企业的进出口货物允许其先放行后，定期或分批申报和缴纳关税的一种新型的放行形式。

二、关税的缴纳方式

（一）关税的基本缴纳方式

由接受进（出）口货物通关手续申报的海关逐票计算应征关税并填发关税缴款书，由纳税人凭以向海关或指定的银行办理税款交付或转账入库手续，海关凭"银行回执联"办理结关放行手续。征税手续在前，结关放行手续在后，有利于税款及时入库，防止拖欠税款。因此，各国海关都以这种方式作为基本纳税方式。

（二）关税的后纳方式

关税后纳方式是海关允许某些纳税人在办理了有关关税手续后，先行办理放行货物的手续，然后再办理征纳关税手续的海关制度。关税后纳方式是在基本纳税方式的基础上，对某些易腐、急需或有关手续无法立即办结等特殊情况采取的一种变通措施。海关在提取货样、收取保证金或接受纳税人其他担保后即可放行有关货物。关税后纳制使海关有充足的时间准确地进行关税税则归类，审定货物完税价格，确定其原产地等作业，或使纳税人有时间完成有关手续，防止口岸积压货物，使进出境货物尽早投入使用。

课后练习题

（一）复习思考题

1. 进口货物的关税完税价格如何确定？
2. 关税与增值税、消费税会计处理的异同？
3. 商品流通企业关税会计处理中需要注意哪些问题？

（二）练习题

1. 某外贸公司接受A公司委托从美国进口原材料15吨，FOB价格30 000美元/吨，运费共计10 000美元，保险费率0.3%，关税税率15%，当日的外汇买卖中间价为1美元=6.28元人民币。外贸公司收取手续费100 000元。材料尚在运输途中。

要求：根据上述资料，分别做出外贸公司向A公司收取关税和手续费以及A单位支付关税及手续费的会计分录。

2. 兴达外贸公司（有进出口经营权），当年5月发生如下自营进出口经营业务：

（1）进口10台单喇叭音箱（税则号列85182100），每台完税价格USD2 500，执行最惠国税率10%。当日的外汇牌价为USD1 = RMB6.28。

（2）出口鳗鱼苗（税则号列03019210），FOB价格USD68 000，出口关税税率20%。当日的外汇牌价为USD1 = RMB6.25。

兴达外贸公司根据海关开具的税款缴纳凭证，以银行转账支票付讫税款。

要求：请就兴达外贸的进出口业务作相应的会计处理。

关税练习题参考答案

1. 关税完税价格 =（30 000 × 15 + 10 000）× 6.28 ÷（1 – 0.3%）= 2 978 144（元）

应纳关税 = 2 978 144 × 15% = 446 721（元）

（1）外贸单位向A单位收取关税和手续费：

借：银行存款　　456 721

　　贷：其他业务收入　　10 000

　　　　应交税费——应交进口关税　　446 721

（2）A单位认为关税和手续费：

借：材料采购　　456 721

　　贷：银行存款　　456 721

2.（1）单喇叭音箱完税价格 = 2 500 × 10 × 6.28 = 157 000（元）

单喇叭音箱应纳进口关税 = 157 000 × 10% = 15 700（元）

单喇叭音箱应纳增值税 =（157 000 + 15 700）× 17% = 29 359（元）

支付货款并计提税金：

借：材料采购　　172 700

　　贷：银行存款　　157 000

　　　　应交税费——应交进口关税　　15 700

实际缴纳税金：

借：应交税费——应交进口关税　　15 700

　　　　　　——应交增值税（进项税额）　　29 359

　　贷：银行存款　　45 059

（2）鳗鱼苗应纳出口关税 = 68 000 × 6.25 × 20% = 85 000（元）

计提出口关税：

借：税金及附加　　85 000

　　贷：应交税费——应交出口关税　　85 000

缴纳出口关税：

借：应交税费——应交出口关税　　85 000

　　贷：银行存款　　85 000

第5章　其他税会计

学习目标

◇ 掌握城市维护建设税、资源税、土地增值税、房产税、城镇土地使用税、车船税、印花税、耕地占用税、契税、车辆购置税、烟叶税会计的科目设置，及其上述税种的确认、计量、记录、申报与缴纳。

◇ 归纳和总结上述税种会计处理的异同。

导　言

随着2016年5月1日“营改增”试点的全面推进，曾经作为地方主体税的营业税被增值税所取代。如何构建新的地方主体税种、完善地方税系成为财税体制改革的重要问题。地方主体税种的选择，一般应满足非流动原则、受益原则、稳定原则和效率原则。财产税因其符合上述原则而具有成为地方主体税种的良好禀赋。目前，我国现行税制体系中属于财产税的税种包括房产税、城镇土地使用税、车船税、耕地占用税、契税、车辆购置税等。此外，城市维护建设税、资源税、土地增值税、印花税和烟叶税也是地方政府财政收入的主要来源。税制改革新形势下，如何完善现行税制，特别是完善与地方收入有关的税制，是值得我们进一步深入研究的问题。

第1节　城市维护建设税会计

城市维护建设税，是为了解决城市建设资金的不足应运而生的。1985年，国务院颁布《中华人民共和国城市维护建设税暂行条例》，并于1985年1月1日起在全国范围内施行。从开始征收，城市维护建设税的附加税性质决定了其具有一定的局限性，不能满足城市维护与建设的资金需要。我国城市维护建设税改革和完善的趋势是使之成为一个独立的地方税种。

一、城市维护建设税的基本制度

（一）城市维护建设税概述

城市维护建设税，是对从事工商经营，并实际缴纳增值税、消费税的单位和个人征收的一种税。城市维护建设税与其他税种相比较，具有以下特点：

1. 税款专款专用，具有受益税性质。城市维护建设税专款专用，用来保证城市的公共事业和公共设施的维护和建设，是一种具有受益性质的税种。

2. 属于附加税，依附于增值税、消费税。城市维护建设税没有独立的征税对象或税基，随增值税、消费税的征收而征收，本质上属于附加税。

3. 根据城镇规模设计税率。根据城镇规模不同，差别设置税率，较好地照顾了城市建设的不同需要。

4. 征收范围较广。增值税、消费税属于我国现行税制的主要税种，原则上讲，除了减免税等特殊情况外，缴纳增值税、消费税中任何一种税的纳税人都要缴纳城市维护建设税。

（二）城市维护建设税基本税制要素

城市维护建设税的基本税制要素主要包括纳税人、征税范围、税率、税收优惠等。具体内容概括如下表5－1所示。

表5－1　城市维护建设税基本税制要素一览表

税制要素	主要内容
征税范围	包括城市、县城、建制镇，以及税法规定征收“增值税、消费税两税”的其他地区
纳税人	在征税范围内从事工商经营，并缴纳消费税、增值税的单位和个人 自2010年12月1日起，对外商投资企业和外国企业及外籍个人开始征收城市维护建设税
税率	市区：7%；县城、建制镇：5%；其他地区：1% 适用税率的具体规定： （1）由受托方代收、代扣增值税、消费税的：以扣缴义务人所在地税率计算代收、代扣城市维护建设税 （2）流动经营等无固定纳税地点的：按纳税人缴纳增值税、消费税所在地的规定税率就地缴纳城市维护建设税 （3）中国铁路总公司：税率统一为5%

续表

税制要素	主要内容
税收优惠	（1）海关对进口产品代征增值税、消费税的，不征收城市维护建设税 （2）对出口产品退还增值税、消费税的，不退还已缴纳的城市维护建设税；经国家税务总局审批当期免抵的增值税税额应纳入城市维护建设税计征范围 （3）增值税、消费税减免，城市维护建设税也减免；对增值税、消费税实行先征后返、先征后退、即征即退办法的，除另有规定外，对随增值税、消费税征收的城市维护建设税一律不予退（返）还

（三）城市维护建设税应纳税额的计算

城市维护建设税应纳税额的计算公式为：

应纳税额 =（实际缴纳增值税税额 + 消费税税额）×适用税率

城市维护建设税的计税依据为纳税人实际缴纳的增值税、消费税税额。在确定其计税依据时注意以下三点特殊规定：

1. 增值税、消费税补罚，城市维护建设税也要补罚；增值税、消费税的滞纳金和罚款，不作为城市维护建设税的计税依据。

2. 增值税、消费税减免，城市维护建设税也减免。

3. 对出口产品不退还已缴纳的城市维护建设税，对进口货物不征收城市维护建设税。

（四）城市维护建设税的征收管理

城市维护建设税因为与增值税、消费税同时征收，因此其征收管理、纳税环节、纳税期限、纳税地点等比照增值税、消费税的有关规定执行。但是，属于下列情况的，纳税地点财政部、国家税务总局另有规定。

1. 纳税人直接缴纳增值税、消费税的，在缴纳地缴纳城市维护建设税。

2. 代扣代缴的纳税地点。代征、代扣、代缴增值税、消费税的，同时代征、代扣、代缴城市维护建设税。

3. 银行纳税地点。各银行缴纳的增值税，均由取得业务收入的核算单位在当地缴纳。

二、城市维护建设税的会计处理

企业核算应缴纳的城市维护建设税，应设置“应交税费——应交城市维护建设税”科目。计提应缴城市维护建设税时，借记“税金及附加”，贷记“应交税费——应交城市维护建设税”；实际缴纳税款时，借记“应交税费——应交城市维护建设税”，贷记“银行存款”。该科目期末贷方余额表示企业应缴未缴的城市维护建设税款。

【例5-1】 某生产企业坐落在市区，10月已缴纳增值税15万元；当月转让一块位于市区的土地使用权，取得收入2 800万元，该土地系抵债所得，抵债时作价1 000万元。请计算该企业应纳城市维护建设税，并作相应的会计处理。

应纳城市维护建设税 = [15 + (2 800 - 1 000) × 5%] × 7% = 7.35（万元）

(1) 计提城市维护建设税：

借：税金及附加　　73 500

　　贷：应交税费——应交城市维护建设税　　73 500

(2) 缴纳城市维护建设税：

借：应交税费——应交城市维护建设税　　73 500

　　贷：银行存款　　73 500

第2节 资源税会计

自然资源并非取之不尽用之不竭。建立节约型社会、实现人与自然的和谐相处，更为了我们的子孙后代，实现代际公平，我们必须节约资源，善待环境。资源税作为绿色税收之一，既可以为国家取得财政收入，又可以体现国家的基本国策。

一、资源税的基本制度

(一) 资源税概述

资源税是以部分自然资源为课税对象，对在我国境内（包括领域及管辖海域）开采应税矿产品、生产盐以及开发利用水资源等自然资源的单位和个人，就其应税产品销售额为计税依据而征收的一种税。

自然资源种类繁多，包括土地资源、矿藏资源、水产资源、生物资源、海洋资源、太阳能资源等地面、地下和海洋中的天然存在的自然物质资源。从理论上讲，为了更好地保护和合理有效利用各种资源，资源税的征税范围应该包括上述一切可开发和利用的自然资源。但由于我国开征资源税经验不足，以及国家对部分资源产品的特定调控意图，所以实践中，资源税只对特定资源征税。资源税的征收是国家政治权力和所有权的统一，具有受益税性质。同时，资源税具有级差收入税的特点。征收资源税有利于调节因资源条件不同而产生的级差收入，促进资源的合理有效开采，节约使用。资源税的立法原则为“普遍征收，级差调节”。

资料链接 5-1　全面推进资源税改革的指导思想、基本原则和主要目标

为适应经济社会发展需要，进一步完善资源税制度，2010 年 6 月 1 日，我国率先在新疆开展原油、天然气资源税从价计征改革，拉开了资源税制度改革的序幕。自此，资源税改革范围逐步扩大，改革品目不断增加，资源税改革阔步前行。2010 年 12 月 1 日，油气资源税改革扩大到内蒙古、甘肃、四川、青海、贵州、宁夏等 12 个西部省区；2011 年 11 月 1 日，油气资源税改革推广至全国范围；2014 年 12 月 1 日，煤炭资源税从价计征改革全面实施，同时全面清理涉煤收费基金；2015 年 5 月 1 日，资源税从价计征改革覆盖稀土、钨、钼三个品目；2016 年 7 月 1 日，全面推进资源税改革，包括扩大资源税征收范围，开展水资源税改革试点工作；实施矿产资源税从价计征改革；全面清理涉及矿产资源的收费基金；合理确定资源税税率水平；加强矿产资源税收优惠政策管理，提高资源综合利用效率等。

1. 资源税改革的指导思想

全面贯彻党的十八大和十八届三中、五中全会精神，按照“五位一体”总体布局和“四个全面”战略布局，牢固树立和贯彻落实创新、协调、绿色、开放、共享的发展理念，全面推进资源税改革，有效发挥税收杠杆调节作用，促进资源行业持续健康发展，推动经济结构调整和发展方式转变。

2. 资源税改革的基本原则

一是清费立税。着力解决当前存在的税费重叠、收费基金适当并入资源税，取缔违规、功能交叉问题，将矿产资源补偿费、越权设立的各项收费基金，进一步理顺税费关系。

二是合理负担。兼顾企业经营的实际情况和承受能力，借鉴煤炭资源税费改革经验，合理确定资源税计税依据和税率水平，增强税收弹性，总体上不增加企业税费负担。

三是适度分权。结合我国资源分布不均衡、地域差异较大的实际情况，在不影响全国统一市场秩序前提下，赋予地方适当的税政管理权。

四是循序渐进。在煤炭、天然气、原油已实施从价计征改革基础上，对其他矿产资源全面实施改革。积极创造条件，逐步对水、森林、滩涂、草场、自然资源开征资源税。

3. 资源税改革的主要目标

通过全面实施清费立税、调控经济、从价计征改革，理顺资源税费关系，建立规范公平、调控合理、征管高效的资源税制度，有效发挥其组织收入、促进资源节约集约利用和生态环境保护的作用。

资料来源：节选自《财政部、国家税务总局关于全面推进资源税改革的通知（财税［2016］53号）》

（二）资源税基本税制要素

资源税的基本税制要素主要包括纳税人、征税对象、税率、税收优惠等。具体内容概括如下表5－2所示。

根据《财政部、国家税务总局关于全面推进资源税改革的通知（财税［2016］53号）》规定，资源税从价计征改革和水资源试点改革自2016年7月1日起实施。已实施从价计征的原油、天然气、煤炭、稀土、钨、钼等6个资源品目资源税政策暂不调整，仍按原办法执行。此外，在实施资源税从价计征改革的同时，将全部资源品目矿产资源补偿费费率降为零，停止征收价格调节基金，取缔地方针对矿产资源违规设立的各种收费基金项目。

扩大资源税征税范围，在河北省开展水资源税试点工作，采取水资源费改税方式，将地表水和地下水纳入征税范围，实行从量定额计征，对高耗水行业、超计划用水以及在地下水超采地区取用地下水，适当提高税额标准，正常生产生活用水维持原有负担水平不变。试点期间，水资源税仍按水资源费中央与地方1:9的分成比例不变。河北省在缴纳南水北调工程基金期间，水资源税收入全部留给该省。

表5－2　　资源税基本税制要素一览表

税制要素	主要内容
纳税人	在中华人民共和国领域及管辖海域开采应税矿产品、生产盐以及开发利用水资源等自然资源的单位和个人 （1）纳税人不包括进口矿产品的单位和个人 （2）扣缴义务人：独立矿山、联合企业及其他收购未税矿产品的单位

续表

	税目		税率形式	税率幅度
税目税率	原油、天然气		比例税率	6% ~10%
	煤炭			2% ~10%
	稀土、钨、钼			轻稀土按地区执行 7.5 ~ 11.5% 的适用税率；中重稀土：27%；钨：6.5%；钼：11%
	金属矿	铁矿（精矿）		1% ~6%
		金矿（金锭）		1% ~4%
		铜矿（精矿）		2% ~8%
		铝土矿（原矿）		3% ~9%
		铅锌矿（精矿）		2% ~6%
		镍矿（精矿）		2% ~6%
		锡矿（精矿）		2% ~6%
		未列举名称的其他金属矿产品（精矿或原矿）		≤20%
	非金属矿	石墨（精矿）		3% ~10%
		硅藻土（精矿）		1% ~6%
		高岭土（原矿）		1% ~6%
		萤石（精矿）		1% ~6%
		石灰石（原矿）		1% ~6%
		硫铁矿（精矿）		1% ~6%
		磷矿（原矿）		3% ~8%
		氯化钾（精矿）		3% ~8%
		硫酸钾（精矿）		6% ~12%
		井矿盐（氯化钠初级产品）		1% ~6%
		湖盐（氯化钠初级产品）		1% ~6%
		提取地下卤水晒制的盐（氯化钠初级产品）		3% ~15%
		煤层（成）气（原矿）		1% ~2%
		粘土、砂石（原矿）	定额税率	每吨或立方米 0.1 元 ~5 元
		未列举名称的其他非金属矿产品（原矿或精矿）	比例税率或定额税率	从量税率每吨或立方米≤30 元；从价税率≤20%
	海盐（氯化钠初级产品）		比例税率	1% ~5%

续表

税收优惠	(1) 纳税人开采或生产应税产品，自用于连续生产应税产品的，不缴纳资源税；自用于其他方面的，视同销售缴纳资源税 (2) 有下列情形之一，减征或免征资源税： ①开采原油过程中用于加热、修井的原油，免税 ②纳税人开采或者生产应税产品过程中，因意外事故或者自然灾害等原因遭受重大损失的，由省、自治区、直辖市人民政府酌情决定减税或者免税 ③国务院规定的其他减税、免税项目 【注意】减免税项目应单独核算销售额或销售数量，否则不予减免税 (3) 煤炭资源税收优惠： ①对衰竭期煤矿开采的煤炭，资源税减征30% ②对充填开采置换出来的煤炭，资源税减征50% 【注意】纳税人开采的煤炭，同时符合上述减税情形的，纳税人只能选择其中一项执行，不能叠加 (4) 其他矿产资源税收优惠： ①对符合条件的采用充填开采方式采出的矿产资源，资源税减征50%；对符合条件的衰竭期矿山开采的矿产资源，资源税减征30%。具体认定条件由财政部、国家税务总局规定 ②对鼓励利用的低品位矿、废石、尾矿、废渣、废水、废气等提取的矿产品，由省级人民政府根据实际情况确定是否减税或免税，并制定具体办法

备注：

1. 铝土矿包括耐火级矾土、研磨级矾土等高铝粘土。

2. 氯化钠初级产品是指井矿盐、湖盐原盐、提取地下卤水晒制的盐和海盐原盐，包括固体和液体形态的初级产品。

3. 海盐是指海水晒制的盐，不包括提取地下卤水晒制的盐。

二、资源税应纳税额的计算

（一）一般计税方法

一般情况下，资源税应纳税额的计算分为从价定率和从量定额两种计税方法。具体计算方法如表5－3所示。

表5－3　资源税一般计税方法

计税方法	计算公式
从价定率征收	应纳税额＝销售额（不含增值税）×适用的比例税率
从量定额征收	应纳税额＝课税数量×适用的单位税额

1. 销售额的确定。

销售额为纳税人销售应税产品向购买方收取的全部价款和价外费用，但不包括收取的增值税销项税额。

纳税人开采应税产品由其关联单位对外销售，按关联单位销售额征收资源税；纳税人既有对外销售应税产品，又有将应税产品自用于除连续生产应税产品以外的其他方面，则自用的这部分应税产品，按纳税人对外销售应税产品的平均价格计算销售额。

此外，纳税人申报的销售额明显偏低且无正当理由、有视同销售应税产品行为而无销售额的，按下列顺序确定销售额：

（1）纳税人最近时期同类货物的平均销售价格；

（2）其他纳税人最近时期销售同类货物的平均销售价格；

（3）组成计税价格：

组成计税价格 = 成本 ×（1 + 成本利润率）+ 资源税 = 成本 ×（1 + 成本利润率）÷（1 − 税率）

公式中，成本为应税产品的实际生产成本；成本利润率由省、自治区、直辖市税务机关确定；具体适用税率由省级人民政府在规定的税率幅度内提出具体建议，报财政部、国家税务总局确定核准。此外，对《资源税税目税率幅度表》中未列举名称的其他非金属矿产品，按照从价计征为主、从量计征为辅的原则，由省级人民政府确定计征方式。

2. 销售数量的确定。

销售数量，包括纳税人开采或生产应税产品的实际销售数量和视同销售的自用数量。纳税人不能准确提供应税产品销售量的，以应税产品的产量或主管税务机关确定的折算比换算成的数量为计征资源税的课税数量。

（二）煤炭应纳税额的计算

纳税人开采原煤直接对外销售的，以原煤销售额作为应税煤炭销售额计算缴纳资源税；其中，原煤销售额不含从坑口到车站、码头等的运输费用。

原煤应纳税额 = 原煤销售额 × 适用税率

纳税人将其开采的原煤加工为洗选煤销售的，以洗选煤销售额乘以折算率作为应税煤炭销售额计算缴纳资源税。其中，洗选煤销售额包括洗选副产品的销售额，不包括洗选煤从洗选煤厂到车站、码头等的运输费用。洗选煤的折算率可通过洗选煤销售额扣除洗选环节成本、利润计算，也可通过洗选煤市场价格与其所用同类原煤市场价格的差额及综合回收率计算。折算率由省、自治区、直辖市财税部门或其授权地市级财税部门确定。

洗选煤应纳税额＝洗选煤销售额×折算率×适用税率

纳税人以自采原煤和外购原煤混合加工洗选煤的，应当准确核算外购原煤的数量、单价及运费，在确认计税依据时可以扣减外购相应原煤的购进金额。纳税人扣减当期外购原煤或者洗选煤购进额的，应当以增值税专用发票、普通发票或者海关报关单作为扣减凭证。

计税依据＝当期洗选煤销售额×折算率－当期用于混洗混售的外购原煤的购进金额

外购原煤的购进金额＝外购原煤的购进数量×单价

纳税人申报的原煤或洗选煤销售价格明显偏低且无正当理由的，或者有视同销售应税煤炭行为而无销售价格的，主管税务机关应按下列顺序确定计税价格：

（1）按纳税人最近时期同类原煤或洗选煤的平均销售价格确定。

（2）按其他纳税人最近时期同类原煤或洗选煤的平均销售价格确定。

（3）按组成计税价格确定。

组成计税价格＝成本×（1＋成本利润率）÷（1－资源税税率）

公式中的成本利润率由省、自治区、直辖市地方税务局按同类应税煤炭的平均成本利润率确定。

（4）按其他合理方法确定。

纳税人与其关联企业之间的业务往来，应当按照独立企业之间的业务往来收取或支付价款、费用；不按照独立企业之间的业务往来收取或支付价款、费用而减少其应纳税收入的，税务机关有权按照《税收征收管理法》及其实施细则的有关规定进行合理调整。

纳税人以自采原煤或加工的洗选煤连续生产焦炭、煤气、煤化工、电力等产品，自产自用且无法确定应税煤炭移送使用量的，可采取最终产成品的煤耗指标确定用煤量，即：煤电一体化企业可按照每千瓦时综合供电煤耗指标进行确定；煤化工一体化企业可按照煤化工产成品的原煤耗用率指标进行确定；其他煤炭连续生产企业可采取其产成品煤耗指标进行确定，或者参照其他合理方法进行确定。

（三）自产自用资源产品应纳税额的计算

纳税人开采或生产应税产品自用于连续生产应税产品，不缴纳资源税；用于其他方面，按视同销售缴纳资源税。

纳税人将其开采的原煤，自用于连续生产洗选煤的，在原煤移送使用环节不缴纳资源税；自用于其他方面的，视同销售原煤；纳税人将其开采的原煤加工为洗选煤自用的，视同销售洗选煤。

纳税人自产自用应税产品（指用于非生产项目和生产非应税产品），无法确定移送使用量，而采用折算比换算课税数量，具体规定如表 5－4 所示。

表 5－4　　自产自用资源产品应纳资源税移送使用数量的确定

应税资源产品	按折算比确定资源税移送使用数量
金属和非金属矿产品原矿	无法准确掌握纳税人移送使用原矿数量的，可将其精矿按选矿比折算成原矿数量作为课税数量
盐	纳税人以液体盐加工固体盐，按固体盐税额征税，以加工的固体盐数量为课税数量。如果纳税人以外购的液体盐加工固体盐，其加工固体盐所耗用液体盐的已纳税额准予在其应纳固体盐税额中抵扣

（四）代扣代缴

目前资源税代扣代缴的适用范围是指收购的除原油、天然气、煤炭以外的资源税未税矿产品。代扣代缴资源税适用的单位税额规定如下：

1. 独立矿山、联合企业收购与本单位矿种相同的未税矿产品，按照本单位相同矿种应税产品的单位税额，依据收购数量代扣代缴资源税。

2. 独立矿山、联合企业收购与本单位矿种不同的未税矿产品，以及其他收购单位收购的未税矿产品，按照收购地相应矿种规定的单位税额，依据收购数量代扣代缴资源税。

3. 收购地没有相同品种矿产品的，按收购地主管税务机关核定的单位税额，依据收购数量代扣代缴资源税。

4. 其他收购单位收购未税矿产品，按主管税务机关核定的税额（率），依据收购数量代扣代缴资源税。

扣缴义务人代扣代缴资源税应纳税额的计算公式为：

代扣代缴税额＝收购的未税矿产品数量×适用的单位税额

三、资源税的会计处理

（一）资源税会计科目的设置

为了反映和监督资源税的计算和缴纳，纳税人应设置“应交税费——应交资源税”科目，贷方反映企业应缴纳的资源税，借方反映企业已经缴纳或允许抵扣的资源税，期末贷方余额表示企业应缴未缴的资源税，期末借方余额反映企业多缴的资源税。

（二）资源税的会计处理

1. 销售应税资源产品的会计处理。

企业按规定计算出对外销售应税产品的资源税时，借记“税金及附加”，贷记“应交税费——应交资源税”；实际缴纳税款时，借记“应交税费——应交资源税”，贷记“银行存款”。

【例5-2】 某矿业公司8月份销售精铜矿5 000吨，精铜矿35 000元/吨，该矿业公司所在地的省级人民政府规定铜精矿适用3%的资源税税率。计算该矿业公司应纳资源税，并作会计处理。

应纳资源税＝5 000×35 000×3%＝5 250 000（元）

分析：根据《财政部、国家税务总局关于全面推进资源税改革的通知（财税［2016］53号）》的附件《资源税税目税率幅度表》规定，铜精矿适用2%～8%的幅度税率，具体适用税率由省级人民政府在规定的税率幅度内提出具体适用税率建议，报财政部、国家税务总局确定核准。

（1）计提资源税时：

借：税金及附加　　5 250 000

　　贷：应交税费——应交资源税　　5 250 000

（2）实际缴纳税款时：

借：应交税费——应交资源税　　5 250 000

　　贷：银行存款　　5 250 000

【例5-3】 某煤矿既开采原煤销售，也以未税原煤加工洗选煤销售。该地区确定的洗选煤折算率为70%，原煤适用税率为9%。该煤矿8月份共生产销售洗选煤8 000吨，不含税销售价格为180元/吨。洗选煤从洗选煤厂到车站、码头等的运输费用合计50 000元。计算该煤矿应纳资源税，并作会计处理。

分析：根据《关于实施煤炭资源税改革的通知》（财税［2014］72号）和《煤炭资源税征收管理办法（试行）》（国家税务总局公告2015年第51号）规定，从2014年12月1日起，煤炭资源税实行从价定率计征。煤炭应税产品包括原煤和以未税原煤加工的洗选煤。纳税人将其开采的原煤加工为洗选煤销售的，以洗选煤销售额乘以折算率作为应税煤炭销售额计算缴纳资源税。洗选煤销售额不包括洗选煤从洗选煤厂到车站、码头等的运输费用。

洗选煤应纳资源税＝8 000×180×70%×9%＝90 720（元）

（1）计提资源税时：

借：税金及附加　　90 720

　　贷：应交税费——应交资源税　　90 720

（2）实际缴纳税款时：

借：应交税费——应交资源税　　90 720

　　贷：银行存款　　90 720

2. 自产自用应税资源产品的会计处理。

企业自产自用应税产品的会计处理，分两种情况。纳税人开采或生产应税产品自用于连续生产应税产品，不缴纳资源税，因此无需进行会计处理；纳税人开采或生产应税产品自用于其他方面，按视同销售计算缴纳资源税，但是，其应纳资源税不计入“税金及附加”科目，而是计入产品的生产成本或相应科目。企业将计算出自产自用应税产品应缴纳的资源税，借记“生产成本”或“制造费用”等科目，贷记“应交税费——应交资源税”；上缴资源税时，借记“应交税费——应交资源税”，贷记“银行存款”。

【例 5－4】 某油田 10 月份原油的产量为 10 000 吨，其中用于非应税产品生产的原油 4 000 吨，用于加热、修井的原油 15 吨，其余原油全部对外销售。该油田原油不含增值税售价为 5 128 元/吨，适用资源税税率为 6%。计算该油田应纳资源税，并作会计处理。

视同销售应纳资源税＝5 128×4 000×6%＝1 230 720（元）

加热、修井原油免交资源税。

对外销售应纳资源税＝5 128×(1 000－4 000－15)×6%＝1 841 465（元）

（1）计提资源税时：

借：生产成本　　1 230 720

　　税金及附加　　1 841 465

　　贷：应交税费——应交资源税　　3 072 185

（2）实际缴纳税款时：

借：应交税费——应交资源税　　3 072 185

　　贷：银行存款　　3 072 185

3. 收购未税矿产品的会计处理。

独立矿山、联合企业收购未税矿产品，按实际支付的收购款以及代扣代缴的资源税，作为收购矿产品的采购成本，借记“材料采购”等相关科目，贷记“银行存款”，同时按代扣代缴的资源税贷记“应交税费——应交资源税”。

【例 5－5】 某矿石企业收购未税铁矿石 380 吨，实际支付货款 410 000 元（不含税），本单位同种铁矿石适用的资源税税率为 2%。计算该矿石企业代扣代缴资源税税额，并作会计处理。

代扣代缴资源税＝410 000×2%＝8 200（元）

（1）支付货款并计提代扣代缴的资源税时：

借：材料采购　　416 840

　　贷：银行存款　　410 000

　　　　应交税费——应交资源税　　8 200

(2) 实际缴纳税款时：

借：应交税费——应交资源税　　8 200

　　贷：银行存款　　8 200

4. 外购液体盐加工固体盐的会计处理。

企业外购液体盐加工成固体盐，在购入液体盐时，按允许抵扣的资源税，借记“应交税费——应交资源税”，按外购价款扣除允许抵扣资源税后的数额，借记“材料采购”等相关科目，按应付的全部价款，贷记“银行存款”或“应付账款”等相关科目。企业加工成固体盐出售时，计算出的固体盐应交的资源税，借记“税金及附加”，贷记“应交税费——应交资源税”。实际缴纳时，按销售固体盐应纳资源税抵扣液体盐已纳资源税后的差额，借记“应交税费——应交资源税”，贷记“银行存款”。

【例5-6】 某盐场10月份购进液体盐1 000吨用于加工固体盐，取得增值税专用发票，注明价款150 000元，增值税税款25 500元。本月销售固体盐800吨（取得不含增值税价款600 000元），生产固体盐共耗用液体盐1 500吨，其中，1 000吨是当月购进的，另外500吨是盐场自产的。当地省级人民政府规定液体盐的适用税率为1%，固体盐的适用税率为3%。计算该盐场应缴资源税，并作会计处理。

允许抵扣外购液体盐应纳资源税 = 150 000 × 1% = 1 500（元）

销售固体盐应纳资源税 = 600 000 × 3% = 18 000（元）

应纳资源税合计 = 18 000 - 1 500 = 16 500（元）

(1) 购入液体盐时：

借：材料采购　　150 000

　　应交税费——应交增值税（进项税额）　　25 500

　　应交税费——应交资源税　　1 500

　　贷：银行存款　　177 000

(2) 销售固体盐时：

借：税金及附加　　18 000

　　贷：应交税费——应交资源税　　18 000

(3) 实际缴纳税款时：

借：应交税费——应交资源税　　16 500

　　贷：银行存款　　16 500

四、资源税的申报与缴纳

（一）纳税义务发生时间

根据纳税人的生产经营、货款结算方式和资源税的征收情况，资源税的纳税义务发生时间为：

1. 纳税人采取分期收款结算方式销售应税产品的，其纳税义务发生时间为销售合同规定的收款日期的当天。

2. 纳税人采取预收货款结算方式销售应税产品的，其纳税义务发生时间为发出应税产品的当天。

3. 纳税人采取除分期收款和预收货款以外的其他结算方式销售应税产品，其纳税义务发生时间为收讫价款或者取得索取价款凭证的当天。

4. 纳税人自产自用应税产品，其纳税义务发生时间为移送使用应税产品的当天。

5. 扣缴义务人代扣代缴税款，其纳税义务发生时间为支付货款的当天。

（二）纳税期限

资源税的纳税期限由主管税务机关根据纳税人应纳税额的多少，分别核定为1日、3日、5日、10日、15日或1个月。以1日、3日、5日、10日、15日为一期纳税的，自期满之日起5日内预缴税款，于次月1日起10日内申报纳税并结清上月税款；以1个月为一期纳税的，自期满之日起10日内申报纳税。不定期开采矿产品的纳税人，可按次计算纳税。

（三）纳税地点

纳税人应纳的资源税，应当向应税产品的开采或生产所在地主管税务机关缴纳。纳税人纳税地点需要调整的，由省、自治区、直辖市税务机关决定。纳税人跨省开采资源税应税产品，其下属生产单位与核算单位不在同一省、自治区、直辖市的，对其开采的矿产品，一律在开采地或者生产地纳税。扣缴义务人代扣代缴的资源税，应当向收购地主管税务机关缴纳。

（四）资源税纳税申报表

为落实资源税改革政策，国家税务总局对原资源税纳税申报表进行了修订，形成了《资源税纳税申报表》、《资源税纳税申报表附表（一）》（原矿类税目适用）、《资源税纳税申报表附表（二）》（精矿类税目适用）、《资源税纳税申报表附表（三）》（减免税明细），自2016年7月1日起施行，分别如下表5－5、5－6、5－7、5－8所示。

表5-5

资源税纳税申报表

根据国家税收法律法规及资源税有关规定制定本表。纳税人不论有无销售额，均应按照税务机关核定的纳税期限填写本表，并向当地税务机关申报。

税款所属时间：自　　年　月　日至　　年　月　日　　　　填表日期：　　年　月　日　　　　金额单位：元至角分

纳税人识别号	

纳税人名称	（公章）			法定代表人姓名		注册地址		生产经营地址		
开户银行及账号				登记注册类型				电话号码		
税目	子目	折算率或换算比	计量单位	计税销售量	计税销售额	适用税率	本期应纳税额	本期减免税额	本期已缴税额	本期应补（退）税额
1	2	3	4	5	6	7	8①=6×7； 8②=5×7	9	10	11=8-9-10
合计		—	—			—				
授权声明	如果你已委托代理人申报，请填写下列资料： 为代理一切税务事宜，现授权　　　　（地址） 为本纳税人的代理申报人，任何与本申报表有关的往来文件，都可寄予此人。 授权人签字：						申报人声明	本纳税申报表是根据国家税收法律法规及相关规定填写的，我确定它是真实的、可靠的、完整的。 声明人签字：		

主管税务机关：　　　　　　　　接收人：　　　　　　　　接收日期：　　年　月　日

本表一式两份，一份纳税人留存，一份税务机关留存。

资源税纳税申报表填表说明：

1. 本表为资源税纳税申报表主表，适用于缴纳资源税的纳税人填报（另有规定者除外）。本表包括三个附表，分别为资源税纳税申报表附表（一）、附表（二）、附表（三），由开采或生产原矿类、精矿类税目的纳税人以及发生减免税事项的纳税人填写。除“本期已缴税额”需要填写外，纳税人提交附表后，本表由系统自动生成，无需纳税人手工填写，仅需签章确认（特殊情况下需要手工先填写附表、再填写主表的例外）。

2. “纳税人识别号”：即税务登记证件号码。“纳税人名称”：即税务登记证件所载纳税人的全称。“填写日期”：即纳税人申报当日日期。“税款所属时间”是指纳税人申报的资源税应纳税额的所属时间，应填写具体的起止年、月、日。

3. 第1栏“税目”：是指规定的应税产品名称，多个税目的，可增加行次。第2栏“子目”：反映同一税目下适用税率、折算率或换算比不同的明细项目。子目名称由各省、自治区、直辖市、计划单列市税务机关根据本地区实际情况确定。

4. 第3栏“折算率或换算比”：反映精矿销售额折算为原矿销售额或者原矿销售额换算为精矿销售额的比值。除煤炭折算率由纳税人所在省、自治区、直辖市财税部门或其授权地市级财税部门确定外，其他应税产品的折算率或换算比由当地省级财税部门确定。

5. 第4栏“计量单位”：反映计税销售量的计量单位，如吨、立方米、千克等。

6. 第5栏“计税销售量”：反映计征资源税的应税产品销售数量，包括应税产品实际销售和视同销售两部分。从价计征税目计税销售额对应的销售数量视为计税销售量自动导入到本栏。计税销售量即课税数量。

7. 第6栏“计税销售额”：反映计征资源税的应税产品销售收入，包括应税产品实际销售和视同销售两部分。

8. 第7栏“适用税率”：从价计征税目的适用税率为比例税率，如原油资源税率为6%，即填6%；从量计征税目的适用税率为定额税率，如某税目每立方米3元，即填3。

9. 第8栏“本期应纳税额”：反映本期按适用税率计算缴纳的应纳税额。从价计征税目应纳税额的计算公式为8① = 6 × 7；从量计征税目应纳税额的计算公式为8② = 5 × 7。

10. 第9栏“本期减免税额”：反映本期减免的资源税税额。如不涉及减免税事项，纳税人不需填写附表（三），系统会将其“本期减免税额”默认为0。

11. 第10栏“本期已缴税额”：填写本期应纳税额中已经缴纳的部分。

12. 第11栏“本期应补（退）税额”：本期应补（退）税额 = 本期应纳税额 − 本期减免税额 − 本期已缴税额。

13. 中外合作及海上自营油气田按照《国家税务总局关于发布<中外合作及海上自营油气田资源税纳税申报表>的公告》（2012年第3号）进行纳税申报。

表5－6

资源税纳税申报表附表（一）

（原矿类税目适用）

纳税人识别号																				

纳税人名称：　　　　　　（公章）

税款所属时间：自　　年　　月　　日至　　年　　月　　日　　　　金额单位：元至角分

序号	税目	子目	原矿销售额	精矿销售额	折算率	精矿折算为原矿的销售额	允许扣减的运杂费	允许扣减的外购矿购进金额	计税销售额	计量单位	原矿销售量	精矿销售量	平均选矿比	精矿换算为原矿的销售量	计税销售量
	1	2	3	4	5	6＝4×5	7	8	9＝3＋6－7－8	10	11	12	13	14＝12×13	15＝11＋14
1															
2															
3															
4															
5															
6															
7															
8															
合计															

资源税纳税申报表附表（一）填表说明：

1. 凡开采以原矿为征税对象的应税产品的纳税人需填写此表。原矿类税目是指以原矿为征税对象的各种应税产品品目。此表反映计税销售额、计税销售量的计算过程，并自动导入主表。表中各栏如有发生数额，从价计征资源税纳税人均应如实填写；无发生数额的，应填写0。如不涉及折算，从价计征资源税纳税人应将其折算率和平均选矿比填写1；不涉及运杂费、外购矿购进金额扣减的，第7、8栏填写0。从量计征资源税纳税人只需填写原矿销售量、精矿销售量和计量单位、平均选矿比（不需要换算的，平均选矿比应填写1），系统将自动计算出计税销售量，本表第3到第9栏不需要填写。

2. “税目”：填写规定的应税产品名称。多个税目的，可增加行次。煤炭、原油、天然气、井矿盐、湖盐、海盐等视同原矿类税目填写本表。“子目”：同一税目适用税率、折算率不同的，作为不同的子目分行填写。子目名称由各省、自治区、直辖市、计划单列市税务机关根据本地区实际情况确定。

3. 第3栏“原矿销售额”：填写纳税人当期应税原矿产品的销售额，包括实际销售和视同销售两部分。

4. 第4栏“精矿销售额”：填写纳税人当期应税精矿产品的销售额，包括实际销售和视同销售两部分。

5. 第7栏“允许扣减的运杂费”、第8栏“允许扣减的外购矿购进金额”：填写根据资源税现行规定准予扣减的运杂费用、外购矿（即外购已税产品）购进金额。允许扣减的运杂费和允许扣减的外购矿购进金额，可按当期发生额根据有关规定扣减。当期不足扣减或未扣减的，可结转下期扣减。

运杂费和外购矿购进金额需要进行折算的，应按规定折算后作为允许扣减的运杂费和允许扣减的外购矿购进金额。

6. 第10栏“计量单位”：填写计税销售量的计量单位，如吨、立方米、千克等。

7. 本表各应税产品的销售量均包括视同销售数量，但不含外购矿的购进量。应税产品的销售量按其增值税发票等票据注明的数量填写或计算填写；发票上未注明数量的，填写与应税产品销售额相应的销售量。

8. 除煤炭折算率由省级财税部门或其授权地市级财税部门确定外，本表中的折算率、平均选矿比均按当地省级财税部门确定的数值填写。在用市场法计算折算率时需用到平均选矿比。平均选矿比＝加工精矿耗用的原矿数量÷精矿数量。煤炭平均选矿比的计算公式为：平均选矿比＝1÷平均综合回收率。平均综合回收率＝洗选煤数量÷入洗前原煤数量×100%。

9. 通过本表计算的计税销售额、计税销售量，即为主表相应栏次的计税销售额、计税销售量。

表5-7

资源税纳税申报表附表（二）
（原矿类税目适用）

纳税人识别号																				

纳税人名称：（公章）

税款所属时间：自　年　月　日至　年　月　日　　　金额单位：元至角分

序号	税目	子目	原矿销售额	精矿销售额	换算比	厚矿换算为精矿的销售额	允许扣减的运杂费	允许扣减的外购矿购进金额	计税销售额	计量单位	原矿销售量	精矿销售量	平均选矿比	厚矿换算为精矿的销售量	计税销售量
	1	2	3	4	5	6=3×5	7	8	9=4+6-7-8	10	11	12	13	14=11÷13	15=12+14
1															
2															
3															
4															
5															
6															
7															
8															
合计															

资源税纳税申报表附表（二）填表说明：

1. 凡开采以精矿为征税对象的应税产品的纳税人需填写此表。精矿类税目是指以精矿为征税对象的各种应税产品品目。此表反映计税销售额、计税销售量的计算过程，并自动导入主表。表中各栏如有发生数额，从价计征资源税纳税人均应如实填写；无发生数额的，应填写0。如不涉及换算，从价计征资源税纳税人应将其换算比和平均选矿比填写1；不涉及运杂费、外购矿购进金额扣减的，第7、8栏填写0。从量计征资源税纳税人只需填写原矿销售量、精矿销售量和计量单位、平均选矿比（不需要换算的，平均选矿比应填写1），系统将自动计算出计税销售量，本表第3到第9栏不需要填写。

2. “税目”：填写规定的应税产品名称。多个税目的，可增加行次。

“子目”：同一税目适用税率、换算比不同的，作为不同的子目分行填写。子目名称由各省、自治区、直辖市、计划单列市税务机关根据本地区实际情况确定。以金锭、原矿加工品等为征税对象的税目视同精矿类税目填写本表。金锭销售在栏次4、12填写，金原矿或金精矿销售均在栏次3、11填写（纳税人既销售自采金原矿，又销售自采原矿加工的金精矿或粗金，应当分为两个子目填写）。单位金锭需要耗用的金精矿或金原矿数量在栏次13填写。

3. 第3栏“原矿销售额”：填写纳税人当期应税原矿产品的销售额，包括实际销售和视同销售两部分。

4. 第4栏“精矿销售额”：填写纳税人当期应税精矿产品的销售额，包括实际销售和视同销售两部分。

5. 第7栏“允许扣减的运杂费”、第8栏“允许扣减的外购矿购进金额”：填写根据资源税现行规定准予扣减的运杂费用、外购矿（即外购已税产品）购进金额。允许扣减的运杂费和允许扣减的外购矿购进金额，可按当期发生额根据有关规定扣减。当期不足扣减或未扣减的，可结转下期扣减。

运杂费和外购矿购进金额需要进行换算的，应按规定换算后作为允许扣减的运杂费和允许扣减的外购矿购进金额。

6. 第10栏“计量单位”：填写计税销售量的计量单位，如吨、立方米、千克等。

7. 本表各应税产品的销售量均包括视同销售数量，但不含外购矿的购进量。应税产品的销售量按其增值税发票等票据注明的数量填写或计算填写；发票上未注明数量的，填写与应税产品销售额相应的销售量。

8. 本表中的换算比、平均选矿比按当地省级财税部门确定的数值填写。在用市场法计算换算比时需用到平均选矿比。平均选矿比 = 加工精矿耗用的原矿数量 ÷ 精矿数量。

9. 通过本表计算的计税销售额、计税销售量，即为主表相应栏次的计税销售额、计税销售量。

表5-8

资源税纳税申报表附表（三）
（减免税明细）

纳税人识别号 □□□□□□□□□□□□□□□□□□□□

纳税人名称：　　　　　　　　（公章）

税款所属时间：自　　年　月　日至　　年　月　日　　　　　　　　金额单位：元至角分

序号	税目	子目	减免项目名称	计量单位	减免税销售量	减免税销售额	适用税率	减免性质代码	减征比例	本期减免税额
	1	2	3	4	5	6	7	8	9	10① =6×7×9； 10② =5×7×9
1										
2										
3										
4										
5										
6										
7										
8										
	合计		—	—			—	—	—	

资源税纳税申报表附表（三）填表说明：

1. 本附表适用于有减免资源税项目的纳税人填写。如不涉及减免税事项，纳税人不需填写本附表，系统会将其“本期减免税额”默认为0。

2. “纳税人识别号”填写税务登记证件号码。“纳税人名称”填写税务登记证件所载纳税人的全称。

3. 第1栏“税目”：填写规定的应税产品名称。多个税目的，可增加行次。

4. 第2栏“子目”：同一税目适用的减免性质代码、税率不同的，视为不同的子目，按相应的计税销售额分行填写。

5. 第3栏“减免项目名称”：填写现行资源税规定的减免项目名称，如符合条件的衰竭期矿山、低品位矿等。

6. 第4栏“计量单位”：填写计税销售量的计量单位，如吨、立方米、千克等。

7. 第5栏“减免税销售量”：填写减免资源税项目对应的应税产品销售数量，由从量定额计征资源税的纳税人填写。减免税销售量需要通过平均选矿比换算的，应在换算后填写。

8. 第6栏“减免税销售额”：填写减免资源税项目对应的应税产品销售收入，由从价定率计征资源税的纳税人填写。减免税销售额需要折算或换算的，应在折算或换算后填写。

9. 第7栏“适用税率”：从价计征税目的适用税率为比例税率，如原油资源税率为6%，即填6%；从量计征税目的适用税率为定额税率，如某税目每立方米3元，即填3。

10. 第8栏“减免性质代码”：填写规定的减免性质代码。

11. 第9栏“减征比例”：填写减免税额占应纳税额的比例。免税项目的减征比例按100%填写。原油、天然气资源税按综合减征比例填写，其减征比例计算公式为：减征比例 =（综合减征率 ÷ 适用税率）×100%；综合减征率 = 适用税率 − 实际征收率。

12. 第10栏“本期减免税额”：填写本期应纳税额中按规定应予减免的部分。从价定率计征资源税的纳税人适用的计算公式为：本期减免税额 = 减免税销售额 × 适用税率 × 减征比例。从量定额计征资源税的纳税人适用的计算公式为：本期减免税额 = 减免税销售量 × 适用税率 × 减征比例。本期减免税额由系统自动导入资源税纳税申报表。

此次修订的内容主要包括五部分：

一是将原资源税两张纳税申报表修订为一张主表、三张附表，既适用于从价定率征收的纳税人填报，也适用于从量定额征收的纳税人填报。主表反映从计税依据（包括计税销售量、计税销售额）到应纳税额和应补（退）税额的计算过程，简明扼要。附表主要反映计税依据的计算过程以及减免税项目有关情况，反映应税产品销售额需要折算、换算或者扣减运杂费、外购矿购进金额等情况。纳税人在填写附表后，主表相关数据项由系统自动生成，无需纳税人再次填写，仅需签章确认（特殊情况下需要手工先填写附表、再填写主表的例外）。

二是将全部资源税税目（水资源除外）按征税对象归纳为原矿和精矿两大类税目填报。同时明确：煤炭、原油、天然气、井矿盐、湖盐、海盐等税目视同原矿类税目填写附表（一）；以金锭和原矿加工品为征税对象的税目视同精矿类税目填写附表（二）。

三是纳税人开采原矿类税目需要填写附表（一），开采精矿类税目需要填写附表（二）；两类税目均开采，则附表（一）、（二）均应填报。凡不涉及减免税项目的纳税人不需要填写附表（三）。从量计征资源税的纳税人不需要填写应税产品销售额之类的数据项。

四是规范了油气资源税的填报。在附表（三）中，要求原油、天然气资源税的减征比例按下列公式计算填写：减征比例 =（综合减征率 ÷ 适用税率）×100%；综合减征率 = 适用税率 - 实际征收率。

五是规范了煤炭资源税的填报。在附表（一）中，比照其他矿产品设计了煤炭的平均选矿比，其计算公式为：平均选矿比 = 1 ÷ 平均综合回收率；综合回收率 = 洗选煤数量 ÷ 入洗前原煤数量 ×100%。

第3节 土地增值税会计

土地属于不动产，对土地课税是一种古老的税收形式。纵观世界各国对土地的征税，不外乎三种形式：一是对保有的土地所征收的具有财产税性质的土地财产税；二是对土地收益额所征收的具有所得税性质的土地所得税；三是对转让的土地取得的土地增值额所征收的土地增值税。我国于1994年征收的土地增值税，以抑制房地产投机、规范房地产交易秩序、合理调节土地增值收益、保障国家权益为目的，当属第三种形式。

一、土地增值税的基本制度

（一）土地增值税概述

土地增值税是对有偿转让国有土地使用权及地上建筑物及其附着物并取得增值性收入的单位和个人所征收的一种税。其中，“有偿转让”是指发生转让并取得货币收入、实物收入或其他收入的行为，不包括以继承、赠与方式无偿转让的行为；“国有土地”是指按国家法律规定属于国家所有的土地；“地上建筑物”是指建于地上的一切建筑物，包括地上、地下的各种附属设施；“附着物”是指附着于土地上的不能移动、一经移动即遭破坏的构筑物。

实践中，判断国有土地使用权、地上建筑物及其附着物的转让是否征收土地增值税，关键在于把握三个要点：一是转让土地的性质必须为国有；二是权属要发生转移；三是取得转让收入。上述三个要点同时满足，才属于土地增值税的征税范畴。

资料链接 5－2　　中国古代土地税的传统思想

中华民族五千年辉煌灿烂的历史与文化蕴含了丰富的土地课税思想。土地税在中国古代一般被称为“田赋”，从夏商周时期实行“贡、助、彻”为主要内容的徭役地租（井田制）开始，经过了秦、汉时期的田租口赋力役制度，魏、晋、南北朝、隋至中唐时期的租庸调制，中唐以后至明中后期的两税法、直至明后期至清时期的一条鞭法的实施，无一不体现着与土地税有关的田赋制度的变革和土地课税思想的演进。

1. “轻徭薄赋”的土地课税思想。

“轻徭薄赋”的课税思想最早是由儒家思想的创始人孔子提出来的。之后由孟子将其制度化，主张“取名有制”，对劳动产品的征收标准为十分之一。自井田制开始，“轻徭薄赋”的课税思想就贯穿了整个土地课税的历史。当然，期间不免波折起伏，但总体而言，历次土地课税制度改革都努力践行着这一思想。

2. 量能负担的土地课税思想。

量能纳税的土地课税思想最早见于《禹贡》和《周礼》，书中提出了征收赋税应分等级、区别对待、平均负担。即根据土地的肥沃程度、赋税和劳役的合理搭配等确定征税量。如齐国的“相地而衰征”，东晋的“度田收租”制，唐中后期开始实行的“两税法”，直至清朝的“一条鞭法”，无一不体现着量能负担的税收思想。

3. 土地税调节经济的朴素思想。

历次的土地税收改革基本上都是在国家机器不能正常运转，面临着生死存亡的危机时刻，或者是在国家经历了大的战乱，新旧朝代更迭，人民需要修养生息之际进行的，如商鞅变法、汉代的“与民休息”政策、杨炎的“两税法”、张居正的“一条鞭法”等都是在这种情况下进行的，反映出了古代的有识之士用土地税调节经济，维护阶级统治的朴素课税思想。

4. 土地税收思想的演变促进了封建生产关系的转变。

中国古代土地课税思想的历史演变反映出税收征收方式的两大转变：即由赋役制走向租税制，由实物税走向货币税。这两大转变实质上反映了封建生产关系的转变，即农民对地主和土地的依附关系逐渐减弱，从而促进了商品经济的进一步发展与社会进步。

资料来源：樊慧霞．中国房地产税优化研究［M］．中国财政经济出版社，2011.2。

（二）土地增值税基本税制要素

土地增值税的基本税制要素主要包括纳税人、征税对象、税率、税收优惠等。具体内容概括如下表5－9所示。

表5－9　　土地增值税基本税制要素一览表

税制要素	主要内容
纳税人	转让国有土地使用权、地上建筑物及其附着物产权，并取得收入的单位和个人 外商投资企业、外国企业及外国机构、华侨、港澳台同胞及外国公民也属土地增值税的纳税人
征税对象	有偿转让国有土地使用权及地上建筑物及其附着物（以下简称房地产）产权所取得的增值额 注意以下特殊规定： （1）以继承、赠与等方式无偿转让的房地产，不征土地增值税。 （2）以房地产（作价入股）进行投资、联营的，暂免征收土地增值税；但是对以房地产作价入股，凡所投资、联营的企业从事房地产开发，或者房地产开发企业以其建造的商品房进行投资和联营的，或是投资、联营企业将上述房地产再转让，则征收土地增值税。 （3）合作建房，建成后分房自用，暂免征收土地增值税；建成后转让，征税。 （4）交换房地产，征收土地增值税；个人之间互换自用居住用房地产，免征。 （5）房地产在抵押期间不征收土地增值税；抵押期满后产权发生转让，征税。 （6）房地产出租、房地产评估增值、代建房行为，不征收土地增值税。

续表

税制要素	主要内容			
税率	级数	增值额与扣除项目金额的比率	税率（%）	速算扣除系数（%）
	1	不超过50%的部分	30	0
	2	超过50%至100%的部分	40	5
	3	超过100%至200%的部分	50	15
	4	超过200%的部分	60	35
税收优惠	（1）建造普通标准住宅出售的，其增值额未超过扣除项目金额之和20%的，予以免税；超过的，全额征税。 （2）因国家建设需要而被政府征用、收回的房地产，免征土地增值税。 （3）从2008年11月1日起，对居民个人转让住房一律免征土地增值税。 （4）企事业单位、社会团体以及其他组织转让旧房作为廉租住房、经济适用住房房源且增值额未超过扣除项目金额20%的，免税。			

二、土地增值税应纳税额的计算

（一）房地产增值额的确定

转让房地产的增值额，是转让房地产的收入额减除税法规定的扣除项目金额后的余额。用公式表示为：

增值额 = 收入额 - 扣除项目金额

其中，收入额为转让房地产取得的各种收入，包括货币收入、实物收入和其他收入在内的全部价款及有关的经济利益。扣除项目金额的具体内容如下表5-10所示。

（二）应纳税额的计算

土地增值税实行超率累进税率，其计算公式为：

应纳土地增值税 = 房地产增值额 × 适用税率 - $\sum$ 扣除项目金额 × 速算扣除率

根据房地产转让的不同情形，土地增值税应纳税额的计算如表5-11所示。

表5－10 土地增值税扣除项目金额的确定

扣除项目金额		具体内容及其解释
转让新房	①取得土地使用权所支付的金额	纳税人为取得土地使用权支付的地价款和有关费用（如登记、过户手续费）之和。
	②房地产开发成本	开发土地和新建房及配套设施成本，包括土地征用及拆迁补偿费、前期工程费、建筑安装工程费、基础设施费、公共设施配套费、开发间接费用。这些成本允许按实际发生额扣除。
	③房地产开发费用	包括销售费用、管理费用、财务费用。具体计算如下： （1）能够提供金融机构贷款证明，准确分摊利息支出： 利息＋（取得土地使用权所支付的金额＋房地产开发成本）×5%以内 （2）不能提供金融机构贷款证明或不能分摊利息支出： （取得土地使用权所支付的金额＋房地产开发成本）×10%以内
	④与房地产转让有关的税金	转让房地产时缴纳的城市维护建设税、印花税，教育费附加可视同税金扣除。 【注意】房地产开发企业缴纳的印花税列入管理费用扣除，不再单独扣除。
	⑤财政部确定的其他扣除项目（加计扣除）	对从事房地产开发的纳税人，可按取得土地使用权所支付的金额与房地产开发成本之和，加计20%扣除。
旧房及建筑物的评估价格		转让旧房，应按房屋及建筑物的评估价格、取得土地使用权所支付的地价款和有关费用以及在转让环节缴纳的税金作为扣除项目。

表5－11 土地增值税应纳税额的计算

转让房地产的情形	应纳税额的计算公式及步骤
转让土地使用权、出售新房及配套设施	（1）计算增值额：增值额＝收入额－扣除项目金额。 （2）计算增值率：增值率＝增值额÷∑扣除项目金额×100%。 （3）确定适用税率。 （4）依据适用税率计算应纳税额： 应纳税额＝增值额×适用税率－∑扣除项目金额×速算扣除率。
出售旧房	（1）计算评估价格：评估价格＝重置成本价×成新度折扣率。 （2）汇集扣除项目金额。 （3）计算增值率：增值率＝增值额÷∑扣除项目金额×100%。 （4）依据增值率确定适用税率。 （5）依据适用税率计算应纳税额： 应纳税额＝增值额×适用税率－∑扣除项目金额×速算扣除率。

续表

<table>
<tr><th colspan="2">转让房地产的情形</th><th>应纳税额的计算公式及步骤</th></tr>
<tr><td rowspan="2">特殊售房方式</td><td>纳税人成片受让土地使用权后，分期分批开发、转让房地产</td><td rowspan="2">先按比例预征（预征率：东部不低于2%；中部和东北地区不低于1.5%；西部不低于1%），然后进行清算。
扣除项目金额 = 扣除项目总金额 ×（转让土地使用权的面积或建筑面积 ÷ 受让土地使用权的总面积）。</td></tr>
<tr><td>纳税人采取预售方式销售商品房</td></tr>
</table>

三、土地增值税的会计处理

（一）土地增值税会计科目的设置

为了反映和监督土地增值税的计算和缴纳，纳税人应设置“应交税费——应交土地增值税”科目，贷方反映企业应缴纳的土地增值税，借方反映企业实际缴纳的土地增值税，贷方余额反映企业应缴未缴的土地增值税，借方余额反映企业多缴的土地增值税。

（二）土地增值税的会计处理

1. 房地产开发企业的土地增值税会计处理。

房地产开发企业是指主要经营房地产买卖业务的企业。对于房地产企业而言，土地增值税是房地产企业为取得营业收入（包括主营业务收入和其他业务收入）而支付的费用，因此，其会计处理通过“税金及附加”科目核算。计提土地增值税时，借记“税金及附加”，贷记“应交税费——应交土地增值税”。实际缴纳时，借记“应交税费——应交土地增值税”，贷记“银行存款”。

【例5－7】佳成房地产公司开发一栋住宅楼，收入总额为20 000万元。开发该住宅楼发生的有关支出如下：支付地价款及各种费用5 000万元；房地产开发成本为3 000万元；财务费用中提供金融机构贷款证明并可分摊的利息支出为1 000万元；转让环节缴纳的有关税费共计900万元；该房地产公司所在地政府规定的其他房地产开发费用计算扣除比例为5%。请计算该公司应纳的土地增值税，并作相应会计处理。

（1）取得土地使用权支付的地价款及各种费用为5 000万元

（2）房地产开发成本为3 000万元

（3）房地产开发费用 = 1 000 +（5 000 + 3 000）× 5% = 1 400（万元）

（4）与房地产转让有关的税费为900万元

（5）从事房地产开发业务的纳税人加计扣除20%

加计扣除额 =（5 000 + 3 000）×20% = 1 600（万元）

（6）允许扣除项目金额合计 = 5 000 + 3 000 + 1 400 + 900 + 1 600

= 11 900（万元）

（7）增值额 = 20 000 - 11 900 = 8 100（万元）

（8）增值率 = 8 100 ÷ 11 900 = 68.07%，适用40%的税率，速算扣除率为5%

（9）应纳增值税 = 8 100 ×40% - 11 900 ×5% = 2 645（万元）

计提土地增值税时：

借：税金及附加　　　　　　　　　　　　　　26 450 000

　　贷：应交税费——应交土地增值税　　　　　　　　26 450 000

实际缴纳时：

借：应交税费——应交土地增值税　　　　　　26 450 000

　　贷：银行存款　　　　　　　　　　　　　　　　　26 450 000

2. 非房地产开发企业的土地增值税会计处理。

由于非房地产开发企业的房屋、建筑物及其附着物等不动产是作为企业的固定资产进行管理的，所以这类企业转让作为固定资产管理的房地产时，应缴纳的土地增值税不通过“税金及附加”计提，而是通过“固定资产清理”等科目计提。即非房地产企业转让房地产，计提土地增值税时，借记“固定资产清理”，贷记“应交税费——应交土地增值税”；实际缴纳时，借“应交税费——应交土地增值税”，贷“银行存款”。

如非房地产企业土地使用权在“无形资产”科目核算的，按实际收到的金额，借记“银行存款”，按已提的累计摊销，借记“累计摊销”，按应缴的土地增值税，贷记“应交税费——应交土地增值税”，同时冲销土地使用权的账面余额，贷记“无形资产”，按其差额，借记“营业外支出”或贷记“营业外收入”。实际缴纳时，借记“应交税费——应交土地增值税”，贷记“银行存款”。

【例5-8】 某机械厂因搬迁将一幢8年前建造的办公楼转让给某商场，取得转让收入6 000万元，转让时已按税法规定缴纳了各项税费（能够提供完税凭证）。经房地产评估机构评定，现重置成本价为3 500万元，该楼房为六成新，机械厂支付的评估费用为3.5万元。该评估价格已经税务机关认定。该办公楼原造价为1 000万元，取得土地使用权支付的地价款和按规定缴纳的有关费用为950万元（可提供支付凭证）。请计算该机械厂应交土地增值税税款，并作相应的会计处理。

（1）转让收入为6 000万元

（2）取得土地使用权支付的金额为950万元

（3）房地产的评估价格=3 500×60%=2 100（万元）

（4）房地产的评估费用为3.5万元

（5）与转让有关的税费=6 000×5%×（1+7%+3%）+6 000×0.5‰=360（万元）

（6）准予扣除项目金额合计=950+2 100+360+3.5=3 413.5（万元）

（7）增值额=6 000−3 413.5=2 586.5（万元）

（8）增值率=2 586.5÷3 413.5=75.77%，适用40%的税率，扣除率为5%

（9）应交土地增值税=2 586.5×40%−3 413.5×5%=863.93（万元）

计提土地增值税时：

借：固定资产清理　　8 639 300

　　贷：应交税费——应交土地增值税　　8 639 300

实际缴纳时：

借：应交税费——应交土地增值税　　8 639 300

　　贷：银行存款　　8 639 300

资料链接5-3　房地产企业应加强土地增值税清算

2013年11月24日，中央电视台《每周质量报告》栏目曝光万科、富力、SOHO中国、新世界中国地产等40多家上市房地产公司自2005年1月1日至2012年12月31日8年间欠缴土地增值税超3.8万亿元。一石激起千层浪，该报道一出立刻在社会上引起了轩然大波。先是在报道中被指“欠税”的华远地产股份有限公司董事长任志强在第一时间通过个人微博连发数条帖子做出回应，称土地增值税是按项目所在地政府规定的比例在预售时先预缴的税种，不存在逃税、避税和拖欠的可能；紧接着，11月26日，国家税务总局财产行为税司负责人也出面澄清，称近日引起社会关注的有关人员对土地增值税欠税巨额的推算，方法是不正确的，对税收政策和征管方式存在误解误读。然而，在现实中，确实又有大量房地产企业把应付未付土地增值税长期挂在自己的账上，以此获得推迟纳税的额外税收利益。因此，作为企业财务人员，要正确进行土地增值税的相关涉税会计核算，使企业自身既不违法，又能应对主管税务机关日渐增强的土地增值税清算检查工作，避免涉税风险。

四、土地增值税的申报和缴纳

（一）纳税申报程序

根据《中华人民共和国土地增值税暂行条例》规定，纳税人应自转让房地产合同签订之日起7日内，向房地产所在地主管税务机关办理纳税申报。实际工作中，房地产开发企业和非房地产开发企业办理纳税申报的内容和方法有所不同，如下表5-12所示。

表5-12 房地产企业和非房地产企业土地增值税纳税申报比较

	房地产企业	非房地产企业
纳税申报时间	纳税人在签订房地产转让合同、发生纳税义务后7日内或在税务机关核定的期限内进行纳税申报	纳税人应自签订房地产转让合同之日起7日内进行纳税申报
提供的资料和证件	(1) 房屋产权证、土地使用证。 (2) 土地转让、房产买卖合同。 (3) 与转让房地产有关的资料。 (4) 房地产评估报告。	(1) 房屋及建筑物产权、土地使用证书。 (2) 土地转让、房屋买卖合同。 (3) 与转让有关的税金的完税凭证。 (4) 房地产评估报告。 (5) 其他与转让房地产有关的资料。

（二）纳税时间和缴纳方法

土地增值税按照转让房地产所取得的实际收益计算征收。根据房地产转让的不同情况，由主管税务机关确定纳税时间和缴纳方法。

1. 以一次交割、付清价款方式转让房地产的：主管税务机关应根据应纳税额的大小及向有关部门办理过户、登记手续的期限等，规定其在办理过户、登记手续前数日内一次性缴纳全部土地增值税。

2. 以分期收款方式转让房地产的：主管税务机关应根据合同规定的收款日期来确定具体的纳税期限，并规定在每次收款后数日内缴纳土地增值税。

3. 项目全部竣工结算前转让房地产的：主管税务机关可预征土地增值税，待项目全部竣工、办理结算后再进行清算，多退少补。

（三）纳税地点

土地增值税由房地产所在地，即房地产坐落地的税务机关负责征收。

（四）土地增值税纳税申报表

为加强土地增值税规范化管理，国家税务总局于2016年7月7日发布《税总函〔2016〕309号：修订土地增值税纳税申报表》，决定修订土地增值税纳税申报表。修订的主要内容如下：

1. 增加《土地增值税项目登记表》。

根据《国家税务总局关于印发〈土地增值税纳税申报表〉的通知》（国税发〔1995〕090号）规定，从事房地产开发的纳税人，应在取得土地使用权并获得房地产开发项目开工许可后，根据税务机关确定的时间，向主管税务机关报送《土地增值税项目登记表》，并在每次转让（预售）房地产时，依次填报表中规定栏目的内容。

2. 土地增值税纳税申报表单修订内容。

（1）根据《财政部 国家税务总局关于土地增值税一些具体问题规定的通知》（财税字〔1995〕48号）规定，在《土地增值税纳税申报表（二）》和《土地增值税纳税申报表（五）》中增加代收费用栏次。

（2）根据《国家税务总局关于房地产开发企业土地增值税清算管理有关问题的通知》（国税发〔2006〕187号）和《国家税务总局关于印发〈土地增值税清算管理规程〉的通知》（国税发〔2009〕91号）规定，调整收入项目名称，在《土地增值税纳税申报表（一）》中增加视同销售收入数据列，在《土地增值税纳税申报表（二）》、《土地增值税纳税申报表（四）》、《土地增值税纳税申报表（五）》和《土地增值税纳税申报表（六）》中调整转让收入栏次，增加视同销售收入指标。

修订后的土地增值税纳税申报表包括如下表格：土地增值税项目登记表（从事房地产开发的纳税人适用）、土地增值税纳税申报表（一）（从事房地产开发的纳税人预征适用）、土地增值税纳税申报表（二）（从事房地产开发的纳税人清算适用）、土地增值税纳税申报表（三）（非从事房地产开发的纳税人适用）、土地增值税纳税申报表（四）（从事房地产开发的纳税人清算后尾盘销售适用）、土地增值税纳税申报表（五）（从事房地产开发的纳税人清算方式为核定征收适用）、土地增值税纳税申报表（六）（纳税人整体转让在建工程适用）、土地增值税纳税申报表（七）（非从事房地产开发的纳税人核定征收适用）。下面以土地增值税纳税申报表（一）（从事房地产开发的纳税人预征适用）和土地增值税纳税申报表（二）（从事房地产开发的纳税人清算适用）为例列出填表说明。

表 5－13

土地增值税纳税申报表（一）

（从事房地产开发的纳税人预征适用）

税款所属时间：　　年　月　日至　　年　月　日　　　　填表日期：　　年　月　日

项目名称：　　　　项目编号：　　　　金额单位：元至角分；面积单位：平方米

纳税人识别号

房产类型	房产类型子目	收入				预征率（%）	应纳税额	税款缴纳	
		应税收入	货币收入	实物收入及其他收入	视同销售收入			本期已缴税额	本期应缴税额计算
	1	2＝3＋4＋5	3	4	5	6	7＝2×6	8	9＝7－8
普通住宅									
非普通住宅									
其他类型房地产									
合　计	—					—			
以下由纳税人填写：									
纳税人声明	此纳税申报表是根据《中华人民共和国土地增值税暂行条例》及其实施细则和国家有关税收规定填报的，是真实的、可靠的、完整的。								
纳税人签章			代理人签章				代理人身份证号		
以下由税务机关填写：									
受理人			受理日期			年　月　日	受理税务机关签章		

本表一式两份，一份纳税人留存，一份税务机关留存。

土地增值税纳税申报表（一）填表说明：

1. 本表适用于从事房地产开发并转让的土地增值税纳税人，在每次转让时填报，也可按月或按各省、自治区、直辖市和计划单列市地方税务局规定的期限汇总填报。

2. 凡从事新建房及配套设施开发的纳税人，均应在规定的期限内，据实向主管税务机关填报本表所列内容。

3. 本表栏目的内容如果没有，可以空置不填。

4. 纳税人在填报土地增值税预征申报表时，应同时向主管税务机关提交《土地增值税项目登记表》等有关资料。

5. 项目编号是在进行房地产项目登记时，税务机关按照一定的规则赋予的编号，此编号会跟随项目的预征清算全过程。

6. 表第 1 列“房产类型子目”是主管税务机关规定的预征率类型，每一个子目唯一对应一个房产类型。

7. 表第 3 栏“货币收入”，按纳税人转让房地产开发项目所取得的货币形态的收入额（不含增值税）填写。

8. 表第 4 栏“实物收入及其他收入”，按纳税人转让房地产开发项目所取得的实物形态的收入和无形资产等其他形式的收入额（不含增值税）填写。

9. 表第 5 栏“视同销售收入”，纳税人将开发产品用于职工福利、奖励、对外投资、分配给股东或投资人、抵偿债务、换取其他单位和个人的非货币性资产等，发生所有权转移时应视同销售房地产，其收入不含增值税。

10. 本表一式两份，送主管税务机关审核盖章后，一份由地方税务机关留存，一份退纳税人。

表 5－14

土地增值税纳税申报表（二）

（从事房地产开发的纳税人清算适用）

税款所属时间：　　年　月　日至　　年　月　日　　填表日期：　　年　月　日　　金额单位：元至角分　　面积单位：平方米

纳税人识别号 □□□□□□□□□□□□□□□□□□□□

纳税人名称		项目名称		项目编号		项目地址	
所属行业		登记注册类型		纳税人地址		邮政编码	
开户银行		银行账号		主管部门		电　话	
总可售面积				自用和出租面积			
已售面积		其中：普通住宅已售面积		其中：非普通住宅已售面积		其中：其他类型房地产已售面积	

项　目		行次	金　额			
			普通住宅	非普通住宅	其他类型房地产	合计
一、转让房地产收入总额　1＝2＋3＋4		1				
其中	货币收入	2				
	实物收入及其他收入	3				
	视同销售收入	4				
二、扣除项目金额合计　5＝6＋7＋14＋17＋21＋22		5				
1. 取得土地使用权所支付的金额		6				
2. 房地产开发成本　7＝8＋9＋10＋11＋12＋13		7				
其中	土地征用及拆迁补偿费	8				
	前期工程费	9				
	建筑安装工程费	10				
	基础设施费	11				
	公共配套设施费	12				
	开发间接费用	13				

续表

项目			行次	金额			
				普通住宅	非普通住宅	其他类型房地产	合计
3. 房地产开发费用　14 = 15 + 16			14				
其中	利息支出		15				
	其他房地产开发费用		16				
4. 与转让房地产有关的税金等　17 = 18 + 19 + 20			17				
其中	营业税		18				
	城市维护建设税		19				
	教育费附加		20				
5. 财政部规定的其他扣除项目			21				
6. 代收费用			22				
三、增值额　23 = 1 − 5			23				
四、增值额与扣除项目金额之比（%）24 = 23 ÷ 5			24				
五、适用税率（%）			25				
六、速算扣除系数（%）			26				
七、应缴土地增值税税额　27 = 23 × 25 − 5 × 26			27				
八、减免税额　28 = 30 + 32 + 34			28				
其中	减免税（1）	减免性质代码（1）	29				
		减免税额（1）	30				
	减免税（2）	减免性质代码（2）	31				
		减免税额（2）	32				
	减免税（3）	减免性质代码（3）	33				
		减免税额（3）	34				

续表

项目	行次	金额			
		普通住宅	非普通住宅	其他类型房地产	合计
九、已缴土地增值税税额	35				
十、应补（退）土地增值税税额　36 = 27 - 28 - 35	36				
以下由纳税人填写：					
纳税人声明	此纳税申报表是根据《中华人民共和国土地增值税暂行条例》及其实施细则和国家有关税收规定填报的，是真实的、可靠的、完整的。				
纳税人签章		代理人签章		代理人身份证号	
以下由税务机关填写：					
受理人		受理日期	年　月　日	受理税务机关签章	

本表一式两份，一份纳税人留存，一份税务机关留存。

土地增值税纳税申报表（二）填表说明：

1. 适用范围。

土地增值税纳税申报表（二），适用从事房地产开发并转让的土地增值税纳税人。

2. 土地增值税纳税申报表。

（1）表头项目。

①税款所属期是项目预征开始的时间，截至日期是税务机关规定（通知）申报期限的最后一日（应清算项目达到清算条件起 90 天的最后一日/可清算项目税务机关通知书送达起 90 天的最后一日）。

②纳税人识别号：填写税务机关为纳税人确定的识别号。

③项目名称：填写纳税人所开发并转让的房地产开发项目全称。

④项目编号：是在进行房地产项目登记时，税务机关按照一定的规则赋予的编号，此编号会跟随项目的预征清算全过程。

⑤所属行业：根据《国民经济行业分类》（GB/T 4754 - 2011）填写。该项可由系统根据纳税人识别号自动带出，无须纳税人填写。

⑥登记注册类型：单位，根据税务登记证或组织机构代码证中登记的注册类型填写；纳税人是企业的，根据国家统计局《关于划分企业登记注册类型

的规定》填写。该项可由系统根据纳税人识别号自动带出，无须纳税人填写。

⑦主管部门：按纳税人隶属的管理部门或总机构填写。外商投资企业不填。

⑧开户银行：填写纳税人开设银行账户的银行名称；如果纳税人在多个银行开户的，填写其主要经营账户的银行名称。

⑨银行账号：填写纳税人开设的银行账户的号码；如果纳税人拥有多个银行账户的，填写其主要经营账户的号码。

（2）表中项目。

①表第1栏“转让房地产收入总额”，按纳税人在转让房地产开发项目所取得的全部收入额（不含增值税）填写。

②表第2栏“货币收入”，按纳税人转让房地产开发项目所取得的货币形态的收入额（不含增值税）填写。

③表第3栏“实物收入及其他收入”，按纳税人转让房地产开发项目所取得的实物形态的收入和无形资产等其他形式的收入额（不含增值税）填写。

④表第4栏“视同销售收入”，纳税人将开发产品用于职工福利、奖励、对外投资、分配给股东或投资人、抵偿债务、换取其他单位和个人的非货币性资产等，发生所有权转移时应视同销售房地产，其收入不含增值税。

⑤表第6栏“取得土地使用权所支付的金额”，按纳税人为取得该房地产开发项目所需要的土地使用权而实际支付（补交）的土地出让金（地价款）及按国家统一规定交纳的有关费用的数额填写。

⑥表第8栏至表第13栏，应根据《中华人民共和国土地增值税暂行条例实施细则》（财法字〔1995〕6号，以下简称《细则》）规定的从事房地产开发所实际发生的各项开发成本的具体数额填写。

⑦表第15栏“利息支出”，按纳税人进行房地产开发实际发生的利息支出中符合《细则》第七条（三）规定的数额填写。如果不单独计算利息支出的，则本栏数额填写为“0”。

⑧表第16栏“其他房地产开发费用”，应根据《细则》第七条（三）的规定填写。

⑨表第18栏至表第20栏，按纳税人转让房地产时所实际缴纳的税金数额（不包括增值税）填写。

⑩表第21栏“财政部规定的其他扣除项目”，是指根据《中华人民共和国土地增值税暂行条例》（国务院令第138号，以下简称《条例》）和《细则》等有关规定所确定的财政部规定的扣除项目的合计数。

⑪表第22栏“代收费用”，应根据《财政部 国家税务总局关于土地增值税一些具体问题》（财税字〔1995〕48号）规定“对于县级及县级以上人民政府要求房地产开发企业在售房时代收的各项费用，如果代收费用是计入房价中向购买方一并收取的，可作为转让房地产所取得的收入计税；如果代收费用未计入房价中，而是在房价之外单独收取的，可以不作为转让房地产的收入。对于代收费用作为转让收入计税的，在计算扣除项目金额时，可予以扣除，但不允许作为加计20%扣除的基数；对于代收费用未作为转让房地产的收入计税的，在计算增值额时不允许扣除代收费用”填写。

⑫表第25栏“适用税率”，应根据《条例》规定的四级超率累进税率，按所适用的最高一级税率填写。

⑬表第26栏“速算扣除系数”，应根据《细则》第十条的规定找出相关速算扣除系数来填写。

⑭表第29、31、33栏“减免性质代码”：按照税务机关最新制发的减免税政策代码表中最细项减免性质代码填报。表第30、32、34栏“减免税额”填写相应“减免性质代码”对应的减免税金额，纳税人同时享受多个减免税政策应分别填写，不享受减免税的，不填写此项。

⑮表第35栏“已缴土地增值税税额”，按纳税人已经缴纳的土地增值税的数额填写。

⑯表中每栏按照“普通住宅、非普通住宅、其他类型房地产”分别填写。

第 4 节　房产税会计

一、房产税的基本制度

（一）房产税概述

房产税是以房产为征税对象，以产权所有人、承典人或使用人为纳税义务人，按照房产价格或房产租金收入征收的一种财产税。房产税是中外各国政府广为开征的古老税种。欧洲中世纪时，房产税就成为封建君主敛财的一项重要手段，且名目繁多，如“窗户税”、“灶税”、“烟囱税”等，这类房产税大多以房屋的某种外部标志作为确定税负的标准。在我国，房产税也是古老的税种，最早始于周代，《周礼》上所称的“廛”即为最初的房产税，唐代的间架税、清代和中华民国时期的房捐，均属房产税性质。

现行房产税以国务院于 1986 年 9 月 15 日发布的《中华人民共和国房产税暂行条例》（国发［1986］90 号）为基础。当时规定房产税只对内资企业和中国公民征收，而对涉外企业和外籍人员仍实行原城市房地产税。由于内外两种房产税并存，企业税负不公平的矛盾日益突出。自 2009 年 1 月 1 日起，外商投资企业、外国企业和组织以及外籍个人，依照《中华人民共和国房产税暂行条例》缴纳房产税。至此，内外两套房产税实现统一。

（二）房产税基本税制要素

房产税的基本税制要素主要包括纳税人、征税对象、税率、税收优惠等。具体内容概括如下表 5－15 所示。

表 5－15　　房产税基本税制要素一览表

税制要素	主要内容
纳税人	房产税以在征税范围内的房屋产权所有人为纳税人 （1）产权属国家所有的，由经营管理单位纳税；产权属集体和个人所有的，由集体单位和个人纳税 （2）产权出典的，由承典人依照房产余值纳税 （3）无租使用其他单位房产的应税单位和个人，依照房产余值代缴纳税

续表

<table>
<tr><th>税制要素</th><th colspan="3">主要内容</th></tr>
<tr><td>征税对象
征税范围</td><td colspan="3">(1) 房产税的征税对象是房产。所谓房产，是指有屋面和围护结构（有墙或两边有柱），能够遮风避雨，可供人们在其中生产、学习、工作、娱乐、居住或贮藏物资的场所
(2) 房产税的征税范围为城市、县城、建制镇和工矿区。房产税的征税范围不包括农村，这主要是为了减轻农民的负担</td></tr>
<tr><td rowspan="3">计税依据
与税率</td><td>计税依据</td><td>税率</td><td>具体标准</td></tr>
<tr><td>自用房产以房产计税价值为计税依据</td><td>1.2%</td><td>依照房产原值一次减除 10% ~30% 后的余值计算缴纳，各地扣除比例由当地省、自治区、直辖市人民政府确定
(1) 房产原值是指纳税人按照会计制度规定，在账簿“固定资产”科目中记载的房屋原价
(2) 没有记载房屋原价的，按照上述原则，并参照同类房屋确定房产原值，按规定计征房产税
(3) 纳税人对原有房屋进行改建、扩建的，要相应增加房屋的原值
自 2010 年 12 月 31 日起，对按照房产原值计税的房产，无论会计上如何核算，房产原值均应包含地价，包括为取得土地使用权支付的价款、开发土地发生的成本费用等。宗地容积率低于 0.5 的，按房产建筑面积的 2 倍计算土地面积并据此确定计入房产原值的地价
(4) 房产余值是房产的原值减除规定比例后的剩余价值</td></tr>
<tr><td>出租的房产以房产租金收入为计税依据</td><td>12%</td><td>房产出租的，以房产租金收入为房产税的计税依据
(1) 租金收入，是房屋产权所有人出租房产使用权所得的报酬，包括货币收入和实物收入
(2) 如果是以劳务或者其他形式为报酬抵付房租收入的，应根据当地同类房产的租金水平，确定一个标准租金额从租计征</td></tr>
<tr><td>税收优惠</td><td colspan="3">(1) 国家机关、人民团体、军队自用的房产免征房产税。但上述免税单位的出租房产以及非自身业务使用的生产、营业用房，不属于免税范围
(2) 由国家财政拨付事业经费的单位自用土地
(3) 宗教寺庙、公园、名胜古迹自用的房产免征房产税
(4) 个人所有非营业用的房产免征房产税
(5) 对行使国家行政管理职能的中国人民银行总行（含国家外汇管理局）所属分支机构自用的房产，免征房产税
(6) 经财政部批准免税的其他房产</td></tr>
</table>

二、房产税应纳税额的计算

（一）从价计征应纳税额的计算

从价计征是按房产的原值减除 10 ~30% 后的余值计征，其计算公式为：

应纳税额 = 应税房产原值 ×（1 − 扣除比例）×1.2%

其中，地上建筑物的房产原值是“固定资产”科目中记载的房屋原价；

工业用途的地下建筑物，以房屋原价的50～60%作为应税房产原值；商业用途的地下建筑物，以房屋原价的70～80%作为应税房产原值。

【例5-9】 某企业的经营用房产原值为5 000万元，按照当地规定，允许以30%的扣除率计算余值，适用税率为1.2%。请计算其应纳房产税税额。

分析：企业的经营用房按余值从价计征。

应纳税额 = 5 000 ×（1 - 30%）×1.2% = 42（万元）

（二）从租计征应纳税额的计算

从租计征是按房产的租金收入计征，其计算公式为：

应纳税额 = 租金收入 ×12%

【例5-10】 某公司出租房屋3间，年租金收入为30 000元，适用税率为12%。请计算其应纳房产税税额。

分析：

应纳税额 = 30 000 ×12% = 3 600（元）

三、房产税的会计处理

企业计算出应纳房产税金时，借记“税金及附加”科目，贷记“应交税费——应交房产税”科目。向税务机关缴纳税款时，借记“应交税费——应交房产税”科目，贷记“银行存款”等科目。

【例5-11】 20×5年11月，大华企业计划购入一栋写字楼用于对外出租。11月15日，大华企业与向阳企业签订了经营租赁合同，约定自写字楼购买日起将这栋写字楼出租给向阳企业，为期5年，不含税租金120万/年，年初一次性支付。20×6年1月1日，大华企业实际购入写字楼，支付价款共计1 200万元。假设不考虑其他因素，大华企业采用成本模式进行后续计量。房产税按年计算，分季缴纳。

大华企业的账务处理如下：

（1）20×6年1月1日，大华企业购入写字楼

借：投资性房地产——写字楼　　12 000 000

　　贷：银行存款　　12 000 000

（2）根据经营租赁合同租金于每年年初支付

借：应收账款　　1 200 000

　　贷：其他业务收入　　1 200 000

（3）根据租赁合同，当年应纳增值税、城市维护建设税和教育费附加、房产税分别为：

应纳增值税额 = 1 200 000 × 11% = 132 000（元）

应纳城市维护建设税 = 132 000 × 7% = 9 240（元）

应交教育费附加 = 132 000 × 3% = 5 280（元）

年应纳房产税 = 1 200 000 × 12% = 144 000（元）

月应计提房产税为 = 144 000 ÷ 12 = 12 000（元）

第一季度应缴纳房产税 = 12 000 × 3 = 36 000（元）

借：银行存款　　133 200

　　贷：其他业务收入　　120 000

　　　　应交税费——应交增值税（销项税额）　　132 000

借：税金及附加　　14 520

　　贷：应交税费——应交城市维护建设税　　9 240

　　　　　　　　——应交教育费附加　　5 280

（4）1 月份计提当月房税时：

借：税金及附加　　12 000

　　贷：应交税费——应交房产税　　12 000

（5）2、3 月份计提房产税同上，同时预交一季度房产税。

借：应交税费——应交房产税　　36 000

　　贷：银行存款　　36 000

【例 5 - 12】20 × 5 年 6 月，甲企业打算搬迁至新建办公楼，由于原办公楼处于商业繁华地段，甲企业准备将其出租，以赚取租金收入。20 × 5 年 10 月，甲企业完成了搬迁工作，原办公楼停止自用。20 × 5 年 12 月，甲企业与乙企业签订了租赁协议，将其原办公楼租赁给乙企业使用，租赁期开始日为 20 × 6 年 1 月 1 日，租赁期限为 3 年，年租金 1 000 万/年。20 × 6 年 1 月 1 日，该办公楼原价为 5 亿元，已提折旧 14 250 万元，公允价值为 35 000 万元。甲企业采用公允价值模式计量。房产税按年计算，分季缴纳。当地房产税按原值的 20% 扣除。

甲企业的账务处理如下：

（1）20 × 5 年房产税从价计税：

应纳房产税 = 500 000 000 ×（1 - 20%）× 1.2% = 4 800 000（元）

借：税金及附加　　4 800 000

　　贷：应交税费——应交房产税　　4 800 000

上交房产税时：

借：应交税费——应交房产税　　4 800 000

　　贷：银行存款　　4 800 000

（2）20 × 6 年换为投资性房地产时：

借：投资性房地产——成本　　350 000 000
　　公允价值变动损益　　500 000
　　累计折旧　　142 500 000
　　贷：固定资产　　500 000 000

(3) 20×6年房产税按租金计税：

当年应纳房产税 = 10 000 000 × 12% = 1 200 000（元）

当月应纳房产税 = 1 200 000 ÷ 12 = 100 000（元）

借：税金及附加　　100 000
　　贷：应交税费——应交房产税　　100 000

四、房产税的申报与缴纳

(一) 纳税义务发生时间

1. 纳税人将原有房产用于生产经营，从生产经营之月起缴纳房产税。
2. 纳税人自行新建房屋用于生产经营，从建成之次月起缴纳房产税。
3. 纳税人委托施工企业建设的房屋，从办理验收手续之次月起缴纳房产税。
4. 纳税人购置新建商品房，自房屋交付使用之次月起缴纳房产税。
5. 纳税人购置存量房，自办理房屋权属转移、变更登记手续，房地产权属登记机关签发房屋权属证书之次月起，缴纳房产税。
6. 纳税人出租、出借房产，自交付出租、出借房产之次月起，缴纳房产税。
7. 房地产开发企业自用、出租、出借本企业建造的商品房，自房屋使用或交付之次月起，缴纳房产税。
8. 自2009年1月1日起，纳税人因房产的实物或权利状态发生变化而依法终止房产税纳税义务的，其应纳税款的计算应截止到房产的实物或权利状态发生变化的当月末。

(二) 纳税期限

房产税实行按年计算、分期缴纳的征收方法，具体纳税期限由省、自治区、直辖市人民政府确定。

(三) 纳税地点

房产税在房产所在地缴纳。房产不在同一地方的纳税人，应按房产的坐落地点分别向房产所在地的税务机关纳税。

(四) 纳税申报表

房产税的纳税人应及时进行纳税申报，并如实填写《房产税纳税申报表》。

表 5－16

房产税纳税申报表

税款所属期：自　　年　月　日至　　年　月　日　　填表日期：　　年　月　日　　金额单位：元至角分；面积单位：平方米

纳税人识别号 □□□□□□□□□□□□□□□□□□□□

纳税人信息	名称					纳税人分类		单位□个人□			
	登记注册类型			*		所属行业			*		
	身份证件类型	身份证□护照□其他□				身份证件号码					
	联系人					联系方式					
一、从价计征房产税											
	房产编号	房产原值	其中：出租房产原值	计税比例	税率	所属期起	所属期止	本期应纳税额	本期减免税额	本期已缴税额	本期应补（退）税额
1	*										
2	*										
3	*										
4	*										
5	*										
6	*										
7	*										
8	*										
9	*										
10	*										
合计	*	*	*	*	*	*	*				

续表

二、从租计征房产税						
	本期申报租金收入	税率	本期应纳税额	本期减免税额	本期已缴税额	本期应补（退）税额
1						
2						
3						
合计		*				
以下由纳税人填写：						
纳税人声明	此纳税申报表是根据《中华人民共和国房产税暂行条例》和国家有关税收规定填报的，是真实的、可靠的、完整的。					
纳税人签章		代理人签章		代理人身份证号		
以下由税务机关填写：						
受理人		受理日期	年月日	受理税务机关签章		

本表一式两份，一份纳税人留存，一份税务机关留存。

房产税纳税申报表填表说明：

1. 本表适用于在中华人民共和国境内申报缴纳房产税的单位和个人。

2. 本表依据《中华人民共和国税收征收管理法》、《中华人民共和国房产税暂行条例》制定，为房产税纳税申报表主表。本表包括三个附表，附表一为《房产税减免税明细申报表》，附表二为《从价计征房产税税源明细表》、附表三为《从租计征房产税税源明细表》。首次申报或变更申报时纳税人提交《从价计征房产税税源明细表》和《从租计征房产税税源明细表》后，本表由系统自动生成，无需纳税人手工填写，仅需签章确认。申报房产数量大于10个（不含10）的纳税人，建议采用网络申报方式，并可选用本表的汇总版进行申报。后续申报，纳税人税源明细无变更的，税务机关提供免填单服务，根据纳税人识别号，系统根据当期有效的房产税源明细信息自动生成本表，纳税人签章确认即可完成申报。

3. 纳税人识别号：填写税务机关赋予的纳税人识别号。

4. 纳税人名称：党政机关、企事业单位、社会团体的，应按照国家人事、民政部门批准设立或者工商部门注册登记的全称填写；纳税人是自然人的，应当按照本人有效身份证件上标注的姓名填写。

5. 纳税人分类：分为单位和个人，个人含个体工商户。

6. 登记注册类型*：单位，根据税务登记证或组织机构代码证中登记的注册类型填写；纳税人是企业的，根据国家统计局《关于划分企业登记注册类型的规定》填写。内资企业国有企业集体企业股份合作企业联营企业国有联营企业集体联营企业国有与集体联营企业其他联营企业有限责任公司国有独资公司其他有限责任公司股份有限公司私营企业私营独资企业私营合伙企业私营有限责任公司私营股份有限公司其他企业港、澳、台商投资企业合资经营企业（港或澳、台资）合作经营企业（港或澳、台资）港、澳、台商独资经营企业港、澳、台商投资股份有限公司其他港、澳、台商投资企业外商投资企业中外合资经营企业中外合作经营企业外资企业外商投资股份有限公司其他外商投资企业。该项可由系统根据纳税人识别号自动带出，无须纳税人填写。

7. 所属行业*：根据《国民经济行业分类》（GB/T 4754－2011）填写。该项可由系统根据纳税人识别号自动带出，无须纳税人填写。

8. 身份证件类型：填写能识别纳税人唯一身份的有效证照名称。纳税人为自然人的，必选。选择类型为：身份证、护照、其他，必选一项，选择“其他”的，请注明证件的具体类型。

9. 身份证件号码：填写纳税人身份证件上的号码。

10. 联系人、联系方式：填写单位法定代表人或纳税人本人姓名、常用联系电话及地址。

11. 房产编号*：纳税人不必填写。由税务机关的管理系统赋予编号，以识别。

12. 房产原值：本项为《从价计征房产税税源明细表》相应数据项的汇总值。

13. 出租房产原值：本项为《从价计征房产税税源明细表》相应数据项的汇总值。

14. 计税比例：系统应当允许各地自行配置。配置好后，系统预设在表单中。

15. 税率：系统预设，无需纳税人填写，并允许各地自行配置。从价配置默认1.2%，从租配置默认12%。

16. 所属期起：税款所属期内税款所属的起始月份。起始月份不同的房产应当分行填写。默认为税款所属期的起始月份。但是，当《从价计征房产税税源明细表》中取得时间晚于税款所属期起始月份的，所属期起为“取得时间”的次月；《从价计征房产税税源明细表》中经核准的困难减免的起始月份晚于税款所属期起始月份的，所属期起为“经核准的困难减免的起始月份”；《从价计征房产税税源明细表》中变更类型选择信息项变更的，变更时间晚于税款所属期起始月份的，所属期起为“变更时间”。

17. 所属期止：税款所属期内税款所属的终止月份。终止月份不同的房产应当分行填写。默认为税款所属期的终止月份。但是，当《从价计征房产税税源明细表》中变更类型选择“纳税义务终止”的，变更时间早于税款所属期终止月份的，所属期止为“变更时间”；《从价计征房产税税源明细表》中“经核准的困难减免的终止月份”早于税款所属期终止月份的，所属期止为“经核准的困难减免的终止月份”。

18. 本期应纳税额：本项为《从价计征房产税税源明细表》和《从租计征房产税税源明细表》相应数据项的汇总值。

19. 本期减免税额：本项为按照税目分别从《从价计征房产税税源明细表》或《从租计征房产税税源明细表》月减免税额与税款所属期实际包含的月份数自动计算生成。

20. 带星号（*）的项目不需要纳税人填写。

21. 逻辑关系：

（1）从价计征房产税的本期应纳税额 = Σ（房产原值 - 出租房产原值）×计税比例×税率÷12×（所属期止月份 - 所属期起月份 +1）；

（2）从价计征房产税的本期应补（退）税额 = 本期应纳税额 - 本期减免税额 - 本期已缴税额；

（3）从租计征房产税的本期应纳税额 = Σ本期应税租金收入×适用税率；

（4）从租计征房产税的本期应补（退）税额 = 本期应纳税额 - 本期减免税额 - 本期已缴税额。

（5）从价计征本期减免税额 = Σ《从价计征房产税税源明细表》月减免税额×（所属期止月份 - 所属期起月份 +1）

（6）从租计征本期减免税额 = Σ《从租计征房产税税源明细表》月减免税额×（所属期止月份 - 所属期起月份 +1）

第5节　城镇土地使用税会计

城镇土地使用税法是指国家制定的调整城镇土地使用税征收与缴纳之间权利及义务关系的法律规范。现行《中华人民共和国城镇土地使用税暂行条例》是2006年12月31日国务院修改并颁布的，2013年12月4日国务院第32次常务会议作了部分修改。

一、城镇土地使用税的基本制度

城镇土地使用税的基本税制要素主要包括纳税人、征税对象、税率、税收优惠等。具体内容概括如下表5-17所示。

表5-17　城镇土地使用税基本税制要素一览表

税制要素	主要内容
纳税人	城镇土地使用税的纳税人是在城市、县城、建制镇、工矿区范围内使用土地的单位和个人。所称单位，包括国有企业、集体企业、私营企业、股份制企业、外商投资企业、外国企业以及其他企业和事业单位、社会团体、国家机关、军队以及其他单位；所称个人，包括个体工商户以及其他个人
征税对象 征税范围	城镇土地使用税的征税范围包括在城市、县城、建制镇和工矿区内的国家所有和集体所有的土地，不论国家或集体、单位或个人，只要是非农业用地，都应照章纳税。目前，尚未对农村非农业用地计征城镇土地使用税
计税依据	城镇土地使用税以纳税人实际占用的土地面积为计税依据，土地面积计量标准为每平方米。即税务机关根据纳税人实际占用的土地面积，按照规定的税额计算应纳税额，向纳税人征收土地使用税 纳税人实际占用的土地面积按下列办法确定： ①由省、自治区、直辖市人民政府确定的单位组织测定土地面积的，以测定的面积为准 ②尚未组织测量，但纳税人持有政府部门核发的土地使用证书的，以证书确认的土地面积为准 ③尚未核发土地使用证书的，应由纳税人申报土地面积，据以纳税，待核发土地使用证以后再作调整

续表

<table>
<tr><th>税制要素</th><th colspan="3">主要内容</th></tr>
<tr><td rowspan="5">级别
税率</td><td>级别</td><td>人口（人）</td><td>每平方米税额（元）</td></tr>
<tr><td>大城市</td><td>50万以上</td><td>1.5～30</td></tr>
<tr><td>中等城市</td><td>20万～50万</td><td>1.2～24</td></tr>
<tr><td>小城市</td><td>20万以下</td><td>0.9～18</td></tr>
<tr><td>县城、建制镇、工矿区</td><td></td><td>0.6～12</td></tr>
<tr><td>税收优惠</td><td colspan="3">1. 暂行条例或其他法规中规定的统一免税项目。
①国家机关、人民团体、军队自用的土地。
②由国家财政部门拨付事业经费的单位自用的土地。
③宗教寺庙、公园、名胜古迹自用的土地。
④市政街道、广场、绿化地带等公共用地。
⑤直接用于农、林、牧、渔业的生产用地。
⑥经批准开山填海整治的土地和改造的废弃土地，从使用的月份起免缴土地使用税5年至10年。
⑦对非营利性医疗机构、疾病控制机构和妇幼保健机构等卫生机构自用的土地，免征城镇土地使用税。
⑧企业办的学校、医院、托儿所、幼儿园，其用地能与企业其他用地明确区分的，免征城镇土地使用税。
⑨免税单位无偿使用纳税单位的土地（如公安、海关等单位使用铁路、民航等单位的土地），免征城镇土地使用税。纳税单位无偿使用免税单位的土地，纳税单位应照章缴纳城镇土地使用税。纳税单位与免税单位共同使用、共有使用权土地上的多层建筑，对纳税单位可按其占用的建筑面积占建筑总面积的比例计征城镇土地使用税。
2. 由省、自治区、直辖市地方税务局确定的减免税项目。
①个人所有的居住房屋及院落用地。
②房产管理部门在房租调整改革前经租的居民住房用地。
③免税单位职工家属的宿舍用地。
④民政部门举办的安置残疾人占一定比例的福利工厂用地。
⑤集体和个人办的各类学校、医院、托儿所、幼儿园用地。
⑥房地产开发公司建造商品房的用地，原则上应按规定计征城镇土地使用税。但在商品房出售之前纳税确有困难的，其用地是否给予缓征或减征、免征照顾，由各省、自治区、直辖市地方税务局根据从严的原则结合具体情况确定。</td></tr>
</table>

二、城镇土地使用税应纳税额的计算

城镇土地使用税的应纳税额可以通过纳税人实际占用的土地面积乘以该土地所在地段的适用税额计算而得。计算公式为：

应纳税额 = 实际占用应税土地面积（平方米）×适用税额

【例 5－13】 某城市的一家公司，实际占地 23 000 平方米。由于经营规模扩大，年初该公司又受让了一块尚未办理土地使用证的土地 3 000 平方米，公司按其当年开发使用的 2 000 平方米土地面积进行申报纳税，以上土地均适用每平方米 2 元的城镇土地使用税税额。计算该公司当年应缴纳城镇土地使用税税额。

分析：对尚未核发土地使用证书的，可按纳税人申报土地面积纳税，待核发土地使用证以后再作调整。

应纳税额 =（23 000 + 2 000）×2 = 50 000（元）

三、城镇土地使用税的会计处理

缴纳城镇土地使用税的单位，应于会计年度终了时预计应缴税额，记入当期“税金及附加”等科目；月终后，再与税务机关结算。

预计时，借记“税金及附加”，贷记“应交税费——应交城镇土地使用税”。上交时，借记“应交税费——应交城镇土地使用税”，贷记“银行存款”。

【例 5－14】 某公司与政府机关共同使用一栋共有土地使用权的建筑物。该建筑物占用土地面积 2 000 平方米，建筑面积 10 000 平方米（公司与机关的占用比例为 4∶1），该公司所在市城镇土地使用税单位税额每平方米 5 元。计算该企业应纳城镇土地使用税，并作会计分录。

应纳税额 = 2 000 ×5 ×4 ÷5 = 8 000（元）

借：税金及附加	8 000	
贷：应交税费——应交城镇土地使用税		8 000
借：应交税费——应交城镇土地使用税	8 000	
贷：银行存款		8 000

【例 5－15】 甲商业企业为城镇土地使用税纳税单位，其生产经营用地分布于某市的三个地域，第一块土地为无偿使用某免税单位，面积 6 000 平方米；第二块土地的土地使用权属于甲商业企业，面积 30 000 平方米，其中企业办学校 5 000 平方米，医院 3 000 平方米；第三块土地的土地使用权属于甲商业企业与乙企业共同拥有，面积 10 000 平方米，实际使用面积各 50%。假定甲商业企业所在地城镇土地使用税单位税额每平方米 8 元，计算甲商业企业全年应缴纳的城镇土地使用税并作会计分录。

分析：企业办的学校、医院、托儿所、幼儿园，其用地能与企业其他用地明确区分的，免征城镇土地使用税。土地使用权共有的，共有各方都是纳税人。

应纳税额 $=6\ 000\times8+(30\ 000-5\ 000-3\ 000)\times8+10\ 000\times50\%\times8=264\ 000$（元）

借：税金及附加　　264 000
　　贷：应交税费——应交城镇土地使用税　　264 000
借：应交税费——应交城镇土地使用税　　264 000
　　贷：银行存款　　264 000

四、城镇土地使用税的申报与缴纳

（一）纳税期限

城镇土地使用税实行按年计算、分期缴纳的征收方法，具体纳税期限由省、自治区、直辖市人民政府确定。

（二）纳税义务发生时间

1. 纳税人购置新建商品房，自房屋交付使用之次月起，缴纳城镇土地使用税。
2. 以出让或转让方式有偿取得土地使用权的，应由受让方从合同约定交付土地时间的次月起缴纳城镇土地使用税；合同未约定交付时间的，由受让方从合同签订的次月起缴纳城镇土地使用税。
3. 纳税人新征用的耕地，自批准征用之日起满1年时开始缴纳土地使用税。
4. 纳税人新征用的非耕地，自批准征用次月起缴纳土地使用税。
5. 纳税人因土地的权利发生变化而依法终止城镇土地使用税纳税义务的，其应纳税款的计算应截止到土地权利发生变化的当月末。

（三）纳税地点和征收机构

在土地所在地缴纳城镇土地使用税。纳税人使用的土地不属于统一省、自治区、直辖市管辖的，由纳税人分别向土地所在地的税务机关缴纳土地使用税；在同一省、自治区、直辖市管辖范围内，纳税人跨地区使用的土地，其纳税地点由各省、自治区、直辖市地方税务局确定。

（四）纳税申报表

城镇土地使用税的纳税人应及时进行纳税申报，并如实填写《城镇土地使用税纳税申报表》。

表 5－18

城镇土地使用税纳税申报表

税款所属期：自　　年　月　日至　　年　月　日　　填表日期：　　年　月　日　　金额单位：元至角分；面积单位：平方米

纳税人识别号 □□□□□□□□□□□□□□□□□□□□

纳税人信息	名称						纳税人分类		单位□个人□		
	登记注册类型			*			所属行业		*		
	身份证件类型			身份证□护照□其他□			身份证件号码				
	联系人						联系方式				
申报纳税信息	土地编号	宗地的地号	土地等级	税额标准	土地总面积	所属期起	所属期止	本期应纳税额	本期减免税额	本期已缴税额	本期应补（退）税额
	*										
	*										
	*										
	*										
	*										
	*										
	*										
	*										
	*										
	*										
	合计			*		*	*				

以下由纳税人填写：					
纳税人声明	此纳税申报表是根据《中华人民共和国城镇土地使用税暂行条例》和国家有关税收规定填报的，是真实的、可靠的、完整的。				
纳税人签章		代理人签章		代理人身份证号	
以下由税务机关填写：					
受理人		受理日期	年月日	受理税务机关签章	

本表一式两份，一份纳税人留存，一份税务机关留存。

城镇土地使用税纳税申报表填表说明：

1. 本表适用于在中华人民共和国境内申报缴纳城镇土地使用税的单位和个人。

2. 本表为城镇土地使用税纳税申报表主表，依据《中华人民共和国税收征收管理法》、《中华人民共和国城镇土地使用税暂行条例》制定。本表包括两个附表。附表一为《城镇土地使用税减免税明细申报表》，附表二为《城镇土地使用税税源明细表》。首次申报或变更申报时纳税人提交《城镇土地使用税税源明细表》后，本表由系统自动生成，无需纳税人手工填写，仅需签章确认。申报土地数量大于10个（不含10）的纳税人，建议采用网络申报方式，并可选用本表的汇总版进行确认，完成申报。后续申报，纳税人税源明细无变更的，税务机关提供免填单服务，根据纳税人识别号，系统自动打印本表，纳税人签章确认即可完成申报。

3. 纳税人识别号（必填）：填写税务机关赋予的纳税人识别号。

4. 纳税人名称（必填）：党政机关、企事业单位、社会团体的，应按照国家人事、民政部门批准设立或者工商部门注册登记的全称填写；纳税人是自然人的，应当按照本人有效身份证件上标注的姓名填写。

5. 纳税人分类（必选）：分为单位和个人，个人含个体工商户。

6. 登记注册类型*：单位，根据税务登记证或组织机构代码证中登记的注册类型填写；纳税人是企业的，根据国家统计局《关于划分企业登记注册类型的规定》填写。内资企业 国有企业 集体企业 股份合作企业 联营企业 国有联营企业 集体联营企业 国有与集体联营企业 其他联营企业 有限责任公司 国有独资公司 其他有限责任公司 股份有限公司 私营企业 私营独资企业 私营合伙企业 私营有限责任公司 私营股份有限公司 其他企业 港、澳、台商投资企业 合资经营企业（港或澳、台资）合作经营企业（港或澳、台资）港、澳、台商独资经营企业 港、澳、台商投资股份有限公司 其他港、澳、台商投资企业 外商投资企业 中外合资经营企业 中外合作经营企业 外资企业 外商投资股份有限公司 其他外商投资企业。该项可由系统自动带出，无须纳税人填写。

7. 所属行业*：根据《国民经济行业分类》（GB/T 4754－2011）填写。该项可由系统自动带出，无须纳税人填写。

8. 身份证件类型：填写能识别纳税人唯一身份的有效证照名称。纳税人为自然人的，必选。选择类型为：身份证、护照、其他，必选一项，选择“其他”的，请注明证件的具体类型。

9. 身份证件号码：填写纳税人身份证件上的号码。

10. 联系人、联系方式（必填）：填写单位法定代表人或纳税人本人姓名、常用联系电话及地址。

11. 土地编号*：纳税人不必填写。由税务机关的管理系统赋予编号，以识别。

12. 宗地的地号：土地证件记载的地号。不同地号的土地应当分行填写。无地号的，不同的宗地也应当分行填写。

13. 土地等级（必填）：根据本地区关于土地等级的有关规定，填写纳税人占用土地所属的土地的等级。不同土地等级的土地，应当按照各个土地等级汇总填写。

14. 税额标准：根据土地等级确定，可由税务机关系统自动带出。

15. 土地总面积（必填）：此面积为全部面积，包括减免税面积。本项为《城镇土地使用税税源明细表》“占用土地面积”的汇总值。

16. 所属期起：税款所属期内税款所属的起始月份。起始月份不同的土地应当分行填写。默认为税款所属期的起始月份。但是，当《城镇土地使用税税源明细表》中土地取得时间晚于税款所属期起始月份的，所属期起为“取得时间”的次月；《城镇土地使用税税源明细表》中经核准的困难减免的起始月份晚于税款所属期起始月份的，所属期起为“经核准的困难减免的起始月份”；《城镇土地使用税税源明细表》中变更类型选择信息项变更的，变更时间晚于税款所属期起始月份的，所属期起为“变更时间”。

17. 所属期止：税款所属期内税款所属的终止月份。终止月份不同的土地应当分行填写。默认为税款所属期的终止月份。但是，当《城镇土地使用税税源明细表》中变更类型选择“纳税义务终止”的，变更时间早于税款所属期终止月份的，所属期止为“变更时间”；《城镇土地使用税税源明细表》中“经核准的困难减免的终止月份”早于税款所属期终止月份的，所属期止为“经核准的困难减免的终止月份”。

18. 本期应纳税额：根据《城镇土地使用税税源明细表》有关数据项自动计算生成。本期应纳税额 = ∑占用土地面积 × 税额标准 ÷ 12 ×（所属期止月份 − 所属期起月份 + 1）。

19. 本期减免税额：本项根据《城镇土地使用税税源明细表》月减免税额与税款所属期实际包含的月份数自动计算生成，本期减免税额 = ∑《城镇土地使用税税源明细表》月减免税额 ×（所属期止月份 − 所属期起月份 + 1）。

20. 逻辑关系：本期应补（退）税额 = 本期应纳税额 − 本期减免税额 − 本期已缴税额。

21. 带星号（*）的项目不需要纳税人填写。

第6节　车船税会计

车船税法是指国家制定的用以调整车船税征收与缴纳之间权利及义务关系的法律规范。现行车船税法的基本规范，是2011年2月25日由中华人民共和国第十一届全国人民代表大会常务委员会第十九次会议通过的《中华人民共和国车船税法》确定的，并自2012年1月1日起施行。

一、车船税的基本制度

车船税的基本税制要素主要包括纳税人、征税对象、税率、税收优惠等。具体内容概括如下表5－19所示。

表5－19　　车船税基本税制要素一览表

<table>
<tr><th>税制要素</th><th colspan="5">主要内容</th></tr>
<tr><td>纳税人</td><td colspan="5">车船税的纳税人是指在中华人民共和国境内，车辆、船舶的所有人或管理人</td></tr>
<tr><td>征税对象</td><td colspan="5">车船税的征税对象是指在中华人民共和国境内属于车船税法所附《车船税税目税额表》规定的车辆、船舶。车辆、船舶是指，依法应当在车船登记管理部门登记的机动车辆和船舶及依法不需要在车船登记管理部门登记的在单位内部场所行驶或者作业的机动车辆和船舶</td></tr>
<tr><td>计税依据</td><td colspan="5">车船税以纳税人拥有或实际管理的车辆数量，车船的整备质量、净吨位以及艇身长度为计量单位实行从量计征</td></tr>
<tr><td rowspan="8">税目税率</td><td colspan="2">税　目</td><td>计税单位</td><td>年基准税额</td><td>备　注</td></tr>
<tr><td rowspan="7">乘用车〔按发动机汽缸容量（排气量）分档〕</td><td>1.0升（含）以下的</td><td rowspan="7">每辆</td><td>60元至360元</td><td rowspan="7">核定载客人数9人（含）以下</td></tr>
<tr><td>1.0升以上至1.6升（含）的</td><td>300元至540元</td></tr>
<tr><td>1.6升以上至2.0升（含）的</td><td>360元至660元</td></tr>
<tr><td>2.0升以上至2.5升（含）的</td><td>660元至1200元</td></tr>
<tr><td>2.5升以上至3.0升（含）的</td><td>1 200元至2 400元</td></tr>
<tr><td>3.0升以上至4.0升（含）的</td><td>2 400元至3 600元</td></tr>
<tr><td>4.0升以上的</td><td>3 600元至5 400元</td></tr>
</table>

续表

<table>
<tr><td rowspan="11">税目税率</td><td colspan="2">税　　目</td><td>计税单位</td><td>年基准税额</td><td>备　注</td></tr>
<tr><td rowspan="2">商用车</td><td>客　车</td><td>每辆</td><td>480 元至 1 440 元</td><td>核定载客人数 9 人以上，包括电车</td></tr>
<tr><td>货　车</td><td>整备质量每吨</td><td>16 元至 120 元</td><td>包括半挂牵引车、三轮汽车和低速载货汽车等</td></tr>
<tr><td>挂车</td><td></td><td>整备质量每吨</td><td>按照货车税额的 50% 计算</td><td></td></tr>
<tr><td rowspan="2">他车辆</td><td>专用作业车</td><td rowspan="2">整备质量每吨</td><td>16 元至 120 元</td><td rowspan="2">不包括拖拉机</td></tr>
<tr><td>轮式专用机械车</td><td>16 元至 120 元</td></tr>
<tr><td>摩托车</td><td></td><td>每辆</td><td>36 元至 180 元</td><td></td></tr>
<tr><td rowspan="2">船舶</td><td>机动船舶</td><td>净吨位每吨</td><td>3 元至 6 元</td><td>拖船、非机动驳船分别按照机动船舶税额的 50% 计算</td></tr>
<tr><td>游　艇</td><td>艇身长度每米</td><td>600 元至 2 000 元</td><td></td></tr>
<tr><td>税收优惠</td><td colspan="5">1. 捕捞、养殖渔船。捕捞、养殖渔船是指在渔业船舶管理部门登记为捕捞船或者养殖船的渔业船舶。
2. 军队、武警专用的车船。军队、武警专用的车船是指按照规定在军队、武警车船管理部门登记，并领取军用牌照、武警牌照的车船。
3. 警用车船。警用车船，是指公安机关、国家安全机关、监狱、劳动教养管理机关和人民法院、人民检察院领取警用牌照的车辆和执行警务的专用船舶。
4. 自 2012 年 1 月 1 日起，对节约能源的车船，减半征收车船税；对使用新能源的车船，免征车船税。对于减免车船税的节约能源、使用新能源车船，由财政部、国家税务总局、工业和信息化部通过联合发布《节约能源使用新能源车辆（船舶）减免车船税的车型（船型）目录》实施管理。
5. 临时入境的外国车船和香港特别行政区、澳门特别行政区、台湾地区的车船，不征收车船税。
6. 按规定缴纳船舶吨税的机动船舶，自车船税法实施之日起 5 年内免征车船税。
7. 依法不需要在车船登记管理部门登记的机场、港口、铁路站场内部行驶或者作业的车船，自车船税法实施之日起 5 年内免征车船税。</td></tr>
</table>

二、车船税应纳税额的计算

1. 购置的新车船，购置当年的应纳税额自纳税义务发生的当月起按月计算。计算公式为：

应纳税额 = （年应纳税额/12） × 应纳税月份数

2. 在一个纳税年度内，已完税的车船被盗抢、报废、灭失的，纳税人可以凭有关管理机关出具的证明和完税证明，向纳税所在地的主管地方税务机关申请退还自被盗抢、报废、灭失月份起至该纳税年度终了期间的税款。已办理退税的被盗抢车船，失而复得的，纳税人应当从公安机关出具相关证明的当月起计算缴纳车船税。

3. 已缴纳车船税的车船在同一纳税年度内办理转让过户的，不另纳税，也不退税。

【例5-16】 天华运输公司拥有载货汽车15辆（货车载重净吨位全部为10吨，且都加挂挂车），乘人大客车20辆，小客车10辆。载货汽车每吨年税额80元，乘人大客车每辆年税额800元，小客车每辆年税额700元。挂车按照货车税额的50%计算。

要求：计算该公司应纳车船税。

分析：

（1）载货汽车应纳税额 = 15 × 10 × 80 × (1 + 50%) = 18 000（元）

（2）乘人汽车应纳税额 = 20 × 800 + 10 × 700 = 23 000（元）

（3）全年应纳车船税额 = 18 000 + 23 000 = 41 000（元）

三、车船税的会计处理

企业按规定缴纳的车船税，应设置“应交税费——应交车船税”科目进行核算。企业预提车船税时，借记“税金及附加”科目，贷记“应交税费——应交车船税”科目；企业实际上交车船税时，借记“应交税费——应交车船税”科目，贷记“银行存款”科目。

【例5-17】 某公司本年度拥有乘人车4辆，每辆车年税额为640元；载货车5辆，每辆车净吨位5吨，年每吨税额为60元；小轿车2辆，每辆年税额1 800元。该公司经当地主管税务机关核定，按季预交车船税。公司应纳车船税的会计处理如下：

乘人车年应纳税额 = 4 × 640 = 2 560（元）

载货车年应纳税额 = 60 × 5 × 5 = 1 500（元）

小轿车年应纳税额 = 2 × 1 800 = 3 600（元）

公司每季应预交车船税 =（2 560 + 1 500 + 3 600）÷4 = 1 915（元）

（1）每季预提车船时：

借：税金及附加　　1 915

　　贷：应交税费——应交车船税　　1 915

（2）每季上交车船税时：

借：应交税费——应交车船税　　1 915

　　贷：银行存款　　1 915

四、车船税的申报与缴纳

（一）纳税期限

车船税的纳税义务发生时间，为车船管理部门核发的车船登记证书或者行驶证书所记载日期的当月。纳税人未按照规定到车船管理部门办理应税车船登记手续的，以车船购置发票所载开具时间的当月作为车船税的纳税义务发生时间。对未办理车船登记手续且无法提供车船购置发票的，由主管地方税务机关核定纳税义务发生时间。

（二）纳税地点

车船税的纳税地点为车船的登记地或者车船税扣缴义务人所在地。依法不需要办理登记的车船，车船税的纳税地点为车船的所有人或者管理人所在地。

车船税由地方税务机关负责征收。纳税地点由省、自治区、直辖市人民政府根据当地实际情况确定。跨省、自治区、直辖市使用的车船，纳税地点为车船的登记地。

（三）纳税申报

车船税按年申报缴纳，分月计算，一次性缴纳。纳税年度自公历 1 月 1 日起至 12 月 31 日止。具体申报纳税期限由省、自治区、直辖市人民政府确定。

车船税的纳税人应及时进行纳税申报，并如实填写《房产税纳税申报表》。需要说明的是，部分省份将房产税、城镇土地使用税、车船税的纳税申报表合并成为一张申报表，如表 5 - 20 所示。

表5-20 **房产税、城镇土地使用税、车船税纳税申报表**

纳税人识别号：

纳税人名称				税款所属期间					
纳税人地址		电话		邮政编码					
登记注册类型		核定申报方式		税款缴纳方式					
房产税	以房产余值计房产税			以租金收入计房产税			全年应纳税额	本期应纳税额	本期已纳税额	应补（退）税额
	计税房产余值	适用税额	应纳税额	租金收入	适用税率	应纳税额				
城镇土地使用税	应税土地面积（m2）		土地等级		适用单位税额		全年应纳税额	本期应纳税额	本期已纳税额	应补（退）税额
车船使用税	车船类型	计税标准	数量	单位税额	全年应纳税额	本期应纳税额			本期已纳税额	应补（退）税额
	合计									
如纳税人填报，由纳税人填写以下各栏				如委托代理人填写，由代理人填写以下各栏						
会计主管（签章）		纳税人（公章）		代理人名称				代理人（签章）		
				地址						
				经办人		电话				
主管税务机关受理人（签章）			受理日期			审核人（签章）				

第7节　印花税会计

印花税法是指国家制定的用以调整印花税征收与缴纳之间权利及义务关系的法律规范。现行《中华人民共和国印花税暂行条例》是1988年8月6日国务院发布并于同年10月1日实施的。印花税是以经济活动和经济交往中，书立、领受应税凭证的行为为征税对象征收的一种税。印花税因其采用在应税凭证上粘贴印花税票的方法缴纳税款而得名。

资料链接5－5　　印花税小史

印花税是一个古老的税种。荷兰是印花税的创始国。1624年荷兰政府在广泛征询民间建议的基础上，确定实施了一种以商事产权凭证为征收对象的印花税，由于缴税时是在凭证上用刻花滚筒推出“印花”戳记，以示完税，因此被命名为“印花税”。1854年，奥地利政府印制发售了形似邮票的印花税票，由纳税人自行购买贴在应纳税凭证上，并规定完成纳税义务是以在票上盖戳注销为标准，世界上由此诞生了印花税票。目前，世界上已有一百多个国家和地区开征了印花税。

印花税是中国效仿西洋税制的第一个税种。从清光绪十五年（1889年）始，大清帝国拟开征印花税二十余年，虽先后印制了日本版和美国版印花税票，也拟定了“印花税则”十五条，但终未能正式实施。

中华民国成立后，北洋政府把推行印花税作为重要的聚财之举，于1912年10月21日公布了《印花税法》，并于次年正式实施。我国现行印花税法的基本规范，是1988年8月6日国务院发布并于同年10月1日实施的《中华人民共和国印花税暂行条例》。

一、印花税的基本制度

印花税的基本税制要素主要包括纳税人、征税对象、税率、税收优惠等。具体内容概括如下表5－21所示。

二、印花税应纳税额的计算

印花税的计税方式有两种，分别为从价定率和从量定额两种计税方法。具体计算方法如表5－22所示。

表 5－21　　　　印花税基本税制要素一览表

<table>
<tr><th>税制要素</th><th colspan="4">主要内容</th></tr>
<tr><td>纳税人</td><td colspan="4">印花税的纳税人，是在中国境内书立、使用、领受印花税法所列举的凭证，并应依法履行纳税义务的单位和个人，包括内、外资企业，各类行政（机关、部队）和事业单位，中、外籍个人。印花税的纳税人，按照所书立、使用、领受的应税凭证不同，又可分为以下六类：立合同人、立据人、立账簿人、领受人、使用人、各类电子应税凭证的签订人</td></tr>
<tr><td rowspan="15">税目税率</td><td>类别</td><td>税目</td><td>税率形式</td><td>纳税人</td></tr>
<tr><td rowspan="10">合同或具有合同性质的凭证</td><td>1. 购销合同。</td><td>购销金额 0.3‰</td><td rowspan="10">订合同人</td></tr>
<tr><td>2. 加工承揽合同。</td><td>加工或承揽收入 0.5‰</td></tr>
<tr><td>3. 建设工程勘察设计合同。</td><td>收取费用 0.5‰</td></tr>
<tr><td>4. 建筑安装工程承包合同。</td><td>承包金额 0.3‰</td></tr>
<tr><td>5. 财产租赁合同。</td><td>租赁金额 1‰</td></tr>
<tr><td>6. 货物运输合同。</td><td>收取的运输费用 0.5‰</td></tr>
<tr><td>7. 仓储保管合同。</td><td>仓储保管费用 1‰</td></tr>
<tr><td>8. 借款合同（包括融资租赁合同）。</td><td>借款金额 0.05‰</td></tr>
<tr><td>9. 财产保险合同。</td><td>收取的保险费收入 1‰</td></tr>
<tr><td>10. 技术合同。</td><td>所载金额 0.3‰</td></tr>
<tr><td>书据</td><td>11. 产权转移书据
包括：土地使用权出让合同、土地使用权转让合同、商品房销售合同、专利权转让合同。</td><td>按所载金额 0.5‰</td><td>立据人</td></tr>
<tr><td>账簿</td><td>12. 营业账簿
包括：日记账簿和各明细分类账簿。</td><td>记载资金的账簿，按实收资本和资本公积合计金额的 0.5‰；其他账簿按件贴花 5 元</td><td>立账簿人</td></tr>
<tr><td>证照</td><td>13. 权利、许可证照
包括：房屋产权证、工商营业执照、商标注册证、专利证、土地使用证。</td><td>按件贴花 5 元</td><td>领受人</td></tr>
</table>

续表

税制要素	主要内容
税收优惠（免税）	1. 已缴纳印花税的凭证的副本或者抄本。但以副本或者抄本视同正本使用的，则应另贴印花。 2. 财产所有人将财产赠给政府、社会福利单位、学校所立的书据。 3. 国家指定的收购部门与村民委员会、农民个人书立的农副产品收购合同。 4. 无息、贴息贷款合同。 5. 外国政府或国际金融组织向我国政府及国家金融机构提供优惠贷款所书立的合同。 6. 房地产管理部门与个人签订的用于生活居住的租赁合同。 7. 农牧业保险合同。 8. 特殊货运合同。 9. 对与高校学生签订的高校学生公寓租赁合同，免征印花税。

表 5－22　印花税一般计税方法

计税方法	计算公式
从价定率征收	应纳税额＝计税金额×比例税率
从量定额征收	应纳税额＝凭证件数×单位税额

（一）计税依据的一般规定

大部分应税凭证以计税金额纳税。计税金额以全额为主；余额计税的主要是货物运输合同和技术合同。

1. 购销合同，计税依据为购销金额。如果是以物易物方式签订的购销合同，计税金额为合同所载的购、销金额合计数，适用税率0.3‰。

2. 加工承揽合同，计税依据为加工或承揽收入。

（1）由受托方提供原材料的加工、定做合同，凡在合同中分别记载加工费金额与原材料金额的，加工费金额按“加工承揽合同”计税，原材料金额按“购销合同”计税，两项税额相加数，即为合同应贴印花；若合同中未分别记载，则就全部金额依照“加工承揽合同”计税贴花。

（2）由委托方提供原材料的，原材料不计税，计税依据为加工费和辅料的合计数，适用税率0.5‰。

3. 建设工程勘察设计合同，计税依据为勘察、设计收取的费用（即勘察、设计收入）。

4. 建筑安装工程承包合同，计税依据为承包金额，不得剔除任何费用。施工单位将自己承包的建设项目分包或转包给其他施工单位所签订的分包合同或转包合同，应以新的分包合同或转包合同所载金额为依据计算应纳税额。

5. 财产租赁合同，计税依据为租赁金额（即租金收入）。

6. 仓储保管合同，计税依据为仓储保管的费用（即保管费收入）。

7. 借款合同，计税依据为借款金额（即借款本金）。

8. 财产保险合同，计税依据为支付（收取）的保险费金额，不包括所保财产的金额。

9. 技术合同，计税依据为合同所载的价款、报酬或使用费。技术开发合同研究开发经费不作为计税依据。

10. 产权转移书据，计税依据为书据中所载的金额。

11. 记载资金的营业账簿，以实收资本和资本公积的两项合计金额为计税依据。凡“资金账簿”在次年度的实收资本和资本公积未增加的，对其不再计算贴花。其他营业账簿，计税依据为应税凭证件数。

12. 权利、许可证照，计税依据为应税凭证件数。

（二）计税依据的特殊规定

1. 同一凭证，载有两个或两个以上经济事项而适用不同税目税率，分别记载金额的，分别计算；未分别记载金额的，按税率高的计税。

2. 按金额比例贴花的应税凭证，未标明金额的，应按照凭证所载数量及国家牌价计算金额；没有国家牌价的，按市场价格计算金额，然后按规定税率计算应纳税额。

3. 应税合同在签订时纳税义务即已产生，应计算应纳税额并贴花。所以，不论合同是否兑现或是否按期兑现，均应贴花完税。对已履行并贴花的合同，所载金额与合同履行后实际结算金额不一致的，只要双方未修改合同金额，一般不再办理完税手续。

4. 对有经营收入的事业单位，凡属由国家财政拨付事业经费，实行差额预算管理的单位，记载经营业务的账簿，按每件5元计税贴花。

5. 对国内各种形式的货物联运，凡在起运地统一结算全程运费的，应以全程运费作为计税依据，由起运地运费结算双方缴纳印花税；凡分程结算运费的，应以分程的运费作为计税依据，分别由办理运费结算的各方缴纳印花税。

对国际货运，凡由我国运输企业运输的，不论在我国境内、境外起运或中转分程运输，我国运输企业所持的一份运费结算凭证，均按本程运费计算应纳税额。

由外国运输企业运输进出口货物的，外国运输企业所持的一份运费结算凭证免纳印花税。

【例 5－18】 某钢铁公司与机械进出口公司签订购买价值 2 000 万元设备合同，为购买此设备向商业银行签订借款 2 000 万元的借款合同。后因故购销合同作废，改签融资租赁合同，租赁费 1 000 万元。根据上述情况，计算该公司应纳印花税。

分析：购销合签订后即产生印花税纳税义务，其后合同作废不能免税。

（1）购销合同应纳税额 $=2\ 000\times0.3‰=0.6$（万元）

（2）借款合同应纳税额 $=2\ 000\times0.05‰=0.1$（万元）

（3）融资租赁合同属于借款合同，应纳税额 $=1\ 000$ 万 $\times0.05‰=0.05$（万元）

该公司应纳税额 $=0.6+0.1+0.05=0.75$（万元）

【例 5－19】 甲公司作为受托方签订技术开发合同一份，合同约定技术开发金额共计 1 000 万元，其中研究开发费用与报酬金额之比为 3:1。计算甲公司应纳印花税。

分析：

公司签订的技术合同应缴纳的印花税 $=1\ 000\div4\times0.3‰=750$（元）

三、印花税的会计处理

企业在发生纳税义务时，凡是不需要预计应缴税款的，或者与税务机关不存在结算、清算关系的，即直接计算缴纳的税金，在进行会计处理时，可不通过“应交税费”科目核算，如印花税、车辆购置税、耕地占用税、契税等。这样进行会计处理，固然可以简化工作量，但“应交税费”及其明细科目不能反映企业缴纳的全部税种及其金额，不能通过一个科目了解企业纳税的全貌，从而不便于分析企业的整体税负。因此，为了明晰企业税负，建议通过“应交税费”科目进行核算。

由于印花税的适用范围较广，其应记入科目视业务的具体情况予以确定。若是固定资产、无形资产购销、转让、租赁，作为购买方或承受方、承租方，其支付的印花税应借记“固定资产”、“无形资产”、“税金及附加”等；作为销售方或转让方、出租方，其支付的印花税应借记“固定资产清理”、“其他业务支出”等。在其他情况下，企业支付的印花税，则应借记“销售费用”、“税金及附加”。企业在债务重组时，债务人应缴的印花税应借记“税金及附加”，贷记“银行存款”；债权人则应借记“长期股权投资”，贷记“银行存款”。

【例 5－20】 某建筑公司与甲企业签订一份建筑承包合同，合同金额

6 000万元（含相关费用50万元）。施工期间，该建筑公司又将其中价值800万元的安装工程转包给乙企业，并签订转包合同。计算该建筑公司此项业务应缴纳印花税款并作会计分录。

分析：各种合同应于合同正式签订时贴花。建筑公司将自己承包的建设项目，分包或者转包给其他施工单位所签订的分包合同或者转包合同，应按新的分包或转包合同所载金额计算应纳税额，由于该合同应纳税额超过500元，该公司应向税务机关申请填写缴款书或完税证，将其中一联粘贴在合同上或由税务机关在合同上加注完税标记。

建筑公司应纳印花税 = (6 000 + 800) × 0.3‰ = 2.04（万元）

计提时：

借：税金及附加　　20 400

　　贷：应交税费——应交印花税　　20 400

缴纳时：

借：应交税费——应交印花税　　20 400

　　贷：银行存款　　20 400

【例5-21】 天方公司经营情况良好，但年初只就5份委托加工合同（合同总标的150万元）按每份5元粘贴了印花税票。经税务机关稽查发现，委托加工合同不能按件贴印花税票，该企业在此期间还与其他企业签订购销合同20份，合同总标的800万元。税务机关作出补缴印花税并对逃税行为作出应补缴印花税票4倍罚款的决定。

天方公司会计处理如下：

购销合同应补缴印花税 = 8 000 000 × 0.3‰ = 2 400（元）

委托加工合同应补交印花税 = 1 500 000 × 0.5‰ - 25 = 725（元）

补缴税款时：

借：税金及附加　　3 125

　　贷：银行存款　　3 125

上缴罚款时：

借：营业外支出　　12 500

　　贷：银行存款　　12 500

【例5-22】 大华公司向天方公司转让专利权一项，转让价格50万元，该项资产已提资本减值准备1万元，账面余额41万元，大华公司免征增值税。

双方各自应纳印花税税额为：应纳印花税 = 500 000 × 0.5‰ = 250（元）

(1) 大华公司作会计处理如下：

借：银行存款　　500 000

无形资产减值准备　　10 000
　　贷：无形资产　　410 000
　　　　营业外收入　　100 000
借：税金及附加　　250
　　贷：银行存款　　250
(2) 天方公司作会计处理如下：
借：无形资产　　500 250
　　贷：银行存款　　500 250

【例 5-23】 某房地产开发企业，支付 5 000 万元购入一块土地的使用权并取得土地转让合同，与 B 建筑公司签订建筑工程合同，合同标的 5 000 万元。

分析：购入土地使用权所产生的印花税直接计入开发成本。

土地转让合同应纳印花税 = 50 000 000 × 0.5‰ = 250 000（元）

建筑安装合同应纳印花税 = 50 000 000 × 0.5‰ = 250 000（元）

借：开发成本——土地开发成本　　50 250 000
　　贷：银行存款　　50 250 000
借：开发成本——房屋开发成本　　50 000 000
　　贷：应付账款　　50 000 000

建筑施工合同产生的印花税计入税金及附加。

借：税金及附加　　250 000
　　贷：银行存款　　250 000

四、印花税的申报与缴纳

（一）纳税方法

印花税实行自行贴花、汇贴或汇缴、委托代征三种纳税方法。

1. 自行贴花纳税。

纳税人发生应税行为，应自行计算应纳税额，自行购买印花税票，自行一次贴足印花税票并加以注销或划销，纳税义务才算全部履行完毕。

对于已贴花的凭证，修改后所载金额增加的，其增加部分应当补贴印花税票，但多贴印花税票者，不得申请退税或者抵用。

2. 汇贴或汇缴纳税。

(1) 此种方法一般适用于应纳税额较大或者贴花次数频繁的纳税人。

(2) 汇贴纳税。当一份凭证应纳税额超过 500 元时，应向税务机关申请填写缴款书或者完税凭证。

（3）汇缴纳税。如果同一种类应税凭证需要频繁贴花的，应向当地税务机关申请按期汇总缴纳印花税。汇总缴纳的期限，由当地税务机关确定，但最长不得超过1个月。

3. 委托代征法。

税务机关委托，由发放或者办理应纳税凭证的单位代为征收印花税税款。

（二）纳税环节

印花税应在书立或领受时贴花。具体是指在合同签订时、账簿启用时和证照领受时贴花。如果合同是在国外签订，且不便在国外贴花的，应在将合同带入境时办理贴花纳税手续。

（三）纳税地点

印花税一般实行就地纳税。对于全国性商品物资订货会（包括展销会、交易会等）上所签订合同应纳的印花税，由纳税人回其所在地后及时办理贴花完税手续；对地方主办、不涉及省际关系的订货会、展销会上所签合同的印花税，其纳税地点由各省、自治区、直辖市人民政府自行确定。

（四）纳税申报表

印花税的纳税人应及时进行纳税申报，并如实填写《印花税纳税申报表》。

第8节　耕地占用税会计

耕地占用税是对占用耕地建房或从事其他非农业建设的单位和个人，就其实际占用的耕地面积征收的一种税，它属于对特定土地资源占用课税。耕地占用税作为一个出于特定目的、对特定的土地资源课征的税种，与其他税种相比，具有兼具资源税与特定行为税的性质，采用地区差别税率，在占用耕地环节一次性课征，税收收入专项用于耕地开发与改良。

一、耕地占用税的基本制度

耕地占用税的基本税制要素主要包括纳税人、征税对象、税率、税收优惠等。具体内容概括如下表5－24所示。

表 5－23　　印花税纳税申报（报告）表

税款所属期限：自　年　月　日至　年　月　日　　填表日期：　年　月　日　　金额单位：元至角分

纳税人识别号 □□□□□□□□□□□□□□□□□□□□

纳税人信息				
纳税人信息	名称			□单位　□个人
	登记注册类型		所属行业	
	身份证件类型		身份证件号码	
	联系方式			

应税凭证	计税金额或件数	核定征收		适用税率	本期应纳税额	本期已缴税额	本期减免税额		本期应补（退）税额
		核定依据	核定比例				减免性质代码	减免额	
	1	2	3	4	5＝1×4＋2×3×4	6	7	8	9＝5－6－8
购销合同				0.3‰					
加工承揽合同				0.5‰					
建设工程勘察设计合同				0.5‰					
建筑安装工程承包合同				0.3‰					
财产租赁合同				1‰					
货物运输合同				0.5‰					
仓储保管合同				1‰					
借款合同				0.05‰					
财产保险合同				1‰					
技术合同				0.3‰					

续表

应税凭证	计税金额或件数	核定征收		适用税率	本期应纳税额	本期已缴税额	本期减免税额		本期应补（退）税额
		核定依据	核定比例				减免性质代码	减免额	
	1	2	3	4	5 = 1 × 4 + 2 × 3 × 4	6	7	8	9 = 5 − 6 − 8
产权转移书据				0.5‰					
营业账簿（记载资金的账簿）		—		0.5‰					
营业账簿（其他账簿）		—		5					
权利、许可证照		—		5					
合计	—	—		—					
以下由纳税人填写：									
纳税人声明	此纳税申报表是根据《中华人民共和国印花税暂行条例》和国家有关税收规定填报的，是真实的、可靠的、完整的。								
纳税人签章		代理人签章		代理人身份证号					
以下由税务机关填写：									
受理人		受理日期	年 月 日	受理税务机关签章					

本表一式两份，一份纳税人留存，一份税务机关留存。

减免性质代码：减免性质代码按照税务机关最新制发的减免税政策代码表中的最细项减免性质代码填报。

表 5－24　　　　耕地占用税基本税制要素一览表

税制要素	主要内容		
纳税人	耕地占用税的纳税义务人，是占用耕地建房或从事非农业建设的单位和个人		
征税范围	耕地占用税的征税范围包括纳税人为建房或从事其他非农业建设而占用的国家所有和集体所有的耕地。所谓“耕地”是指种植农业作物的土地，包括菜地、园地。其中，园地包括花圃、苗圃、茶园、果园、桑园和其他种植经济林木的土地。占用鱼塘及其他农用土地建房或从事其他非农业建设，也视同占用耕地，必须依法征收耕地占用税。占用已开发从事种植、养殖的滩涂、草场、水面和林地等从事非农业建设，由省、自治区、直辖市本着有利于保护土地资源和生态平衡的原则，结合具体情况确定是否征收耕地占用税。此外，在占用之前3年内属于上述范围的耕地或农用土地，也视为耕地		
税目税率	级次	地区/以县为单位	税额/（元/平方米）
	1	人均耕地在1亩（含1亩）以下的	10～50
	2	人均耕地超过1～2亩（含2亩）的	8～40
	3	人均耕地超过2～3亩（含3亩）的	6～30
	4	人均耕地超过3亩以上的	5～25
	各省、自治区、直辖市耕地占用税平均税额		
	地区		每平方米/平均税额（元）
	上海		45
	北京		40
税目税率	各省、自治区、直辖市耕地占用税平均税额		
	天津		35
	江苏、浙江、福建、广东		30
	辽宁、湖北、湖南		25
	河北、安徽、江西、山东、河南、重庆、四川		22.5
	广西、海南、贵州、云南、陕西		20
	山西、吉林、黑龙江		17.5
	内蒙古、西藏、甘肃、青海、宁夏、新疆		12.5
税收优惠	1. 免征耕地占用税：军事设施占用耕地；学校、幼儿园、养老院、医院占用耕地 2. 减征耕地占用税：铁路线路、公路线路、飞机场跑道、停机坪、港口、航道占用耕地，减按每平方米2元的税额征收耕地占用税 3. 农村居民占用耕地新建住宅，按照当地适用税额减半征收耕地占用税 免征或者减征耕地占用税后，纳税人改变原占地用途，不再属于免征或者减征耕地占用税情形的，应当按照当地适用税额补缴耕地占用税		

二、耕地占用税应纳税额的计算

耕地占用税以纳税人实际占用的耕地面积为计税依据，按照规定的税额一次性缴纳。耕地占用税实行地区差别税额，即按各地区人均耕地面积的数量，确定每平方米适用的税额。耕地占用税的具体税额是以县为单位，按人均占用耕地的多少，并参考经济发展情况确定。

（一）一般情况下应纳税额的计算

计算公式为：

应纳税额＝实际占用耕地面积（平方米）×适用的单位税额

【例5－24】 假设某市一家企业新占用19 800平方米耕地用于工业建设，所占耕地适用的定额税率为20元/平方米。计算该企业应纳的耕地占用税。

应纳税额＝19 800×20＝396 000（元）

【例5－25】 某省养殖企业占用耕地3亩、牧草地6亩建办公楼，占用园地12亩、林地2亩建猪舍，请计算该企业应缴纳的耕地占用税。如果该企业所占土地位于经济技术开发区，且占用的3亩耕地中有2亩为基本农田，又该如何缴纳耕地占用税？（当地适用税额为23元/平方米）

分析：

（1）按照《中华人民共和国耕地占用税暂行条例实施细则》的规定，该企业建设猪舍属于建设“直接为农业生产服务的生产设施”的范围，占用林地不征收耕地占用税；占用园地则不属于征税范围。具体计算如下：

应缴纳的耕地占用税＝(3＋6＋12)×666.67×23＝322 001.61（元）

（2）如果该企业所占土地位于经济技术开发区，且有2亩基本农田，按照规定，经济技术开发区适用税额按照当地适用税额执行；占用基本农田建房或者从事非农业建设的，适用税额应当在当地适用税额的基础上提高50%。具体计算如下：

占有基本农田的适用税额＝23×(1＋50%)＝34.5（元）

应缴纳的耕地占用税额＝(1＋6＋12)×666.67×23＋2×666.67×34.5＝337 335.02（元）

（二）农村居民占用耕地应纳税额的计算

农村居民，指农业户口的居民，包括渔民、牧民在内。他们占用耕地建设自用的住宅，按规定各税额可减半征收。其计算公式如下：

应纳耕地占用税额＝实际占用耕地面积×单位税额×50%

【例5－26】 山东省某农民经批准占用200平方米耕地建住宅自用，国家核定的山东省耕地占地用税单位税额是20元/平方米，而农民占用耕地建住宅自用，按规定税额减半征收。

应纳耕地占用税额＝200×20×50%＝2 000（元）

（三）公路建设占用耕地应纳税额的计算

公路建设耕地占用缴税的计算公式如下：

应纳耕地占用税 = 实际占耕地面积 × 规定税额

【例 5 - 27】 某省为修建高速公路征用 600 万平方米耕地，公路建设征用耕地按每平方米 2 元缴纳耕地占用税。

应纳耕地占用税 = 6 000 000 × 2 = 12 000 000（元）

三、耕地占用税的会计处理

耕地占用税是在实际占用耕地之前一次性交纳的，不存在与征税机关清算和结算的问题，因此，企业按规定缴纳的耕地占用税，可以不通过“应交税费”科目核算。企业为购建固定资产而缴纳的耕地占用税，作为固定资产价值的组成部分，记入“在建工程”科目。

企业征用耕地获得批准后，按规定缴清耕地占用税，应借记“在建工程”科目，贷记“银行存款”科目。如因结算差错等原因，需补交耕地占用税，分为以下两种情况进行会计处理：

1. 工程尚未完工，或已完工尚未投入生产经营的，应借记“在建工程”科目，贷记“银行存款”科目。

2. 工程已完工并投入生产经营的，应借记“在建工程”科目，贷记“银行存款”科目，同时，由于工程完工并投入生产经营，在建工程成本已形成固定资产价值，因此，还应转入“固定资产”科目，借记“固定资产”科目，贷记“在建工程”科目。

【例 5 - 28】 某工厂 1 月份经批准征用耕地 3 000 平方米用于建设厂房，当地政府规定的耕地占用税税额为 5 元/平方米，则实际向征收机关申报缴纳耕地占用税时，作如下会计分录。

借：在建工程	15 000	
贷：银行存款		15 000

四、耕地占用税的申报与缴纳

（一）纳税义务发生时间

经批准占用耕地的，耕地占用税纳税义务发生时间为纳税人收到土地管理部门办理占用农用地手续通知的当天。未经批准占用耕地的，耕地占用税纳税义务发生时间为实际占用耕地的当天。

（二）纳税地点

耕地占用税由地方税务机关负责征收。纳税人临时占用耕地，应当依照规定缴纳耕地占用税。纳税人在批准临时占用耕地的期限内恢复所占用耕地原状的，全额退还已经缴纳的耕地占用税。

（三）纳税申报

土地管理部门在通知单位或者个人办理占用耕地手续时，应当同时通知耕地所在地同级地方税务机关。获准占用耕地的单位或者个人应当在收到土地管理部门的通知之日起 30 日内缴纳耕地占用税，并如实填写《耕地占用税申报表》（见表 5 - 25）。土地管理部门凭耕地占用税完税凭证或者免税凭证和其他有关文件发放建设用地批准书。

表 5 - 25　　耕地占用税纳税申报表

税款所属期限：自　　年　月　日至　　年　月　日

填表日期：　　年　月　日　　金额单位：　元至　角　分

纳税人识别号：

<table>
<tr><td rowspan="3">纳税人信息</td><td>名称</td><td colspan="3"></td><td colspan="4">□单位□个人</td></tr>
<tr><td>登记注册类型</td><td></td><td colspan="2">所属行业</td><td colspan="4"></td></tr>
<tr><td>身份证照类型</td><td></td><td colspan="2">联系人</td><td></td><td colspan="2">联系方式</td><td></td></tr>
<tr><td rowspan="14">耕地占用信息</td><td>项目（批次）名称</td><td></td><td colspan="2">批准占地部门</td><td></td><td>批准占地文号</td><td></td><td>占地日期/批准日期</td></tr>
<tr><td>占地位置</td><td></td><td colspan="2">占地用途</td><td></td><td>占地方式</td><td colspan="2"></td></tr>
<tr><td>批准占地面积</td><td colspan="2"></td><td colspan="5">实际占地面积</td></tr>
<tr><td></td><td>计税面积</td><td>其中：□减
□免税面积</td><td>适用税率</td><td>计征税额</td><td>减免性质代码</td><td>□减
□免税额</td><td>应缴税额</td></tr>
<tr><td>总计</td><td></td><td></td><td></td><td></td><td></td><td></td><td></td></tr>
<tr><td>耕地</td><td></td><td></td><td></td><td></td><td></td><td></td><td></td></tr>
<tr><td>其中：</td><td></td><td></td><td></td><td></td><td></td><td></td><td></td></tr>
<tr><td>1. 经济开发区</td><td></td><td></td><td></td><td></td><td></td><td></td><td></td></tr>
<tr><td>2. 基本农田</td><td></td><td></td><td></td><td></td><td></td><td></td><td></td></tr>
<tr><td>其他农用地</td><td></td><td></td><td></td><td></td><td></td><td></td><td></td></tr>
<tr><td>其他类型土地</td><td></td><td></td><td></td><td></td><td></td><td></td><td></td></tr>
<tr><td colspan="9">以下由纳税人填写：</td></tr>
<tr><td>纳税人声明</td><td colspan="8">此纳税申报表是根据《中华人民共和国耕地占用税暂行条例》和国家有关税收规定填报的，是真实的、可靠的、完整的。</td></tr>
<tr><td>纳税人签章</td><td></td><td colspan="2">代理人签章</td><td></td><td colspan="2">代理人身份证号</td><td colspan="2"></td></tr>
<tr><td colspan="9">以下由税务机关填写：</td></tr>
<tr><td>受理人</td><td></td><td colspan="2">受理日期</td><td>年月日</td><td colspan="2">受理税务机关签章</td><td colspan="2"></td></tr>
</table>

第9节　契税会计

契税是土地、房屋权属转移时向其承受者征收的一种税。现行的《中华人民共和国契税暂行条例》于1997年10月1日起施行。在中国境内取得土地、房屋权属的企业和个人，应当依法缴纳契税。上述取得土地、房屋权属包括下列方式：国有土地使用权出让，土地使用权转让（包括出售、赠与和交换），房屋买卖、赠与和交换。以下列方式转移土地房屋权属的，视同土地使用权转让、房屋买卖或者房屋赠与征收契税：以土地、房屋权属作价投资、入股，以土地、房屋权属抵偿债务，以获奖的方式承受土地、房屋权属，以预购方式或者预付集资建房款的方式承受土地、房屋权属。契税实行3－5%的幅度比例税率。

一、契税的基本制度

契税的基本税制要素主要包括纳税人、征税范围、税率、税收优惠等。具体内容概括如下表5－26所示。

表5－26　　契税基本税制要素一览表

税制要素	主要内容
纳税人	契税的纳税人是境内转移土地、房屋权属的承受单位和个人。境内是指中华人民共和国实际税收行政管辖范围内。土地、房屋权属是指土地使用权和房屋所有权。单位是指企业单位、事业单位、国家机关、军事单位和社会团体以及其他组织。个人是指个体经营者及其他个人，包括中国公民和外籍人员
征税对象	契税的征税对象是境内转移的土地、房屋权属。具体包括以下内容： 1. 国有土地使用权出让。是指土地使用者向国家交付土地使用权出让费用，国家将国有土地使用权在一定年限内让与土地使用者的行为。 2. 土地使用权的转让。是指土地使用者以出售、赠与、交换或者其他方式将土地使用权转移给其他单位和个人的行为。土地使用权的转让不包括农村集体土地承包经营权的转移。 3. 房屋买卖。即以货币为媒介，出卖者向购买者过渡房产所有权的交易行为。以下几种特殊情况，视同买卖房屋：以房产抵债或实物交换房屋；以房产作投资或作股权转让，以自有房产作股投入本人独资经营的企业，免纳契税；买房拆料或翻建新房，应照章征收契税。 4. 房屋赠与。是指房屋产权所有人将房屋无偿转让给他人所有。 5. 房屋交换。是指房屋所有者之间互相交换房屋的行为。 6. 承受国有土地使用权支付的土地出让金。对承受国有土地使用权所应支付的土地出让金，要计征契税。不得因减免土地出让金而减免契税。

续表

税制要素	主要内容
税率	契税实行3%～5%的幅度税率。实行幅度税率是考虑到我国经济发展的不平衡，各地经济差别较大的实际情况。因此，各省、自治区、直辖市人民政府可以在3%～5%的幅度税率规定范围内，按照本地区的实际情况决定
税收优惠	(1) 国家机关、事业单位、社会团体、军事单位承受土地、房屋用于办公、教学、医疗、科研和军事设施的，免征契税。 (2) 城镇职工按规定第一次购买公有住房，免征契税。 (3) 因不可抗力灭失住房而重新购买住房的，酌情减免。不可抗力是指自然灾害、战争等不能预见、不可避免，并不能克服的客观情况。 (4) 土地、房屋被县级以上人民政府征用、占用后，重新承受土地、房屋权属的，由省级人民政府确定是否减免。 (5) 承受荒山、荒沟、荒丘、荒滩土地使用权，并用于农、林、牧、渔业生产的，免征契税。 (6) 经外交部确认，依照我国有关法律规定以及我国缔结或参加的双边和多边条约或协定，应当予以免税的外国驻华使馆、领事馆、联合国驻华机构及其外交代表、领事官员和其他外交人员承受土地、房屋权属。

二、契税应纳税额的计算

（一）契税的计税依据

契税的计税依据为不动产的价格。由于土地、房屋权属转移方式与定价方法不同，因而具体计税依据视不同情况而决定。

1. 国有土地使用权出让、土地使用权出售、房屋买卖，以成交价格为计税依据。成交价格是指土地、房屋权属转移合同确定的价格，包括承受者应交付的货币、实物、无形资产或者其他经济利益。

2. 土地使用权赠与、房屋赠与，由征收机关参照土地使用权出售、房屋买卖的市场价格核定。

3. 土地使用权交换、房屋交换，为所交换的土地使用权、房屋的价格差额。也就是说，交换价格相等时，免征契税；交换价格不等时，由多交付的货币、实物、无形资产或者其他经济利益的一方缴纳契税。

4. 以划拨方式取得土地使用权，经批准转让房地产时，由房地产转让者补交契税。计税依据为补交的土地使用权出让费用或者土地收益。

为了避免偷、逃税款，税法规定，成交价格明显低于市场价格并且无正当理由的，或者所交换土地使用权、房屋的价格差额明显不合理并且无正当理由的，征收机关可以参照市场价格核定计税依据。

5. 房屋附属设施征收契税的依据。

（1）采取分期付款方式购买房屋附属设施土地使用权、房屋所有权的，应按合同规定的总价款计征契税。

（2）承受的房屋附属设施权属如为单独计价的，按照当地确定的适用税率征收契税；如与房屋统一计价的，适用与房屋相同的契税税率。

6. 个人无偿赠与不动产行为（法定继承人除外），应对受赠人全额征收契税。在缴纳契税时，纳税人须提交经税务机关审核并签字盖章的《个人无偿赠与不动产登记表》，税务机关（或其他征收机关）应在纳税人的契税完税凭证上加盖“个人无偿赠与”印章，在《个人无偿赠与不动产登记表》中签字并将该表格留存。

7. 出让国有土地使用权，契税计税价格为承受人为取得该土地使用权而支付的全部经济利益。对通过“招、拍、挂”程序承受国有土地使用权的，应按照土地成交总价款计征契税，其中的土地前期开发成本不得扣除。

（二）应纳税额的计算

契税采用比例税率。当计税依据确定以后，应纳税额的计算比较简单。应纳税额的计算公式为：

应纳税额 = 计税依据 × 税率

【例 5－29】 A 企业卖给 B 企业一套房屋，成交价格为 300 万元，并与 C 企业交换土地使用权，支付差价 50 万元。请计算各企业需缴纳的契税。假设当地确定的契税税率为 4%。计算 A、B、C 企业应缴纳的契税。

分析：交换土地使用权时，仅就多支付部分，由支付方交税。

A 企业应纳税额 = 50 × 4% = 2（万元）

B 企业应纳税额 = 300 × 4% = 12（万元）

C 企业不纳契税。

三、契税的会计处理

纳税人取得土地、房屋产权按规定缴纳的契税，可以不通过“应交税费”科目核算，可以借记“固定资产”、“无形资产”“管理费用”等科目，贷记“银行存款”科目。

1. 对于企业取得的土地使用权，若是有偿取得的，一般应作为无形资产入账，相应地为取得该项土地使用权而缴纳的契税，也应当计入无形资产价值。

【例 5－30】 某中外合资企业 1 月从当地政府购得一块土地的使用权，支付土地使用权出让费 1 200 000 元，省政府规定契税税率为 3%。有关会计处理如下：

应纳税额 = 1 200 000 × 3% = 36 000（元）

缴纳契税时：

借：无形资产——土地使用权　　36 000

　　贷：银行存款　　36 000

2. 若该土地使用权为无偿取得，则一般不将该土地使用权作为无形资产入账，相应地企业缴纳的契税可作为当期费用入账。

【例5-31】 某福利工厂2月收到当地政府无偿划拨土地一块，该企业申报缴纳契税，契税征收机关参照同样土地市价，确定该土地使用权价格为600 000元，当地政府规定契税税率为4%。有关会计处理如下：

应纳税额 = 600 000 × 4% = 24 000（元）

缴纳契税时：

借：管理费用　　24 000

　　贷：银行存款　　24 000

3. 对于房地产开发企业，取得土地时所发生的支出，包括其缴纳的契税，应当计入开发成本。

【例5-32】 某房地产开发企业4月购入国有土地一块，按规定缴纳土地出让费12 000 000元，用于房地产开发。企业按规定申报缴纳契税，当地政府规定契税税率为5%。有关会计处理如下：

应纳税额 = 12 000 000 × 5% = 600 000（元）

缴纳契税时：

借：开发成本　　600 000

　　贷：银行存款　　600 000

4. 对于企业承受房屋权属所应缴纳的契税，不管是有偿取得还是无偿取得，按规定都应当计入固定资产价值。

【例5-33】 某企业购入办公房一幢，价值6 400 000元，当地政府规定契税税率为3%，企业按规定申报缴纳契税。有关会计处理如下：

应纳税额 = 6 400 000 × 3% = 192 000（元）

缴纳契税时：

借：固定资产　　192 000

　　贷：银行存款　　192 000

【例5-34】 甲企业将其拥有的库房10间，与乙企业拥有的一座厂房相交换，双方协议规定由甲企业补付现金1 000 000元，契税税率为4%。有关会计处理如下：

甲企业应纳税额 =1 000 000 ×4% =40 000（元）

缴纳契税时：

借：固定资产——厂房　　40 000

　　贷：银行存款　　40 000

四、契税的申报与缴纳

（一）纳税义务发生时间

契税的纳税义务发生时间是纳税人签订土地、房屋权属转移合同的当天，或者纳税人取得其他具有土地、房屋权属转移合同性质凭证的当天。

（二）纳税地点

契税在土地、房屋所在地的征收机关缴纳。

（三）纳税申报

纳税人应当自纳税义务发生之日起 10 日内，向土地、房屋所在地的契税征收机关办理纳税申报，并在契税征收机关核定的期限内缴纳税款。

纳税人办理纳税事宜后，征收机关应向纳税人开具契税完税凭证。纳税人持契税完税凭证和其他规定的文件材料，依法向土地管理部门、房产管理部门办理有关土地、房屋的权属变更登记手续。土地管理部门和房产管理部门应向契税征收机关提供有关资料，并协助契税征收机关依法征收契税。

契税纳税人应按照条例的有关规定及时办理纳税申报，并如实填写《契税纳税申报表》（见表 5 - 27）。

表 5 - 27　　契税纳税申报表

填表日期：　年　月　日　　微机编码：　　单位：元、平方米

<table>
<tr><td rowspan="3">承受方</td><td>名称</td><td colspan="4"></td><td>识别号</td><td colspan="2"></td></tr>
<tr><td>企业登记注册类型</td><td></td><td>所属行业</td><td></td><td>邮政编码</td><td></td><td>联系电话</td><td></td></tr>
<tr><td colspan="2">身份证照类型</td><td></td><td colspan="2">身份证照号码</td><td colspan="3"></td></tr>
<tr><td rowspan="3">转让方</td><td>名称</td><td colspan="4"></td><td>识别号</td><td colspan="2"></td></tr>
<tr><td>企业登记注册类型</td><td></td><td>所属行业</td><td></td><td>邮政编码</td><td></td><td>联系电话</td><td></td></tr>
<tr><td colspan="2">身份证照类型</td><td></td><td colspan="2">身份证照号码</td><td colspan="3"></td></tr>
</table>

续表

<table>
<tr><td rowspan="7">土地、房屋权属转移</td><td colspan="2">土地、房屋坐落地址</td><td colspan="3"></td><td colspan="2">合同签订时间</td><td colspan="2"></td></tr>
<tr><td colspan="2">权属转移面积</td><td colspan="3">㎡</td><td colspan="2">合同约定成交价格</td><td colspan="2">元</td></tr>
<tr><td colspan="2">纳税评估价格</td><td colspan="3">元</td><td colspan="2">计税价格</td><td colspan="2">元</td></tr>
<tr><td>权属转移类　别</td><td>土地类：</td><td colspan="2">01. 土地使用权出让</td><td colspan="3">021. 土地使用权转让（出售、赠与、交换）</td><td colspan="2">022. 土地使用权转让（作价出资、入股）</td></tr>
<tr><td rowspan="3">选择代码：</td><td rowspan="3">房屋类：</td><td rowspan="3">03. 购买商品房．其中：</td><td colspan="2">031. 普通住房</td><td rowspan="3">04. 购买旧房（二手房）．其中：</td><td colspan="2">041. 普通住房</td><td rowspan="3">05. 其他：房屋赠与、交换、拍卖、法院判决、划拨、抵债、其他</td></tr>
<tr><td colspan="2">032. 购买非普通住房</td><td colspan="2">042. 购买非普通住房</td></tr>
<tr><td colspan="2">033. 购买非住宅类房屋</td><td colspan="2">043. 购买非住宅类房屋</td></tr>
<tr><td colspan="3">是否家庭唯一普通住房</td><td></td><td colspan="5">是否家庭唯一 90 平方米及以下普通住房</td><td></td></tr>
<tr><td>适用税率</td><td colspan="3"></td><td colspan="2">计征税额</td><td colspan="4">元</td></tr>
<tr><td>减免类别</td><td>选择代码：</td><td>01. 国家机关</td><td>02. 事业单位</td><td>03. 社会团体</td><td>04. 军事单位</td><td>05. 城镇房改</td><td>06. 个人购买普通住房（减）</td><td>07. 企业改制</td><td>08. 其他</td></tr>
<tr><td>减免税额</td><td colspan="3">元</td><td>应纳税额</td><td colspan="3">元</td><td>滞纳金</td><td>元</td></tr>
<tr><td colspan="10">我声明，此纳税申报表是根据《中华人民共和国契税暂行条例》的规定填报的，我确信它是真实的、可靠的、完整的。
纳税人（签章）</td></tr>
<tr><td colspan="10">（以下由征收机关负责填写）</td></tr>
<tr><td>征收机关受理日期</td><td colspan="3"></td><td>受理人</td><td colspan="2"></td><td>审核日期</td><td colspan="2"></td></tr>
<tr><td>审核记录</td><td colspan="9"></td></tr>
<tr><td>审核人员（签字）</td><td colspan="3"></td><td colspan="2">征收机关（签章）</td><td colspan="4"></td></tr>
</table>

《契税纳税申报表》填表说明：

1. 本表依据《中华人民共和国税收征收管理法》、《中华人民共和国契税暂行条件》及其实施细则制定。

2. 本表适用于在中国境内承受土地、房屋权属的企事业单位和个人。纳税人应当在签订土地、房屋权属转移合同或者取得其他具有土地、房屋权属转移合同性质凭证后 10 日内，向土地、房屋所在地契税征收机关填报契税纳税申报表，申报纳税。

3. 本表各栏的填写说明如下：

（1）填表日期：填写纳税人办理纳税申报的实际日期。

（2）承受方及转让方名称：承受方、转让方是党政机关、企事业单位的，应按照国家人事、民政部门批准设立或者工商部门注册登记的全称填写；承受方、转让方是自然人的，应按照本人有效身份证件上标注的姓名填写。

（3）承受方、转让方识别号：承受方、转让方是党政机关、企事业单位的填写此栏。已办理税务登记的纳税人，填写税务登记号；没有税务登记号的，填写组织机构代码。

（4）企业注册登记类型：承受方、转让方是企业的填写此栏。根据国家统计局《关于划分企业登记注册类型的规定》填写。

（5）所属行业：承受方、转让方是党政机关、企事业单位的填写此栏。根据《国民经济行业分类》（GB/T 4 754 –2 011）填写。

（6）身份证照类型：承受方、转让方是自然人的填写此栏。填写本人有效身份证件（身份证、护照、回乡证、军人身份证件等）名称。

（7）身份证照号码：承受方、转让方是自然人的填写此栏。填写本人有效身份证件上的号码。

（8）土地、房屋坐落地址：土地权属转移，应填写土地坐落地址及地号；房屋权属转移，应同时填写土地坐落地址（含地号）和房屋坐落地址。

（9）合同签订时间：指承受方签订土地、房屋转移合同的当天，或者取得其他具有土地、房屋转移合同性质凭证的当天。

（10）成交价格：指土地、房屋权属转移合同确定的价格（包括承受者应交付的货币、实物、无形资产或者其他经济利益，折算成人民币金额）。

（11）纳税评估价格：指房地产计税价格评估要求的计税申报价格。

（12）计税价格：主管税务机关确认的计税依据，由纳税人填写。

（13）权属转移类别：包括土地、房屋权属转移两类行为。将申报的权属转移类型按表中所列具体形式的代码填写在左侧空格处。

（14）房屋类普通住房：本地普通住房标准由当地税务机关公布。

（15）适用税率：购买家庭唯一普通住房按本地法定税率减半征收；购买家庭唯一 90 平方米及以下普通住房按优惠税率 1% 征收。

（16）计征税额：计征税额 = 计税价格 × 税率。

（17）减免类别：包括《中华人民共和国契税暂行条例》中规定的八种契税减免类型。将申报的权属转移减免类型按表中所列种类的代码填写在左侧空格处。

（18）减免税额：填写减免类别中对应的减免税额。

（19）应纳税额：应纳税额 = 计征税额 – 减免税额。

第 10 节　车辆购置税会计

车辆购置税是对在境内购置规定车辆的单位和个人征收的一种税，它由车辆购置附加费演变而来。现行《中华人民共和国车辆购置税暂行条例》是从2001年1月1日起实施的。车辆购置税具有征收环节单一、价外征收、税负不发生转嫁的特点。其在合理筹集建设资金、调节收入差距、配合打击走私和维护国家权益等方面发挥着重要作用。

一、车辆购置税的基本制度

车辆购置税的基本税制要素主要包括纳税人、征税范围、税率、税收优惠等。具体内容概括如下表5-28所示。

表5-28　车辆购置税基本税制要素一览表

税制要素	主要内容
纳税人	车辆购置税的纳税人是指在我国境内购置应税车辆的单位和个人。其中购置是指购买使用行为、进口使用行为、受赠使用行为、自产自用行为、获奖使用行为以及以拍卖、抵债、走私、罚没等方式取得并使用的行为，这些行为都属于车辆购置税的应税行为。
征税对象	车辆购置税以列举的车辆作为征税对象，未列举的车辆不纳税。其征税范围包括汽车、摩托车、电车、挂车、农用运输车，具体规定如下： 1. 汽车：包括各类汽车。 2. 摩托车。 (1) 轻便摩托车：最高设计时速不大于50km/h，发动机气缸总排量不大于50cm^{3}的两个或三个车轮的机动车。 (2) 二轮摩托车：最高设计车速大于50km/h，或发动机气缸总排量大于50cm^{3}的两个车轮的机动车。 (3) 三轮摩托车：最高设计车速大于50km/h，发动机气缸总排量大于50cm^3，空车质量不大于400kg的三个车轮的机动车。 3. 电车。 (1) 无轨电车：以电能为动力，由专用输电电缆供电的轮式公共车辆。 (2) 有轨电车：以电能为动力，在轨道上行驶的公共车辆。 4. 挂车。 (1) 全挂车：无动力设备，独立承载，由牵引车辆牵引行驶的车辆。 (2) 半挂车：无动力设备，与牵引车共同承载，由牵引车辆牵引行驶的车辆。 5. 农用运输车。 (1) 三轮农用运输车：柴油发动机，功率不大于7.4kW，载重量不大于500kg，最高车速不大于40km/h的三个车轮的机动车。 (2) 四轮农用运输车：柴油发动机，功率不大于28kW，载重量不大于1 500kg，最高车速不大于50km/h的四个车轮的机动车。

续表

税制要素	主要内容
税率	车辆购置税实行统一比例税率，税率为10%。 【注意】根据财税［2015］104号规定，自2015年10月1日起至2016年12月31日止，对购置1.6升及以下排量乘用车减按5%的税率征收车辆购置税。
税收优惠	1. 法定减免。外国驻华使馆、领事馆和国际组织驻华机构及其外交人员自用车辆免税；中国人民解放军和中国人民武装警察部队列入军队武器装备订货计划的车辆免税；设有固定装置的非运输车辆免税。 2. 国务院规定予以免税或者减税的“其他情形”的，按照规定免税或减税。防汛部门和森林消防部门用于指挥、检查、调度、报汛（警）、联络的设有固定装置的指定型号的车辆；回国服务的留学人员用现汇购买1辆自用国产小汽车；长期来华定居专家1辆自用小汽车。 3. 退税。公安机关车辆管理机构不予办理车辆登记注册手续的，凭公安机关车辆管理机构出具的证明办理退税手续；因质量等原因发生退回所购车辆的，凭经销商的退货证明办理退税手续。

二、车辆购置税应纳税纳的计算

车辆购置税实行从价定率计算方法，税率为10%，计算公式如下：

应纳税额＝计税依据×10%

车辆购置税计税依据的确定包括以下三种情况：

1. 购买自用应税车辆计税依据的确定。

纳税人购买自用的应税车辆的计税依据为纳税人购买应税车辆而支付给销售方的全部价款和价外费用。价外费用是指销售方价外向购买方收取的手续费、基金、违约金、包装费、运输费、保管费、代垫款项、代收款项和其他各种性质的价外收费，但不包括增值税税款。

2. 进口自用应税车辆计税依据的确定。

纳税人进口自用的应税车辆以组成计税价格为计税依据，组成计税价格的计算公式为：

组成计税价格＝关税完税价格＋关税＋消费税

进口自用的应税车辆是指纳税人直接从境外进口或委托代理进口自用的应税车辆，即非贸易方式进口自用的应税车辆。而且进口自用的应税车辆的计税依据，应根据纳税人提供的、经海关审查确认的有关完税证明资料确定。

3. 其他自用应税车辆计税依据的确定。

纳税人自产、受赠、获奖和以其他方式取得并自用的应税车辆的计税依据，凡不能或不能准确提供车辆价格的，由主管税务机关依国家税务总局核定的、相应类型的应税车辆的最低计税价格确定。因此，纳税人自产自用、受赠使用、获奖使用和以其他方式取得并自用的应税车辆一般以国家税务总局核定的最低计税价格为计税依据。

4. 最低计税价格作为计税依据的确定。

纳税人购买自用或者进口自用应税车辆，申报的计税价格低于同类型应税车辆的最低计税价格，又无正当理由的，按照最低计税价格征收车辆购置税。最低计税价格由国家税务总局依据全国市场的平均销售价格制定。

【例5-35】 宋某11月份，从某汽车有限公司购买一辆小汽车供自己使用，支付了含增值税税款在内的款项234 000元，另支付代收临时牌照费550元、代收保险费1 000元，支付工具件和零配件价款3 000元，车辆装饰费1 300元。所支付的款项均由该汽车有限公司开具“机动车销售统一发票”和有关票据。请计算宋某应纳车辆购置税。

分析：纳税人购买自用的应税车辆的计税依据为纳税人购买应税车辆而支付给销售方的全部价款和价外费用。

计税依据 =（234 000 + 550 + 1 000 + 3 000 + 1 300）÷（1 + 17%）= 205 000（元）

应纳税额 = 205 000 × 10% = 20 500（元）

三、车辆购置税的会计处理

企业购置（包括购买、进口、自产、受赠、获奖或者以其他方式取得并自用）应税车辆，按规定缴纳的车辆购置税，应计入所购车辆成本。在取得时，借记“固定资产”等科目，贷记“银行存款”科目（也可通过“应交税费”科目核算）。

企业购置的减税、免税车辆改制后用途发生变化的，按规定应补缴的车辆购置税，借记“固定资产”科目，贷记“银行存款”科目。

【例5-36】 胜业公司（增值税一般纳税人）10月18日通过银行转账支票，从某汽车销售公司购入北京现代小汽车1辆（1.6升排量），增值税专用发票注明价款100 000元，11月份到主管税务机关缴纳车辆购置税。计算应纳的车辆购置税，并作相关会计处理。

应纳税额 = 100 000 × 5% = 5 000（元）

10月份购置车辆时：

借：固定资产	100 000
应交税费——应交增值税（进项税额）	17 000

贷：银行存款　　117 000

11 月份申报与缴纳时：

（1）申报车辆购置税时：

借：固定资产　　5 000

贷：应交税费——应交车辆购置税　　5 000

（2）缴纳车辆购置税时：

借：应交税费——应交车辆购置税　　5 000

贷：银行存款　　5 000

四、车辆购置税的申报与缴纳

（一）纳税环节及纳税方法

纳税人应当在向公安机关等车辆管理机构办理车辆登记注册手续前，缴纳车辆购置税，即在最终消费环节缴纳。

车辆购置税的缴税方法有自报核缴，集中征收缴纳，代征、代扣、代收。

（二）纳税地点

纳税人购置应税车辆，应当向车辆登记注册地的主管税务机关申报纳税；购置不需办理车辆登记注册手续的应税车辆，应当向纳税人所在地主管税务机关申报纳税。车辆登记注册地是指车辆的上牌落籍地或落户地。

（三）纳税申报

购买自用的应税车辆，自购买之日（即购车发票上注明的销售日期）起 60 日内申报纳税；进口自用的应税车辆，应当自进口之日（报关进口的当天）起 60 日内申报纳税；自产、受赠、获奖和以其他方式取得并自用的应税车辆，应当自取得之日起 60 日内申报纳税。

车辆购置税纳税申报表如表 5－29 所示。

表 5－29　　车辆购置税纳税申报表

填表日期：　年　月　日　　　　金额单位：元

纳税人名称		证件名称	
		证件号码	
行业代码		注册类型代码	

续表

联系电话			地　址				
车辆类别代码		生产企业名称					
合格证编号（或货物进口证明书号）			厂牌型号				
车辆识别代号（车架号）			发动机号				
座位		吨位		排量（cc）			
机动车销售统一发票	代码		机动车销售统一发票价格			价外费用合计	
	号码						
其它有效凭证名称		其它有效凭证号码		其它有效凭证价格			
进口自用车辆纳税人填写右侧项目	海关进口关税专用缴款书（或进出口货物征免税证明）号码						
	关税完税价格		关税		消费税		
购置日期			申报计税价格				

委托代办授权声明	申报人声明
为办理车辆购置税涉税事宜，现授权（　　）为代理申报人，提供的凭证、资料是真实、可靠、完整的。任何与本申报表有关的往来文件，都可交予此人。 授权人（签名或盖章）：	此纳税申报表是根据《中华人民共和国车辆购置税暂行条例》《车辆购置税征收管理办法》的规定填报的，提供的凭证、资料是真实、可靠、完整的。 声明人（签名或盖章）：

如属委托代办的，应填写以下内容		代理人（签名或盖章）
代理人名称		
经办人姓名		
经办人证件名称		
经办人证件号码		

核定计税价格	税率	应纳税额	免（减）税额	实纳税额	滞纳金金额
	10%				

接收人： 接收日期：　　年　　月　　日	主管税务机关（章）：

备注：
车辆类别代码为：1. 汽车；2. 摩托车；3. 电车；4. 挂车；5. 农用运输车。

第 11 节　烟叶税会计

烟叶税是以纳税人收购烟叶的收购金额为计税依据征收的一种税。1958 年我国颁布实施《中华人民共和国农业税条例》（以下简称《农业税条例》）。1983 年，国务院以《农业税条例》为依据，选择特定农业产品征收农林特产农业税。当时农业特产农业税征收范围不包括烟叶，对烟叶另外征收产品税和工商统一税。1994 年我国进行了财政体制和税制改革，国务院决定取消原产品税和工商统一税，将原农林特产农业税与原产品税和工商统一税中的农林牧水产品税目合并，改为统一征收农业特产农业税，并于同年 1 月 30 日发布《国务院关于对农业特产收入征收农业税的规定》（国务院令 143 号）。其中规定对烟叶在收购环节征收，税率为 31%。1999 年，将烟叶特产农业税的税率下调为 20%。2004 年 6 月，根据《中共中央国务院关于促进农民增加收入若干政策的意见》（中发［2004］1 号），财政部、国家税务总局下发《关于取消除烟叶外的农业特产农业税有关问题的通知》（财税［2004］120 号），规定从 2004 年起，除对烟叶暂保留征收农业特产农业税外，取消对其它农业特产品征收的农业特产农业税。2005 年 12 月 29 日，十届全国人大常委会第十九次会议决定，《农业税条例》自 2006 年 1 月 1 日起废止。至此，对烟叶征收农业特产农业税失去了法律依据。2006 年 4 月 28 日，国务院公布了《中华人民共和国烟叶税暂行条例》，并自公布之日起施行。

一、烟叶税的基本制度

烟叶税的基本税制要素主要包括纳税人、征税对象、计税依据、税率等。具体内容概括如下表 5 - 30 所示。

表 5 - 30　　烟叶税基本税制要素一览表

税制要素	主要内容
纳税人	在中华人民共和国境内收购烟叶的单位为烟叶税的纳税人。“收购烟叶的单位”，是指依照《中华人民共和国烟草专卖法》的规定有权收购烟叶的烟草公司或者受其委托收购烟叶的单位。
征税对象	晾晒烟叶、烤烟叶。“晾晒烟叶”，包括列入晾晒烟名录的晾晒烟叶和未列入晾晒烟名录的其他晾晒烟叶。依照《中华人民共和国烟草专卖法》查处没收的违法收购的烟叶，由收购罚没烟叶的单位按照购买金额计算缴纳烟叶税。
税率	烟叶税实行比例税率，税率为 20%。

二、烟叶税应纳税额的计算

烟叶税的计税依据是纳税人收购烟叶的收购金额，具体包括纳税人支付给烟叶销售者的烟叶收购价款和价外补贴。价外补贴统一暂按烟叶收购价款的10%计入收购金额。收购金额的计算公式为：

收购金额 = 收购价款 ×（1 + 10%）

烟叶税 = 烟叶收购金额 × 税率

依照《中华人民共和国烟草专卖法》查处没收的违法收购的烟叶，由收购罚没烟叶的单位按照购买金额计算缴纳烟叶税。

【例5－37】 某卷烟厂向农场收购烟叶，支付款项合计50 000元，其中包含按照专卖局规定的价款支付的收购价款40 000元、价外补贴和打包费等10 000元，另外向运输公司支付该批烟叶的收购运输费200元。

应纳税额 = 40 000 ×（1 + 10%）× 20% = 8 800（元）

三、烟叶税的会计处理

烟叶税作为价内流转税，其应交税额构成烟叶收购单位的采购成本。

纳税人按照税法规定计算本期应交的烟叶税，借记“材料采购”科目，贷记“应交税费——应交烟叶税”科目；实际缴纳的烟叶税，借记“应交税费——应交烟叶税”科目，贷记“银行存款”科目。

【例5－38】 某卷烟厂11月份收购烟叶20 000元，并向烟农开出专用收购发票。相关会计处理如下：

应纳烟叶税 = 20 000 ×（1 + 10%）× 20% = 4 400（元）

计算本期应纳烟叶税时：

借：材料采购　　20 000

　　贷：银行存款　　20 000

同时：

借：材料采购　　4 400

　　贷：应交税费——应交烟叶税　　4 400

实际缴纳烟叶税时：

借：应交税费——应交烟叶税　　4 400

　　贷：银行存款　　4 400

四、烟叶税的申报与缴纳

烟叶税的征收机关是地方税务机关。烟叶税的纳税义务发生时间为纳税人收购烟叶的当天，是指纳税人向烟叶销售者付讫收购的烟叶款项或者开具收购烟叶凭据的当天。

纳税人收购烟叶，应当向烟叶收购地的主管税务机关申报纳税。

烟叶税的纳税期限为自纳税人发生纳税义务之日起 30 日内申报纳税。具体纳税期限由主管税务机关核定。

烟叶税纳税申报表如表 5－31 所示。

表 5－31　　烟叶税纳税申报表

纳税人识别号：□□□□□□□□□□□□□□□□□□□□

纳税人名称（公章）：金额单位：元（列至角分）

税款所属期：　年　月　日至　年　月　日　填表日期：　年　月　日

<table>
<tr><td>烟叶收购金额</td><td>税率</td><td>应纳税额</td><td>已纳税额</td><td>应入库税额</td></tr>
<tr><td>1</td><td>2</td><td>3＝1×2</td><td>4</td><td>5＝3－4</td></tr>
<tr><td></td><td></td><td></td><td></td><td></td></tr>
<tr><td></td><td></td><td></td><td></td><td></td></tr>
<tr><td></td><td></td><td></td><td></td><td></td></tr>
<tr><td>烟叶购买金额</td><td>税率</td><td>应纳税额</td><td>已纳税额</td><td>应入库税额</td></tr>
<tr><td></td><td></td><td></td><td></td><td></td></tr>
<tr><td colspan="2">合计</td><td></td><td></td><td></td></tr>
<tr><td rowspan="4">纳税人或代理人声明：
此纳税申报表是根据国家税收法律的规定填报的，我确定它是真实的、可靠的、完整的。</td><td colspan="4">如纳税人填报，由纳税人填写以下各栏：</td></tr>
<tr><td colspan="4">办税人员（签章）：财务负责人（签章）：
法定代表人（签章）：联系电话：</td></tr>
<tr><td colspan="4">如委托代理人填报，由代理人填写以下各栏：</td></tr>
<tr><td colspan="4">代理人名称：经办人（签章）：
代理人（公章）：联系电话：</td></tr>
</table>

受理人（签章）：受理日期：年月日受理税务机关（章）：

本表一式三份，一份纳税人留存，一份主管税务机关留存，一份征收部门留存，做为税收会计凭证。

《烟叶税纳税申报表》填表说明：

1. 本表根据《中华人民共和国烟叶税暂行条例》制定。
2. 本表由在中华人民共和国境内收购烟叶的单位在办理烟叶税纳税申报时报送。
3. 纳税人应当自纳税义务发生之日起 30 日内申报纳税。具体纳税期限由主管税务机关核定。
4. 纳税人识别号填写税务机关为纳税人确定的识别号；纳税人名称栏填写纳税人单位名称全称并加盖公章，不得填写简称；税款所属期是指纳税人申报的烟叶税应纳税额的所属期间，应填写具体的起止年、月、日；填表日期是指纳税人填制本申报表的具体日期。

5. 表内主要栏次填写说明：

（1）烟叶收购金额 = 烟叶收购价款 ×1.1。

（2）烟叶购买金额为纳税人购买的查处罚没烟叶的金额。

课后练习题

（一）判断题

1. 纳税人耕地占用税与契税的会计处理，一般直接计入相关资产成本。

2. 企业将自有的房产用于抵债时，无论是债权人还是债务人交纳契税，其会计处理相同。

3. 企业拥有的投资性房地产，不论是用成本模式还是公允价值模式计量，其房产税的会计处理都是一样的。

4. 车船税一般在“营业税金及附加”和“应交税费——应交车船税”科目核算。

5. 如果企业涉及印花税税额不大，其会计处理应在购买印花税票时，借记“管理费用”，贷记“银行存款”。

6. 房地产开发企业在取得土地使权时，所交纳的契税应记入土地开发成本。

7. 非房地产开发企业在取得土地使权时，所交纳契税应记入“固定资产”、“无形资产”、“投资性房地产”等科目。

8. 企业将其自用作为固定资产核算的房屋出售，应借记“营业税金及附加”，贷记“应交税费——应交土地增值税”。

（二）思考题

1. 简述本章所述税种在企业所得税前的扣除方式。

2. 简述本章所述税种会计处理的相同点与不同点。

（三）业务题

1. 某市区一企业6月缴纳进口关税65万元，进口环节增值税15万元，进口环节消费税26.47万元；本月实际缴纳增值税49万元，消费税85万元。在税务检查过程中，税务机关发现，该企业上月少缴增值税2.5万元，本月被查补。本月收到上月报关出口自产货物应退增值税35万元。请计算该企业应缴纳的城市维护建设税并进行会计处理。

2. 某煤矿2月份开采原煤300 000吨，对外直接销售180 000吨，销售价130元/吨；以自产原煤加工洗选煤100 000吨，销售价180元/吨。已知税务机关核定的洗选煤折算比为80%，该煤矿所在地适用8%的煤炭资源税税率，税务机关核定的纳税期限为10天，按上月实际缴纳税款1 500 000元预缴。请问该煤矿如何缴纳资源税？并作相应的会计处理。

3. 某市一家房地产开发公司，5月份销售10年前建造的旧办公楼一栋，取得销售收入6 800万元；该办公楼的原值为2 000万元，已提取折旧1 000万元。经评估机构评估，该办公楼成新度为5成，目前建造同样的办公楼需要3 500万元；转让办公楼时向政府补缴土地出让金200万元，其他相关费用85万元。请计算该房地产开发公司转让旧办公楼应缴纳的土地增值税，并作相应的会计处理。

4. 某汽车生产企业7月发生如下业务：

（1）销售自产小汽车，取得不含税收入5 000万元，消费税税率5%。

（2）自产的小汽车一台用于管理部使用，市场价不含税20万元每台，成本15万元每台，消费税税率5%。

（3）以500万元的合同价购入厂房一栋，交纳印花税2.5万元，契税15万元。

（4）支付100万元土地出让金取得一块耕地，20年的使用权，交纳2万元的耕地占用税。

（5）计提当月应纳车船税7万元，当月该企业实际上交增值税税额100万元，该企业月末计提了应交的城市维护建设税和教育费附加（税率为7%，3%）。

要求：请就上述业务作相应的会计分录。

其他税练习题参考答案

（一）判断题

1. √　2. ×　3. √　4. ×　5. √　6. √　7. √　8. ×

（二）思考题（略）

（三）业务题

1. 应交城市维护建设税 = （49 + 85） × 7% + 50 × 5% × 7% = 9.555（万元）

（1）计提城市维护建设税：

借：营业税金及附加　　　　　　　　95 550

　　贷：应交税费——应交城市维护建设税　　　　95 550

(2) 缴纳城市维护建设税：

借：应交税费——应交城市维护建设税　95 550

　　贷：银行存款　95 550

2. 根据税务机关的核定，该企业按日纳税，则在纳税期满后 5 日内预缴税款，于次月 1 日起 10 日内申报纳税并结清上月税款。

(1) 预缴资源税税款时：

每期应预缴税款 = 1 500 000 ÷ 3 = 500 000（元）

借：应交税费——应交资源税　500 000

　　贷：银行存款　500 000

(2) 计提资源税时：

销售原煤应纳资源税 = 180 000 × 130 × 8% = 1 872 000（元）

洗选煤应纳资源税 = 100 000 × 180 × 80% × 8% = 115 200（元）

当月应纳资源税合计 = 1 872 000 + 115 200 = 1 987 200（元）

借：税金及附加　1 987 200

　　贷：应交税费——应交资源税　1 987 200

(3) 补缴税款时：

应补缴税款 = 1 987 200 − 500 000 × 3 = 487 200（元）

借：应交税费——应交资源税　487 200

　　贷：银行存款　487 200

3. (1) 转让收入为 6 800 万元

(2) 补缴的土地出让金为 200 万元

(3) 房地产的评估价格 = 3 500 × 50% = 1 750（万元）

(4) 与转让有关的费用为 85 万元

(5) 与转让有关的税费 = 6 800 × 5% × (1 + 7% + 3%) + 6 800 × 0.5‰ = 377.4（万元）

(6) 准予扣除项目金额合计 = 200 + 1 750 + 85 + 377.4 = 2 412.4（万元）

(7) 增值额 = 6 800 − 2 412.4 = 4 387.6（万元）

(8) 增值率 = 4 387.6 ÷ 2 412.4 = 181.88%，适用 50% 的税率，扣除率为 15%

(9) 应交土地增值税 = 4 387.6 × 50% − 2 412.4 × 15% = 1 831.94（万元）

注销固定资产时：

借：固定资产清理　10 000 000

　　累计折旧　10 000 000

贷：固定资产 20 000 000

计提土地增值税时：

借：固定资产清理 18 319 400

贷：应交税费——应交土地增值税 18 319 400

实际缴纳时：

借：应交税费——应交土地增值税 18 319 400

贷：银行存款 18 319 400

4. （1）借：银行存款 5 850

贷：主营业务收入 5 000

应交税费——应交增值税（销项税额） 850

借：税金及附加 250

贷：应交税费——应交消费税 250

（2）借：固定资产 18

贷：库存商品 15

应交税费——应交消费税 1

——应交车辆购置税 2

（3）借：固定资产 517.5

贷：银行存款 500

应交税费——应交印花税 2.5

——应交契税 15

借：应交税费——应交印花税 2.5

——应交契税 15

贷：银行存款 17.5

（4）借：无形资产 102

贷：银行存款 100

应交税费——应交耕地占用税 2

借：应交税费——应交耕地占用税 2

贷：银行存款 2

（5）借：税金及附加 7

贷：应交税费——应交车船税 7

借：税金及附加 35.10

贷：应交税费——应交城市维护建设税 24.57

——应交教育费附加 10.53

第 6 章　所得税会计

学习目标

◇ 掌握资产负债表债务法下所得税会计的科目设置，以及所得税费用的确认、计量、记录、申报与缴纳。

◇ 理解不同所得税会计处理方法的异同，以及所得税会计与流转税会计的不同点。

◇ 了解所得税会计模式及特征。

导　言

爱因斯坦认为“世界上最难理解的是所得税”。在税收征管体系中，政府依据公司的会计数据或者相关行为进行企业所得税的管理。当然，公司根据自身需要，也会利用会计政策、会计制度、相关财务法规以及信息的不对称性和契约的不完备性，调节会计数据或者相关行为，减轻税负，谋取自身利益。因此，公司的所得税税负与经营行为、会计处理息息相关。也有人反对所得税，理由是所有富人都雇佣律师和会计师来确保自己不用缴纳所得税，或只缴较少的所得税。

所得税法规定了应纳税所得额的确认、计量原则与标准等，明确了应缴所得税的计算与申报，“IAS12 所得税”（国际会计准则第 12 号——所得税，International Accounting Standard no. 12 - income taxes ）、“SFAS109 所得税的会计处理”（美国财务会计准则公告第 109 号——所得税的会计处理，Statement of Financial Accounting Standards no. 109 - income tax accounting）、“CAS18 所得税”（企业会计准则第 18 号——所得税，Accounting standards for enterprises no. 18 - income tax）等所得税会计处理规范规定了所得税费用的确认、计量、记录和报告的方法，这些是所得税会计的核心。现代所得税借助于财务会计才得以推行，财务会计则因所得税而更加规范、更为复杂。

所得税会计（Income Tax Accounting）是以会计与应税损益差异作为内

含逻辑起点，研究处理两者差异的会计理论和方法。它诞生于西方的会计学领域，最早出现于20世纪初的美国。所得税会计是企业会计的一个相对重要和相对独立的领域，是反映企业所得税的确认、计量、记录和报告的一整套会计理论、程序和方法。虽说会计与所得税“情意绵绵”，但也是“各有所思、心有所向”。所得税会计信息对于公司内部和外部信息使用者都具有重要价值。

第1节　所得税会计概述

一、所得税会计的主要内容

所得税会计是以所得税法为依据，按照会计准则的规定，对企业应缴纳的所得税和财务报表中列示的所得税费用进行会计确认、计量、记录和报告的方法体系。所得税会计作为会计确认和计量的方法体系之一，主要包括两个方面的内容：

一是以会计核算的税前会计利润（利润总额）为基础，根据企业所得税法的规定，调整两者之间的差异，确认企业当期应纳税所得额，并根据适用税率，计算确定当期应纳所得税额。[①]

二是以当期应纳税所得额为基础，按照会计准则的规定，调整相关差异对所得税费用的影响金额，确认递延所得税，进而计算确定所得税费用。

所得税会计处理方法可以分为两类：应付税款法和纳税影响会计法。应付税款法下，公司财务报表中列示的所得税费用依据应交所得税进行会计确认和计量，二者金额相等；纳税影响会计法下，企业财务报表中列示的所得税费用在应交所得税基础上调整后进行会计确认和计量，一般来说二者在数量上不相等。两类方法的根本区别在于对所得税费用的确认原则不同，应付税款法依照收付实现制原则，而纳税影响会计法更加符合权责发生制原则。

---

① 需要说明的是，本教材对该部分内容不做详尽阐述。

资料链接6－1　世界上最早的所得税

（一）

现代所得税作为当今世界上大多数国家的主要税种，首创于英国。

1798年，英法战争硝烟正浓，仅靠发行公债已不敷巨额战费之用，消费税又缓不济急，于是英国首相皮特创设一种新税，名为三部课征捐，向富有阶级课征，此为英国所得税的开端。此税实施不久，因办法欠周而于1799年废止，改行分类所得税，该税随1802年英法战争的结束而废止。1803年英法再次发生战火，为筹措战费，英国又修订开征所得税，此次征税，将所得分为A、B、C、D、E五类，实行源泉课征，1815年随战争结束又告废止。可见，所得税创始时是一种战时税或临时税。随着英国经济的飞速发展，国民收入迅速增长，客观上为所得税提供了条件，又加上财政短缺等原因，英国财长皮尔于1842年提出立法，重新开征所得税，到1874年成为永久性税种，后经多次改革，税制渐臻完备。

从19世纪后期到20世纪初期，各主要资本主义国家，如美国、法国、德国、日本等纷纷开征所得税，经过几十年的发展，所得税已成为当今世界大多数国家的主要税种。

（二）

现代税收理论大都认为所得税创立于18世纪末的英国，但如果分析历史上的各种税赋，会发现早在2000多年前的中国西汉末年，篡夺汉室皇权的王莽就曾经推行过具有所得税性质的税种——“贡”，这恐怕是世界上最早的“所得税”了。

公元8年，西汉大司马王莽篡位汉平帝，改国号新。公元9年，王莽在推行经济改革措施时，设立了针对工商业者的纯经营利润额征税的税种——“贡”。根据《汉书·食货志下》中记载：“诸取众物鸟兽鱼鳖百虫于山林水泽及畜牧者，殡妇桑蚕织纺绩补缝，工匠医巫卜视及它方技商贩贾人，货肆列里区谒舍，皆多自占所为于其所在之其官，除其本、计其得，十一分之，而以其一为贡，敢不自占，自占不以实者，尽没入所采取，而作县官一岁”，其大意为：凡是从事采集、狩猎、捕捞、畜牧、养蚕、纺织、缝纫、织补、医疗、卜卦算命之人及其他艺人，还有商贾经营者，都要从其经营收入扣除成本，算出纯利，按纯利额的十分之一纳税，自由申报，官吏核实，如有不报或不实者，没收全部收入，并拘捕违犯之人，罚服劳役苦工一年。

从税收制度的构成要素来说，王莽的“贡”已具备所得税的特征，其征税对象为纯盈利额；以从事多种经营活动取得纯收入的人为纳税人；税率为10%；纳税人自行申报，官吏核实；对违法者有处罚措施。但由于王莽的“贡”征收范围广，征收方法繁，不仅技术操作上不可行，而且引起了人民的群起反抗，到公元22年王莽不得不下旨免税，但为时已晚。两年后，王莽便国破身死。但是王莽首创的“无所得税之名，而有所得税之实”的“贡”，确比英国1799年开征的所得税早1 700多年。

二、会计利润与应纳税所得额

（一）会计利润与应纳税所得额的关系

1. 会计利润。

会计利润是指按照《企业会计准则》（本文中简称会计准则）的规定确认收入、费用后形成的尚未扣除所得税费用的利润总额，也称为税前会计利润。按照会计准则的规定，税前会计利润的形成过程如下：

利润总额 = 营业利润 + 营业外收入 − 营业外支出

营业利润 = 营业收入 − 营业成本 − 营业税金及附加 − 销售费用 − 管理费用 − 财务费用 − 资产减值损失 + 公允价值变动收益 + 投资收益

2. 应纳税所得额。

应纳税所得额是指按照企业所得税法规定据以计算缴纳所得税的收益。应纳税所得额是以税前会计利润为基础，依照税法进行纳税调整后形成的收益，其计算过程如下：

应纳税所得额 = 利润总额 + 纳税调整增加额 − 纳税调整减少额 − 弥补以前年度亏损

其中：

利润总额，是指企业利润表中列示的“利润总额”项目的金额。

纳税调整增加额，是指企业未计入利润总额的应税收入项目、税法规定不得在税前扣除的支出项目、超过税法规定扣除标准的支出项目金额，以及资产类应纳税调整的项目金额（包括房地产开发企业按本期预售收入计算的预计利润等）。

纳税调整减少额，是指企业已计入利润总额但税法规定可以暂不计入应税收入的项目，以及在以前年度进行了纳税调整但在本期转回且税法规定可以在本期扣除的项目金额，包括不征税收入、免税收入、减计收入、减免税项目所得、加计扣除支出以及房地产开发企业已转为销售收入的原预售收入中按规定计算的预计利润等。

【例6－1】甲公司当年实现利润总额400 000元，其中，交易性金融资产公允价值变动收益为20 000元（账面价值为100 000元，公允价值为120 000元），资产减值损失为30 000元（应收账款账面价值为200 000元，可收回金额为170 000元），国债利息收入7 500元计入投资收益，境外子公司分回现金股利折合人民币42 500元计入投资收益（国外所得税税率15%）。假定甲公司年初未发生资产减值损失及公允价值变动损益。根据以上资料，计算甲公司当年应纳税所得额。

甲公司年度应纳税所得额计算过程见表6－1。

表6－1　甲公司应纳税所得额计算表　　单位：元

项　　目	金　额
利润总额	400 000
加：纳税调整增加额	
资产减值损失（税法规定不得在税前扣除）	30 000
减：纳税调整减少额	
公允价值变动收益（税法规定不计入当期应税收入）	20 000
国债利息收入（税法规定为免税收入）	7 500
境外子公司现金股利收入（境外所得单独计算应纳税额）	42 500
应纳税所得额	360 000

3. 会计利润和应纳税所得额的关系。

会计利润与应纳税所得额是两个不同的概念，两者既有联系，又有区别。应纳税所得额是一个税法上的概念，它是按照企业所得税法的规定计算出来的。而会计利润则是一个会计核算概念，是从利润科目和利润表反映出来的企业于一定时期内生产经营的财务成果，它关系到企业的经营状况、投资者的权益及企业与职工的利益。会计利润是确定应纳税所得额的基础，但是不能等同于应纳税所得额。企业按照会计准则和财务制度规定核算得出的会计利润，根据税法规定进行相应的纳税调整后，才能作为企业的应纳税所得额，并据以计算应交所得税。凡是企业会计准则与财务制度规定的列支范围和标准与税法规定有抵触的，要按税法规定进行纳税调整。

（二）会计利润与应纳税所得额的差异

会计核算与企业所得税法规定之间的差异，在性质上可能是永久的，也可能是暂时的。从利润表角度看，包括永久性差异和时间性差异；从资产负债表角度看，为暂时性差异。

1. 永久性差异。

永久性差异是指会计准则与所得税法对收入和费用的确认口径不同形成的差异，其特征是发生在某一时期，以后时期不会转回。具体来说，以下四种情况下会产生永久性差异：

（1）依据会计准则对某交易或事项确认收入，而根据税法规定该收入不确认为应税收入。例如，企业取得的国债利息收入，会计上确认为投资收益，但税法规定为免税收入。

（2）根据税法规定，某交易或事项产生了应税收入，但是依据会计准则对该交易或事项不确认收入。例如，本期收回以前期核销的坏账，会计上不确认收入，但是根据税法规定其属于应税收入。

（3）依据会计准则对某交易或事项确认了费用，而根据税法规定该费用不作为所得税前扣除的项目。例如，税法规定企业支付的税收滞纳金、罚金、罚款、被没收财物的损失、赞助支出和非公益性捐赠支出中超过年度利润总额 12% 的部分，计算应纳税所得额时均不允许扣除，但会计上确认为营业外支出。

（4）根据税法规定某交易或事项产生了准予扣除的项目，但是依据会计准则对该交易或事项不确认费用。例如，企业在纳税期间为开发新产品、新技术、新工艺产生的研究开发费用，未形成无形资产计入当期损益的，在按照税法规定据实扣除的基础上，依照实际发生研发费用的 50% 加计扣除。

应纳税所得额和会计利润之间的永久性差异在某期发生，但不会在以后的会计期间转回，所以不能采取跨期摊配的方法进行会计核算。从收入项目和费用项目两个角度产生的永久性差异主要包括以下内容。

（1）涉及收入项目的永久性差异。

①国债利息收入。

②符合条件的股息、红利等权益性投资收益。

（2）涉及费用项目的永久性差异。

①超过规定标准的业务招待费。

②超过利润总额 12% 的公益性捐赠支出。

③赞助支出。

④税收滞纳金、罚金、罚款和被没收财物的损失。

⑤加计扣除的研究开发费用。

⑥加计扣除的残疾职工工资。

⑦超过规定标准的职工福利费、工会经费。

⑧超过规定标准的补充养老保险费、补充医疗保险费。

⑨企业之间支付的管理费。

⑩创业投资。

2. 时间性差异。

时间性差异是指利润总额和应纳税所得额由于确认时间不一致产生的差异。这种差异的特征是在当期发生，并在以后一期或若干期转回，既对本期应纳税所得额的计算产生影响，也对以后转回期应纳税所得额的计算产生影响；但从较长时期来看，利润总额和应纳税所得额是一致的。采用应付税款法进行所得税费用的核算，时间性差异对所得税的影响金额不需要进行调整；采用纳税影响会计法进行所得税费用的核算，则时间性差异对所得税的影响金额需要进行调整。从收入项目和费用项目两个角度产生的时间性差异主要包括以下内容。

（1）涉及收入项目的时间性差异。

①“营业收入”项目。

A. 分期收款发出商品的收入确认。

B. 售后回购商品的收入确认。

C. 房地产开发企业预收款销售的收入确认。

②“公允价值变动收益”项目。

A. 交易性金融资产公允价值变动的损益确认。

B. 交易性金融负债公允价值变动的损益确认。

C. 投资性房地产公允价值变动的损益确认。

D. 非投资性房地产转为投资性房地产公允价值低于账面价值的损益确认。

③“投资收益”项目。

A. 采用权益法核算长期股权投资的收益确认。

B. 持有至到期投资的利息收入、利息调整摊销确认。

C. 可供出售金融资产利息收入、利息调整摊销确认。

D. 交易性金融资产的交易费用确认。

E. 交易性金融负债的利息支出确认。

④“营业外收入”项目。

A. 采用权益法核算长期股权投资初始投资成本小于被投资企业可辨认净资产公允价值中所占份额差额的确认。

B. 非货币性资产交换按照账面价值计量，换出资产账面价值小于公允价值差额的确认。

（2）涉及费用项目的时间性差异。

①“营业成本”项目。

A. 分期收款发出商品的成本确认。

B. 售后回购商品的成本确认。

②“销售费用”项目。

A. 超过规定标准的广告费与业务宣传费确认。

B. 产品质量保证的费用确认。

③“管理费用”项目。

A. 企业控股合并的直接相关费用确认。

B. 固定资产加速折旧法的折旧费用确认。

C. 无形资产加速摊销法的摊销费用确认。

D. 固定资产大修理、改扩建的费用确认。

E. 使用寿命不确定的无形资产摊销费用确认。

F. 以现金结算股份支付的费用确认。

G. 以权益结算股份支付的费用确认。

④“财务费用”项目。

A. 售后回购商品的财务费用确认。

B. 融资租入固定资产摊销未确认融资费用确认。

C. 应付债券利息费用确认。

D. 可转换债券转换为股份之前的利息费用确认。

⑤“资产减值损失”项目。

A. 对应收账款计提坏账损失的确认。

B. 对存货计提跌价损失的确认。

C. 持有至到期投资的减值损失确认。

D. 可供出售金融资产的减值损失确认。

E. 长期股权投资的减值损失确认。

F. 固定资产的减值损失确认。

G. 无形资产的减值损失确认。

H. 商誉的减值损失确认。

I. 采用成本模式计量的投资性房地产的减值损失确认。

J. 亏损合同的减值损失确认。

⑥“营业外支出”项目。

A. 未决诉讼的费用确认。

B. 非货币性资产交换按照账面价值计量，换出资产账面价值高于公允价值的差额确认。

⑦“净利润”项目。

未弥补纳税亏损的确认。

3. 暂时性差异。

暂时性差异是指由于资产、负债以及其他项目的账面价值与计税基础不一致产生的差异。这种差异的特征是随着资产、负债以及其他项目处置或偿还而消失。由于暂时性差异经过一定时期之后通常可以消除（或转回），因此其纳税影响可以进行跨期摊配。从资产项目和负债项目两个角度产生的暂时性差异包括以下主要内容。

（1）资产项目暂时性差异。

①“应收账款”项目。

A. 分期收款发出商品确认应收账款形成的暂时性差异。

B. 应收账款计提坏账准备形成的暂时性差异。

②“存货”项目。

A. 对存货计提跌价准备形成的暂时性差异。

B. 非货币性资产交换换入存货按照账面价值计量形成的暂时性差异。

C. 售后回购商品按照历史成本计量形成的暂时性差异。

③“交易性金融资产”项目。

A. 交易性金融资产交易费用确认形成的暂时性差异。

B. 交易性金融资产公允价值变动形成的暂时性差异。

④“持有至到期投资”项目。

A. 持有至到期投资应计利息确认、利息调整摊销形成的暂时性差异。

B. 持有至到期投资计提减值准备形成的暂时性差异。

⑤“可供出售金融资产”项目。

A. 可供出售金融资产公允价值变动形成的暂时性差异。

B. 可供出售金融资产应计利息确认、利息调整摊销形成的暂时性差异。

C. 可供出售金融资产计提减值准备形成的暂时性差异。

⑥“长期股权投资”项目。

A. 企业控股合并直接相关费用确认形成的暂时性差异。

B. 同一控制下企业控股合并长期股权投资入账价值确认形成的暂时性差异。

C. 采用权益法核算长期股权投资确认投资收益形成的暂时性差异。

D. 长期股权投资计提减值准备形成的暂时性差异。

⑦“固定资产”项目。

A. 固定资产采用加速折旧法确认折旧费用形成的暂时性差异。

B. 固定资产大修理、改扩建支出确认形成的暂时性差异。

C. 非货币性资产交换换入固定资产按照账面价值计量形成的暂时性差异。

D. 融资租入固定资产入账价值确认形成的暂时性差异。

E. 固定资产计提减值准备形成的暂时性差异。

⑧“无形资产”项目。

A. 使用寿命不确定的无形资产摊销费用形成的暂时性差异。

B. 无形资产采用加速摊销法确认摊销费用形成的暂时性差异。

C. 无形资产计提减值准备形成的暂时性差异。

D. 非货币性资产交换换入无形资产按照账面价值计量形成的暂时性差异。

⑨“商誉”项目。

商誉计提减值准备形成的暂时性差异。

⑩“投资性房地产”项目。

A. 投资性房地产采用成本模式计量时以加速折旧法确认折旧费用形成的暂时性差异。

B. 投资性房地产采用成本模式计量时计提减值准备形成的暂时性差异。

C. 投资性房地产采用公允价值模式计量时公允价值变动形成的暂时性差异。

D. 非投资性房地产转换为采用公允价值模式计量的投资性房地产形成的暂时性差异。

（2）负债项目暂时性差异。

①“交易性金融负债”项目。

A. 交易性金融负债应付利息确认形成的暂时性差异。

B. 交易性金融负债公允价值变动形成的暂时性差异。

②房地产开发企业“预收账款”项目。

房地产开发企业预收账款确认形成的暂时性差异。

③“其他应付款”项目。

售后回购商品财务费用确认形成的暂时性差异。

④“应付职工薪酬”项目。

以现金结算的股份支付确认应付职工薪酬形成的暂时性差异。

⑤“应付债券”项目。

应付债券应计利息确认、利息调整摊销形成的暂时性差异。

可转换债券转换为股份之前的利息费用确认形成的暂时性差异。

⑥“预计负债”项目。

A. 确认产品质量保证金债务形成的暂时性差异。

B. 确认未决诉讼债务形成的暂时性差异。

C. 确认亏损合同债务形成的暂时性差异。

⑦其他项目暂时性差异。

A. 确认超过标准的职工教育经费形成的暂时性差异。

B. 确认超过标准的广告费与业务宣传费形成的暂时性差异。

C. 未弥补纳税亏损形成的暂时性差异。

D. 确认以权益结算的股份支付作为资本公积时形成的暂时性差异。

4. 时间性差异与暂时性差异的比较。

(1) 时间性差异与暂时性差异的区别。

①确认基础不同。

时间性差异的确认基础是利润表，属于某一个会计期间发生的差异（即时期数），在企业以利润总额为基础计算应纳税所得额时需要进行调整。暂时性差异的确认基础是资产负债表，属于某一个资产负债表日发生的差异(即时点数)，需要以其为基础确认递延所得税资产或递延所得税负债，进而确认递延所得税费用或调整净资产。

【例 6-2】 甲公司 12 月 1 日购入股票实际支付价款 20 000 元，确认为交易性金融资产；12 月 31 日，该股票的公允价值为 24 000 元，确认公允价值变动损益 4 000 元。

分析：

12 月 31 日，甲公司持有的该交易性金融资产的计税基础仍为 20 000 元，资产负债表列示的价值为 24 000 元，两者之间的差异为 4 000 元。由于在未来期间出售该股票时只能按照 20 000 元在所得税前抵扣，因此甲公司在资产负债表基础上确认 4 000 元暂时性差异。

②确认口径不同。

时间性差异的确认，只涉及影响损益的项目。某项业务的会计核算未确认损益，税法规定也不计入应纳税所得额，则不产生时间性差异。暂时性差异的确认，既包括影响损益的项目，也包括不影响损益的项目。某项业务的会计核算虽然未确认损益，税法规定也不计入应纳税所得额，其账面价值与计税基础不一致，也将产生暂时性差异。

【例 6-3】 甲公司 12 月 1 日购入股票实际支付价款 20 000 元，确认为可供出售金融资产；12 月 31 日，该股票的公允价值为 24 000 元，将公允价值变动4 000元计入资本公积（其他资本公积）。

分析：

12月31日，该可供出售金融资产的计税基础仍为20 000元，资产负债表列示的价值为24 000元，两者之间的差异为4 000元。由于在未来期间出售该股票时只能按照20 000元在所得税前抵扣，因此甲公司在资产负债表基础上确认4 000元暂时性差异。

（2）时间性差异与暂时性差异的联系。

时间性差异属于时期数，暂时性差异属于时点数。因此，对于涉及损益的项目，期末暂时性差异与期初暂时性差异的差额，即为时间性差异。

【例6-4】 沿用例6-2的资料，甲公司12月31日涉及交易性金融资产的业务，确认4 000元时间性差异。

分析：

12月31日，甲公司持有的该交易性金融资产确认4 000元暂时性差异，月初的暂时性差异为0，因此该交易性金融资产月末与月初暂时性差异的差额，即为时间性差异。

三、应交所得税与所得税费用

（一）应交所得税

应交所得税是企业根据应纳所得税额减除按照有关税收优惠的规定减免和抵免的税额，以及调整境外所得应纳税额和境外所得抵免税额后实际应缴纳的所得税额。实际应交所得税的计算公式如下：

应纳税额 = 应纳税所得额 × 适用税率 - 减免税额 - 抵免税额

实际应交所得税 = 应纳税额 + 境外所得应纳税额 - 境外所得抵免税额

其中：

减免税额，是指企业按税法规定实际减免的企业所得税额，包括小型微利企业、国家需要重点扶持的高新技术企业，其法定税率与实际执行税率的差额，以及其他享受企业所得税减免税的数额。

抵免税额，是指企业购置用于环境保护、节能节水、安全生产等专用设备的投资额，其设备投资额的10%可以从企业当年的应纳税所得额中抵免；当年不足抵免的，可以在以后5个纳税年度结转抵免。

境外所得应纳税额，是指纳税人来源于中国境外的所得，依照税法规定应缴纳的所得税。计算境外所得应纳税额时，应先将从境外分回的利润按照来源国的所得税税率还原为境外的应纳税所得额，然后再按照我国的现行税率计算。其计算公式为：

境外所得应纳税额 = 境外所得 ÷ (1 - 境外税率) × 25%

境外所得抵免税额，是指来源于中国境外的所得，依照境外税收法律以及相关规定，应缴纳并实际缴纳的企业所得税性质的税款中准予抵免的数额。企业已在境外缴纳的所得税额，小于抵免限额的，境外所得抵免税额为其在境外实际缴纳的所得税额；大于抵免限额的，为抵免限额。境外实际缴纳的所得税额超过抵免限额的部分，可以在以后5个年度内，用每年度抵免限额抵免当年应抵税额后的余额进行抵补。抵免限额的计算公式如下：

抵免限额 = 中国境内外所得依照税法规定计算的应纳税总额 × 来源于某国的应纳税所得额 ÷ 境内外应纳税所得总额

或者 = 来源于某国的应纳税所得额 × 25%

【例6-5】 沿用【例6-1】的有关资料。假定甲公司适用的所得税税率为25%。根据相关资料，计算甲公司当年实际应交所得税额。

甲公司实际应交所得税额计算过程见表6-2。

表6-2　　甲公司实际应交所得税额计算表　　单位：元

项　　目	金　额
一、应纳税所得额	360 000
适用税率	25%
二、境内所得应纳税额	90 000
减：抵免所得税	
购置用于环保设备投资（100 000 × 10%）	10 000
三、境内外所得应纳税额	80 000
加：境外所得应纳税额	12 500
减：境外所得抵免税额	7 500
四、实际应交所得税	85 000

说明：

境外所得还原为税前所得 = 42 500 ÷ (1 ÷ 15%) = 50 000（元）

境外所得按照我国税法规定应纳所得税额 = 50 000 × 25% = 12 500（元）

境外所得在境外已交所得税额 = 50 000 × 15% = 7 500（元）

境外所得抵免限额 = 50 000 × 25% = 12 500（元）

由于境外所得已交所得税额小于抵免限额，计算实际应交所得额时，按照境外实际已交所得税额7 500元抵免。

（二）所得税费用

所得税费用是指计算净利润时应在利润总额中扣除的所得税。在不同的会计理论指导下，所得税费用的确认方法有所不同。在收入费用观下，所得税费用的确认方法有应付税款法和纳税影响会计法；在资产负债观下，所得税费用的确认方法为资产负债表债务法。按照我国现行会计准则的规定，企业应采用资产负债表债务法确认所得税费用。

1. 收入费用观下所得税费用的确认与计量。

收入费用观认为，会计信息使用者最为关注的会计信息是企业实现的净收益。在收入费用观下，利润表为财务报表中的第一报表，信息的采集、处理、披露均首先考虑企业各项收入、费用、利润等信息是否客观、可靠。其他财务报表信息相对来说居于从属地位。收入费用观下，所得税会计的确认、计量方法有应付税款法和纳税影响会计法。

在应付税款法下，按照应交所得税确认所得税费用，是确认所得税费用的简化方法。纳税影响会计法，则要将按照会计准则确认的收入、费用与按税法规定确认的收入、费用之间，由于确认时间不同形成的差异对所得税费用的影响金额进行调整；会计准则与税法对资产、负债等确认、计量方面规定不同不影响利润但影响净资产的差异，纳税影响会计法则不进行调整（详见第二节）。

2. 资产负债观下所得税费用的确认与计量。

资产负债观认为，会计信息使用者最为关注的会计信息是企业的净资产及其增减变动，会计收益属于全面收益，既包括净利润，也包括净资产其他项目的收益。资产负债观下，资产负债表为财务报表中的第一报表，会计信息的采集、处理、披露均首先考虑企业资产、负债、净资产的信息是否客观、可靠。其他财务报表信息相对来说居于从属地位。资产负债观下，所得税会计的确认、计量方法为资产负债法债务法。

采用资产负债表债务法，不仅要将按会计准则规定确认的收入、费用与按税法规定确认的收入、费用之间由于确认时间不同形成的差异对所得税的影响金额进行调整，还要对会计准则与税法对资产、负债等的确认、计量方面规定不同不影响利润但影响净资产的差异进行调整（详见第三节）。

四、所得税会计准则

（一）国际会计准则第 12 号——所得税会计

《国际会计准则第 12 号——所得税》（IAS12 所得税）要求企业采用资产负债表债务法核算递延所得税，进而确定所得税费用。现行的《国际会计准则第 12 号——所得税》是经过多次修订而成的，其修订过程也是所得税会计处理方法不断完善的过程。

1979年7月，国际会计准则委员会（IASC），发布了正式的所得税会计准则，即《国际会计准则第12号——所得税会计》，该准则要求企业采用递延法或债务法来核算递延所得税。1989年至1996年IASC曾多次就修改所得税会计准则征求意见，在其发布的一份草案中，要求采用债务法。这里的债务法是指利润表债务法，其关注的是时间性差异。主张采用债务法的理由是：如果与资产或负债相联系的未来经济利益很可能流入或流出企业，并且经济利益流入或流出的金额能够可靠计量，企业就可以确认资产或负债；由于时间性差异的金额和税率的信息是容易获得的，因而递延所得税资产或负债通常能够可靠计量。1996年10月，国际会计准则委员会发布了修订后的《国际会计准则第12号——所得税》，该修订本对所得税会计处理进行了较大修改：第一，《国际会计准则第12号——所得税》（修订版）禁止采用递延法，而要求采用另一种方法——债务法，这种债务法被称为资产负债表债务法，这种方法下所关注的不是时间性差异，而是暂时性差异；第二，原国际会计准则委员会第12号允许企业在有合理的证据证明在可预见的未来时间性差异不会转回时不确认递延所得税资产和负债，而《国际会计准则第12号——所得税》（修订版）则要求除了某些例外情况外，企业要对所有暂时性差异确认递延所得税负债或资产（递延所得税资产的确认要满足一定的条件）。在1996年修订的IAS12中没有规定一个企业何时或如何报告企业分配的股利和其他利润的纳税结果。后来IASC就这个问题展开讨论，2000年10月IASC批准了关于股利的所得税会计处理方法。

（二）我国所得税会计的发展

我国企业所得税会计的发展过程，与国家利润分配制度和经济体制等领域的改革举措密不可分。

1. 1994年以前企业所得税的会计处理。

1994年以前，我国所得税的会计处理与国际会计惯例存在很大差异。“利改税”实施阶段，企业所得税被看作是利润分配的一项内容，这种观念的理论依据是国有企业的利润分配应当体现国家、集体、个人的利益关系。当时我国企业的损益表只计算到税前的利润总额，在利润分配表中才反映从利润总额中减去当年所得税后得出的税后净利润。在外商投资企业的会计报表中也是这样处理的。

随着对国营企业全面实行“税利分流”制度，国家的社会管理职能和资产所有者职能区分开来，国家作为社会管理者依法向企业征收所得税，作为资产所有者，参与企业的税后利润分配。在这种制度下，对各种所有制的企业来说，所得税都应当被看作是企业的费用而列入损益表，利润分配过程应当从税后利润开始。但是这一概念并未体现在 1993 年 7 月 1 日开始实施的《企业会计准则》和《企业财务通则》中。在会计实务中，人们不区分会计利润与应纳税所得额，也不存在会计利润与应纳税所得额之间的差异问题。对外商投资企业来说，其按照《外商投资企业会计制度》的规定确定的会计利润与按照《外商投资企业和外国企业所得税法》的规定确定的应纳税所得额之间存在着一些差异，在会计制度中没有明确规定对这些差异如何进行会计处理，实际上企业采用的是应付税款法。

2. 1994 年至 2006 年企业所得税的会计处理。

1994 年开始我国推出了包括财税体制、外贸外汇体制等一系列改革措施，为配合当时新税制的实施，财政部先后制定下发了增值税、营业税、消费税的会计处理办法，并于 1994 年 6 月 29 日以（94）财会字第 25 号文件发布了《企业所得税会计处理的暂行规定》（以下简称《暂行规定》）。《暂行规定》明确企业所得税性质属于一项费用，而不再属于利润分配范畴。这样，利润分配的过程从税后净利润开始。在原来的利润分配表上删去从税前“利润总额”中减去“应交所得税”而得出“税后利润”的分配程序；而在损益表中则加进利润总额减去“所得税”而得出税后“净利润”的程序。

对于税前会计利润与应纳税所得额之间存在的永久性差异和时间性差异允许采用应付税款法和纳税影响会计法两种方法进行处理。采用纳税影响会计法时既可以采用“递延法”，也可采用“债务法”，即利润表债务法。后来，2001 年颁布的企业会计制度中有关所得税的会计处理规定与《暂行规定》相同。

3. 2007 年以后企业所得税的会计处理方法。

2006 年 2 月 15 日财政部发布了 39 项企业会计准则，并于 2007 年 1 月 1 日起在上市企业首先施行，这 39 项企业会计准则中包括了《企业会计准则第 18 号——所得税》（以下简称我国所得税准则）。根据我国所得税准则，企业所得税的会计处理方法只有一种，即资产负债表债务法。至此，我国企业所得税的会计处理与国际财务报告准则（即修订后的《国际会计准则第 12 号——所得税》）实现趋同。

五、所得税会计科目设置

不同的所得税会计处理方法下，所得税会计科目的设置有所不同。一般应设置“所得税费用”、“应交税费——应交所得税”科目，采用利润表债务法时还需设置“递延税款”，采用资产负债表债务法时则需设置“递延所得税资产”和“递延所得税负债”科目。

（一）“所得税费用”科目

在不同的所得税会计处理方法下，该科目的核算内容和记录金额有所差别。应付税款法下，依照收付实现制原则，期末根据按应纳税所得额计算的本期应交所得税，记入其借方。纳税影响会计法下，该科目核算企业根据所得税准则确认的、当期应从利润总额中扣除的所得税费用；在资产负债表债务法下，可设置“当期所得税费用”和“递延所得税费用”明细科目。本科目核算内容如下图6-1“T形”账户所示。

所得税费用

（1）当期应交所得税金额	（1）当期确认的递延所得税资产
（2）当期确认的递延所得税负债	（2）当期结转的递延所得税负债
（3）当期结转的递延所得税资产	（3）期末结转“本年利润”金额

图6-1　“所得税费用”T形账户

（二）“应交税费——应交所得税”科目

为了正确核算纳税人应交的企业所得税，纳税人应在“应交税费”科目下设置“应交所得税”明细科目。明细科目的借方反映纳税人实际缴纳的企业所得税额；明细科目的贷方反映按规定应缴纳的企业所得税额。期末，贷方余额表示纳税人尚未缴纳的所得税额，借方余额表示纳税人多缴的所得税额。

（三）“递延税款”科目

采用递延法和利润表债务法进行所得税会计处理时，需设置“递延税款”科目。该科目核算由时间性差异造成的税前会计利润与应纳税所得额之间差额所产生的影响纳税金额，以及以后各期转销的金额。其贷方反映企业本期税前会计利润大于应纳税所得额产生的时间性差异影响纳税的金额，及本期转销已确认的时间性差异对纳税影响的借方金额；其借方反映企业本期税前会计利润小于应纳税所得额产生的时间性差异影响纳税的金额，及本期转销已确认的时间性差异对纳税影响的贷方金额。在利润表债务法下，“递延税款”科目的贷方或借方发生额，还反映因税率变动调整的递延税款金额。“递延税款”科目的期末贷方（或借方）余额，反映尚未转回的时间性差异影响所得税的金额。

企业接受捐赠的非现金资产，应在弥补亏损后，按其余额计算缴纳所得税，一般不再递延纳税。企业还应设置“递延税款”备查簿，详细记录发生时间性差异的原因、金额、预计转回期限、已转回金额等。

（四）“递延所得税资产”科目

采用资产负债表债务法进行所得税会计处理时，需设置“递延所得税资产”科目，该科目核算企业根据所得税准则确认的可抵扣暂时性差异产生的所得税资产，企业可以按照可抵扣暂时性差异项目进行明细分类核算。根据税法规定可用以后年度税前利润弥补的亏损产生的所得税资产，也在本科目核算。

企业在确认相关资产、负债时，根据所得税准则应予确认的递延所得税资产，借记本科目，贷记“所得税费用”或“资本公积——其他资本公积”。

资产负债表日，企业根据所得税准则应予确认的递延所得税资产大于本科目余额的，借记本科目，贷记“所得税费用”或“资本公积——其他资本公积”；应予确认的递延所得税资产小于本科目余额的，作相反会计分录。

资产负债表日，预计未来期间很可能无法获得足够的应纳税所得额用以抵扣可抵扣暂时性差异的，按应减记的金额，借记“所得税费用”或“资本公积——其他资本公积”，贷记本科目。

本科目期末借方余额，反映企业已确认的递延所得税资产的余额。

（五）“递延所得税负债”科目

采用资产负债表债务法进行所得税会计处理时，需设置“递延所得税负债”科目，该科目核算企业根据所得税准则确认的应纳税暂时性差异产生的所得税负债，企业可以按照应纳税暂时性差异项目进行明细分类核算。

企业在确认相关资产、负债时，根据所得税准则应予确认的递延所得税负债，借记“所得税费用”或“资本公积——其他资本公积”，贷记本科目。

资产负债表日，企业根据所得税准则应予确认的递延所得税负债大于本科目余额的，借记“所得税费用”或“资本公积——其他资本公积”，贷记本科目；应予确认的递延所得税负债小于本科目余额的，进行相反会计处理。

本科目期末贷方余额，反映企业已确认的递延所得税负债的余额。

资料链接 6-2　　美国所得税会计的演进历程

美国所得税会计准则的修订和变更十分频繁。会计准则的制定往往伴随着政治斗争、利益集团的博弈、其他学科的发展等，经济因素尤其不能被忽视。

1. 早期演进过程。在1946年以前，所得税会计准则很不成熟，会计理论也不完善，社会各界对所得税的认识比较简单。但这并不意味着所得税研究滞后，早在1914年就有学者提出了近似于时间性差异的概念。但是任何理论体系的构建都要有个过程，美国从20世纪初开始逐步确立以所得税为主体税种的税制框架，大大加强了所得税在整个税收体系中的地位，为美国经济发展开辟了新财源。

美国所得税会计准则的制定经历了实践为先、理论在后、由简单至完善的过程。当时所得税核算采用类似于应付税款法的纳税净额法，即本期应交所得税确认为本期所得税费用，不确认暂时性差异的纳税影响。此法相对简单，在所得税征收的初始阶段使用比较适合，但是随着经济业务日趋复杂，其报告的会计信息会失真，各期净利润也会出现忽高忽低的情况，有待其他核算方法来弥补。1910~1940年，美国GDP从334亿美元增长到1 014亿美元，增加了近3倍，年均增长率约为3.8%。这种较低基数的稳定增长也适合于简易的所得税会计处理。在1944年发布的美国会计研究公告23（Accounting Research Bulletins，ARB23）也就是第一项涉及所得税的会计准则中，体现了一种“部分分摊法”的思想。这种方法是对一次性非重复发生的时间性差异作跨期分摊的一种方法。重复发生的时间性差异，当旧的差异转回时，又有新的差异发生将其抵消，使其差异永远延续下去故不作跨期分摊。

部分分摊法有一个假设——经济持续繁荣。如果出现失业、通货膨胀、国民经济增长乏力等经济衰退情况时，往往导致“递延税款”科目的部分或全部当期结算，加剧财务报表数据波动，影响财务信息的有用性。1939年，罗斯福总统实施的新政取得了巨大的成功。新政几乎涉及美国社会经济生活的各个方面，其中多数政策是针对美国摆脱危机、最大限度地减轻危机后果的具体措施，还有一些则是从资本主义长远发展目标出发的远景规划，它的直接效果是使美国避免了经济大崩溃。新政之后的美国经济的“觉醒”促进了所得税会计准则的发展。1944年前后的美国和世界经济形势使得这种方法能大行其道。当时二战进入尾声，美国经济开始飞速发展，固定资产投资增加。二战之后的十年，年均

7%的 GDP 增长率也和所得税会计处理原则实现了“匹配”。

2. 中期演进过程。1956～1973 年，美国所得税会计经历了另一个发展阶段。由于部分分摊法存在一定的缺陷，因此，美国会计原则委员会公告 11（Accounting Principles Board11，APB11）提出采用全面分摊法。全面分摊法是对除永久性差异之外的其他所得税影响都要确认。无论是重复发生还是非重复发生的暂时性差异对所得税的影响，均应做跨期分摊。在全面分摊法下，所得税费用包括本期所得税负债和用单项资产解释的未来负债的现值。

部分分摊法的一个缺陷是对重复出现的项目进行递延会使资产负债表中的递延所得税余额越来越大。但这一缺陷至少在当时没有对经济统计造成严重影响。20 世纪 50 年代，艾森豪威尔总统实行“补偿性”的财政政策，但由于种种决策失误，导致经济长期停滞不前，20 世纪 60 年代初美国的国际收支出现赤字。因此，国会通过了减税刺激经济方案。这些经济促进手段使全面分摊法光明正大地采用了十多年，亦为美国公司提供了经济增长的契机，但是职业界对所得税分摊等问题的关注度始终不减。

此时所得税会计的核算采用的是递延法，递延法的盛行是收入费用观的体现。由于人们普遍认为收益就是指产出价值大于投入价值的差额，并且收益的重要性得到人们的认可（朱建红，2006）。同时，由于时间性差异这一概念的存在，也使人们注重损益表。因为时间性差异侧重于从收入和费用角度分析会计利润和应纳税所得额之间的差异，强调时间性差异形成与转回是对本期所得税费用的调整，进而影响损益表。对于利润的看重本无可厚非，当时全球资本市场尚未完善，衍生金融工具也较少，这给收入费用观流行提供了便利。二十世纪六七十年代的美国依旧崇尚“利润为王”的观念。从战后经济复苏开始，美国消费信贷率不断提高，盈余的重要性在美国民众中影响广泛。这也是递延法得到发展的客观条件，毕竟相对于应付税款法，递延法更符合会计理论。

3. 后期演进过程。1987 年，美国财务会计准则委员会（Financial Accounting Standards Board，FASB）颁布了美国财务会计准则公告 96（Statement of Financial Accounting Standards96，SFAS96），该准则首次提出暂时性差异。暂时性差异除了包括所有时间性差异，还包括非时间性的暂时性差异。非时间性的暂时性差异是对资产或负债进行直接调整造成的，主要包括：资产重估，但计税时不作对应调整；外币折算中的按历史汇率折算；合并产生的商誉或负商誉；长期股权投资等非时间性的暂时性差异（郑红霞，2006）。显然，这些业务是经济发展的产物，20世纪80年代初，正值石油危机刚结束，这引发了公司重组兼并的浪潮。人们发现现行的时间性差异和永久性差异在运用于特殊会计业务时，不是十分恰当。之前提到了美国基本上采用全部分摊法，但是允许对少数可个别辨认的暂时性差异运用部分分摊法，这些差异主要是非时间性的暂时性差异。

SFAS96明确要求对暂时性差异的跨期分摊采用全部分摊法下的债务法进行所得税核算，这是一种资产负债表债务法，并且废除了递延法。资产负债表债务法以暂时性差异为概念基础，弥补了时间性差异的局限性。这是资产负债观的体现。以往的非时间性的暂时性差异归入永久性差异，使财务数据相互之间不配比，影响了财务信息质量。该方法在遇到税率变动时，进行追溯调整，毕竟财务报表应以反映历史财务信息为重。而且，美国证券交易委员会（U. S. Securities and Exchange Commission，SEC）在20世纪90年代前对公允价值计量的财务报表并不支持。资产负债观提供的会计信息范围更广，内容更丰富，可以促使公司对报告日的财务状况和未来现金流量做出全面评价，提高预测价值。同时逐一确认资产或负债在会计与税法核算上的不一致，在某种程度上可以抵制因会计方法选择所产生的逃税行为。

1992年，SFAS109取代SFAS96并成为美国现行的所得税会计准则。这种取代更多的是因为前一项准则操作难度大并且过于复杂。但是SFAS109基本上延续了SFAS96的规定，而且SFAS109要求在对递延所得税进行预期偿付时，采用平均税率，这使得税法或税率变动对经济影响的计量更为可靠。在美国会计信息质量的层次结构中，可靠性位于中间层次，但它是针对决策质量所提出的一个要求。这种导致报表质量提升的演进，与民众的要求相符合。

从以上三个阶段对美国所得税会计准则演进过程进行分析之后，我们不难发现，一个国家所处的历史阶段和经济发展水平对会计准则的制定往往会产生重要影响。会计准则的制定必须适合经济发展要求。

第2节　所得税会计处理方法

所得税会计处理方法分为以下两类：一类是以税法为导向的应付税款法；一类是与税法分离的纳税影响会计法，其以会计准则为处理依据。纳税影响会计法可以分为递延法和债务法，根据是以分析时间性差异的纳税影响为出发点，还是以分析暂时性差异的纳税影响为出发点，债务法又可分为利润表债务法和资产负债表债务法。所得税会计处理方法分类见图6－2。

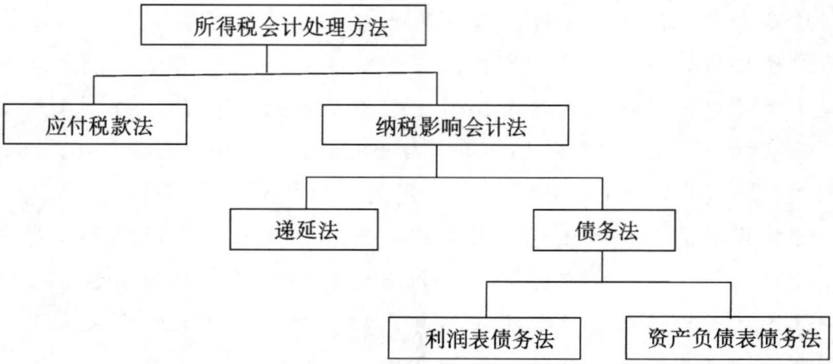

图6－2　所得税会计处理模式关系图

一、应付税款法

应付税款法（Taxes Payable Method）是将本期会计利润与应纳税所得额之间的差异所造成的纳税影响额直接计入当期损益，而不递延到以后各期的一种会计处理方法。在这种方法下，按照本期应付税款确认本期的所得税费用，因此不在资产负债表中确认本期会计利润与应纳税所得额之间的差异造成的未来纳税影响。这种方法的优点是会计处理简单、易操作，缺点是不符合权责发生制原则。

实际上，对于所有的永久性差异，企业只能采用应付税款法进行会计处理。应付税款法的局限性仅仅体现在其对时间性差异或暂时性差异的纳税影响的跨期处理方面。

采用应付税款法时，企业只需按照税法规定对税前会计利润进行调整，既需要调整永久性差异也需要调整时间性差异，调整后得出应税利润，即应纳税所得额，再根据应纳税所得额和企业适用的所得税税率计算出本期应交所得税，作为本期所得税费用。企业采用应付税款法时应当建立相关的备查簿。

【例6-6】 甲公司利润总额为10 000 000元，该公司适用25%的所得税税率。有关资料如下：

当年确认的投资收益中包括国债利息收入220 000元；

当年支付税收滞纳金100 000元；

甲公司所得税费用计算如下：

利润总额：	10 000 000
减：国债利息收入	220 000
加：支付的税收滞纳金	100 000
应纳税所得额	9 880 000
本期应交所得税	2 470 000
本期所得税费用	2 470 000

假设甲公司按年上缴所得税，则该公司确认所得税的账务处理为：

借：所得税费用　　2 470 000

　　贷：应交税费——应交所得税　　2 470 000

【例6-7】 假设【例6-6】中，甲公司的一项固定资产从1月份开始计提折旧，原值为6 000 000元，折旧年限为6年，预计净残值率为5%，采用直线法计提折旧。该项固定资产按照税法规定折旧年限为10年，预计净残值率和折旧方法与会计相同。

甲公司的所得税费用计算如下：

当年该固定资产会计折旧费用为950 000元，按照税法计算的折旧费用为570 000元。

利润总额：		10 000 000
减：国债利息收入		220 000
加：支付的税收滞纳金		100 000
加：折旧费用调整额	(950 000－570 000)	380 000
应纳税所得额		10 260 000
本期应交所得税		2 565 000
本期所得税费用		2 565 000

假设甲公司按年上缴所得税，则该公司确认所得税的账务处理为：

借：所得税费用　　2 565 000

　　贷：应交税费——应交所得税　　2 565 000

在应付税款法下，对于本期发生的时间性差异，如例6-7中的折旧费差异 380 000 元，企业并没有确认其未来的纳税影响，企业对永久性差异和时间性差异的会计处理是相同的。

二、纳税影响会计法

纳税影响会计法（Tax Effect Accounting）是将本期会计利润与应纳税所得额之间的时间性差异或暂时性差异造成的影响纳税金额递延和分配到以后各期的一种会计方法。这种方法下，所得税被视为企业在获得收益时发生的一项费用，应随同有关的收入和费用计入同一期间，以达到收入和费用的配比。而以暂时性差异取代时间性差异之后，采用纳税影响会计法的实际作用是使企业的财务会计记录与财务报告的目标相一致，也就是按照财务会计的基本概念（资产和负债）和权责发生制进行会计确认和计量。

为了在权责发生制基础上确认各个会计期间的所得税费用，需要在财务会计的账务处理中应用所得税的跨期摊配程序，用来处理时间性差异或暂时性差异的逐渐确认和依次转销。所得税的跨期摊配方法主要有递延法和债务法两种方法。在所得税会计发展的早期，递延法和债务法都是通行的国际惯例，后来债务法逐渐取代了递延法。

（一）递延法

在纳税影响会计法下，根据是否因税率和税基变化而调整递延税款，又可分为递延法（Deferred Method）和债务法（Liability Method）。递延法下，本期时间性差异产生的影响所得税的金额，递延和分配到以后各期；递延所得税按照时间性差异形成时的税率计算确认，并随着时间的推移逐渐转销，不因税率的变动而进行调整。

递延法一般通过“递延税款借项”和“递延税款贷项”科目反映时间性差异影响所得税的金额及其转销情况。“递延税款借项”科目是资产类科目，其借方登记会计利润小于应纳税所得额而产生的时间性差异影响所得税的金额，该时间性差异转销时登记在该科目的贷方。“递延税款贷项”科目是负债类科目，其贷方登记会计利润大于应纳税所得额而产生的时间性差异影响所得税的金额，该时间性差异转销时登记在该科目的借方。期末“递延税款借项”和“递延税款贷项”科目的记录可以清晰反映时间性差异纳税影响的逐期确认和转回过程，余额则反映累计已经确认的时间性差异纳税影响金额（时间性差异尚未开始转回）或尚未转销的时间性差异纳税影响金额（时间性差异转回期间）。

递延法下的所得税会计处理程序可以概括如下：

第一，计算应纳税所得额。企业应当在本期税前会计利润的基础上，调整有关差异得出本期应纳税所得额。

第二，计算本期应交所得税。本期应交所得税等于应纳税所得额乘以适用的所得税税率。

第三，计算和确定本期形成的时间性差异，并将其区分为应纳税时间性差异和可抵扣时间性差异。

第四，根据本期形成的应纳税时间性差异和现行税率，计算得出本期确认的递延税款贷项金额；根据本期形成的可抵扣时间性差异和现行税率，计算得出本期确认的递延税款借项金额。

第五，确定本期转回的前期确认的递延税款贷项金额和递延税款借项金额。

第六，计算得出本期所得税费用。本期所得税费用的计算公式如下：

本期所得税费用＝本期应交所得税＋本期确认的递延税款贷项金额－本期确认的递延税款借项金额＋本期转回前期确认的递延税款借项金额－本期转回前期确认的递延税款贷项金额

【例6－8】20×4年12月甲公司购入一套环保设备，设备价款为150 000元，预计使用年限为5年，预计净残值为0。采用直线法计提折旧，在纳税申报时采用年数总和法计算折旧费（该固定资产常年处于强震动、高腐蚀状态）。假设甲公司20×5～20×9年每年会计利润均为1 000 000元，适用25%的所得税税率。

该公司各年所得税费用、应交所得税和递延税款的计算如表6－3所示。

表6－3　甲公司所得税费用、应交所得税和递延税款计算表（税率不变）

单位：元

项目＼年份	20×5	20×6	20×7	20×8	20×9	合计
会计折旧费用	30 000	30 000	30 000	30 000	30 000	150 000
应税折旧费用	50 000	40 000	30 000	20 000	10 000	150 000
折旧费差异	－20 000	－10 000	0	10 000	20 000	0
税前会计利润	1 000 000	1 000 000	1 000 000	1 000 000	1 000 000	5 000 000
应纳税所得额	980 000	990 000	1 000 000	1 010 000	1 020 000	5 000 000
时间性差异	20 000	10 000	0	－10 000	－20 000	0
递延税款贷项	5 000	2 500	0	－2 500	－5 000	0
应交所得税	245 000	247 500	250 000	252 500	255 000	1 250 000
所得税费用	250 000	250 000	250 000	250 000	250 000	1 250 000

根据表6－3计算结果，甲公司各年所得税会计处理如下。

（1）20×5年度：

借：所得税费用　250 000
　　贷：应交税费——应交所得税　245 000
　　　　递延税款贷项　5 000

（2）20×6年度：

借：所得税费用　250 000
　　贷：应交税费——应交所得税　247 500
　　　　递延税款贷项　2 500

（3）20×7年度：

借：所得税费用　250 000
　　贷：应交税费——应交所得税　250 000

（4）20×8年度：

借：所得税费用　250 000
　　递延税款贷项　2 500
　　贷：应交税费——应交所得税　252 500

（5）20×9年度：

借：所得税费用　250 000
　　递延税款贷项　5 000
　　贷：应交税费——应交所得税　255 000

甲公司“递延税款贷项”科目各年发生额和余额情况如表6－4所示。

表6－4　甲公司“递延税款贷项”科目各年发生额和余额　单位：元

年份	发生额	余额
20×5	贷方5 000（确认）	贷方5 000
20×6	贷方2 500（确认）	贷方7 500
20×7	0	贷方7 500
20×8	借方2 500（转销）	贷方5 000
20×9	借方5 000（转销）	0

递延法下，如果今后税率发生变动，“递延税款贷项”或“递延税款借项”科目的余额不需要进行调整。但是，在不调整递延税款的情况下，由于税率已经发生变化，相应年度的应交所得税需要按照新的税率计算和确认，而以前各期发生在本期转销的各项时间性差异对纳税的影响则需要用以前期间适用的税率计算。

【例6-9】假设例6-8中，甲公司适用的所得税税率于20×8年初开始改为20%，其他条件不变，则该公司各年所得税费用、应交所得税和递延税款的计算如表6-5所示。

表6-5 甲公司所得税费用、应交所得税和递延税款计算表
(20×8年税率变为20%)

单位：元

年份 项目	20×5	20×6	20×7	20×8	20×9	合计
会计折旧费用	30 000	30 000	30 000	30 000	30 000	150 000
应税折旧费用	50 000	40 000	30 000	20 000	10 000	150 000
折旧费差异	-20 000	-10 000	0	10 000	20 000	0
税前会计利润	1 000 000	1 000 000	1 000 000	1 000 000	1 000 000	5 000 000
应纳税所得额	980 000	990 000	1 000 000	1 010 000	1 020 000	5 000 000
时间性差异	20 000	10 000	0	-10 000	-20 000	0
递延税款贷项	5 000	2 500	0	-2 500	-5 000	0
应交所得税	245 000	247 500	250 000	202 000	204 000	1 148 500
所得税费用	250 000	250 000	250 000	199 500	199 000	1 148 500

根据表6-5计算结果，甲公司各年所得税会计处理如下：

(1) 20×5年度：

借：所得税费用 250 000

　　贷：应交税费——应交所得税 245 000

　　　　递延税款贷项 5 000

(2) 20×6年度：

借：所得税费用 250 000

　　贷：应交税费——应交所得税 247 500

　　　　递延税款贷项 2 500

(3) 20×7年度：

借：所得税费用 250 000

　　贷：应交税费——应交所得税 250 000

(4) 20×8年度：

借：所得税费用 199 500

　　递延税款贷项 2 500

　　贷：应交税费——应交所得税 202 000

（5）20×9 年度：

借：所得税费用　　199 000

　　递延税款贷项　　5 000

　　贷：应交税费——应交所得税　　204 000

该公司“递延税款贷项”科目各年发生额和余额情况与例 6－8 相同。

在例 6－9 中，所得税税率的变动发生在时间性差异转回期间，实际工作中所得税税率的变动也可能发生在时间性差异形成的某一期间。采用新税率后，在时间性差异形成期间应交所得税和时间性差异的纳税影响（递延税款）均按照新税率计算确定；在各转回期间内，如果属于按照原税率计算的时间性差异的纳税影响，其转回金额应当按照原税率计算，如果属于按照新税率计算的时间性差异的纳税影响，其转回金额也应当按照新税率计算。

【例 6－10】 假设例 6－8 中，甲公司适用的所得税税率于 20×6 年年初开始变为 20%，其他条件不变。该公司各年所得税费用、应交所得税和递延税款的计算如表 6－6 所示。

表 6－6　　甲公司所得税费用、应交所得税和递延税款计算表

（20×6 年税率变为 20%）　　单位：元

项目＼年份	20×5	20×6	20×7	20×8	20×9	合计
会计折旧费用	30 000	30 000	30 000	30 000	30 000	150 000
应税折旧费用	50 000	40 000	30 000	20 000	10 000	150 000
折旧费差异	－20 000	－10 000	0	10 000	20 000	0
税前会计利润	1 000 000	1 000 000	1 000 000	1 000 000	1 000 000	5 000 000
应纳税所得额	980 000	990 000	1 000 000	1 010 000	1 020 000	5 000 000
时间性差异	20 000	10 000	0	－10 000	－20 000	0
应交所得税	245 000	198 000	200 000	202 000	204 000	1 049 000
递延税款贷项	5 000	2 000	0	－2 500	－4 500	0
所得税费用	250 000	200 000	200 000	199 500	199 500	1 049 000

注：20×9 年在因折旧产生的时间性差异转回的最后 1 年，将“递延税款贷项”科目中的余额 4 500元全部转销，该金额实际上等于时间性差异 20 000 元的转回，其中，10 000 元是按照原税率 25% 计算转回 2 500 元，而另外的 10 000 元则按照新税率 20% 计算转回 2 000 元，两者之和正好等于 4 500 元。

甲公司各年末确认所得税费用的账务处理略。

根据例 6－10，该公司“递延税款贷项”科目各年发生额和余额情况如表 6－7 所示。

表6-7　　甲公司“递延税款贷项”科目各年发生额和余额　　单位：元

年份	发生额	余额
20×5	贷方5 000（确认）	贷方5 000
20×6	贷方2 000（确认）	贷方7 000
20×7	0	贷方7 000
20×8	借方2 500（转销）	贷方4 500
20×9	借方4 500（转销）	0

【例6-11】 20×4年12月甲公司购入一套环保设备，设备价款为150 000元，预计使用年限为5年，预计净残值为0。采用直线法计提折旧，在纳税申报时采用年数总和法计算折旧（该固定资产常年处于强震动、高腐蚀状态）。假设20×5~20×9年每年会计利润均为1 000 000元，前4年均不存在任何其他纳税调整事项，第5年当年确认的投资收益中包括国债利息收入50 000元，当年赞助支出200 000元。该公司适用25%的所得税税率。

该公司各年所得税费用、应交所得税和递延税款的计算如表6-8所示。

表6-8　　甲公司所得税费用、应交所得税和递延税款计算表（税率不变）　　单位：元

项目＼年份	20×5	20×6	20×7	20×8	20×9	合计
会计折旧费用	30 000	30 000	30 000	30 000	30 000	150 000
应税折旧费用	50 000	40 000	30 000	20 000	10 000	150 000
折旧费差异	-20 000	-10 000	0	10 000	20 000	0
税前会计利润	1 000 000	1 000 000	1 000 000	1 000 000	1 000 000	5 000 000
应纳税所得额	980 000	990 000	1 000 000	1 010 000	1 170 000	5 150 000
时间性差异	20 000	10 000	0	-10 000	-20 000	0
递延税款贷项	5 000	2 500	0	-2 500	-5 000	0
应交所得税	245 000	247 500	250 000	252 500	292 500	1 287 500
所得税费用	250 000	250 000	250 000	250 000	287 500	1 287 500

注：表中应纳税所得额合计数为5 150 000元，税前会计利润总额5 000 000元，两者不相等的原因是20×9年该公司存在永久性差异150 000（200 000-50 000）元。

表6-8中，20×9年该公司既存在永久性差异，也存在时间性差异，则该年度应交所得税和所得税费用的计算过程如下：

会计利润：	1 000 000
减：国债利息收入	50 000
加：赞助支出	200 000

加：会计折旧费用	30 000
减：应税折旧费用	10 000
应纳税所得额	1 170 000
本期应交所得税	（1 170 000 ×25%） 292 500
本期所得税费用	（292 500 －5 000） 287 500

根据上述计算结果，公司各年所得税会计处理如下：

（1）20×5 年度：

借：所得税费用　　250 000

　　贷：应交税费——应交所得税　　245 000

　　　　递延税款贷项　　5 000

（2）20×6 年度：

借：所得税费用　　250 000

　　贷：应交税费——应交所得税　　247 500

　　　　递延税款贷项　　2 500

（3）20×7 年度：

借：所得税费用　　250 000

　　贷：应交税费——应交所得税　　250 000

（4）20×8 年度：

借：所得税费用　　250 000

　　递延税款贷项　　42 500

　　贷：应交税费——应交所得税　　252 500

（5）20×9 年度：

借：所得税费用　　287 500

　　递延税款贷项　　5 000

　　贷：应交税费——应交所得税　　292 500

总之，在递延法下本期形成的时间性差异的纳税影响数用当期所得税税率计算。即使企业已知本期形成的时间性差异在今后转回时的所得税税率，也不按照今后转回时的所得税税率计算其纳税影响额，而仍然按照当期所得税税率计算确认递延税款；在税率发生变动的情况下，前期形成而在本期转销的时间性差异的纳税影响数一般用原税率计算，而不是用现行税率计算。作为上述会计处理的结果，资产负债表中递延税款的金额可能是一种递延税款贷项（当降低当期应付所得税款时）或一种递延税款借项（当增加当期应付所得税款时），它并不能确切地代表企业拥有的一项资产（收款的权力）或企业的一项现时义务（付款的义务）。

（二）债务法

1. 债务法的含义及分类。

所得税跨期摊配的另一种方法是债务法。所谓债务法，是将本期时间性差异（暂时性差异）产生的影响所得税的金额，递延和分配到以后各期，并以预计的时间性差异（暂时性差异）转回时的税率为依据计算递延税款的一种方法。债务法下，时间性差异（暂时性差异）的预计纳税影响被看做是一项将来应付税款的义务或代表抵减未来税款的资产。为了使递延税款余额真正代表企业未来的所得税责任或利益，在税率变动或开征新税时需要调整递延税款的余额。

根据分析时间性差异（暂时性差异）纳税影响时的出发点不同，债务法又可分为利润表债务法（Income Statement Liability Method）和资产负债表债务法（Balance Sheet Liability Method）。利润表债务法，也称为收益表债务法，它注重税前会计利润与应纳税所得额之间的时间性差异，并将时间性差异对未来所得税的影响处理为对递延税款和本期所得税费用的调整。利润表债务法仅考虑利润表的时间性差异的所得税影响，是收入费用观的体现。资产负债表债务法则注重资产、负债的账面价值与计税基础之间的暂时性差异。

下面将介绍利润表债务法的应用，有关资产负债表债务法的应用在第三节详细阐述。

2. 利润表债务法的应用。

在税率不变的情况下，采用利润表债务法进行所得税跨期摊配的结果与递延法下的结果没有任何差别。仍以例6－8为例，假设企业采用利润表债务法进行所得税核算，则该企业的所得税计算和会计处理与例6－8完全相同。

利润表债务法与递延法的根本区别在于是否对税率变动进行反映。所以关键的问题是在税率发生变动的情况下，企业如何反应出税率变动对递延税款的影响。债务法下企业的递延税款通过“递延所得税负债”和“递延所得税资产”科目核算，如果税率发生变动，企业应当在税率发生变动时或预计发生变动时，按照变动后的税率调整原来已经确认的递延所得税负债和递延所得税资产，同时调整本期所得税费用。所以利润表债务法下，本期所得税费用的计算可以用下面公示表达：

本期所得税费用＝本期应交所得税＋本期确认的递延所得税负债－本期确认的递延所得税资产＋本期转回前期确认的递延所得税资产－本期转回前

期确认的递延所得税负债+由于税率变动调减的递延所得税资产或调增的递延所得税负债－由于税率变动调增的递延所得税资产或调减的递延所得税负债

【例 6－12】 假设例 6－8 中，甲公司所得税税率于 20×8 年年初开始改为 20%，公司采用利润表债务法核算所得税，其他条件不变。

该公司各年计算的时间性差异如表 6－9 所示。

表 6－9　　甲公司 20×5～20×9 年时间性差异计算表　　单位：元

项目＼年份	20×5	20×6	20×7	20×8	20×9	合计
会计折旧费用	30 000	30 000	30 000	30 000	30 000	150 000
应税折旧费用	50 000	40 000	30 000	20 000	10 000	150 000
折旧费差异	－20 000	－10 000	0	10 000	20 000	0
税前会计利润	1 000 000	1 000 000	1 000 000	1 000 000	1 000 000	5 000 000
应纳税所得额	980 000	990 000	1 000 000	1 010 000	1 020 000	5 000 000
时间性差异	20 000	10 000	0	－10 000	－20 000	0

根据表 6－9 计算结果，公司各年所得税会计处理如下：

（1）20×5 年度：

借：所得税费用　　250 000

　　贷：应交税费——应交所得税　　245 000

　　　　递延税款贷项　　5 000

（2）20×6 年度：

借：所得税费用　　250 000

　　贷：应交税费——应交所得税　　247 500

　　　　递延税款贷项　　2 500

（3）20×7 年度：

借：所得税费用　　250 000

　　贷：应交税费——应交所得税　　250 000

可见，20×5～20×7 年的所得税会计处理与例 6－8 相同。

（4）20×8 年度：

应交所得税＝1 010 000×20%＝202 000（元）

时间性差异的纳税影响额＝10 000×20%＝2 000（元）

所得税费用 = 202 000 - 2 000 = 200 000（元）

由于税率变动调整“递延税款贷项”的余额：

(20 000 + 10 000) × (20% - 25%) = -1 500（元）

确认当年所得税费用：

借：所得税费用 200 000

递延税款贷项 2 000

贷：应交税费——应交所得税 202 000

调整“递延税款贷项”的余额：

借：递延税款贷项 1 500

贷：所得税费用 1 500

(5) 20×9年度：

应交所得税 = 1 020 000 × 20% = 204 000（元）

时间性差异的纳税影响额 = 20 000 × 20% = 4 000（元）

所得税费用 = 204 000 - 4 000 = 200 000（元）

借：所得税费用 200 000

递延税款贷项 4 000

贷：应交税费——应交所得税 204 000

本例中，该公司“递延税款贷项”科目各年发生额和余额情况如表6-10所示。

表6-10 甲公司“递延税款贷项”科目各年发生额和余额（利润表债务法）

单位：元

年份	发生额	余额
20×5	贷方5 000（确认）	贷方5 000
20×6	贷方2 500（确认）	贷方7 500
20×7	0	贷方7 500
20×8	借方2 000（转销） 借方1 500（税率变动调减）	贷方4 000
20×9	借方4 000（转销）	0

如果所得税税率的变动发生在时间性差异形成的某一期间，企业应当调整已经确认的累积时间性差异的纳税影响金额，在随后的时间性差异形成期间，应交所得税和时间性差异的纳税影响均按照新税率计算确定，并且在各转回期间内，时间性差异纳税影响的转回金额也按照新税率计算。

【例6-13】假设例6-8中，甲公司适用的所得税税率于20×6年年初开始改为20%，其他条件不变。该公司各年所得税费用、应交所得税和递延税款的计算如表6－11所示。

表6－11　　甲公司所得税费用、应交所得税和递延税款计算表

（税率发生变化）

单位：元

项目＼年份	20×5	20×6	20×7	20×8	20×9	合计
会计折旧费用	30 000	30 000	30 000	30 000	30 000	150 000
应税折旧费用	50 000	40 000	30 000	20 000	10 000	150 000
折旧费差异	－20 000	－10 000	0	10 000	30 000	0
税前会计利润	1 000 000	1 000 000	1 000 000	1 000 000	1 000 000	5 000 000
应纳税所得额	980 000	990 000	1 000 000	1 010 000	1 170 000	5 000 000
时间性差异	20 000	10 000	0	－10 000	－20 000	0
递延税款贷项	5 000	1 000	0	－2 000	－4 000	0
应交所得税	245 000	198 000	200 000	202 000	204 000	1 049 000
所得税费用	250 000	199 000	200 000	200 000	200 000	1 049 000

注：20×6年所得税费用的计算过程如下：

应交所得税＝990 000×20%＝198 000（元）

本年时间性差异的纳税影响额＝10 000×20%＝2 000（元）

所得税费用＝1 000 000×20%＝200 000（元）

由于税率变动调整递延税款贷项和所得税费用：20 000×（20%－25%）＝－1 000（元）

调整后的所得税费用＝200 000－1 000＝199 000（元）

甲公司各年末确认所得税费用的账务处理略。

本例中，该公司“递延税款贷项”科目各年发生额和余额情况如表6－12所示。

表6－12　　甲公司“递延税款贷项”科目各年发生额和余额

单位：元

年份	发生额	余额
20×5	贷方5 000（确认）	贷方5 000
20×6	贷方2 000（确认） 借方1 000（转销）	贷方6 000
20×7	0	贷方6 000
20×8	借方2 000（转销）	贷方4 000
20×9	借方4 000（转销）	0

通过以上例子可以看出，利润表债务法下，递延税款贷项或递延税款借项科目的各年余额始终反映了在当前或预计税率上的时间性差异的纳税影响。

三、应付税款法与纳税影响会计法的比较

综上所述，比较应付税款法与纳税影响会计法如表6－13所示。

表6－13　　应付税款法与纳税影响会计法的比较

项目	应付税款法	纳税影响会计法		
		递延法	债务法	
			利润表债务法	资产负债表债务法
计量观	收入费用观	收入费用观	收入费用观	资产负债观
所得税的性质	利润分配论	费用论	费用论	费用论
差异的确认	不确认差异	永久性差异、时间性差异	永久性差异、时间性差异	暂时性差异
会计确认基础	收付实现制	权责发生制	权责发生制	权责发生制
会计科目设置	应交税费、所得税费用	应交税费、所得税费用、递延税款借项、递延税款贷项	应交税费、所得税费用、递延税款借项、递延税款贷项	应交税费、所得税费用、递延所得税资产、递延所得税负债
所得税费用的分摊	当期计列	跨期分摊	跨期分摊	跨期分摊
所得税费用的计算	所得税费用＝当期应交所得税，核算简单	所得税费用＝当期应交所得税＋递延所得税，由利润表倒挤资产负债表项目	所得税费用＝当期应交所得税＋递延所得税，由利润表倒挤资产负债表项目	所得税费用＝当期应交所得税＋递延所得税，由资产负债表项目挤出利润表项目
税率改变时，对递延税款余额的影响	不确认递延所得税	不调整递延税款的账面余额	调整递延税款的账面余额	调整递延税款的账面余额
税率改变时，对本期差异的确认	不确认	采用当初税率	采用现行税率	采用预计税率
与税收的关系	服从税法，不产生递延税项	保持独立性	保持独立性	保持独立性，根据账面价值与计税基础的差异确认暂时性差异，从而确认递延税项
对盈余管理的影响	不能调节利润	可以通过递延税项调节利润	可以通过递延税项调节利润	可以通过递延税项调节利润

第 3 节　资产负债表债务法

一、资产负债表债务法概述

（一）资产负债表债务法的含义与理论基础

1. 资产负债表债务法的含义。

我国所得税会计采用资产负债表债务法，要求企业从资产负债表出发，通过比较资产负债表上列示的资产、负债按照会计准则规定确定的账面价值与按照税法规定确定的计税基础，对于两者之间的差异分为应纳税暂时性差异与可抵扣暂时性差异，确认相关的递延所得税负债与递延所得税资产，并在此基础上确定每一会计期间利润表中的所得税费用。

资产负债表债务法是债务法下的一种会计处理方法，这种方法从资产负债表角度考虑，注重资产、负债的账面价值与计税基础之间的暂时性差异，从暂时性差异的本质出发，分析暂时性差异产生的原因及其对当期期末资产和负债的影响，进而确认未来所得税责任与利益。

资产负债表债务法的具体内容包括以下五部分：

（1）按照相关会计准则规定确定资产负债表中除递延所得税资产和递延所得税负债以外的其他资产和负债项目账面价值。资产、负债的账面价值，是指企业按照相关会计准则的规定进行核算后在资产负债表中列示的金额。对于计提了减值准备的各项资产，是指其账面余额减去已计提的减值准备后的金额。

（2）按照会计准则中对于资产和负债计税基础的确定方法，以适用的税收法规为基础，确定资产负债表中有关资产、负债项目的计税基础。

（3）比较资产、负债的账面价值与其计税基础，对于两者之间存在差异的，分析其性质，除准则中规定的特殊情况外，分别应纳税暂时性差异与可抵扣暂时性差异，确定资产负债表日递延所得税负债和递延所得税资产的应有金额，并与其期初余额相比，确定当期递延所得税负债和递延所得税资产金额或应予转销的金额，作为递延所得税。

（4）就企业当期发生的交易或事项，按照适用的税法规定计算确定当期应纳税所得额，将应纳税所得额与适用的所得税税率计算的结果确认为当期应交所得税，作为当期所得税。

（5）确定利润表中的所得税费用。利润表中的所得税费用包括当期所得税（当期应交所得税）和递延所得税两个部分，企业在计算确定了当期所得税和递延所得税后，两者之和（或之差），是利润表中的所得税费用。

2. 资产负债表债务法的理论基础。

资产负债表债务法体现了资产负债观，作为一种会计处理的结果，资产负债表中递延税款的金额能够确切地代表企业拥有的一项资产（收款的权力）或企业的一项现时义务（付款的义务）。资产是指由于过去事项而形成的、预期会导致未来经济利益流入主体的资源；负债是指主体由于过去事项而承担的现时义务，该义务的履行预期会导致经济资源流出主体。我国企业会计准则规定有类似定义：资产是指企业过去的交易或事项形成的、由企业拥有或控制的、预期会给企业带来经济利益的资源；负债是指企业过去的交易或事项形成的、预期会导致经济利益流出企业的现时义务。

资产负债表债务法在所得税的会计核算方面贯彻了资产、负债的界定，确认的递延所得税资产和递延所得税负债符合上述资产和负债的定义。从资产负债角度考虑，资产的账面价值代表的是某项资产在持续持有及最终处置的一定时间内给企业带来未来经济利益的总额，而计税基础代表的是该期间内按照税法规定就该项资产可以税前扣除的总额。资产的账面价值小于其计税基础的，表明该项资产于未来期间产生的经济利益流入低于按照税法规定允许税前扣除的金额，产生可抵减未来期间应纳税所得额的因素，减少未来期间以所得税税款的方式流出企业的经济利益，应确认为递延所得税资产。反之，一项资产的账面价值大于其计税基础的，两者之间的差额会增加企业未来期间的应纳税所得额及应交所得税，对企业形成经济利益流出的义务，应确认为递延所得税负债。

（二）资产负债表债务法的一般程序

采用资产负债表债务法核算所得税的情况下，企业一般应于每个资产负债表日进行所得税的核算。企业合并等特殊交易或事项发生时，在确认因交易或事项取得的资产、负债时即应确认相关的所得税影响。

资产负债表债务法下，所得税包括两个部分：当期所得税（当期应交所得税）和递延所得税。企业进行所得税核算一般应遵循以下程序：

1. 计算和确定当期所得税（当期应交所得税）。按照税法规定计算确定当期应纳税所得额，将当期应纳税所得额与适用的所得税税率相乘得出当期应交所得税，即为利润表中应予以确认的所得税费用中的一部分——当期所得税。

2. 计算和确定递延税款。资产负债表日，企业首先比较资产和负债的账面价值（carring amount）与其计税基础（tax base），确定暂时性差异，然后根据暂时性差异调整递延所得税资产和负债，其净变动即为利润表中应予确认的所得税费用中的另一个部分——递延所得税。

3. 确定利润表中的所得税费用。利润表中的所得税费用包括当期所得税（当期应交所得税）和递延所得税两个部分，企业在计算确定了当期所得税和递延所得税后，两者之和（或之差）即为利润表中的所得税费用。

（三）暂时性差异的产生与分类

1. 暂时性差异的产生。

暂时性差异产生于以下三种情况：

（1）资产、负债账面价值与计税基础不同产生的差异。

通常情况下，暂时性差异是指资产、负债的账面价值与计税基础不同产生的差额。因资产、负债的账面价值与计税基础不同，产生了在未来收回资产或清偿负债的期间内，应纳税所得额增加或减少并导致未来期间应交所得税增加或减少的情况，形成企业的资产和负债，在有关暂时性差异发生当期，符合确认条件的情况下，应当确认相关递延所得税负债或递延所得税资产。

比较常见的有资产减值准备，具有融资性质的分期收款销售，固定资产折旧，无形资产摊销，使用寿命不确定、按公允价值计量的投资性房地产，按公允价值计量且其变动计入当期损益的金融资产，权益法下投资收益，售后服务等预计负债，某些预收账款，债务重组和应付薪酬延期支付等。

（2）企业合并中取得有关资产、负债产生的暂时性差异。

合并会计准则指出，非同一控制下的企业合并，购买方在购买日应当按照合并中取得的被购买方各项可辨认资产、负债的公允价值确定其入账价值。《国家税务总局关于企业合并分立业务有关所得税问题的通知》规定，如果合并企业支付给被合并企业或其股东的收购价款中，除合并企业股权以外的现金、有价证券和其他资产，不高于所支付的股权票面价值（或支付的股本账面价值）20%时，则被合并企业不确认全部资产的转让所得或损失，不计算缴纳所得税。合并企业接受被合并企业全部资产的计税成本，须以被合并企业原账面净值为基础确定。由此可见，如果符合上述条件，合并方资产、负债的账面价值与其计税基础之间就会产生暂时性差异。

（3）不属于资产、负债的特殊项目产生的暂时性差异。

①某些交易或事项发生后，因不符合资产、负债的确认条件，账面价值为零，但按照税法规定能够确定其计税基础的，账面价值零与计税基础之间的差异也构成暂时性差异。例如，会计准则规定修理费作为当期费用，税法规定特定条件下修理费作为长期待摊费用等。

②按照税法规定可以结转以后年度的未弥补亏损及税款递延，虽不是因资产、负债的账面价值与计税基础不同产生的，但与可抵扣暂时性差异具有同样的作用，均能减少未来期间的应纳税所得额进而减少未来期间的应交所得税，在会计处理上，与可抵扣暂时性差异的处理相同。例如，按照税法规定允许使用以后5年税前所得弥补的亏损；企业购置用于环境保护、节能节水、安全生产等专用设备的投资额，可以按照一定比例实行税额抵免；广告费和业务宣传费支出作为当期损益，税法规定年度广告费和业务宣传费支出不得超过销售（营业）收入的15%（另有规定除外），超过部分，准许在以后纳税年度结转扣除。

2. 暂时性差异的分类。

根据暂时性差异对未来期间应纳税所得额的影响，分为应纳税暂时性差异和可抵扣暂时性差异。除因资产、负债的账面价值与计税基础不同产生的暂时性差异以外，按照税法规定可以结转以后年度的未弥补亏损和税款递减，也视同可抵扣暂时性差异处理。暂时性差异分类详见图6-3。

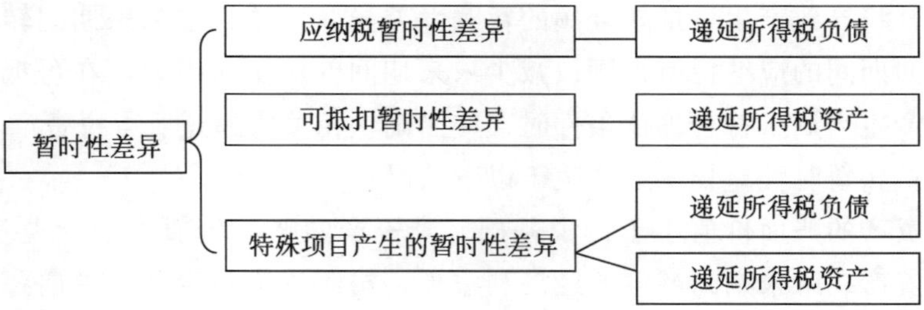

图6-3 暂时性差异分类图

（1）应纳税暂时性差异。

应纳税暂时性差异，是指在确定未来收回资产或清偿负债期间的应纳税所得额时，将导致产生应税金额的暂时性差异，即在未来期间不考虑该事项影响的应纳税所得额的基础上，由于该暂时性差异的转回，会进一步增加转回期间应纳税所得额和应交所得税金额，在其产生当期应当确认相关的递延所得税负债。

应纳税暂时性差异通常产生于以下情况：

①资产的账面价值大于计税基础。资产的账面价值代表的是企业在持续使用或最终出售该项资产时将取得的经济利益总额，而计税基础代表的是资产在未来期间可予税前扣除的总金额。当资产的账面价值大于计税基础时，该项资产未来期间产生的经济利益大于税前抵扣金额，两者之间的差额需要交税，产生应纳税暂时性差异。例如，一项资产的账面价值为500万元，计税基础为375万元，两者之间的差额会造成未来期间应纳税所得额和应交所得税的增加，在其产生当期，应确认为递延所得税负债。

②负债的账面价值小于计税基础。负债的账面价值为企业预计在未来期间清偿该项负债时的经济利益流出，而其计税基础代表的是账面价值在扣除税法规定未来期间允许税前扣除的金额之后的差额。负债的账面价值与计税基础不同产生的暂时性差异，实质上是税法规定就该项负债在未来期间可以税前扣除的金额（即与该项负债相关的费用支出在未来期间可予税前扣除的金额）。负债的账面价值小于计税基础，则意味着该项负债在未来期间可以税前抵扣的金额为负数，即应在未来期间应纳税所得额的基础上调增，增加未来期间可以税前扣除的金额为负数，即应在未来期间应纳税所得额的基础上调增，增加未来期间的应纳税所得额和应交所得税金额，产生应纳税暂时性差异，应确认相关的递延所得税负债。

（2）可抵扣暂时性差异。

可抵扣暂时性差异是指在确定未来收回资产或清偿负债期间的应纳税所得额时，将导致产生可抵扣金额的暂时性差异。该差异在未来期间转回时会减少转回期间的应纳税所得额，减少未来期间的应交所得税。在可抵扣暂时性差异产生当期，符合确认条件时，应当确认相关的递延所得税资产。

可抵扣暂时性差异一般产生于以下情况：

①资产的账面价值小于计税基础。当资产的账面价值小于计税基础时，意味着资产在未来期间产生的经济利益少，按照税法规定允许税前扣除的金额多，两者之间的差额可以减少企业在未来期间的应纳税所得额并减少应交所得税，符合有关条件时，应当确认相关的递延所得税资产。例如，一项资产的账面价值为500万元，计税基础为650万元，则企业在未来期间就该项资产可以在其自身取得经济利益的基础上多扣除150万元，未来期间应纳税所得额会减少，应交所得税也会减少，形成可抵扣暂时性差异。

②负债的账面价值大于计税基础。当负债的账面价值大于计税基础时，负债产生的暂时性差异实质上是税法规定就该项负债可以在未来期间税前扣除的金额。即：

负债的暂时性差异＝账面价值－计税基础

=账面价值－(账面价值－未来期间计税时按税法规定可予税前扣除的金额)

=未来期间计税时按税法规定可予税前扣除的金额

负债的账面价值大于计税基础，意味着未来期间按照税法规定与负债相关的全部或部分支出可以自未来应税经济利益中扣除，减少未来期间的应纳税所得额和应交所得税。符合确认条件时，应确认相关的递延所得税资产。

二、资产、负债的计税基础及暂时性差异

所得税会计的关键在于确定资产、负债的计税基础。一项资产或负债的计税基础，是指计税时归属于该资产或负债的金额。在确定资产、负债的计税基础时，应遵循税法中关于资产的税务处理以及可税前扣除的费用等规定。

(一) 资产的计税基础及暂时性差异

根据我国所得税准则，资产的计税基础是指企业收回资产账面价值过程中，计算应纳税所得额时按照税法规定可以自应税经济利益中抵扣的金额，即某一项资产在未来期间计税时按照税法规定可以税前扣除的金额。

资产中包含未来经济利益，当企业通过使用资产或出售资产而收回经济利益时，资产中所包含的经济利益正常情况下是应税的，企业应该在确定应纳税所得额时将资产的成本或账面价值的全部或部分抵扣这些应税金额。实际上，资产的计税基础可在资产账面价值的基础上采用下列公式计算得出：

计税基础=账面价值－资产未来应税金额+资产未来可抵扣金额

资产的账面价值反映的是资产所包含的未来经济利益。企业通过使用或出售资产来收回其账面价值，而且企业在收回资产账面价值过程中，资产所包含的经济利益通常是应税的，所以上述公式中“资产未来经济利益”通常等于其账面价值，除非未来经济利益已经包含在当期或以前期间的应纳税所得额中。公式中的“资产未来可抵扣金额”是指根据税法规定可以从资产的未来应税金额中抵扣的金额。

资产在初始确认时，其计税基础一般为取得成本，即企业为取得某项资产支付的成本在未来期间准予税前扣除。在资产持续持有的过程中，其计税基础是指资产的取得成本减去持有期间按照税法规定已经税前扣除的金额后的余额。如固定资产、无形资产等长期资产在某一资产负债表日的计税基础是指其成本扣除按照税法规定已在以前期间税前扣除的累计折旧或累计摊销

后的金额。

下面分别介绍各项主要资产计税基础的确定。

1. 固定资产。

企业以外购、自行建造等方式取得的固定资产，初始确认时按照会计准则规定确定的入账价值基本上是被税法认可的，即固定资产取得时其账面价值一般等于计税基础。

固定资产在持有期间进行后续计量时，由于会计与税法规定对于折旧方法、折旧年限以及固定资产减值准备的提取等规定有所不同，造成固定资产的账面价值与计税基础的暂时性差异。

（1）折旧方法、折旧年限的差异。会计准则规定，企业应当根据与固定资产有关的经济利益的预期实现方法合理选择折旧方法，我国企业可以选择的折旧方法有年限平均法（直线法）、工作量法、双倍余额递减法和年数总和法。税法规定，固定资产按照直线法计提的折旧可以税前扣除。同时也规定，对于由于技术进步更新换代较快的固定资产和常年处于强震动、高腐蚀状态下的固定资产，可以缩短折旧年限或者采取加速折旧法计算税前允许扣除的折旧额。

此外，税法还就每一类固定资产的最低折旧年限做出了规定：房屋、建筑物为20年；飞机、火车、轮船、机器、机械和其他生产设备为10年；与生产经营活动有关的器具、工具、家具等为5年；飞机、火车、轮船以外的运输工具为4年；电子设备为3年。而会计准则规定固定资产的折旧年限是由企业根据固定资产的性质和使用情况、综合考虑企业所处的经济环境、技术环境等因素合理确定的。

会计上折旧方法或折旧年限与税法规定不同，会计上计算的累计折旧不同于按照税法规定计算的累计折旧，从而形成固定资产账面价值与计税基础的暂时性差异。

（2）因计提固定资产减值准备产生的差异。持有固定资产的期间内，在对固定资产计提了减值准备以后，因税法规定企业计提的资产减值准备在发生实质性损失前不允许税前扣除，也会造成固定资产的账面价值与计税基础的暂时性差异。

【例6－14】 甲公司于20×6年12月外购一台机器设备，原值750万元，使用年限为10年，会计上采用年限平均法计提折旧，净残值为零。该固定资产由于技术进步产品更新换代较快，根据税法规定可采用加速折旧法计提折旧，公司在计税时使用双倍余额递减法计算税前允许扣除的折旧，净残值为零。20×8年12月31日，公司估计该项固定资产的可收回金额为550

万元。

分析：

20×8 年 12 月 31 日，该项固定资产的账面余额 600 万元（750 - 75 ×2），账面余额大于其可收回金额 550 万元，两者之间的差额计提 50 万元的固定资产减值准备。

20×8 年 12 月 31 日，该项固定资产的账面价值与计税基础为：

账面价值 =750 - 75 ×2 - 50 =550（万元）

计税基础 =750 - 750 ×20% - 600 ×20% =480（万元）

暂时性差异 =550 - 480 =70（万元）

该项固定资产的账面价值550 万元与其计税基础480 万元之间的70 万元的暂时性差异，将于未来期间计入公司的应纳税所得额。

【例 6 - 15】 甲公司于 20×6 年 12 月购入一台设备，原值 750 万元，该项固定资产预计使用寿命为 5 年，会计上按 5 年计提折旧。税法规定最低折旧年限为 10 年，该公司计税时按照 10 年计算税前扣除的折旧。假定会计与税法均按年限平均法计提折旧，净残值为零。

分析：

该项固定资产在 20×7 年 12 月 31 日的账面价值 =750 - 750 ÷5
=600（万元）

该项固定资产在 20×7 年 12 月 31 日的计税基础 =750 - 750 ÷10
=675（万元）

暂时性差异 =600 - 675 = -75（万元）

该项固定资产的账面价值600 万元与其计税基础675 万元之间产生的75 万元暂时性差异，在未来期间会减少公司的应纳税所得额。

【例 6 - 16】 甲公司购入一项原值为 300 万元的设备，从 20×0 年 1 月开始计提折旧，预计使用年限为 10 年，预计净残值率为 3%，公司采用直线法计提折旧。由于技术进步产品更新换代快，该固定资产在申报纳税时折旧年限为 6 年，采用直线法计提折旧。

各年末该设备的账面价值与计税基础计算如表 6 - 14。

表 6 - 14　　甲公司各年末设备的账面价值与计税基础计算表　　单位：万元

项目 年份	会计折旧	应税折旧	会计累计折旧	税收累计折旧	账面价值	计税基础	暂时性差异
20×0	29.1	48.5	29.1	48.5	270.9	251.5	19.4
20×1	29.1	48.5	58.2	97	241.8	203	38.8
20×2	29.1	48.5	87.3	145.5	212.7	154.5	58.2

续表

项目 年份	会计折旧	应税折旧	会计 累计折旧	税收 累计折旧	账面价值	计税基础	暂时性 差异
20×3	29.1	48.5	116.4	194	183.6	106	77.6
20×4	29.1	48.5	145.5	242.5	154.5	57.5	97
20×5	29.1	48.5	174.6	291	125.4	9	116.4
20×6	29.1	0	302.7	—	96.3	0	96.3
20×7	29.1	0	232.8	—	67.2	0	67.2
20×8	29.1	0	261.9	—	38.1	0	38.1
20×9	29.1	0	291	—	9	0	9
合计	291	291	—	—	—	—	—

假设本例中，该设备的会计折旧年限为 6 年，折旧方法为直线法，会计上和税法上的折旧年限、折旧方法和预计净残值率均相同。假设 20×3 年末公司对该资产计提减值准备 30 万元，计提减值准备后，估计预计净残值为 0。

各年末该设备的账面价值与计税基础计算如表 6－15。

表 6－15　　甲公司各年末设备的账面价值与计税基础计算表　　单位：万元

项目 年份	会计折旧	应税折旧	会计 累计折旧	税收 累计折旧	账面价值	计税基础	可抵扣暂 时性差异
20×0	48.5	48.5	48.5	48.5	251.5	251.5	0
20×1	48.5	48.5	97	97	203	203	0
20×2	48.5	48.5	145.5	145.5	154.5	154.5	0
20×3	48.5	48.5	194	194	76	106	30
20×4	38	48.5	232	242.5	38	57.5	19.5
20×5	38	48.5	270	291	0	9	9
合计	270	291	—	—	—	—	—

【例 6－17】 甲公司 20×0 年 12 月购入一台原值为 100 000 元的设备，预计使用年限为 3 年，预计净残值为 4 000 元，采用年数总和法计提折旧，税法规定甲公司采用直线法计提折旧。20×3 年年末该电子设备仍可继续使用，自 20×4 年起不再计提折旧。甲公司各年的利润总额均为 400 000 元，所得税税率为 25%。甲公司各年所得税会计处理如下。

（1）20×1 年度：

会计折旧＝48 000 元

税收折旧 = 32 000 元

固定资产账面价值 = 100 000 − 48 000 = 52 000（元）

固定资产计税基础 = 100 000 − 32 000 = 68 000（元）

可抵扣暂时性差异 = 68 000 − 52 000 = 16 000（元）

递延所得税资产 = 16 000 × 25% = 4 000（元）

应纳税所得额 = 400 000 +（48 000 − 32 000）= 416 000（元）

应交所得税 = 416 000 × 25% = 104 000（元）

所得税费用 = 104 000 − 4 000 = 100 000（元）

借：所得税费用　　100 000

　　递延所得税资产　　4 000

　　贷：应交税费——应交所得税　　104 000

(2) 20×2 年度：

会计折旧 = 32 000 元

税收折旧 = 32 000 元

固定资产账面价值 = 52 000 − 32 000 = 20 000（元）

固定资产计税基础 = 68 000 − 32 000 = 36 000（元）

可抵扣暂时性差异 = 36 000 − 20 000 = 16 000（元）

递延所得税资产 = 16 000 × 25% = 4 000（元）

当年递延所得税资产调整 = 4 000（年末数）− 4 000（年初数）= 0

应纳税所得额 = 400 000 +（32 000 − 32 000）= 400 000（元）

应交所得税 = 400 000 × 25% = 100 000（元）

所得税费用 = 100 000 元

借：所得税费用　　100 000

　　贷：应交税费——应交所得税　　100 000

(3) 20×3 年度：

会计折旧 = 16 000 元

税收折旧 = 32 000 元

固定资产账面价值 = 20 000 − 16 000 = 4 000（元）

固定资产计税基础 = 36 000 − 32 000 = 4 000（元）

可抵扣暂时性差异 = 4 000 − 4 000 = 0（元）

递延所得税资产 = 0 × 25% = 0（元）

当年递延所得税资产调整 = 0（年末数）− 4 000（年初数）= − 4 000（元）

应纳税所得额 = 400 000 +（16 000 − 32 000）= 384 000（元）

应交所得税 = 384 000 × 25% = 96 000（元）

所得税费用 =96 000 +4 000 =100 000（元）

借：所得税费用　　100 000

　　贷：应交税费——应交所得税　　96 000

　　　　递延所得税资产　　4 000

【例 6 -18】 甲公司取得一台机器设备，原值为 100 000 元，预计使用年限为 10 年，预计净残值为 4 000 元，会计与税收均采用直线法计提折旧。20 ×0 年 12 月（购入 6 年后），该机器设备出现减值迹象，进行减值测试后，确定的可收回金额为 30 000 元，预计尚可使用年限为 3 年，预计净残值为 3 000 元。20 ×4 年 3 月（购入 10 年后），该机器设备报废，残料计价 3 500 元入库，以银行存款支付清理费用 400 元。假定甲公司各年的利润总额为 400 000 元，所得税税率均为 25%。甲公司各年所得税会计处理如下。

（1）20 ×0 年度：

年折旧额 =(100 000 -4 000) ÷10 =9 600（元）

累计折旧额 =9 600 ×6 =57 600（元）

固定资产账面价值 =100 000 -57 600 -12 400 =30 000（元）

固定资产计税基础 =100 000 -57 600 =42 400（元）

可抵扣暂时性差异 =42 400 -30 000 =12 400（元）

递延所得税资产 =12 400 ×25% =3 100（元）

应纳税所得额 =400 000 +12 400 =412 400（元）

应交所得税 =412 000 ×25% =103 100（元）

所得税费用 =103 100 -3 100 =100 000（元）

借：所得税费用　　100 000

　　递延所得税资产　　3 100

　　贷：应交税费——应交所得税　　103 100

（2）20 ×1 年度：

会计折旧 =(30 000 -3 000) ÷3 =9 000（元）

税收折旧 =(100 000 -4 000) ÷10 =9 600（元）

固定资产账面价值 =30 000 -9 000 =21 000（元）

固定资产计税基础 =42 400 -9 600 =32 800（元）

可抵扣暂时性差异 =32 800 -21 000 =11 800（元）

递延所得税资产 =11 800 ×25% =2 950（元）

当年递延所得税资产调整 =2 950(年末数) -3 100(年初数)

= -150（元）

应纳税所得额 =400 000 -(9 600 -9 000) =399 400（元）

应交所得税 = 399 400 × 25% = 99 850（元）

所得税费用 = 99 850 + 150 = 100 000（元）

借：所得税费用 100 000

　　贷：应交税费——应交所得税 99 850

　　　　递延所得税资产 150

(3) 20×2年和20×3年的所得税会计处理与20×1年相同。

20×3年年末：

固定资产账面价值 = 21 000 − 9 000 × 2 = 3 000（元）

固定资产计税基础 = 32 800 − 9 600 × 2 = 13 600（元）

可抵扣暂时性差异 = 13 600 − 3 000 = 10 600（元）

递延所得税资产 = 10 600 × 25% = 2 650（元）

(4) 20×4年度：

固定资产账面价值 = 0

固定资产计税基础 = 0

可抵扣暂时性差异 = 0

递延所得税资产 = 0

当年递延所得税资产调整 = 0（年末数） − 2 650（年初数） = −2 650（元）

应纳税所得额 = 400 000 − (13 600 − 3 100) − 100 = 389 400（元）

应交所得税 = 389 400 × 25% = 97 350（元）

所得税费用 = 97 350 + 2 650 = 100 000（元）

借：所得税费用 100 000

　　贷：应交税费——应交所得税 97 350

　　　　递延所得税资产 2 650

说明：甲公司20×3年末已提足折旧，20×4年不再计提折旧；20×4年确认固定资产处置净收益100元（3 500 − 400 − 3 000）。按照税法相关规定，20×4年允许税前扣除折旧额和处置净损益合计为10 500元（13 600 − 3 100），两者的差额为10 600元（10 500 + 100），需要进行纳税调减。

2. 无形资产。

除内部研究开发形成的无形资产以外，以其他方式取得的无形资产，初始确认时按照会计准则规定确定的入账价值与按照税法规定确定的计税基础之间一般不存在差异。例如，外购的无形资产，会计和税法均是以购买价款和支付的相关税费以及直接归属于使该资产达到预定用途发生的其他支出为计税基础。无形资产的差异主要产生于内部研究开发形成的无形资产以及使用寿命不确定的无形资产。

（1）内部研究开发形成的无形资产，其成本为开发阶段符合资本化条件以后至达到预定用途前发生的支出，除此之外，研究开发过程中发生的其他支出应予费用化计入损益。对于研究开发费用的税前扣除，税法规定企业为开发新技术、新产品、新工艺发生的研究开发费用，未形成无形资产计入当期损益的，在据实扣除的基础上，按照研究开发费用的50%加计扣除；形成无形资产的，按照无形资产成本的150%摊销。所以，内部研究开发形成的无形资产，在初始确认时的入账价值与计税基础存在差异，此后持有期间仍然会存在差异。如该无形资产的确认不是产生于企业合并交易，同时在确认时既不影响会计利润也不影响应纳税所得额，按照所得税会计准则的规定，不确认该暂时性差异的所得税影响。

【例6－19】 甲公司当期开发新技术的研发支出为2 000万元，其中研究阶段支出400万元，开发阶段符合资本化条件前发生的支出为400万元，符合资本化条件后至达到预定用途前发生的支出为1 200万元。假定开发形成的无形资产在当期期末已达到预定用途（尚未开始摊销）。

分析：

甲公司当期发生的研究开发支出中，按照会计准则规定应予费用化的金额为800万元，形成无形资产的成本为1 200万元，即期末所形成无形资产的账面价值为1 200万元。

甲公司按照税法规定可在当期税前扣除的研发费用为1 200万元（1 800×150%）。所形成无形资产在未来期间可予税前扣除金额为1 800万元，其计税基础为1 800万元，形成暂时性差异600万元。但是，由于确认无形资产时，既不影响会计利润，也不影响应纳税所得额，所以不应当确认该暂时性差异的所得税影响。在该无形资产的后续计量期间，其账面价值与计税基础之间还会存在差异，也不应确认该暂时性差异的所得税影响。

（2）无形资产在后续计量时，会计与税法的差异主要产生于是否需要摊销及无形资产减值准备的提取。

会计准则规定，应根据无形资产的使用寿命情况，区分为使用寿命有限的无形资产与使用寿命不确定的无形资产。对于使用寿命确定的无形资产，应当在预计使用寿命内采用直线法或其他方法进行摊销，会计期末当无形资产有减值迹象时，企业应当进行减值测试。如果减值测试的结果是无形资产的可收回金额低于账面价值，企业应当确认资产减值损失，计提无形资产减值准备。对于使用寿命不确定的无形资产，不要求摊销，但持有期间每年应进行减值测试。税法规定，企业取得的无形资产成本（外购商誉除外），按照直线法计算摊销额，摊销年限不得低于10年。对于使用寿命不确定的无形资产，会计处理时不予摊销，但计税时按照税法规定确定的摊销额允许税前扣除，造成该类无形资产账面价值与计税基础的差异。

在对无形资产计提减值准备的情况下，因税法规定计提的无形资产减值准备在转变为实质性损失前不允许税前扣除，即无形资产的计税基础不会随减值准备的提取发生变化，从而造成无形资产的账面价值与计税基础的差异。

由此可见，由于会计和税收对于摊销期限或方法以及是否摊销和是否计提减值准备等规定不同，会形成无形资产账面价值与计税基础的差异。

【例6－20】 甲公司于1月取得一项专利权，取得成本为1 500万元，取得该项无形资产后，根据各方面情况判断，甲公司无法合理预计其使用期限，将其作为使用寿命不确定的无形资产。12月31日，对该项无形资产进行减值测试表明其未发生减值。公司在计税时，对该项无形资产按照10年的期限采用直线法摊销，摊销金额允许税前扣除。

分析：

会计上将该项无形资产作为使用寿命不确定的无形资产，因未发生减值，其在12月31日的账面价值为取得成本1 500万元。

该项无形资产在12月31日的计税基础为1 350万元（1 500－1 500÷10）。

该项无形资产的账面价值1 500万元与其计税基础1 350万元之间的差额150万元将计入未来期间公司的应纳税所得额。

【例6－21】 甲公司20×1年1月自行开发的一项非专利技术达到预定可使用状态，将符合资本化条件的开发成本200 000元转为无形资产，无预计净残值。由于非专利技术的使用寿命不确定，不进行价值摊销。20×6年年末，市场上出现同类型的新型非专利技术，甲公司非专利技术发生减值，确定的可收回金额为90 000元；20×9年年末，非专利技术已经陈旧落后，不再具有价值，甲公司将其报废。甲公司各年的利润总额均为400 000元，所得税税率为25%。甲公司各年所得税会计处理如下。

（1）20×1年度：

会计摊销额＝0

税收摊销额＝200 000÷10×150%＝30 000（元）

应纳税所得额＝400 000－30 000＝370 000（元）

应交所得税＝370 000×25%＝92 500（元）

无形资产账面价值＝200 000（元）

无形资产计税基础＝200 000－200 000÷10＝180 000（元）

应纳税暂时性差异 = 200 000 − 180 000 = 20 000（元）

递延所得税负债 = 20 000 × 25% = 5 000（元）

所得税费用 = 92 500 + 5 000 = 97 500（元）

借：所得税费用　　97 500

　　贷：应交税费——应交所得税　　92 500

　　　　递延所得税负债　　5 000

说明：甲公司自行开发的非专利技术初始入账价值为 200 000 元，按照税法规定，未来期间可以按照初始入账价值的 150% 摊销，即计税基础为 300 000 元，形成应纳税暂时性差异 100 000 元。但是，这种差异既不影响当期会计利润，也不影响应纳税所得额，性质与永久性差异相同，按照会计准则的规定，不需要确认递延所得税负债。在无形资产的后续计量中，对于使用寿命不确定的无形资产会计核算中不进行价值摊销，而税法规定可以分期在税前扣除，形成的应纳税暂时性差异对所得税费用的影响需要进行调整。为了便于进行暂时性差异的计量，自行开发的无形资产计税基础应以不含加计扣除金额的实际成本为基础确定，加计扣除的金额只是在计算应纳税所得额时予以扣除，在确认应纳税暂时性差异时不予考虑。20 × 1 年年末无形资产的账面价值高于不含加计扣除金额的计税基础，形成应纳税暂时性差异 20 000 元，确认递延所得税负债和所得税费用 5 000 元。经过上述会计处理后，所得税费用合计为 97 500 元（92 500 + 5 000）。

（2）20 × 2 ~ 20 × 5 年的所得税会计处理与 20 × 1 年相同。

20 × 5 年年末：

无形资产账面价值 = 200 000（元）

无形资产计税基础 = 180 000 − 20 000 × 4 = 100 000（元）

应纳税暂时性差异 = 200 000 − 100 000 = 100 000（元）

递延所得税负债 = 100 000 × 25% = 25 000（元）

（3）20 × 6 年年度：

会计摊销额 = 0

税收摊销额 = 200 000 ÷ 10 × 150% = 30 000（元）

应纳税所得额 = 400 000 + 110 000 − 30 000 = 480 000（元）

应交所得税 = 480 000 × 25% = 120 000（元）

无形资产账面价值 = 90 000（元）

无形资产计税基础 = 100 000 − 20 000 = 80 000（元）

应纳税暂时性差异 = 90 000 − 80 000 = 10 000（元）

递延所得税负债 = 10 000 × 25% = 2 500（元）

当年递延所得税负债调整 = 2 500(年末数) - 25 000(年初数)

= -22 500（元）

所得税费用 = 120 000 - 22 500 = 97 500（元）

借：所得税费用　97 500

　递延所得税负债　22 500

　贷：应交税费——应交所得税　120 000

(4) 20×7年和20×8年的所得税会计处理与20×6年相同。

20×8年年末：

无形资产账面价值 = 90 000（元）

无形资产计税基础 = 80 000 - 20 000×2 = 40 000（元）

应纳税暂时性差异 = 90 000 - 40 000 = 50 000（元）

递延所得税负债 = 50 000×25% = 12 500（元）

(5) 20×9年度：

会计摊销额 = 0

税收摊销额 = 200 000÷10×150% = 30 000（元）

无形资产账面价值 = 0

无形资产计税基础 = 0

应纳税暂时性差异 = 0

递延所得税负债 = 0

当年递延所得税负债调整 = 0(年末数) - 12 500(年初数)

= -12 500（元）

应纳税所得额 = 400 000 + (90 000 - 60 000) = 430 000（元）

应交所得税 = 430 000×25% = 107 500（元）

所得税费用 = 107 500 - 12 500 = 95 000（元）

借：所得税费用　95 000

　递延所得税负债　12 500

　贷：应交税费——应交所得税　107 500

说明：甲公司20×9年末无形资产报废，确认报废损失90 000元，计入当期损益；按照税法规定，该无形资产当年允许税前扣除的金额为60 000元(其中，30 000元属于20×9年在税前扣除的当年摊销额；另外30 000元属于无形资产报废损失。按照税收优惠政策，自行开发的无形资产在报废时摊余的不含加计扣除金额的计税基础20 000元可以加计50%扣除)。两者的差额30 000元，需要进行纳税调增。

3. 以公允价值计量且其变动计入当期损益的金融资产。

按照《企业会计准则第22号——金融工具确认和计量》的规定，以公允价值计量且其变动计入当期损益的金融资产（以下简称为交易性金融资产），于某一会计期末的账面价值为其公允价值，公允价值变动计入当期损益。税法规定，企业以公允价值计量的金融资产、金融负债以及投资性房地产等，持有期间公允价值变动不计入应纳税所得额，在实际处置或结算时，处置取得的价款扣除其历史成本后的差额应计入应纳税所得额。按照该规定，交易性金融资产在持有期间市价的波动在计税时不予考虑，有关金融资产在某一会计期末的计税基础为其取得成本，从而造成在公允价值变动的情况下，其账面价值与计税基础之间的差异。

企业持有的可供出售金融资产计税基础的确定，与以公允价值计量且其变动计入当期损益的金融资产类似，可比照处理。

【例6-22】 12月20日，甲公司支付价款4 000万元取得一项交易性金融资产。12月31日，该投资的市价为4 400万元。

分析：

该项交易性金融资产的期末市价为4 400万元，按照会计准则规定在12月31日资产负债表日的账面价值为4 400元。

因税法规定以公允价值计量的金融资产在持有期间公允价值变动不计入应纳税所得额，其在当年资产负债表日的计税基础应维持原取得成本不变，为4 000万元。

该交易性金融资产的账面价值4 400万元与其计税基础4 000万元之间产生了400万元的暂时性差异，该暂时性差异在未来期间转回时会增加未来期间的应纳税所得额。

【例6-23】 10月8日，甲公司取得一项可供出售金融资产，成本为3 000万元。12月31日，其市价为3 150万元。

分析：

按照会计准则规定，该项金融资产在会计期末应以公允价值计量，其账面价值应为期末公允价值3 150万元。

因税法规定资产在持有期间公允价值变动不计入应纳税所得额，则该项可供出售金融资产的期末计税基础应维持其原取得成本不变，为3 000万元。

该金融资产在当年资产负债表日的账面价值3 150万元与其计税基础3 000万元之间产生的150万元暂时性差异，将会增加未来该资产处置期间的应纳税所得额。

【例6-24】 甲公司20×1年12月1日，购入乙公司股票50 000股，确认为交易性金融资产，每股价格为4元，另支付交易费用1 000元，价款合计为201 000元，以银行存款支付。20×2年3月5日，甲公司将乙公司的股票全部售出，收取价款210 000元，存入银行。假定甲公司购入的股票于20×1年12月31日的市价仍为每股4元，甲公司各年的利润总额均为40 000元，所得税税率为25%。甲公司各年所得税会计处理如下。

(1) 20×1年度：

交易性金融资产账面价值=200 000（元）

交易性金融资产计税基础=200 000+1 000=201 000（元）

可抵扣暂时性差异=201 000-200 000=1 000（元）

递延所得税资产=1 000×25%=250（元）

应纳税所得额=40 000+1 000=41 000（元）

应交所得税=41 000×25%=10 250（元）

所得税费用=10 250-250=10 000（元）

借：所得税费用	10 000	
递延所得税资产	250	
贷：应交税费——应交所得税		10 250

(2) 20×2年度：

交易性金融资产账面价值=0

交易性金融资产计税基础=0

可抵扣暂时性差异=0

递延所得税资产=0

当年递延所得税资产调整=0(年末数)-250(年初数)=-250（元）

应纳税所得额=40 000-1 000=39 000（元）

应交所得税=39 000×25%=9 750（元）

所得税费用=9 750+250=100 000（元）

借：所得税费用	10 000	
贷：应交税费——应交所得税		9 750
递延所得税资产		250

说明：按照税法规定，交易费用1 000元在交易性金融资产处置时可以作为投资成本在当年应税收入中扣除，需要进行纳税调减。甲公司取得交易性金融资产支付价款201 000元，出售该交易性金融资产收取价款210 000元，实际投资收益9 000元；甲公司20×2年处置交易性金融资产确认投资收益10 000元，扣除交易费用1 000元后，应纳税所得额与实际投资收益相符。

【例6-25】甲公司20×1年12月5日购入乙公司股票，确认为交易性金融资产，实际支付价款200 000元；20×1年12月31日，该股票的公允价值为230 000元。20×2年10月20日将该股票出售50%，收取价款110 000元；20×2年12月31日该股票剩余部分的公允价值为105 000元。20×3年5月10日该股票全部出售，收取价款90 000元。假定甲公司各年的会计利润均为400 000元，所得税税率为25%。甲公司各年所得税会计处理如下。

（1）20×1年度：

交易性金融资产账面价值＝230 000（元）

交易性金融资产计税基础＝200 000（元）

应纳税暂时性差异＝230 000－200 000＝30 000（元）

递延所得税负债＝30 000×25%＝7 500（元）

应纳税所得额＝400 000－30 000＝370 000（元）

应交所得税＝370 000×25%＝92 500（元）

所得税费用＝92 500＋7 500＝100 000（元）

借：所得税费用　100 000

　贷：应交税费——应交所得税　92 500

　　递延所得税负债　7 500

（2）20×2年度：

交易性金融资产账面价值＝105 000（元）

交易性金融资产计税基础＝200 000×50%＝100 000（元）

应纳税暂时性差异＝105 000－100 000＝5 000（元）

递延所得税负债＝5 000×25%＝1 250（元）

当年递延所得税负债调整＝1 250（年末数）－7 500（年初数）

＝－6 250（元）

应纳税所得额＝400 000＋15 000＋10 000＝425 000（元）

应交所得税＝425 000×25%＝106 250（元）

所得税费用＝106 250－6 250＝100 000（元）

借：所得税费用　100 000

　递延所得税负债　6 250

　贷：应交税费——应交所得税　106 250

（3）20×3年度：

交易性金融资产账面价值＝0

交易性金融资产计税基础＝0

应纳税暂时性差异＝0

递延所得税负债＝0

当年递延所得税负债调整 = 0(年末数) - 1 250(年初数) = -1 250（元）

应纳税所得额 = 400 000 + 5 000 = 405 000（元）

应交所得税 = 405 000 × 25% = 101 250（元）

所得税费用 = 101 250 - 1 250 = 100 000（元）

借：所得税费用　　100 000

　　递延所得税负债　　1 250

　　贷：应交税费——应交所得税　　101 250

4. 长期应收款。

长期应收款核算的主要内容包括具有融资性质的分期收款方式销售商品和融资租赁产生的长期应收款项。本书以具有融资性质的分期收款方式销售商品产生的长期应收款为例分析长期应收款计税基础的确定。

分期收款销售的会计处理和税法规定存在的差异主要表现在：（1）收入确认时间和确认金额的不同。根据《企业会计准则第 14 号——收入》，具有融资性质的分期收款方式销售商品在满足收入的确认条件时一次性确认收入，确认金额为应收的合同或协议价款的公允价值。应收的合同或协议价款与其公允价值之间的差额，应当在合同或协议期间采用实际利率法进行分摊，计入当期损益。根据现行税法规定，按照合同或协议约定的收款日期分期确认收入，每期确认收入的金额为合同或协议约定的每期收款金额。（2）结转销售成本的时间和金额不同。会计准则规定，分期收款销售在满足收入的确认条件时一次性确认收入，同时一次性结转销售成本；而税法规定，按照合同或协议约定的收款日期分期确认收入，并分期结转销售成本。

由于分期收款销售的会计处理和税法规定不同，导致长期应收款以及与之有关的一年内到期的非流动资产和相关存货项目的账面价值和计税基础产生差异。

【例 6-26】 20×7 年 1 月 1 日，甲公司采用分期收款方式向乙公司销售一批货物，合同约定的销售价格为 3 000 万元，分 3 次于每年的 12 月 31 日等额收取。该批货物的成本为 2 100 万元，现销价格为 2 610 万元，甲公司发出商品时开出增值税专用发票，注明的增值税税额为 510 万元，并于当天收取 510 万元。假设甲公司未对该长期应收款计提坏账准备。

甲公司的会计处理如下：

20×7 年 1 月 1 日，发出商品时确认销售收入、结转销售成本。

借：银行存款　　5 100 000

　　长期应收款　　30 000 000

　　贷：主营业务收入　　26 100 000

应交税费——应交增值税（销项税额）　　5 100 000
未实现融资收益　　3 900 000
借：主营业务成本　　21 000 000
贷：库存商品　　21 000 000
甲公司编制的未实现融资收益分配表见表6－16。

表6－16　甲公司未实现融资收益分配表　单位：元

日　期	分期应收款	确认的融资收益（实际利率7.3%）	长期应收款成本减少额	长期应收款摊余成本
20×7.1.1	—	—	—	26 100 000
20×7.12.31	10 000 000	1 905 300	8 094 700	18 005 300
20×8.12.31	10 000 000	1 314 387	8 685 613	9 319 687
20×9.12.31	10 000 000	680 313（含尾差调整）	9 319 687	0
合计	30 000 000	3 900 000	26 100 000	—

注：实际利率为将3期、每期现金流入为10 000 000的现金流量折现后正好等于26 100 000的利率水平，经过计算，该实际利率约等于7.3%。

20×7年12月31日，收取分期应收账款并分配未实现融资收益。
借：银行存款　　10 000 000
贷：长期应收款　　10 000 000
借：未实现融资收益　　1 905 300
贷：财务费用　　1 905 300
20×8年12月31日，收取分期应收账款并分配未实现融资收益。
借：银行存款　　10 000 000
贷：长期应收款　　10 000 000
借：未实现融资收益　　1 314 387
贷：财务费用　　1 314 387
20×9年12月31日，收取分期应收账款并分配未实现融资收益。
借：银行存款　　10 000 000
贷：长期应收款　　10 000 000
借：未实现融资收益　　680 313
贷：财务费用　　680 313
会计和税法对各年确认的收入和费用及其差异的计算如表6－17所示。

表6－17　　甲公司各年确认的收入和费用及其差异（纳税调整）计算表　　单位：元

时间	销售收入（会计）	销售成本（会计）	已实现融资收益（会计）	销售收入（税法）	销售成本（税法）	差异（纳税调整）
20×7	26 100 000	21 000 000	1 905 300	10 000 000	7 000 000	－4 005 300
20×8	0	0	1 314 387	10 000 000	7 000 000	+1 685 613
20×9	0	0	680 313	10 000 000	7 000 000	+2 319 687
合计	26 100 000	21 000 000	3 900 000	30 000 000	21 000 000	0

甲公司未对该长期应收款计提坏账准备。根据上述会计处理和表6－16和表6－17该分期收款销售产生的长期应收款（含与之有关的一年内到期的非流动资产，下同）和存货的各年账面价值与计税基础差异计算如表6－18所示。

表6－18　甲公司长期应收款和存货账面价值与计税基础的差异计算　　单位：元

项目	账面价值	未来应税金额	未来可抵扣金额	计税基础	应纳税暂时性差异	可抵扣暂时性差异
20×7年年末长期应收款	18 005 300	18 005 300	0	0	18 005 300	
20×7年年末存货	0	0	14 000 000	14 000 000		14 000 000
20×8年年末长期应收款	9 319 687	9 319 687	0	0	9 319 687	
20×8年年末存货	0	0	7 000 000	7 000 000		7 000 000
20×9年年末长期应收款	0	0	0	0	0	0
20×9年年末存货	0	0	0	0	0	0

注：未来应税金额＝未来应税销售收入－从未来应税收入中扣除的融资收益

＝20 000 000－（1 314 387＋680 313）＝18 005 300（元）

未来应税金额＝未来的应税销售收入－从未来应税收入中扣除的融资收益

＝10 000 000－680 313＝9 319 687（元）

5. 长期股权投资。

长期股权投资的核算内容包括投资企业能够对被投资单位实施控制的股权投资（即对子公司的投资）、投资企业对被投资单位具有共同控制的股权投资（即对合营企业的投资）、投资企业对被投资单位具有重大影响的股权投资（即对联营企业的投资），以及不具有控制、共同控制或重大影响而且在活跃市场中没有报价、公允价值不能可靠计量的权益性投资。

长期股权投资的账面价值与计税基础之间的差异，可能产生于取得投资时，也可能产生于长期股权投资的后续计量。

（1）取得投资时长期股权投资的初始投资成本和计税成本的确定。

①企业合并形成的长期股权投资。

企业合并形成的长期股权投资可区分为同一控制下和非同一控制下的企业合并形成的长期股权投资。两种情况下，长期股权投资的初始投资成本和计税成本的确定有所不同。

同一控制下的企业合并形成的长期股权投资，其初始投资成本为合并日应享有被合并方所有者权益账面价值的份额。长期股权投资的初始投资成本与支付的现金、转让的非现金资产、承担的债务账面价值及发行权益性证券面值总额之间的差额，应当调整资本公积（资本溢价或股本溢价），资本公积（资本溢价或股本溢价）余额不足冲减的，调整留存收益。合并方发生的审计、法律服务、评估咨询等中介费用以及相关其他管理费用，应当于发生时计入当期管理费用。

非同一控制下的企业合并形成的长期股权投资，其初始投资成本为确定的合并成本。合并成本是指企业付出合并对价的公允价值，包括购买方付出的资产、发生或承担的债务、发行的权益性证券的公允价值。非同一控制下的企业合并中，购买方为企业合并发生的审计、法律服务、评估咨询等中介费用应当于发生时计入当期损益，即企业合并时发生各项直接相关费用不再计入长期股权投资的初始投资成本[①]。非同一控制企业合并涉及以库存商品等作为合并对价的，应按库存商品的公允价值，贷记“主营业务收入”或“其他业务收入”科目，同时结转相关的成本。

---

① 对于非同一控制下企业合并形成的长期股权投资，其初始投资成本为确定的合并成本，包括支付合并对价的公允价值和发生的各项直接费用。需要注意的是，根据财政部 2010 年 7 月 14 日发布的《企业会计准则第 4 号》，非同一控制下的企业合并中，购买方为企业合并发生的审计、法律服务、评估咨询等中介费用应于发生时计入当期损益，即企业合并时发生各项直接费用不再计入长期股权投资的初始投资成本。

我国税法中并没有引入同一控制和非同一控制企业合并的概念。税法中对于长期股权投资的计税成本基本规定为：通过支付现金方式取得的投资资产，以购买价款为成本；通过支付现金以外的方式取得的投资资产，以该资产的公允价值和支付的相关税费为成本。但是，不包括应自被投资单位收取的已宣告发放但尚未发放的现金股利或利润。企业实际发生的咨询费、评估费等进行企业合并发生的各项直接相关费用，在发生的当期据实申报扣除。

②企业合并以外其他方式取得的长期股权投资。

对于企业合并以外其他方式取得的长期股权投资，可根据取得来源的不同区分为以支付现金取得的、以发行权益性证券取得的、投资者投入的、非货币性资产交换取得的，以及通过债务重组取得的长期股权投资等。

不同取得来源的长期股权投资初始投资成本和计税成本的确定可概括如表6－19所示。

表6－19　企业合并以外其他方式取得的长期股权投资初始投资成本和计税成本的确定

投资方式	初始投资成本	计税成本
以支付现金方式取得的长期股权投资	实际支付的购买价款和相关税费，不包括应自被投资单位收取的已宣告发放但尚未发放的现金股利或利润（下同）	通过支付现金方式取得的投资资产，以购买价款为计税成本。 与会计上的初始投资成本相同
以发行权益性证券方式取得的长期股权投资	所发行权益性证券的公允价值	通过支付现金以外的方式取得的投资资产，以该资产的公允价值为计税成本。 与会计上的初始投资成本相同
以投资者投入的长期股权投资	投资合同或协议约定的价值（约定的价值不公允的除外）	同上 与会计上的初始投资成本相同
通过债务重组取得的长期股权投资	（1）债务人以非现金资产抵债方式取得的长期股权投资：受让资产（长期股权投资）的公允价值 （2）以债转股方式取得的长期股权投资：债权人享有股份或股权的公允价值	同上 与会计上的初始投资成本相同

续表

投资方式	初始投资成本	计税成本
非货币性资产交换取得的长期股权投资	（1）以公允价值为基础计量（同时满足非货币性资产交换准则规定的两个条件）： 换入的长期股权投资成本 = 换出资产的公允价值 + 相关税费 （2）以账面价值为基础计量（不能够同时满足两个条件）： 换入的长期股权投资的成本 = 换出资产的账面价值 + 相关税费 对于上述两种情况，如果涉及补价的，换入的长期股权投资的成本还应加上支付的补价或减去收到的补价	（1）与会计上的初始投资成本相同 （2）通过支付现金以外的方式取得的投资资产，以该资产的公允价值和支付的相关税费为计税成本。 与会计上的初始投资成本不同

（2）长期股权投资后续计量时账面价值与计税基础的确定。

在长期股权投资持有期间，可以根据投资企业对被投资单位的影响程度分别采用成本法或权益法核算。长期股权投资的后续计量可能造成长期股权投资的账面价值与计税基础不同。

采用成本法的情形有投资企业能够对被投资单位实施控制的股权投资（即对子公司的投资），以及不具有控制、共同控制或重大影响，而且在活跃市场中没有报价、公允价值不能可靠计量的权益性投资。

成本法下，被投资单位宣告分派的现金股利或利润，投资企业确认为投资收益。税法规定不论企业会计账务中对投资采取何种方法核算，被投资企业会计账务上实际做利润分配处理（包括以盈余公积和未分配利润转增资本）时，投资方企业应确认投资所得的实现。由此可见，如果长期股权投资取得时的初始投资成本与计税成本相同，则一般情况下长期股权投资账面价值与计税基础相同，不存在暂时性差异。应注意的是，如果被投资企业以盈余公积或未分配利润转增资本，成本法下，投资企业不做账务处理，只需作备查登记。但是税法要求按照面值确认为计税投资收益，同时增加计税投资成本。在这种情况下，长期股权投资账面价值低于其计税价值，存在可抵扣暂时性差异。

【例 6－27】 20×7 年 1 月 2 日甲公司以支付现金的方式取得乙公司 9% 的股权，为取得该股权共支付款项 1 100 万元，采用成本法核算。乙公司 20×7年实现净利润 800 万元，20×8 年实现净利润 650 万元，20×9 年 3 月

2日乙公司向投资者分配利润，共计400万元，甲公司分得的利润为36万元。20×9年乙公司亏损40万元。

分析：

成本法下，被投资单位实现利润或发生亏损，投资企业不作账务处理；20×9年3月2日甲公司从乙公司分得的利润为36万元，作为投资收益处理。所以20×7年年末、20×8年年末和20×9年年末长期股权投资账面价值均为1 100万元，计税基础均为1 100万元，长期股权投资账面价值与其计税基础之间不存在差异。

【例6-28】 假设上例中，乙公司20×7年实现净利润800万元，20×8年乙公司实现净利润1 650万元，20×9年3月2日乙公司以未分配利润900万元转增资本。20×9年乙公司实现净利润350万元。

分析：

成本法下，被投资单位实现利润或发生亏损，投资企业不进行账务处理；20×7年年末和20×8年年末长期股权投资账面价值均为1 100万元，计税基础为1 100万元，长期股权投资账面价值与计税基础之间不存在差异。

20×9年3月2日乙公司以未分配利润900万元转增资本，甲公司不作账务处理，只作备查登记。但是税法要求应当确认为计税投资收益，同时增加计税投资成本。20×9年末长期股权投资的账面价值为1 100万元，未来可抵扣金额为1 181万元（1 100+900×9%），长期股权投资的计税基础为1 181万元（1 100-1 100+1 181）。

该长期股权投资的账面价值1 100万元和计税基础1 181万元之间产生了81万元的差额，该差额性质上是该资产的未来应税金额1 100万元和未来可抵扣金额1 181万元的差额，该项差额将导致未来期间减少公司的应纳税所得额和应交所得税，属于可抵扣暂时性差异。

采用权益法核算的情形主要有投资企业对被投资单位具有共同控制或具有重大影响的股权投资。权益法下，投资企业在长期股权投资的持有期间根据应享有被投资单位所有者权益份额的变动对长期股权投资的账面价值进行调整。税法规定，企业确定长期股权投资成本后，在转让或者处置投资资产时，投资资产的成本准予扣除。可见，税法中并没有引入权益法这个概念。因此，长期股权投资的账面价值和计税基础会有所不同，两者之间的差异主要产生于以下几种情况：

①初始投资成本的调整。取得投资时，企业应比较初始投资成本与应享有被投资单位可辨认净资产公允价值份额，如果前者大于后者，不调整初始投资成本，会计和税法不产生差异；如果前者小于后者，则应调整增加长期

股权投资的初始投资成本，同时确认当期损益（营业外收入）。这种情况下，长期股权投资的计税成本保持不变，且计入营业外收入的金额不作为应纳所得税额（其不满足税法上收入的确认条件，会计上确认收入，计算纳税时进行纳税调减处理）。

②投资损益的确认。长期股权投资的持有期间，投资企业应当按照应享有或应分担的被投资单位实现净损益的份额，确认投资损益，并相应地调整长期股权投资的账面价值。被投资单位宣告分派现金股利或利润时，投资企业相应地调整减少长期股权投资的账面价值。在税收方面，不确认由此对长期股权投资计税成本的影响，即长期股权投资的计税基础并未发生变化。

③被投资单位所有者权益中除了净损益以外的其他权益变化。采用权益法核算的长期股权投资，投资企业对于被投资单位除了净损益以外的其他所有者权益变动，应当调整长期股权投资的账面价值，同时，相应地调整资本公积（其他资本公积）。在税收方面，同样不确认由此对长期股权投资计税成本的影响。

此外，如果长期股权投资发生减值，企业应当确认相关的资产减值损失，计提长期股权投资减值准备。计提长期股权投资减值准备会使长期股权投资的账面价值低于计税基础，产生可抵扣暂时性差异。

【例 6－29】 20×1 年 12 月甲公司以一批库存商品换入乙公司（上市公司）30%股权准备长期持有。甲公司库存商品不含税的公允价值为 1 700 000 元，适用的增值税率为 17%；成本为 1 500 000 元。甲公司在取得乙公司股权过程中，还以银行存款支付相关税费 11 000 元。乙公司当日所有者权益账面价值为 8 000 000 元，可辨认净资产公允价值与所有者权益账面价值相同。甲公司在乙公司董事会中派有董事，对乙公司具有重大影响。20×2 年 5 月 10 日，乙公司宣告分派现金股利 300 000 元，5 月 25 日甲公司收到现金股利，存入银行；20×2 年乙公司实现净利润 700 000 元，本年度资本公积增加 200 000 元。20×3 年 5 月 8 日，乙公司宣告分派现金股利 240 000 元，5 月 24 日甲公司收到现金股利存入银行；20×3 年乙公司实现净利润 280 000 元。20×4 年乙公司发生净亏损 100 000 元。20×5 年 12 月 31 日，甲公司因经营策略发生变化，将持有的乙公司股权全部出售，收取价款 2 520 000 元。假定甲公司各年的利润总额均为 600 000 元，所得税税率为 25%。甲公司各年所得税会计处理如下。

（1）20×1 年度：

长期股权投资的初始成本＝1 700 000＋1 700 000×17%＋11 000

＝2 000 000（元）

甲公司享有的乙公司所有者权益份额 = 8 000 000 × 30% = 2 400 000（元）
调增长期股权投资的金额（同时增加营业外收入） = 2 400 000 − 2 000 000
= 400 000（元）
长期股权投资账面价值 = 2 400 000（元）
长期股权投资计税基础 = 2 000 000（元）
应纳税暂时性差异 = 2 400 000 − 2 000 000 = 400 000（元）
递延所得税负债 = 400 000 × 25% = 100 000（元）
应纳税所得额 = 600 000 − 400 000 = 200 000（元）
应交所得税 = 200 000 × 25% = 50 000（元）
所得税费用 = 100 000 + 50 000 = 150 000（元）

借：所得税费用　　150 000
　　贷：应交税费——应交所得税　　50 000
　　　　递延所得税负债　　100 000

(2) 20×2 年度：
应收现金股利 = 300 000 × 30% = 90 000（元）
甲公司享有乙公司实现净利的份额 = 700 000 × 30% = 210 000（元）
甲公司享有乙公司资本公积增加的份额 = 200 000 × 30% = 60 000（元）
长期股权投资账面价值 = 2 400 000 − 90 000 + 210 000 + 60 000
= 2 580 000（元）
长期股权投资计税基础 = 2 000 000（元）
应纳税暂时性差异 = 2 580 000 − 2 000 000 = 580 000（元）
递延所得税负债 = 580 000 × 25% = 145 000（元）
本年递延所得税负债调整 = 145 000（年末数） − 100 000（年初数）
= 45 000（元）
应纳税所得额 = 600 000 + 90 000 − 210 000 = 480 000（元）
应交所得税 = 480 000 × 25% = 120 000（元）
所得税费用 = 120 000 + 30 000 = 150 000（元）

借：所得税费用　　150 000
　　贷：应交税费——应交所得税　　120 000
　　　　递延所得税负债　　30 000

借：资本公积——其他资本公积　　15 000
　　贷：递延所得税负债　　15 000

说明：甲公司 20×2 年收到的现金股利 90 000 元冲减了投资成本，未确认投资损益；按照税法规定，甲公司持有乙公司上市流通的股票不足 12 个月，收到现金股利不属于免税收入，属于股权转让利得，应计入应纳税所得额，需要进行纳税调整。甲公司当年应确认递延所得税负债增加45 000元，其中15 000元是由于增加资本公积形成的（所有者权益其他变动60 000元计入资本公积，税率为25%），应冲减资本公积，30 000元是由损益增加形成的（确认投资收益210 000元，收回现金股利90 000元，差额120 000元，税率为25%），应确认为递延所得税费用。

（3）20×3年度：

应收现金股利 = 40 000 × 30% = 72 000（元）

甲公司享有乙公司实现净利的份额 = 280 000 × 30% = 84 000（元）

长期股权投资账面价值 = 280 000 − 72 000 + 84 000 = 2 592 000（元）

长期股权投资计税基础 = 2 000 000（元）

应纳税暂时性差异 = 2 592 000 − 2 000 000 = 592 000（元）

递延所得税负债 = 592 000 × 25% = 148 000（元）

本年递延所得税负债调整 = 148 000（年末数）− 145 000（年初数）
= 3 000（元）

应纳税所得额 = 600 000 − 84 000 = 516 000（元）

应交所得税 = 516 000 × 25% = 129 000（元）

所得税费用 = 129 000 + 3 000 = 132 000（元）

借：所得税费用　　132 000
　　贷：应交税费——应交所得税　　129 000
　　　　递延所得税负债　　3 000

（4）20×4年度：

甲公司承担的乙公司净亏损份额 = 100 000 × 30% = 30 000（元）

长期股权投资账面价值 = 2 592 000 − 30 000 = 2 562 000（元）

长期股权投资计税基础 = 2 000 000（元）

应纳税暂时性差异 = 2 562 000 − 2 000 000 = 562 000（元）

递延所得税负债 = 562 000 × 25% = 140 500（元）

本年递延所得税负债调整 = 140 500（年末数）− 148 000（年初数）
= −7 500（元）

应纳税所得额 = 600 000 + 30 000 = 630 000（元）

应交所得税 = 630 000 × 25% = 157 500（元）

所得税费用 = 157 500 − 7 500 = 150 000（元）

借：所得税费用　　150 000
　　递延所得税负债　　7 500

贷：应交税费——应交所得税 157 500

(5) 20×5年度：

处置前长期股权投资账面价值构成：

投资成本=2 000 000+400 000=2 400 000（元）

损益调整=-90 000+210 000-72 000+84 000-30 000=102 000（元）

所有者权益其他变动=60 000（元）

长期股权投资账面价值合计=2 562 000（元）

处置投资损失=2 562 000-2 520 000=42 000（元）

处置后：

长期股权投资账面价值=0

长期股权投资计税基础=0

应纳税暂时性差异=0

递延所得税负债=0

本年递延所得税负债调整=0(年末数)-140 500(年初数)

=-140 500（元）

其中，冲减所得税费用的金额为125 500元；增加资本公积的金额为15 000元。

应纳税所得额=600 000+42 000-60 000+(2 520 000-2 000 000)

=1 102 000（元）

应交所得额=1 102 000×25%=275 500（元）

所得税费用=275 500-125 500=150 000（元）

借：所得税费用 150 000

递延所得税负债 125 500

贷：应交税费——应交所得税 275 500

借：递延所得税负债 15 000

贷：资本公积——其他资本公积 15 000

6. 投资性房地产。

(1) 投资性房地产入账成本和计税成本的确定。

投资性房地产在取得时以其成本入账。例如，外购的投资性房地产，取得成本包括购买价款、相关税费和可直接归属于该资产的其他支出；自行建造投资性房地产的成本由建造该项房地产达到预定可使用状态前发生的必要支出构成。税法中投资性房地产是作为“固定资产——房屋”和“无形资产——土地使用权”处理的，根据税法规定，资产的计税基础指企业取得该项资产时实际发生的支出。一般情况下，投资性房地产在取得时的入账成本和计税成本相同，不会产生暂时性差异。

（2）投资性房地产的后续计量可能造成账面价值与计税基础不同。

投资性房地产的后续计量模式有成本模式和公允价值模式两种，通常企业应当采用成本模式计量，满足特定条件时可以采用公允价值模式计量，即有确凿证据表明其所有投资性房地产的公允价值能够持续可靠取得，才可以采用公允价值模式进行后续计量。

对于采用成本模式计量的投资性房地产，应当按照《企业会计准则第4号——固定资产》或《企业会计准则第6号——无形资产》的有关规定，在资产持有期间按期（月）计提折旧或进行摊销，如果发生减值，应计提资产减值准备。所以期末投资性房地产是按照"成本－投资性房地产累计折旧或累计摊销－投资性房地产减值准备"进行计量的。在税收方面，投资性房地产是作为固定资产或无形资产处理的，期末时按照"成本－按照税法规定计算的累计折旧或累计摊销"进行计量。由于会计和税收上对于折旧或摊销的方法、折旧或摊销年限的不同以及减值准备的提取等规定有所不同，会形成投资性房地产账面价值与计税基础的差异。

对于采用公允价值模式计量的投资性房地产，企业在资产持有期间不需要按期（月）计提折旧或进行摊销，也不存在减值问题。期末投资性房地产按照公允价值进行计量，公允价值变动计入当期损益。而税收上，因为投资性房地产是作为固定资产或无形资产处理的，期末是按照"成本－按照税法规定计算的累计折旧或累计摊销"进行计量。所以采用公允价值模式计量的投资性房地产，其账面价值通常与其计税基础存在差异。

【例6－30】 20×7年8月甲公司购入一栋写字楼，以银行存款3 620万元支付款项。甲公司将写字楼出租给乙公司，将其作为投资性房地产管理，并采用成本模式进行后续计量。写字楼的预计使用寿命为50年，预计净残值为20万元，采用直线法提取折旧。税法规定的折旧方法和折旧年限等与会计相同。

分析：

20×7年年末投资性房地产的账面价值＝3 620－（3 620－20）÷50÷12×4＝3 596（万元）

20×7年年末投资性房地产的计税基础＝3 620－（3 620－20）÷50÷12×4＝3 596（万元）

假设20×9年年末甲公司判断该办公楼发生减值，经过计算其可回收金额为3 000万元。

20×9年年末该投资性房地产的账面价值＝3 000（万元）

20×9 年年末该投资性房地产计税基础 = 3 620 − (72×2 + 24)

= 3 452（万元）

该资产的账面价值 3 000 万元和计税基础 3 452 万元之间产生了 452 万元的差额，该差额性质上是该资产的未来应税金额 3 000 万元和未来可抵扣金额 3 452 万元的差额，该差额将导致未来期间减少公司的应纳税所得额和应交所得税，属于可抵扣暂时性差异。

【例 6－31】 假设上例中的投资性房地产采用公允价值模式计量。20×7 年年末该投资性房地产的公允价值为 3 650 万元。

20×7 年年末该资产的账面价值 = 3 650（万元）

20×7 年年末该投资性房地产的计税基础 = 3 620 − (3 620 − 20) ÷ 50 ÷ 12×4 = 3 596（万元）

20×7 年年末该资产的账面价值 3 650 万元和计税基础 3 596 万元之间产生了 54 万元的差额，该差额性质上是该资产的未来应税金额 3 650 万元和未来可抵扣金额 3 596 万元的差额，该项差额将导致未来期间增加公司的应纳税所得额和应交所得税，属于应纳税暂时性差异。

假设上例中的投资性房地产 20×8 年末的公允价值为 3 500 万元。

20×8 年年末该资产的账面价值 = 3 500（万元）

20×8 年年末该投资性房地产的计税基础 = 3 620 − (3 620 − 20) ÷ 50 ÷ 12×(12 + 4) = 3 524（万元）

20×8 年年末该资产的账面价值 3 500 万元和计税基础 3 524 万元之间产生了 24 万元的差额，该差额性质上是该资产的未来应税金额 3 500 万元和未来可抵扣金额 3 524 万元的差额，该项差额将导致未来期间减少公司的应纳税所得额和应交所得税，属于可抵扣暂时性差异。

【例 6－32】 甲公司的一项投资性房地产，原值 4 000 000 元，按照公允价值进行后续计量，预计使用年限为 20 年，预计净残值为 0。税法规定该投资性房地产的最低折旧年限为 20 年，预计净残值为 0。甲公司将其用于出租，根据签订的租赁合同，每年 1 月 1 日收取租金 300 000 元，租期 10 年。20×1 年 12 月 31 日，该房屋的公允价值为 3 960 000 元；20×2 年 12 月 31 日，该房屋的公允价值为 4 200 000 元。假定甲公司各年的利润总额均为 1 000 000 元，所得税税率为 25%。甲公司的所得税会计处理如下。

（1）20×1 年度：

投资性房地产账面价值 = 3 960 000（元）

投资性房地产计税基础 = 4 000 000 − 4 000 000 ÷ 20 = 3 800 000（元）

应纳税暂时性差异 = 3 960 000 − 3 800 000 = 160 000（元）

递延所得税负债 = 160 000 × 25% = 40 000（元）

应纳税所得额 = 1 000 000 + 40 000 - 200 000 = 840 000（元）

应交所得税 = 840 000 × 25% = 210 000（元）

所得税费用 = 210 000 + 40 000 = 250 000（元）

借：所得税费用　　250 000

　　贷：应交税费——应交所得税　　210 000

　　　　递延所得税负债　　40 000

（2）20×2 年度：

投资性房地产账面价值 = 4 200 000（元）

投资性房地产计税基础 = 3 800 000 - 200 000 = 3 600 000（元）

应纳税暂时性差异 = 4 200 000 - 3 600 000 = 600 000（元）

递延所得税负债 = 600 000 × 25% = 150 000（元）

当年递延所得税负债调整 = 150 000（年末数）- 40 000（年初数）

= 110 000（元）

应纳税所得额 = 1 000 000 - 240 000 - 200 000 = 560 000（元）

应交所得税 = 560 000 × 25% = 140 000（元）

所得税费用 = 140 000 + 110 000 = 250 000（元）

借：所得税费用　　250 000

　　贷：应交税费——应交所得税　　140 000

　　　　递延所得税负债　　110 000

7. 其他计提减值准备的资产。

有关资产计提了减值准备以后，其账面价值会随之下降，但税法规定，资产在发生实质性损失之前，不允许税前扣除，即计税基础不会因为提取减值准备而变化，从而造成资产账面价值与计税基础之间的差异。例如，按照会计准则的规定，企业应于期末估计应收账款余额中可以收回的金额，其小于应收账款余额的差额，即为估计可能发生的坏账，并据以计提坏账准备，确认资产减值损失；资产负债表日，存货应采用成本与可变现净值孰低法进行估价，当存货的可变现净值低于成本时，应确认存货跌价损失，计提存货跌价准备。

【例 6-33】 甲公司 12 月 31 日应收账款余额为 8 000 万元，该公司期末对应收账款计提了 800 万元的坏账准备。假定该公司应收账款及坏账准备的期初余额均为零。

分析：

该项应收账款在当年资产负债表日的账面价值为 7 200（8 000 - 800）

万元。税法规定，不符合国务院财政、税务主管部门规定的各项资产减值准备不允许税前扣除，其计税基础为8 000万元，该计税基础与其账面价值之间产生800万元暂时性差异，在应收账款发生实质性损失时，会减少未来期间的应纳税所得额和应交所得税。

【例6-34】甲公司购入一批包装物，成本为6 000万元，因部分生产线停工当年未领用，资产负债表日估计该存货的可变现净值为5 000万元。假定包装物的期初余额为零。

分析：

该项包装物因期末可变现净值低于成本，应计提的存货跌价准备1 000 (6 000-5 000) 万元。计提该存货跌价准备后，该项存货的账面价值为5 000万元。

该项包装物的计税基础不会因存货跌价准备的提取而发生变化，其计税基础为6 000万元不变。该存货的账面价值5 000万元与其计税基础6 000万元之间产生了1 000万元的暂时性差异，会减少公司未来期间的应纳税所得额。

【例6-35】甲公司估计应收账款的90%可以收回，估计可能发生的坏账比例为10%，并按此比例对应收账款计提坏账准备。20×1年年末首次计提坏账准备，应收账款余额100 000元；20×2年年末应收账款余额120 000元，当年核销坏账6 000元；20×3年年末应收账款余额90 000元，当年收回已核销坏账1 000元；20×4年年末应收账款余额50 000元，当年核销坏账15 000元。假定甲公司各年利润总额均为50 000元，所得税税率为25%。

甲公司各年所得税会计处理如下。

(1) 20×1年度：

应收账款账面价值 = 100 000 - 100 000 × 10% = 90 000 (元)

应收账款计税基础 = 100 000 (元)

可抵扣暂时性差异 = 100 000 - 90 000 = 10 000 (元)

递延所得税资产 = 10 000 × 25% = 2 500 (元)

应纳税所得额 = 50 000 + 10 000 = 60 000 (元)

应交所得税 = 60 000 × 25% = 15 000 (元)

所得税费用 = 15 000 - 2 500 = 12 500 (元)

借：所得税费用	12 500	
递延所得税资产	2 500	
贷：应交税费——应交所得税		15 000

(2) 20×2年度：

应收账款账面价值 = 120 000 − 120 000 × 10% = 108 000（元）

应收账款计税基础 = 120 000（元）

可抵扣暂时性差异 = 120 000 − 108 000 = 12 000（元）

递延所得税资产 = 12 000 × 25% = 3 000（元）

当年递延所得税资产调整 = 3 000（年末数）− 2 500（年初数）= 500（元）

当年计提的坏账准备 = 120 000 × 10% −（10 000 − 6 000）= 8 000（元）

应纳税所得额 = 50 000 + 8 000 − 6 000 = 52 000（元）

应交所得税 = 52 000 × 25% = 13 000（元）

所得税费用 = 13 000 − 500 = 12 500（元）

借：所得税费用	12 500	
递延所得税资产	500	
贷：应交税费——应交所得税		13 000

（3）20×3 年度：

应收账款账面价值 = 90 000 − 90 000 × 10% = 81 000（元）

应收账款计税基础 = 90 000（元）

可抵扣暂时性差异 = 90 000 − 81 000 = 9 000（元）

递延所得税资产 = 9 000 × 25% = 2 250（元）

当年递延所得税资产调整 = 2 250（年末数）− 3 000（年初数）= −750（元）

当年计提的坏账准备 = 90 000 × 10% −（12 000 + 1 000）= −4 000（元）

应纳税所得额 = 50 000 − 4 000 + 1 000 = 47 000（元）

应交所得税 = 47 000 × 25% = 11 750（元）

所得税费用 = 11 750 + 750 = 12 500（元）

借：所得税费用	11 750	
贷：应交税费——应交所得税		11 750
递延所得税资产		750

说明：按税法规定，冲减的坏账准备 4 000 元不计入应纳税所得额，需要进行纳税调减；收回已核销的坏账 1 000 元应计入应纳税所得额，需要进行纳税调增。

（4）20×4 年度：

应收账款账面价值 = 50 000 − 50 000 × 10% = 45 000（元）

应收账款计税基础 = 50 000（元）

可抵扣暂时性差异 = 50 000 − 45 000 = 5 000（元）

递延所得税资产 = 5 000 × 25% = 1 250（元）

当年递延所得税资产调整 = 1 250（年末数）− 2 250（年初数）

$= -1\ 000$（元）

当年计提的坏账准备 $= 50\ 000 \times 10\% - (9\ 000 - 15\ 000) = 11\ 000$（元）

应纳税所得额 $= 50\ 000 + 11\ 000 - 15\ 000 = 46\ 000$（元）

应交所得税 $= 46\ 000 \times 25\% = 11\ 500$（元）

所得税费用 $= 11\ 500 + 1\ 000 = 12\ 500$（元）

借：所得税费用　　12 500

　贷：应交税费——应交所得税　　11 500

　　递延所得税资产　　1 000

【例 6－36】 甲公司采用单项比较法计提存货跌价准备。20×1 年年末 A 库存商品成本为 100 000 元（未计提存货跌价准备），可变现净值为 90 000 元；20×2 年完工入库 A 商品成本为 70 000 元（与计税基础相同），销售年初库存 A 商品的 60%，年末库存 A 商品成本为 110 000 元，可变现净值为 107 000 元，转回已计提的存货跌价准备 1 000 元；20×3 年完工入库 A 商品成本为 70 000 元，销售年初库存 A 商品的 90%，年末库存 A 商品成本为 81 000 元，可变现净值为 99 000 元，转回已计提的存货跌价准备 300 元。假定甲公司各年的利润总额均为 400 000 元，所得税税率为 25%。甲公司各年所得税会计处理如下。

（1）20×1 年度：

库存 A 商品账面价值 $= 100\ 000 - 10\ 000 = 90\ 000$（元）

库存 A 商品计税基础 $= 100\ 000$（元）

可抵扣暂时性差异 $= 100\ 000 - 90\ 000 = 10\ 000$（元）

递延所得税资产 $= 10\ 000 \times 25\% = 2\ 500$（元）

应纳税所得额 $= 400\ 000 + 10\ 000 = 410\ 000$（元）

应交所得税 $= 410\ 000 \times 25\% = 102\ 500$（元）

所得税费用 $= 102\ 500 - 2\ 500 = 100\ 000$（元）

借：所得税费用　　100 000

　递延所得税资产　　2 500

　贷：应交税费——应交所得税　　102 500

（2）20×2 年度：

库存 A 商品账面价值 $= 110\ 000 - 3\ 000 = 107\ 000$（元）

库存 A 商品计税基础 $= 110\ 000$（元）

可抵扣暂时性差异 $= 110\ 000 - 107\ 000 = 3\ 000$（元）

递延所得税资产 $= 3\ 000 \times 25\% = 750$（元）

当年递延所得税资产调整 $= 750$（年末数）$- 2\ 500$（年初数）$= -1\ 750$（元）

应纳税所得额 =400 000 -6 000 -1 000 =393 000（元）

应交所得税 =393 000 ×25% =98 250（元）

所得税费用 =98 250 +1 750 =100 000（元）

借：所得税费用　　100 000

　贷：应交税费——应交所得税　　98 250

　　递延所得税资产　　1 750

说明：根据税法规定，甲公司出售年初A库存商品的60%时，结转销售成本60 000元，结转已计提的存货跌价准备6 000元，确认主营业务成本54 000元（60 000 -6 000），结转的存货跌价准备6 000元可以在应税收入中扣除；冲回的存货跌价准备1 000元（年初10 000 -当年结转6 000 -年末3 000），不计入应纳税所得额。两者均需要进行纳税调减。

（3）20×3年度：

库存A商品账面价值 =81 000（元）

库存A商品计税基础 =81 000（元）

可抵扣暂时性差异 =81 000 -81 000 =0

递延所得税资产 =0

当年递延所得税资产调整 =0（年末数）-750（年初数）= -750（元）

应纳税所得额 =400 000 -2 700 -300 =397 000（元）

应交所得税 =397 000 ×25% =99 250（元）

所得税费用 =99 250 +750 =100 000（元）

借：所得税费用　　100 000

　贷：应交税费——应交所得税　　99 250

　　递延所得税资产　　750

说明：根据税法规定，甲公司出售年初A库存商品的90%时，结转销售成本99 000元，结转已计提的存货跌价准备2 700元，确认主营业务成本96 300元（99 000 -2 700），结转的存货跌价准备2 700元可以在应税收入中扣除，需要进行纳税调减；冲回的存货跌价准备300元（年初3 000 -当年结转2 700 -年末0），不计入应纳税所得额，也需要进行纳税调减。

（二）负债的计税基础及暂时性差异

负债的计税基础，是指负债的账面价值减去未来期间计算应纳税所得额时按照税法规定可予抵扣的金额。公式如下：

负债的计税基础 =账面价值 -未来期间按照税法规定可予以税前扣除的金额

负债的确认与偿还一般不会影响企业的损益，也不会影响其应纳税所得额，未来期间计算应纳税所得额时按照税法规定可抵扣的金额为零，计税基础即为账面价值。但是，某些情况下，负债的确认可能会影响企业的损益，进而影响不同期间的应纳税所得额，使得其计税基础与账面价值之间产生差额，如按照会计规定确认的某些预计负债。

1. 交易性金融负债。

按照会计准则的规定，交易性金融负债的交易费用计入当期损益，而税法规定应计入交易性金融负债成本，由于初始计量方法的不一致，使得交易性金融负债的账面价值大于其计税基础，形成可抵扣暂时性差异；在资产负债表日应确认应付利息，计入当期损益，而税法规定利息在实际支付时可以在税前扣除，由于利息支出的确认时间不一致，使得应付利息的账面价值大于其计税基础，形成可抵扣暂时性差异；交易性金融负债公允价值发生变动时，应计入当期损益，同时对交易性金融负债账面价值进行调整，但税法规定公允价值变动损益不计入应纳税所得额，其计税基础并未变化，从而导致交易性金融负债的账面价值与计税基础不一致，形成应纳税或可抵扣暂时性差异。

【例6－37】 甲公司20×1年7月1日发行到期一次性还本付息的短期融资债券，面值1 000 000元、期限1年、票面利率4%，发行价格等于面值，发生交易费用4 000元，实际收到款项996 000元。20×1年12月31日，该债券的市场价格为1 018 000元（包含利息）。20×2年1月31日，甲公司以1 021 000元的价格回购该债券。甲公司20×1年和20×2年的利润总额均为800 000元，所得税税率为25%。甲公司各年所得税会计处理如下。

(1) 20×1年度：

交易性金融负债账面价值＝1 000 000－(1 018 000－1 000 000×4%÷12×6)＝998 000（元）

交易性金融负债计税基础＝996 000（元）

可抵扣暂时性差异＝998 000－996 000＝2 000（元）

应付利息账面价值＝20 000（元）

应付利息计税基础＝0（元）

可抵扣暂时性差异＝20 000－0＝20 000（元）

递延所得税资产＝(2 000＋20 000)×25%＝5 500（元）

应纳税所得额＝800 000＋4 000＋20 000－2 000＝822 000（元）

应交所得税＝822 000×25%＝205 500（元）

所得税费用＝205 500－5 500＝200 000（元）

借：所得税费用　　200 000

递延所得税资产　　5 500

　　贷：应交税费——应交所得税　　205 500

说明：20×1 年度甲公司将交易费用 4 000 元计入当期损益，按照税法规定，不得在当年税前扣除，需要进行纳税调增；将应付未付的债券利息 20 000 元计入当期损益，税法规定应于实际支付时在税前扣除，需要进行纳税调增；将交易性金融负债的公允价值变动 2 000 元计入当期损益，税法规定不计入应纳税所得额，需要进行纳税调减。

（2）20×2 年度：

交易性金融负债账面价值＝0

交易性金融负债计税基础＝0

可抵扣暂时性差异＝0

应付利息账面价值＝0

应付利息计税基础＝0

可抵扣暂时性差异＝0

递延所得税资产＝0

当年递延所得税资产调整＝0（年末数）－5 500（年初数）＝－5 500（元）

应纳税所得额＝800 000－（25 000－3 000）＝778 000（元）

应交所得税＝778 000×25%＝194 500（元）

所得税费用＝194 500＋5 500＝200 000（元）

借：所得税费用　　194 500

　　贷：应交税费——应交所得税　　194 500

　　　　递延所得税资产　　5 500

说明：20×2 年甲公司回购交易性金融负债确认损失 3 000 元，按照税法规定，当年允许税前扣除的利息支出为 25 000 元（1 021 000－996 000），两者的差额 22 000 元，需要进行纳税调减。

2. 应付债券及其利息费用。

按照会计准则的规定，应付债券按摊余成本进行后续计量，但其利息支出等于应付债券的摊余成本乘以实际利率；而税法规定按实际支付金额确认的利息支出可以在税前扣除。二者之间存在差异，使得应付债券及应付利息的账面价值大于或小于其计税基础，形成可抵扣暂时性差异或应纳税暂时性差异。

【例 6－38】 甲公司 20×5 年 12 月发行面值为 100 000 000 元的 3 年期公司债券，用于补充流动资金，发行价格为 95 000 000 元，票面利率为 6%，实际利率为 7.938%，每年付息一次，付息日为 12 月 31 日，到期后偿还债券面值。假定甲公司发行债券时没有产生相关的交易费用，债券利息全部费用化；各年利润总额均为 50 000 000 元，所得税税率为 25%。

根据会计准则和税法的相关规定，甲公司确认利息调整摊销及利息支出的计算结果见表 6－20；甲公司各年应纳税所得额、所得税费用的计算结果见表 6－21；各年末应付债券的账面价值、计税基础、可抵扣暂时性差异、递延所得税的计算结果见表 6－22。

表 6－20　　甲公司应付债券利息调整摊销及利息支出计算表

（利息调整借方金额的摊销）　　单位：元

计算日期	利息支出	票面利息	利息调整摊销	应付债券账面价值
	借：财务费用	贷：银行存款	贷：应付债券——利息调整	
	①＝债券摊余价值×7.938%	②＝债券面值×6%	③＝①－②	④＝期初价值＋③
20×5. 12. 31	—	—	—	95 000 000
20×6. 12. 31	7 541 100	6 000 000	1 541 100	96 541 100
20×7. 12. 31	7 663 433	6 000 000	1 663 433	98 204 533
20×8. 12. 31	7 795 467（含尾差调整）	6 000 000	1 795 467（含尾差调整）	100 000 000
合　计	23 000 000	18 000 000	5 000 000	—

表 6－21　　甲公司所得税费用计算表　　单位：元

年度	利润总额	应纳税所得额	应交所得税
20×6	50 000 000	50 000 000＋1 541 100＝51 541 100	12 885 275
20×7	50 000 000	50 000 000＋1 663 433＝51 663 433	12 915 858. 25
20×8	50 000 000	50 000 000＋1 795 467－5 000 000＝46 795 467	11 698 866. 75

表 6－22　　甲公司应付债券递延所得税计算表　　单位：元

日期	账面价值	计税基础	可抵扣暂时性差异	递延所得税资产	递延所得税资产调整
20×5. 12. 31	95 000 000	95 000 000	0	0	0
20×6. 12. 31	96 541 100	95 000 000	1 541 100	385 275	385 275
20×7. 12. 31	98 204 533	95 000 000	3 204 533	801 133. 25	415 858. 25
20×8. 12. 31	0	0	0	0	－801 133. 25

根据以上计算结果，甲公司各年所得税会计处理如下。

（1）20×6 年度：

所得税费用 = 12 885 275 - 385 275 = 12 500 000（元）

借：所得税费用　　12 500 000

　　递延所得税资产　　385 275

　　贷：应交税费——应交所得税　　12 885 275

说明：

20×6 年 12 月 31 日，会计核算按摊余价值和实际利率确认的债券利息支出为 7 541 100 元，按照税法相关规定实际支付的债券利息 6 000 000 元可以在税前扣除，两者的差额 1 541 100 元（利息调整摊销额）不得在税前扣除，需要进行纳税调增。

（2）20×7 年度：

所得税费用 = 12 915 858.25 - 415 858.25 = 12 500 000（元）

借：所得税费用　　12 500 000

　　递延所得税资产　　415 858.25

　　贷：应交税费——应交所得税　　12 915 858.25

说明：

20×7 年 12 月 31 日，会计核算按摊余价值和实际利率确认的债券利息支出为 7 663 433 元，按照税法相关规定实际支付的债券利息 6 000 000 元可以在税前扣除，两者的差额 1 663 433 元（利息调整摊销额）不得在税前扣除，需要进行纳税调增。

（3）20×8 年度：

所得税费用 = 11 698 866.75 + 801 133.25 = 12 500 000（元）

借：所得税费用　　12 500 000

　　贷：应交税费——应交所得税　　11 69 8866.75

　　　　递延所得税资产　　801 133.25

说明：

20×8 年 12 月 31 日，会计核算按摊余价值和实际利率确认的债券利息支出为 7 795 467 元，按照税法相关规定实际支付的债券利息 6 000 000 元可以在税前扣除，两者的差额 1 795 467 元（利息调整摊销额）不得在税前扣除，需要进行纳税调增；此外，偿付全部债券本金 100 000 000 元，其初始计税基础为 95 000 000 元，差额 5 000 000 元可以在税前扣除，需要进行纳税调减。

3. 可转换公司债券。

按照会计准则的规定，发行可转换债券应当在初始确认时将其包含的负债成分和权益成分进行分拆，即将收入分拆为负债成分和权益成分，将负债成分确认为应付债券，将权益成分确认为资本公积，应付债券的初始确认金额为负债成分未来现金流量的折现金额；按照税法相关规定，企业发行债券的本金（含溢折价金额）均应作为负债处理，偿还债券的本金不得在税前扣除，计税基础为发行债券的本金，会计准则与税法规定不一致，形成应纳税暂时性差异，应根据适用税率确认递延所得税负债。由于这部分应纳税暂时性差异影响资本公积，所得税会计处理时应借记“资本公积——其他资本公积”科目，贷记“递延所得税负债”科目。

按照企业会计准则的规定，在可转换债券转换为股份之前，应采用实际利率法计算利息费用，并对利息调整进行摊销；按照税法相关规定，按照票面金额和票面利率计算并实际支付的利息费用可以在税前扣除，两者之间存在可抵扣暂时性差异（利息调整借方差额的摊销额）或应纳税暂时性差异（利息调整贷方差额的摊销额），需要进行纳税调整，并根据适用税率确认递延所得税资产或递延所得税负债，同时确认递延所得税收益或递延所得税费用，借记“递延所得税资产”科目，贷记“所得税费用”科目，或借记“所得税费用”科目，贷记“递延所得税负债”科目。

转换日，债券持有人行使转换权时，会计核算中按照可转换债券账面价值转为股份，不确认损益；税法规定未支付利息不影响应纳税所得额，因此不需要进行纳税调整。发行日确认的其他资本公积转为股本溢价，初始确认的递延所得税也应调整股本溢价，由于发行日至转换日形成的暂时性差异已经计入留存收益，因此转换时确认的股本、股本溢价与留存收益之和与其计税基础一致，不存在暂时性差异，原确认的递延所得税资产或递延所得税负债也应一并调整股本溢价，借记“资本公积——股本溢价”科目，贷记“递延所得税资产”科目；或借记“递延所得税负债”科目，贷记“资本公积——股本溢价”科目。

转换日，如果债券持有人未行使转换权，由于初始确认的其他资本公积转为股本溢价，初始确认的递延所得税负债形成的其他资本公积也应调整股本溢价。上述会计处理的结果对企业净资产没有影响，企业确认的递延所得税负债或递延所得税资产不需要进行调整，按照一般债券的所得税会计核算方法进行后续处理。

【例6-39】 甲公司于20×0年12月31日发行5年期可转换债券，实际发行价格为28 701 300元，面值为30 000 000元，票面利率为4%，每年12月31日付息一次。发行2年后，可以按照每5元面值交换该公司面值为1元的普通股进行转换。假定当期不可转换债券的实际利率为6%，按此计算，该债券如果不附转换权，发行价格应为27 472 600元。甲公司采用实际利率法计算摊余成本。20×3 年 1 月 1 日，该可转换债券的 80% 转换为普通股，其余 20% 到期偿还。假定甲公司各年利润总额均为 8 000 000 元，所得税税率为 25%。甲公司各年所得税会计处理如下（计算结果保留整数）。

（1）20×0 年度：

可转换债券发行时：

负债成分 = 27 472 600（元）

权益成分 = 28 701 300 − 27 472 600 = 1 228 700（元）

利息调整 = 30 000 000 − 27 472 600 = 2 527 400（元）

借：银行存款　　28 701 300

　　应付债券——可转换债券（利息调整）　　2 527 400

　　贷：应付债券——可转换债券（面值）　　30 000 000

　　　　资本公积——其他资本公积　　1 228 700

可转换债券账面价值 = 27 472 600（元）

可转换债券计税基础 = 28 701 300（元）

应纳税暂时性差异 = 28 701 300 − 27 472 600 = 1 228 700（元）

递延所得税负债 = 1 228 700 × 25% = 307 175（元）

应纳税所得额 = 8 000 000（元）

应交所得税 = 8 000 000 × 25% = 2 000 000（元）

借：资本公积——其他资本公积　　307 175

　　贷：递延所得税负债　　307 175

说明：甲公司 20×0 年 12 月 31 日发行可转换债券不影响利润总额，也不影响应纳税所得额，不需要进行纳税调整。可转换债券的账面价值为 27 472 600 元，计税基础为收取的款项 28 701 300 元，形成应纳税暂时性差异 1 228 700 元，根据适用税率 25% 确认递延所得税负债 307 175 元冲减资本公积，资本公积净增加 921 525 元。

（2）20×1 年度：

支付利息时：

票面利息 = 30 000 000 × 4% = 1 200 000（元）

利息费用 = 27 472 600 × 6% = 1 648 356（元）

利息调整摊销 = 1 648 356 − 1 200 000 = 448 356（元）

摊余成本 = 27 472 600 + 448 356 = 27 920 956（元）

借：财务费用　　1 648 356

　　贷：应付债券——可转换债券（利息调整）　　448 356

　　　　银行存款　　1 200 000

可转换债券账面价值 =27 472 600 +448 356 =27 920 956（元）

可转换债券计税基础 =28 701 300（元）

应纳税暂时性差异 =28 701 300 -27 920 956 =780 344（元）

递延所得税负债 =780 344 ×25% =195 086（元）

当年递延所得税负债调整 =195 086(年末数) -307 175(年初数)

= -112 089（元）

应纳税所得额 =8 000 000 +(1 648 356 -1 200 000) =8 448 356（元）

应交所得税 =8 448 356 ×25% =2 112 089（元）

所得税费用 =2 112 089 -112 089 =2 000 000（元）

借：所得税费用　　2 000 000

　　递延所得税负债　　112 089

　　贷：应交税费——应交所得税　　2 112 089

说明：甲公司20×1年确认可转换债券利息费用1 648 356元计入财务费用，按照税法规定，实际支付的利息1 200 000元可以税前扣除，两者的差额448 356元，需要进行纳税调增。

(3) 20×2年度：

支付利息时：

票面利息 =30 000 000 ×4% =1 200 000（元）

利息费用 =27 920 956 ×6% =1 675 257（元）

利息调整摊销 =1 675 257 -1 200 000 =475 257（元）

摊余成本 =27 920 956 +475 257 =28 396 213（元）

借：财务费用　　1 675 257

　　贷：应付债券——可转换债券（利息调整）　　475 257

　　　　银行存款　　1 200 000

可转换债券账面价值 =27 920 956 +475 257 =28 396 213（元）

可转换债券计税基础 =28 701 300（元）

应纳税暂时性差异 =28 701 300 -28 396 213 =305 087（元）

递延所得税负债 =305 087 ×25% =76 272（元）

当年递延所得税负债调整 =76 272(年末数) -195 086(年初数)

= -118 814（元）

应纳税所得额 =8 000 000 +(1 675 257 -1 200 000) =8 475 257（元）

应交所得税 =8 475 257 ×25% =2 118 814（元）

所得税费用 =2 118 814 -118 814 =2 000 000（元）

借：所得税费用　　2 000 000

递延所得税负债　118 814

贷：应交税费——应交所得税　2 118 814

（4）20×3 年度：

1 月 1 日可转换债券的 80% 转换为股份时：

转换为普通股的计税基础 = 28 701 300 × 80% = 22 961 040（元）

初始确认递延所得税负债形成的其他资本公积调整股本溢价 = 307 175 × 80% = 245 740（元）

借：资本公积——股本溢价　245 740

贷：资本公积——其他资本公积　245 740

递延所得税负债转为股本溢价 = 76 272 × 80% = 61 018（元）

借：递延所得税负债　61 018

贷：资本公积——股本溢价　61 018

转换为普通股的入账价值：

股本 = 4 800 000（元）

股本溢价 = 18 899 930 − 245 740 + 61 018 = 18 715 208（元）

合计 = 4 800 000 + 18 715 208 = 23 515 208（元）

普通股入账价值与计税基础的差异 = 23 515 208 − 22 961 040

= 554 167（元）

说明：20×3 年 1 月 1 日，可转换债券转换为普通股的入账价值为 23 515 208 元。可转换债券在转换前，20×1 年摊销利息调整借方差额 448 356 元，20×2 年摊销利息调整借方差额 475 257 元，两者之和为 923 613 元，计入财务费用；同时，20×1 年确认递延所得税收益 112 089 元，20×2 年确认递延所得税收益 118 814 元，两者之和为 230 903 元。确认的财务费用与递延所得税收益的差额 692 710 元，已经冲减留存收益，可转换债券 80% 转为普通股，相当于可转换债券转换冲减留存收益 554 168 元（692 710 × 80%）。普通股入账价值 23 515 208 元扣除利息调整摊销冲减的留存收益 554 168 元，净增加 22 961 040 元，与其计税基础相同。

1 月 1 日可转换债券的 20% 未转换为股份的所得税会计处理：

未转换债券的计税基础 = 2 8701 300 × 20% = 5 740 260（元）

未转换债券的账面价值 = 5 679 243（元）

其中：

未转换债券的票面金额 = 30 000 000 × 20% = 6 000 000（元）

未转换债券的利息调整借方金额 = 6 000 000 − 5 679 243 = 320 757（元）

应纳税暂时性差异 = 5 740 260 − 5 679 243 = 61 017（元）

递延所得税负债 =610 017 ×25% =15 254（元）

初始确认递延所得税负债形成的其他资本公积调整股本溢价 =307 175 ×20% =61 435（元）

借：资本公积——股本溢价　　61 435

　贷：资本公积——其他资本公积　　61 435

20 ×3 年度所得税会计处理：

未转换债券账面价值 =5 679 243 +100 755 =5 779 998（元）

未转换债券计税基础 =5 740 260（元）

可抵扣暂时性差异 =5 779 998 −5 740 260 =39 738（元）

递延所得税资产 =39 738 ×25% =9 935（元）

递延所得税负债 =0

当年递延所得税负债调整 =0（年末数）−15 254（年初数）= −15 254（元）

应纳税所得额 =8 000 000 +（340 755 −240 000）=8 100 755（元）

应交所得税 =8 100 755 ×25% =2 025 189（元）

所得税费用 =2 025 189 −9 935 −15 254 =2 000 000（元）

借：所得税费用　　2 000 000

　递延所得税资产　　9 935

　递延所得税负债　　15 254

　贷：应交税费——应交所得税　　2 025 189

说明：甲公司 20 ×3 年确认未转换债券利息费用 340 755 元，按照税法规定，实际支付的利息 240 000 元可以税前扣除，两者的差额 100 755 元，需要进行纳税调增。年末未转换债券账面价值大于其计税基础，形成可抵扣暂时性差异 39 738 元，确认递延所得税资产 9 935 元；原确认的递延所得税负债 15 254 全部转回；合计确认递延所得税收益 25 189 元。

（5）20 ×4 年度：

未转换债券账面价值 =5 779 998 +106 800 =5 886 798（元）

未转换债券计税基础 =5 740 260（元）

可抵扣暂时性差异 =5 886 798 −5 740 260 =146 538（元）

递延所得税资产 =146 538 ×25% =36 635（元）

当年递延所得税资产调整 =36 635（年末数）−9 935（年初数）

=26 700（元）

应纳税所得额 =8 000 000 +（346 800 −240 000）=8 106 800（元）

应交所得税 =8 106 800 ×25% =2 026 700（元）

所得税费用 =2 026 700 −26 700 =2 000 000（元）

借：所得税费用　　2 000 000

　　递延所得税资产　　26 700

　　贷：应交税费——应交所得税　　2 026 700

说明：甲公司20×4年确认未转换债券利息费用346 800元，按照税法规定，实际支付的利息240 000元可以税前扣除，两者的差额106 800元，需要进行纳税调增。

（6）20×5年度：

未转换债券账面价值=5 886 798+113 202－6 000 000=0

未转换债券计税基础=5 740 260－5 740 260=0

可抵扣暂时性差异=0

当年递延所得税资产调整=0（年末数）－36 635（年初数）=－36 635（元）

应纳税所得额=8 000 000+（353 202－240 000）－（6 000 000－5 740 260）

=7 853 462（元）

应交所得税=7 853 462×25%=1 963 365（元）

所得税费用=1 963 365+36 635=2 000 000（元）

借：所得税费用　　2 000 000

　　贷：应交税费——应交所得税　　1 963 325

　　　　递延所得税资产　　36 635

说明：甲公司20×5年确认未转换债券利息费用353 202元，按照税法规定，实际支付的利息240 000元可以税前扣除，两者的差额113 202元，需要进行纳税调增；20×5年甲公司偿付未转换债券面值6 000 000元，按照税法规定，未转换债券初始发行收入5 740 260元不得税前扣除，偿付面值与初始发行成本的差额259 740元可以在偿付时税前扣除，需要进行纳税调减。

（7）甲公司未转换债券会计处理总体分析：

未转换债券（全部可转换债券的20%）的发行收入为5 740 260元，按照税法规定，偿付债券本息时，发行收入不得税前扣除；会计核算中将其分拆为负债成分5 494 520元，权益成分245 740元，同时确认递延所得税负债61 435元，调减其他资本公积。

偿付该债券的全部本息为7 200 000元（面值6 000 000+利息240 000×5）。

按照税法规定，5年内允许税前扣除的利息费用合计为1 459 740元（7 200 000－5 740 260）；会计核算中，5年内确认利息费用合计为1 705 480元[（1 648 356+1 675 257）×20%+340 755+346 800+353 202]。会计核算确认的利息费用大于税法允许税前扣除的利息支出的差额为245 740元，要进行纳税调增，与应纳税所得额一致；但是上述处理结果，使得留存收益减少245 740元，但使资本公积增加245 740元，不影响净资产。

此外，初始确认递延所得税负债时调减资本公积61 435元，在转换日冲减了股本溢价；然而，递延所得税负债在后续计量中，确认为递延所得税收益。上述会计处理结果，相当于将资本公积转为留存收益，也不影响净资产。

4. 产品质量保证债务。

按照会计准则的规定，企业售出附有保修期的产品后，预计的保修费用作为销售费用计入当期损益；但是按照税法相关规定，因预计负债而确认的费用在其实际发生前不允许从应纳税所得额中扣除，需要进行纳税调整。由于预计负债在未来期间实际发生时可予以税前抵扣，扣除的金额等于其账面价值，因此其计税基础为0。预计负债的账面价值大于计税基础，属可抵扣暂时性差异，应确认递延所得税资产。

期末，企业应根据确认的递延所得税资产，借记“递延所得税资产”科目，贷记“所得税费用”科目。

【例6－40】 甲公司20×1年销售冰箱取得收入8 000 000元，免费提供售后维修服务1年，预计保修费用为销售额的1%，确认预计保修费用80 000元。20×2年，实际发生的冰箱保修费用为60 000元。假定甲公司各年的利润总额均为800 000元，所得税税率为25%。甲公司各年所得税会计处理如下。

(1) 20×1年度：

预计负债的账面价值＝80 000（元）

预计负债的计税基础＝0

可抵扣暂时性差异＝80 000－0＝80 000（元）

递延所得税资产＝80 000×25%＝20 000（元）

应纳税所得额＝800 000＋80 000＝880 000（元）

应交所得税＝880 000×25%＝220 000（元）

所得税费用＝220 000－20 000＝200 000（元）

借：所得税费用	200 000	
递延所得税资产	20 000	
贷：应交税费——应交所得税		220 000

(2) 20×2年度：

预计负债的账面价值＝0

预计负债的计税基础＝0

可抵扣暂时性差异 = 0

递延所得税资产 = 0

当年递延所得税资产调整 = 0(年末数) - 20 000(年初数) = -20 000（元）

应纳税所得额 = 800 000 - 60 000 - 20 000 = 720 000（元）

应交所得税 = 720 000 × 25% = 180 000（元）

所得税费用 = 180 000 + 20 000 = 200 000（元）

借：所得税费用　　200 000

　　贷：应交税费——应交所得税　　180 000

　　　　递延所得税资产　　20 000

5. 未决诉讼债务。

按照会计准则的规定，企业预计的未决诉讼损失作为营业外支出计入当期损益；但是按照税法相关规定，因预计负债而确认的损失在其实际发生前不得在税前扣除，需要进行纳税调整。由于预计负债在未来期间实际发生时可予以税前扣除，扣除的金额等于其账面价值，因此其计税基础为0。预计负债的账面价值大于计税基础，属可抵扣暂时性差异，应根据适用税率确认递延所得税资产。

期末，企业应根据确认的递延所得税资产，借记“递延所得税资产”科目，贷记“所得税费用”科目。

需要说明的是，由于赔偿损失不能在报告年度税前扣除，因此，即使判决日在资产负债表日后期间，也不得调整报告年度资产负债表“应交税费”项目，只能作为递延所得税资产处理，在税务部门审批当年将递延所得税资产转为应交税费。

【例6-41】 甲公司20×1年11月销售的一批产品因质量问题被用户提起诉讼，截至20×1年12月31日，法院尚未判决。甲公司从其委托的律师处得知，公司很可能败诉，并赔偿用户100 000元，甲公司据此确认了预计负债。20×2年3月15日，法院最终判决甲公司赔付用户120 000元，并支付诉讼费10 000元。假定甲公司各年的利润总额均为2 000 000元，所得税税率均为25%。甲公司各年所得税会计处理如下。

(1) 20×1年度：

预计负债的账面价值 = 100 000（元）

预计负债的计税基础 = 0

可抵扣暂时性差异 = 100 000 - 0 = 100 000（元）

递延所得税资产 = 100 000 × 25% = 25 000（元）

应纳税所得额 = 2 000 000 + 100 000 = 2 100 000（元）

应交所得税＝2 100 000×25%＝525 000（元）

所得税费用＝525 000－25 000＝500 000（元）

借：所得税费用	500 000	
递延所得税资产	25 000	
贷：应交税费——应交所得税		525 000

（2）20×2年度：

预计负债的账面价值＝0

预计负债的计税基础＝0

递延所得税资产＝0

当年递延所得税资产调整＝0（年末数）－25 000（年初数）＝－25 000（元）

应纳税所得额＝2 000 000－（120 000－20 000）＝1 900 000（元）

应交所得税＝1 900 000×25%＝475 000（元）

所得税费用＝475 000＋25 000＝500 000（元）

借：所得税费用	500 000	
贷：应交税费——应交所得税		475 000
递延所得税资产		25 000

6. 房地产开发企业预收账款。

按照会计准则的规定，房地产开发企业的预收账款不确认收入，而税法规定应预计计税毛利，计入当期应纳税所得额，其计税基础为预收账款扣除预计计税毛利后的金额，使得预收账款的账面价值大于其计税基础，形成可抵扣暂时性差异。

期末，企业应根据预收账款的可抵扣暂时性差异和适用税率，确认递延所得税资产，同时确认递延所得税收益，借记“递延所得税资产”科目，贷记“所得税费用”科目。

【例6－42】 甲房地产开发公司20×1年9月28日与乙公司签订写字楼销售合同，写字楼售价80 000 000元，合同签订日预付16 000 000元，其余款项于房屋交付日付清。当日，甲房地产开发公司收到乙公司预付款16 000 000元，存入银行。20×2年12月3日，该写字楼建造完工交付乙公司，实际成本为55 000 000元，甲房地产开发公司收取余款64 000 000元，存入银行。假定甲房地产开发公司预计的预收账款毛利率为20%，适用的所得税税率为25%，20×1年和20×2年的利润总额均为8 000 000元。

甲房地产开发公司各年所得税处理如下。

（1）20×1年度：

预收账款账面价值＝16 000 000（元）

预收账款计税基础 = 16 000 000 - 16 000 000 × 20% = 12 800 000（元）

可抵扣暂时性差异 = 16 000 000 - 12 800 000 = 3 200 000（元）

递延所得税资产 = 3 200 000 × 25% = 800 000（元）

应纳税所得额 = 8 000 000 + 16 000 000 × 20% = 11 200 000（元）

应交所得税 = 11 200 000 × 25% = 2 800 000（元）

所得税费用 = 2 800 000 - 800 000 = 2 000 000（元）

借：所得税费用　　2 000 000

　　递延所得税资产　　800 000

　　贷：应交税费——应交所得税　　2 800 000

说明：20×1 年度，甲房地产开发公司取得的预收账款 16 000 000 元未确认收入；按照税法规定，预收账款 16 000 000 元按照预计计税毛利率 20% 计算，预计毛利额为 3 200 000 元，应计入当期应纳税所得额，需要进行纳税调增。甲房地产开发公司 20×1 年年末预收账款的账面价值 16 000 000 元中，已将预计计税毛利 3 200 000 元计入当年应纳税所得额，在未来毛利额实现期间可以在税前扣除，其计税基础为 12 800 000 元（16 000 000 - 3 200 000）。

（2）20×2 年度：

预收账款账面价值 = 0

预收账款计税基础 = 0

可抵扣暂时性差异 = 0

递延所得税资产 = 0

当年递延所得税资产调整 = 0（年末数）- 800 000（年初数）

= -800 000（元）

应纳税所得额 = 8 000 000 - 3 200 000 = 4 800 000（元）

应交所得税 = 4 800 000 × 25% = 1 200 000（元）

所得税费用 = 1 200 000 + 800 000 = 1 280 000（元）

借：所得税费用　　1 280 000

　　贷：应交税费——应交所得税　　1 200 000

　　　　递延所得税资产　　800 000

说明：20×1 年，甲房地产开发公司将预收账款 16 000 000 元确认为收入，实现毛利 21 000 000 元，其中 3 200 000 元已于 20×1 年度计入应纳税所得额，按照税法规定，当年不再计入应纳税所得额，需要进行纳税调减。

（三）其他项目的计税基础及暂时性差异

其他项目是指资产负债表日未确认为资产、负债，但存在暂时性差异的项目。根据会计准则规定，企业发生的各项支出，应按照用途分配计入资产成本或当期费用。如果这部分支出影响企业确认资产、负债的入账价值以及后续计量的账面价值，且与税法规定的资产、负债的计税基础不一致，将产生暂时性差异，其所得税会计核算在前面已经讲述。当企业发生的部分支出作为费用处理时，这部分支出虽然不影响资产、负债的计量，却导致所有者权益发生变动，且这些支出与税法规定的税前扣除时间不一致，也将形成暂时性差异，需要进行相应的所得税会计核算。其他项目的暂时性差异主要包括企业发生的职工教育经费支出、广告费与业务宣传费支出以及纳税亏损等。

企业发生的超过税法规定扣除限额的职工教育经费支出、广告费与业务宣传费支出，可以向以后年度递延扣除。这部分超过规定限额的支出未形成资产或负债，其账面价值可以视为0；但税法规定可以在以后纳税年度结转扣除，其计税基础可以视为未来期间能够税前扣除的金额（即采用确认资产计税基础的原理）。该项目账面价值小于其计税基础的差额视为可抵扣暂时性差异，应确认相应的递延所得税资产。

企业当年发生的纳税亏损，也未确认相关资产或负债，也可以将其账面价值视为0；但纳税亏损在未来5年内可以税前扣除，因此也可以将其计税基础视为未来期间能够税前扣除的金额（即采用确认资产计税基础的原理）。该项目账面价值小于其计税基础的差额视为可抵扣暂时性差异，应确认相应的递延所得税资产。

1. 职工教育经费。

按照会计准则的规定，企业发生的职工教育经费应确认为当期的成本、费用；而税法规定当期发生的职工教育经费不超过当年工资总额的2.5%部分，可以在当年税前扣除，而超过工资总额2.5%的部分，不得在当年税前扣除，但可以在以后纳税年度结转扣除。企业发生的职工教育经费当年未在税前扣除的部分，在会计核算中未体现为资产或负债，但计入当年损益减少了所有者权益，使得该项目的账面价值低于其计税基础，形成可抵扣暂时性差异。

期末，企业应根据当年未在税前扣除的职工教育经费的可抵扣暂时性差异和适用税率，确认递延所得税资产，同时确认递延所得税收益，借记“递延所得税资产”科目，贷记“所得税费用”科目。

未来期间资产负债表日确认的递延所得税资产，如果小于已确认的递延所得税资产，应根据其差额，借记“所得税费用”科目，贷记“递延所得税资产”科目；如果大于已确认的递延所得税资产，应进行相反的会计处理。

【例6－43】 甲公司20×0年对生产工人进行技能培训，发生培训费支出400 000元；20×1年对车间管理人员进行管理培训，发生培训费支出240 000元；20×2年对行政管理人员进行管理培训，发生培训费支出100 000元。假定甲公司各年的利润总额均为800 000元，所得税税率均为25%，工资总额均为12 000 000元。甲公司各年所得税会计处理如下。

（1）20×0年度：

职工教育经费未税前扣除项目账面价值＝0

职工教育经费未税前扣除项目计税基础＝100 000（元）

可抵扣暂时性差异＝100 000－0＝100 000（元）

递延所得税资产＝100 000×25%＝25 000（元）

应纳税所得额＝800 000＋(400 000－12 000 000×2.5%)＝900 000（元）

应交所得税＝900 000×25%＝225 000（元）

所得税费用＝225 000－25 000＝200 000（元）

借：所得税费用　　200 000

　　递延所得税资产　　25 000

　　贷：应交税费——应交所得税　　225 000

说明：20×0年度，甲公司实际发生职工教育经费400 000元计入产品成本；按照税法规定，职工教育经费在当年税前扣除的金额不得超过工资总额的2.5%，即300 000元（12 000 000×2.5%），超过限额部分的100 000元不得在当年的税前扣除，但可以递延到以后纳税年度结转扣除，当年需要进行纳税调增。

（2）20×1年度：

职工教育经费未税前扣除项目账面价值＝0

职工教育经费未税前扣除项目计税基础＝40 000（元）

可抵扣暂时性差异＝40 000－0＝40 000（元）

递延所得税资产＝40 000×25%＝10 000（元）

当年递延所得税资产调整＝10 000(年末数)－25 000(年初数)

＝－15 000（元）

应纳税所得额＝800 000－(12 000 000×2.5%－240 000)＝740 000（元）

应交所得税＝740 000×25%＝185 000（元）

所得税费用＝185 000＋15 000＝200 000（元）

借：所得税费用　　200 000

　　贷：应交税费——应交所得税　　185 000

递延所得税资产　　　　　　　　　　　　　　　15 000

说明：20×1 年，甲公司实际发生的职工教育经费为 240 000 元，以前年度可以结转扣除职工教育经费 100 000 元，按照税法规定当年可以税前扣除的职工教育经费限额为 300 000 元（12 000 000×2.5%），当年可以结转扣除的职工教育经费为 60 000 元（300 000－240 000），需要进行纳税调减；但职工教育经费仍有 40 000 元（100 000－60 000）需要在以后纳税年度结转扣除。

(3) 20×2 年度：

职工教育经费未税前扣除项目账面价值＝0

职工教育经费未税前扣除项目计税基础＝0

可抵扣暂时性差异＝0

递延所得税资产＝0

当年递延所得税资产调整＝0(年末数)－10 000(年初数)＝－10 000（元）

应纳税所得额＝800 000－40 000＝760 000（元）

应交所得税＝760 000×25%＝190 000（元）

所得税费用＝190 000＋10 000＝200 000（元）

借：所得税费用　　　　　　　　　　　　　　200 000

　贷：应交税费——应交所得税　　　　　　　　190 000

　　递延所得税资产　　　　　　　　　　　　　10 000

说明：20×2 年，甲公司实际发生的职工教育经费为 100 000 元，以前年度可以结转扣除职工教育经费 40 000 元，按照税法规定当年可以税前扣除的职工教育经费限额为 300 000 元（12 000 000×2.5%），当年实际发生的职工教育经费和以前年度可以结转扣除的职工教育经费合计为 140 000 元，未超过税法规定的扣除限额，以前年度可以结转扣除的职工教育经费 40 000 元，可以全部在当年税前扣除，需要进行纳税调减。

2. 广告费与业务宣传费。

按照会计准则的规定，企业发生的广告费和业务宣传费应确认为当期费用；而税法规定当期发生的广告费与业务宣传费不超过当年销售收入 15% 的部分，可以在当年税前扣除，超过部分不得在当年税前扣除，可以在以后纳税年度结转扣除。企业发生的广告费与业务宣传费当年未在税前扣除的部分，在会计核算中未体现为资产或负债，但已计入当年损益减少了所有者权益，使得该项目的账面价值低于其计税基础，形成可抵扣暂时性差异。

期末，企业应根据当年未在税前扣除广告费与业务宣传费的可抵扣暂时性差异和适用税率，确认递延所得税资产，同时确认递延所得税收益，借记

“递延所得税资产”科目，贷记“所得税费用”科目。

未来期间资产负债表日确认的递延所得税资产，如果小于已确认的递延所得税资产，应根据其差额，借记“所得税费用”科目，贷记“递延所得税资产”科目；如果大于已确认的递延所得税资产，应进行相反的会计处理。

【例 6－44】 甲公司当年实际发生 4 000 万元广告费支出，实现销售收入 20 000 万元。

分析：

广告费支出按照会计准则规定在发生时已计入当期损益，不体现在期末资产负债表，如果将其视为资产，账面价值为 0。

按照税法规定，税前允许扣除的广告费根据当期甲公司销售收入的 15% 计算，当期可予税前扣除 3 000 万元（20 000 × 15%），当期未予税前扣除的 1 000 万元可以向以后年度结转，其计税基础为 1 000 万元。

该项资产的账面价值 0 与其计税基础 1 000 万元之间产生了 1 000 万元的暂时性差异，该暂时性差异在未来期间可减少公司的应纳税所得额，为可抵扣暂时性差异，符合确认条件时，应确认相关的递延所得税资产。

【例 6－45】 甲公司 20×0 年实际发生广告费 800 000 元；20×1 年未支出广告费。假定甲公司 20×0 年和 20×1 年的利润总额均为 800 000 元，所得税税率均为 25%，销售收入均为 4 000 000 元。甲公司各年所得税会计处理如下。

（1）20×0 年度：

广告费未税前扣除项目账面价值 = 0

广告费未税前扣除项目计税基础 = 200 000（元）

可抵扣暂时性差异 = 200 000 − 0 = 200 000（元）

递延所得税资产 = 200 000 × 25% = 50 000（元）

应纳税所得额 = 800 000 +（800 000 − 4 000 000 × 15%）= 1 000 000（元）

应交所得税 = 1 000 000 × 25% = 250 000（元）

所得税费用 = 250 000 − 50 000 = 200 000（元）

借：所得税费用　　200 000

　　递延所得税资产　　50 000

　　贷：应交税费——应交所得税　　250 000

（2）20×1 年度：

广告费未税前扣除项目账面价值 = 0

广告费未税前扣除项目计税基础 = 0

可抵扣暂时性差异 =0

递延所得税资产 =0

当年递延所得税资产调整 =0(年末数) -50 000(年初数) = -50 000 (元)

应纳税所得额 =800 000 -200 000 =600 000 (元)

应交所得税 =600 000 ×25% =150 000 (元)

所得税费用 =150 000 +50 000 =200 000 (元)

借：所得税费用　　200 000

　　贷：应交税费——应交所得税　　150 000

　　　　递延所得税资产　　50 000

3. 纳税亏损。

按照会计准则规定，企业发生的未弥补账面亏损，应于年末结转至“利润分配——未分配利润”科目。在会计核算中，账面亏损未确认为资产或负债，但减少了所有者权益。企业发生的纳税亏损虽未单独反应，但按照税法规定在未来5年内结转扣除，使得该项目的账面价值小于其计税基础，形成可抵扣暂时性差异，能够减少未来期间的应纳税所得额，进而减少未来期间的应交所得税。

期末，企业应根据未弥补纳税亏损的可抵扣暂时性差异和适用税率，确认递延所得税资产，同时确认递延所得税收益，借记“递延所得税资产”科目，贷记“所得税费用”科目。

未来期间资产负债表日确认的递延所得税资产，如果小于已确认的递延所得税资产，应根据其差额，借记“所得税费用”科目，贷记“递延所得税资产”科目；如果大于已确认的递延所得税资产，应进行相反的会计处理。

【例6 -46】 甲公司当年发生经营亏损1 000万元，按照税法规定，该亏损可用于抵减以后5个纳税年度的应纳税所得额。该公司预计未来5年期间能够产生足够的应纳税所得额弥补亏损。

分析：

该经营亏损不是资产、负债的账面价值与其计税基础不同产生的，但从性质上可以减少未来期间公司的应纳税所得额和应交所得税，属于可抵扣暂时性差异。公司预计未来期间能够产生足够的应纳税所得额抵减该可抵扣亏损时，应确认相关的递延所得税资产。

【例6 -47】 甲公司20 ×0年发生纳税亏损900 000元，按照税法规定可以在未来5年内税前扣除；20 ×1年和20 ×2年均实现利润总额800 000元，所得税税率为25%。甲公司各年所得税会计处理如下。

（1）20×0年度：

未弥补纳税亏损项目账面价值=0

未弥补纳税亏损项目计税基础=900 000（元）

可抵扣暂时性差异=900 000×25%=225 000（元）

应纳税所得额=0

应交所得税=0

所得税费用=0-225 000=-225 000（元）

借：递延所得税资产　　225 000

　　贷：所得税费用　　225 000

说明：通过上述会计处理可以看出，甲公司确认递延所得税资产和递延所得税收益225 000元，使其当年净亏损为675 000元，在未来5年内能够补亏的情况下，反映了所有者当年真正承担的损失；如果不确认递延所得税资产和递延所得税收益，甲公司的净亏损为900 000元，不能客观反映所有者当年真正承担的损失，导致会计信息不实。

（2）20×1年度：

未弥补纳税亏损项目账面价值=0

未弥补纳税亏损项目计税基础=100 000（元）

可抵扣暂时性差异=100 000-0=100 000（元）

递延所得税资产=100 000×25%=25 000（元）

当年递延所得税资产调整=25 000（年末数）-225 000（年初数）

=-200 000（元）

应纳税所得额=800 000-800 000=0

应交所得税=0

所得税费用=0+200 000=200 000（元）

借：所得税费用　　200 000

　　贷：递延所得税资产　　200 000

说明：通过上述会计处理可以看出，甲公司确认递延所得税资产转回和递延所得税费用200 000元，使其当年净利润为600 000元，反映了所有者当年真正取得的收益；如果不确认递延所得税资产转回和递延所得税费用，甲公司的净利润为800 000元，不能客观反映所有者当年真正取得的收益，导致会计信息不实。

（3）20×2年度：

未弥补纳税亏损项目账面价值=0

未弥补纳税亏损项目计税基础=0

可抵扣暂时性差异 = 0

递延所得税资产 = 0

当年递延所得税资产调整 = 0(年末数) - 25 000(年初数) = -25 000（元）

应纳税所得额 = 800 000 - 100 000 = 700 000（元）

应交所得税 = 700 000 × 25% = 175 000（元）

所得税费用 = 175 000 + 25 000 = 200 000（元）

借：所得税费用　　200 000

　　贷：应交税费——应交所得税　　175 000

　　　　递延所得税资产　　25 000

说明：通过上述会计处理可以看出，甲公司确认递延所得税资产转回和递延所得税费用25 000元，使其当年净利润为600 000元，反映了所有者当年真正取得的收益；如果不确认递延所得税资产转回和递延所得税费用，甲公司的净利润为625 000元（800 000 - 175 000），不能客观反映所有者当年真正取得的收益，导致会计信息不实。

需要说明的是，按照会计准则规定，企业存在可抵扣暂时性差异时，确认递延所得税资产应具备的条件是，该项可抵扣暂时性差异再转回时有足够的应纳税所得额用以抵扣可抵扣暂时性差异。有足够的应纳税所得额，不是指可抵扣暂时性差异转回的年度是否有足够的应纳税所得额，而是指在转回年度发生纳税亏损的情况下，在未来5年内是否有足够的应纳税所得额弥补纳税亏损。

按照会计准则规定，企业发生纳税亏损，形成可抵扣暂时性差异，如果未来年度有足够的应纳税所得额能够用以抵扣可抵扣暂时性差异，应确认递延所得税资产；同样道理，企业发生其他可抵扣暂时性差异，在其转回时发生纳税亏损，只是增加了纳税亏损额度，如果未来年度有足够的应纳税所得额能够用以抵扣可抵扣暂时性差异，也应确认递延所得税资产。

【例6-48】 甲公司20×0年年末确认未决诉讼预计负债100 000元，计入营业外支出，当年利润总额为340 000元；20×1年经法院判决实际支付赔偿金100 000元，经税务部门批准可以税前扣除，当年亏损总额为200 000元；20×2年实现利润总额500 000元。甲公司的所得税率为25%。甲公司各年所得税会计处理如下。

（1）20×0年度：

预计负债账面价值 = 100 000（元）

预计负债计税基础 = 0

可抵扣暂时性差异 = 100 000 - 0 = 100 000（元）

递延所得税资产 = 100 000 × 25% = 25 000（元）

应纳税所得额 = 340 000 + 100 000 = 440 000（元）

应交所得税 = 440 000 × 25% = 110 000（元）

所得税费用 = 110 000 − 25 000 = 85 000（元）

借：所得税费用　　85 000
　　递延所得税资产　　25 000
　　贷：应交税费——应交所得税　　110 000

（2）20×1 年度：

预计负债账面价值 = 0

预计负债计税基础 = 0

可抵扣暂时性差异 = 0

递延所得税资产 = 0

当年递延所得税资产调整 = 0（年末数）− 25 000（年初数）= −25 000（元）

应纳税所得额 = −200 000 − 100 000 + 300 000 = 0

应交所得税 = 0

所得税费用 = 0 + 25 000 = 25 000（元）

借：所得税费用　　25 000
　　贷：递延所得税资产　　25 000

未弥补纳税亏损项目账面价值 = 0

未弥补纳税亏损项目计税基础 = 300 000（元）

可抵扣暂时性差异 = 300 000 − 0 = 300 000（元）

递延所得税资产 = 300 000 × 25% = 75 000（元）

借：递延所得税资产　　75 000
　　贷：所得税费用　　75 000

（3）20×2 年度：

未弥补纳税亏损项目账面价值 = 0

未弥补纳税亏损项目计税基础 = 0

可抵扣暂时性差异 = 0

递延所得税资产 = 0

当年递延所得税资产调整 = 0（年末数）− 75 000（年初数）= −75 000（元）

应纳税所得额 = 500 000 − 300 000 = 200 000（元）

应交所得税 = 200 000 × 25% = 50 000（元）

所得税费用 = 50 000 + 75 000 = 125 000（元）

借：所得税费用　　125 000

贷：应交税费——应交所得税　　50 000

　　递延所得税资产　　75 000

三、递延所得税负债及递延所得税资产的确认与计量

企业在计算确定了应纳税暂时性差异与可抵扣暂时性差异后，应当按照所得税会计准则规定的原则确认相关的递延所得税负债及递延所得税资产。

（一）递延所得税负债的确认与计量

资产负债表日，分析比较资产、负债的账面价值与计税基础，将两者之间的应纳税暂时性差异与适用税率的乘积，确认为递延所得税负债。对在企业合并等特殊交易或事项中取得的资产和负债，应于购买日确认相关的递延所得税负债。企业在确认与计量递延所得税负债时，应遵循以下原则：

1. 除所得税准则中明确规定可不确认递延所得税负债的情况外，企业对于所有的应纳税暂时性差异均确认为相关的递延所得税负债。除与直接计入所有者权益的交易或事项以及企业合并中取得的资产或负债以外，在确认递延所得税负债的同时，应增加利润表中的所得税费用，会计分录如下：

借：所得税费用

　　贷：递延所得税负债

2. 以下情况在确认递延所得税负债的同时，不增加利润表中的所得税费用：

（1）直接计入所有者权益的交易或事项，应调整资本公积。

由直接计入所有者权益的交易或事项（如可供出售金融资产公允价值的变动），引起相关资产、负债账面价值与计税基础的应纳税暂时性差异，进而产生的递延所得税，计入资本公积，会计分录如下：

借：资本公积——其他资本公积

　　贷：递延所得税负债

（2）在企业合并中产生的递延所得税，应调整所确认的商誉。

非同一控制下的企业合并，取得的资产应按照其公允价值入账。由于公允价值和其账面价值之间的差异所产生的应纳税暂时性差异对所得税的影响应确认递延所得税负债，同时调整企业合并中所确认的商誉，会计分录如下：

借：商誉

　　贷：递延所得税负债

【例 6－49】 甲公司于 20×5 年 12 月 6 日购入某项设备，取得成本为

5 000 万元，会计上采用直线法计提折旧，使用年限为 10 年，净残值为零；因该资产常年处于强震动状态，计税时按双倍余额递减法计提折旧，使用年限及净残值与会计相同。甲公司适用的所得税税率为 25%。

分析：

20×6 年资产负债表日，该项固定资产按照会计规定计提折旧额为 500 万元，计税时允许扣除的折旧额为 1000 万元，则该固定资产的账面价值 4 500 万元与计税基础 4 000 万元的差额为应纳税暂时性差异，甲公司应确认相关的递延所得税负债。

【例 6-50】 甲公司于 20×0 年 12 月购入一项设备，成本为 525 000 元，预计使用年限为 6 年，预计净残值为零。会计上按直线法计提折旧，因该设备符合税法规定的税收优惠条件，计税时可采用年数总和法计提折旧，假定税法规定的使用年限及净残值均与会计相同。假定该公司各会计期间均未对固定资产计提减值准备。

分析：

该项固定资产各年账面价值与计税基础如表 6-23：

表 6-23 **甲公司递延所得税计算表** 单位：元

项目 \ 年份	20×1	20×2	20×3	20×4	20×5	20×6
实际成本	525 000	525 000	525 000	525 000	525 000	525 000
累计会计折旧	87 500	175 000	262 500	350 000	437 500	525 000
账面价值	437 500	350 000	262 500	175 000	87 500	0
累计计税折旧	150 000	275 000	375 000	450 000	500 000	525 000
计税基础	375 000	250 000	150 000	75 000	25 000	0
暂时性差异	62 500	100 000	112 500	100 000	62 500	0
适用税率	25%	25%	25%	25%	25%	25%
递延所得税负债余额	15 625	25 000	28 125	25 000	15 625	0

根据表 6-23 计算结果，甲公司各年所得税会计处理如下。

（1）20×1 年度：

账面价值 = 525 000 - 87 500 = 437 500（元）

计税基础 = 525 000 - 150 000 = 375 000（元）

递延所得税负债 =（437 500 - 375 000）×25% = 15 625（元）

借：所得税费用　　15 625

　　贷：递延所得税负债　　15 625

(2) 20×2 年度：

账面价值 =525 000 -87 500 -87 500 =350 000（元）

计税基础 =525 000 -275 000 =250 000（元）

递延所得税负债 =(350 000 -250 000)×25% -15 625 =9 375（元）

借：所得税费用　　9 375

　　贷：递延所得税负债　　9 375

(3) 20×3 年度：

账面价值 =525 000 -262 500 =262 500（元）

计税基础 =525 000 -375 000 =150 000（元）

递延所得税负债 =(262 500 -150 000)×25% -250 000 =3 125（元）

借：所得税费用　　3 125

　　贷：递延所得税负债　　3 125

(4) 20×4 年度：

账面价值 =525 000 -350 000 =175 000（元）

计税基础 =525 000 -450 000 =75 000（元）

递延所得税负债 =(175 000 -75 000)×25% -28 125 = -3 125（元）

借：递延所得税负债　　3 125

　　贷：所得税费用　　3 125

(5) 20×5 年度：

账面价值 =525 000 -437 500 =87 500（元）

计税基础 =525 000 -500 000 =25 000（元）

递延所得税负债 =(87 500 -25 000)×25% -25 000 = -9 375（元）

借：递延所得税负债　　9 375

　　贷：所得税费用　　9 375

(6) 20×6 年度：

递延所得税负债 =（0 -0）×25% -15 625 = -15 625（元）

借：递延所得税负债　　15 625

　　贷：所得税费用　　15 625

3. 不确认递延所得税负债的情况。

有些情况下，虽然资产、负债的账面价值与其计税基础不同，产生了应纳税暂时性差异，但出于各方面考虑，企业会计准则中规定不确认相应的递延所得税负债，主要包括：

(1) 商誉的初始确认。

非同一控制下的企业合并中，企业合并成本大于合并中取得的被购买方可辨认净资产公允价值份额的差额，按照会计准则规定应确认为商誉。因会计与税收的划分标准不同，会计上作为非同一控制下的企业合并但按照税法规定计税时作为免税合并的情况下，商誉的计税基础为零，其账面价值与计税基础形成应纳税暂时性差异，会计准则中规定不确认与其相关的递延所得税负债。

【例 6－51】 甲公司以增发市场价值为 15 000 万元的自身普通股为对价购入乙公司 100% 的净资产，对乙公司进行吸收合并，合并前甲公司与乙公司不存在任何关联方关系。假定该项合并符合税法规定的免税合并条件，交易各方选择进行免税处理，购买日乙公司各项可辨认资产、负债的公允价值及其计税基础如表 6－24 所示。

表 6－24　乙公司各项可辨认资产、负债的公允价值及其计税基础　　单位：元

	公允价值	计税基础	暂时性差异
固定资产	6 750	3 875	2 875
应收账款	5 250	5 250	–
存货	4 350	3 100	1 250
其他应付款	(750)	0	(750)
应付账款	(3 000)	(3 000)	0
不包括递延所得税可辨认资产、负债的公允价值	12 600	9 225	3 375

分析：

乙公司适用的所得税税率为 25%，预期在未来期间不会发生变化，该项交易中应确认递延所得税负债及商誉的金额计算如下：

可辨认净资产公允价值	12 600
递延所得税资产	(750 × 25%) 187.50
递延所得税负债	(4 125 × 25%) 1 031.25
考虑递延所得税后可辨认资产、负债的公允价值	11 765.25
商誉	3 243.75
企业合并成本	15 000

甲公司的会计处理如下：

(1) 借：固定资产	6 750	
应收账款	5 250	
存货类科目	4 350	
商誉	2 400	
贷：其他应付款		750

应付账款 3 000

股本、资本公积——股本溢价 15 000

(2) 借：商誉 1 031.25

贷：递延所得税负债 1 031.25

(3) 借：递延所得税资产 187.50

贷：商誉 187.50

商誉 = 2 400 + 1 031.25 - 187.50 = 3 243.75（万元）

商誉的账面价值 3 243.75 > 计税基础（0），形成暂时性差异。

因该项合并符合税法规定的免税合并条件，当事各方选择进行免税处理的情况下，购买方在免税合并中取得的被购买方有关资产、负债应维持其原计税基础不变。被购买方原账面上未确认商誉，即商誉的计税基础为零。

该项合并所确认的商誉金额 3 243.75 万元与其计税基础 0 之间产生的应纳税暂时性差异，按照会计准则的规定，不再进一步确认相关的所得税影响。

应予以说明的是，按照会计准则规定在非同一控制下企业合并中确认了商誉，并且按照所得税法规的规定，商誉在初始确认时计税基础等于账面价值的，该商誉在后续计量过程中因会计准则与税法规定不同产生暂时性差异的，应当确认相关的所得税影响。

(2) 除企业合并以外的其他交易或事项中，如果该项交易或事项发生时既不影响会计利润，也不影响应纳税所得额，则所产生的资产、负债的初始确认金额与其计税基础不同，形成应纳税暂时性差异的，交易或事项发生时不确认相应的递延所得税负债。该规定主要是考虑到由于交易发生时既不影响会计利润，也不影响应纳税所得额，确认递延所得税负债的直接结果是增加有关资产的账面价值或降低所确认负债的账面价值，使得资产、负债在初始确认时，违背历史成本原则，影响会计信息的可靠性。

(3) 与子公司、联营企业、合营企业投资等相关的应纳税暂时性差异，一般应确认相应的递延所得税负债，但同时满足以下两个条件的除外：

一是投资企业能够控制暂时性差异转回的时间；

二是该暂时性差异在可预见的未来很可能不会转回。

满足上述条件时，投资企业可以运用自身的影响力决定暂时性差异的转回，如果不希望其转回，则在可预见的未来该项暂时性差异则不会转回，对未来期间计税不产生影响，从而无须确认相应的递延所得税负债。

对于采用权益法核算的长期股权投资，其账面价值与计税基础产生的有关暂时性差异是否应确认相关的所得税影响，应当考虑以下投资持有意图：

①对于采用权益法核算的长期股权投资，如果企业拟长期持有，则因初始投资成本的调整产生的暂时性差异预计未来期间不会转回，对未来期间没有所得税影响；因确认投资损益产生的暂时性差异，如果在未来期间逐期分回现金股利或利润时免税，也不存在对未来期间的所得税影响；因确认应享有被投资单位其他权益变动而产生的暂时性差异，在长期持有的情况下预计未来期间也不会转回。因此，在准备长期持有的情况下，对于采用权益法核算的长期股权投资账面价值与计税基础之间的差异，投资企业一般不确认相关的所得税影响。

②对于采用权益法核算长期股权投资，如果投资企业改变持有意图拟对外出售的情况下，按照税法的规定，企业在转让或处置投资资产时，投资资产的成本准予扣除。在持有意图由长期转变为拟近期出售的情况下，因长期股权投资的账面价值与计税基础不同产生的有关暂时性差异，均应确认相关的所得税影响。

4. 递延所得税负债的计量。

所得税准则规定，资产负债表日对于递延所得税负债应当根据税法规定，按照预期收回该资产或清偿该负债期间的适用税率（未来税率或变动后的税率）计量，即递延所得税负债应于相关的应纳税暂时性差异转回期间按照税法规定适用的税率计量。

企业在某一会计期间适用所得税税率发生变化的，企业应对已确认的递延所得税负债按照新的税率进行重新计量。递延所得税负债的金额代表的是有关应纳税暂时性差异于未来期间转回时，导致企业应交所得税金额增加的情况。适用税率变动的情况下，应对原已确认的递延所得税负债的金额进行调整，反映税率变化带来的影响。

除直接计入所有者权益的交易或事项产生的递延所得税负债，相关的调整金额应计入所有者权益以外，其他情况因税率变化产生的调整金额应确认为税率变化当期的所得税费用（或收益）。

无论应纳税暂时性差异的转回期间如何，相关的递延所得税负债不要求折现，不考虑递延所得税的货币时间价值。

（二）递延所得税资产的确认与计量

资产负债表日，分析比较资产、负债的账面价值与计税基础，将两者之间的可抵扣暂时性差异与适用税率的乘积，确认为递延所得税资产。对在企业合并等特殊交易或事项中取得的资产和负债，应于购买日确认相关的递延所得税资产。企业在确认与计量递延所得税资产时，应遵循以下原则：

1. 递延所得税资产产生于可抵扣暂时性差异，确认递延所得税资产应以未来期间可能取得的应纳税所得额为限。在可抵扣暂时性差异转回的未来期间内企业无法产生足够的应纳税所得额用以利用可抵扣暂时性差异的影响，使得与可抵扣暂时性差异相关的经济利益无法实现的，不应确认递延所得税资产；企业有明确的证据表明其于可抵扣暂时性差异转回的未来期间能够产生足够的应纳税所得额，进而利用可抵扣暂时性差异的，则应以可能取得的应纳税所得额为限，确认相关的递延所得税资产。

企业在未来期间可能取得的应纳税所得额，是指企业在未来期间的生产经营所得，以及以前期确认的应纳税暂时性差异在未来期间转回时增加的应纳税所得额。在判断企业于可抵扣暂时性差异转回的未来期间是否能够产生足够的应纳税所得额时，应考虑企业在未来期间通过正常的生产经营活动能够实现的应纳所得税额以及以前期间产生的应纳税暂时性差异在未来期间转回时将增加的应纳税所得额。

2. 以下两种特殊情况下递延所得税资产的确认：

（1）与子公司、联营企业、合营企业投资等相关的可抵扣暂时性差异，同时满足下列条件的，应当确认相关的递延所得税资产：

一是暂时性差异在可预见的未来很可能转回；

二是未来很可能获得用来抵扣可抵扣暂时性差异的应纳税所得额。

对联营企业和合营企业等投资产生的可抵扣暂时性差异，主要产生于权益法下被投资单位发生亏损时，投资企业按照持股比列确认应承担的部分，相应减少长期股权投资的账面价值，但税法规定长期股权投资的成本在持有期间不发生变化，造成长期股权投资的账面价值小于其计税基础，产生可抵扣暂时性差异。

投资企业对有关投资计提减值准备的情况下，也会产生可抵扣暂时性差异。

（2）对于按照税法规定可以结转以后年度的未弥补亏损和税款抵减，应视同可抵扣暂时性差异处理。在有关的亏损或税款抵减金额，能够得到税务部门的认可且预计可利用未弥补亏损或税款抵减的，未来期间内能够取得足够的应纳税所得额时，除准则中规定不予确认的情况外，应当以可能取得的应纳税所得额为限，确认相应的递延所得税资产，同时减少确认当期的所得税费用。

3. 不予确认递延所得税资产的情况。

某些情况下，企业发生的交易或事项不属于企业合并，并且交易发生时既不影响会计利润也不影响应纳税所得额，且该项交易中所产生的资产、负债的初始确认金额与其计税基础不同，产生可抵扣差异的，所得税准则规定在交易或事项发生时不确认相应的递延所得税资产。

【例6－52】 甲公司进行内部研究开发所形成的无形资产成本为2 000万元，因按照税法规定可于未来期间税前扣除的金额为3 000万元，其计税基础为3 000万元。

分析：

该项无形资产并非产生于企业合并，同时在初始确认时既不影响会计利润也不影响应纳税所得额，确认其账面价值与计税基础之间产生暂时性差异1 000万元的所得税影响需要调整该项资产历史成本，会计准则规定该种情况下不确认相关的递延所得税资产。

4. 递延所得税资产的计量。

与递延所得税负债的计量原则相一致，确认递延所得税资产时，应当以预期收回该资产期间的适用所得税税率为基础计量确定。

企业在某一会计期间适用所得税税率发生变化的，企业应对已确认的递延所得税资产按照新的税率进行重新计量。递延所得税资产的金额代表的是有关可抵扣暂时性差异于未来期间转回时，导致企业应交所得税金额的减少情况。适用税率变动的情况下，应对原已确认的递延所得税资产的金额进行调整，反映税率变化带来的影响。

除直接计入所有者权益的交易或事项产生的递延所得税资产，相关的调整金额应计入所有者权益以外，其他情况因税率变化产生的调整金额应确认为税率变化当期的所得税费用（或收益）。

无论相关的可抵扣暂时性差异转回期间如何，递延所得税资产均不要求折现。

企业在确认递延所得税资产以后，资产负债表日应当对递延所得税资产的账面价值进行复核。如果未来期间很可能无法取得足够的应纳税所得额用以利用可抵扣暂时性差异带来的利益，应当减记递延所得税资产的账面价值。减记的递延所得税资产，除原确认时计入所有者权益的，其减记金额计入所有者权益外，其他的情况均应增加所得税费用。

因无法取得足够的应纳税所得额利用可抵扣暂时性差异减记递延所得税资产账面价值的，使得递延所得税资产包含的经济利益能够实现的，应相应恢复递延所得税资产的账面价值。

另外，无论递延所得税资产还是递延所得税负债的计量，均应考虑资产负债表日企业预期收回资产或清偿负债方式的所得税影响，在计量递延所得税资产和递延所得税负债时，应当采用与收回资产或清偿债务的预期方式相一致的税率和计税基础。例如，企业持有某项固定资产，一般情况是为企业的正常生产经营活动提供必要的生产条件，但在某一时点上，企业决定将该项固定资产对外出售，实现其为企业带来未来经济利益，且假定税法规定长期资产处置时适用的所得税税率与一般情况不同的，则企业在计量该资产产生的应纳税暂时性差异或可抵扣暂时性差异的所得税影响时，应考虑该资产带来的经济利益预期实现方式的影响。

（三）特殊交易或事项涉及递延所得税的确认与计量

1. 与直接计入所有者权益的交易或事项相关的所得税。

与当期及以前期间直接计入所有者权益的交易或事项相关的当期所得税及递延所得税应当计入所有者权益。直接计入所有者权益的交易或事项主要有：会计政策变更采用追朔调整法或对前期差错更正采用追溯重述法调整期初留存收益，可供出售金融资产公允价值的变动，同时包含负债及权益成份的金融工具在初始确认时等。

2. 与企业合并相关的递延所得税。

在企业合并中，购买方取得的可抵扣暂时性差异，比如，购买日取得的规定可以用于被购买方在以前期间发生的未弥补亏损等可抵扣暂时性差异，按照税法规定可以用于抵减以后年度应纳税所得额，但在购买日不符合递延所得税资产确认条件而不予以确认。购买日后12个月内，如取得新的或进一步的信息表明购买日的相关情况已经存在，预期被购买方在购买日可抵扣暂时性差异带来的经济利益能够实现的，应当确认相关的递延所得税资产，同时减少商誉，商誉不足冲减的，差额部分确认为当期损益；除上述情况外，确认与企业合并相关的递延所得税资产，应当计入当期损益。

【例6-53】 甲公司于1月1日购买乙公司80%股权，形成非同一控制下企业合并。因会计准则规定与税法规定的处理方法不同，在购买日产生可抵扣暂时性差异300万元。假定购买日及未来期间公司适用的所得税税率为25%。

分析：

购买日，因预计未来期间无法取得足够的应纳税所得额，未确认与可抵扣暂时性差异相关的递延所得税资产75万元。购买日确认的商誉为50万元。

在购买日后6个月，甲公司预计能够产生足够的应纳税所得额用以抵扣企业合并时产生的可抵扣暂时性差异300万元，且该事实于购买日已经存在，则甲公司应进行如下会计处理：

借：递延所得税资产　750 000
　　贷：商誉　500 000
　　　　所得税费用　250 000

假定，在购买日6个月，甲公司根据新的事实预计能够产生足够的应纳税所得额用以抵扣企业合并时产生的可抵扣暂时性差异300万元，且该新的事实于购买日并不存在，则甲公司应进行如下处理：

借：递延所得税资产　750 000
　　贷：所得税费用　750 000

四、所得税费用的确认与计量

所得税会计的主要目的之一是为了确定应交所得税以及利润表中的所得税费用。在按照资产负债表债务法核算所得税的情况下，利润表中的所得税费用包括当期所得税和递延所得税两个部分。

（一）当期所得税

当期所得税是指企业按照税法规定计算的当期应交所得税。

企业在确定当期应交所得税时，对于当期发生的交易或事项，会计处理与税法处理不同的，应在会计利润的基础上，按照税法规定进行纳税调整，计算出当期应纳税所得额，按照应纳税所得额与适用所得税税率计算确定当期应交所得税。

计算公式如下：

应纳税所得额＝会计利润＋按照会计准则规定计入利润表但计税时不允许税前扣除的费用＋计入利润表的费用与按照税法规定可予税前抵扣的金额之间的差额＋计入利润表的收入与按照税法规定可予税前抵扣的金额之间的差额－税法规定的不征税收入＋其他需要调整的因素

应交所得税＝应纳税所得额×适用税率－减免税额－抵免税额

（二）递延所得税

递延所得税是指按照所得税准则规定当期应予确认的递延所得税资产和递延所得税负债金额，即递延所得税资产及递延所得税负债当期发生额的综合结果，但不包括计入所有者权益或事项的所得税影响。用公式表示即为：

递延所得税＝递延所得税负债的期末余额－递延所得税负债的期初余额－（递延所得税资产的期末余额－递延所得税资产的期初余额）

需要说明的是，企业因确认递延所得税资产和递延所得税负债产生的递延所得税，一般应当计入所得税费用，但以下两种情况除外：一是某项交易或事项按照会计准则规定应计入所有者权益的，由该交易或事项产生的递延所得税资产或递延所得税负债及其变化亦应计入所有者权益，不构成利润表中的递延所得税费用（或收益）。二是企业合并中取得的资产、负债，其账面价值与计税基础不同，应确认相关递延所得税的，该递延所得税的确认影响合并中产生的商誉或是计入当期损益的金额，不影响所得税费用。

【例6－54】 甲公司持有的某项可供出售金融资产，成本为5 000万元，会计期末公允价值为6 000万元，该公司适用的所得税税率为25%。递延所得税资产和递延所得税负债无期初余额。

会计期末确认1 000万元的公允价值变动时，所得税会计处理为：

借：可供出售金融资产 10 000 000

　　贷：资本公积——其他资本公积 10 000 000

确认应纳税暂时性差异的所得税影响时，所得税会计处理为：

递延所得税资产＝10 000 000×25%＝2 500 000（元）

借：资本公积——其他资本公积 2 500 000

　　贷：递延所得税负债 2 500 000

（三）所得税费用

计算确定了当期应交所得税及递延所得税以后，利润表中应予确认的所得税费用为两者之和，即：

所得税费用＝当期所得税＋递延所得税

【例6－55】 甲公司20×7年度利润表中利润总额为3 000万元，该公司适用的所得税税率为25%。递延所得税资产及递延所得税负债无期初余额。

20×7年发生的有关交易和事项中，会计处理与税收处理存在差别的有：

（1）20×7年1月开始计提折旧的一项固定资产，成本为1 500万元，使用年限为10年，净残值为0，会计处理按双倍余额递减法计提折旧，税收处理按直线法计提折旧。假定税法规定的使用年限及净残值与会计规定相同。

（2）向关联公司捐赠现金500万元。

（3）当期取得作为交易性金融资产核算的股票投资成本为800万元，20×7年12月31日的公允价值为1 200万元。

（4）违反环保法规定应支付罚款250元。

（5）期末对持有的存货计提了75万元的存货跌价准备。

分析：

（1）20×7年度当期应交所得税：

应纳税所得额 = 3 000 + 150 + 500 − 400 + 250 + 75 = 3 575（万元）

应交所得税 = 3 575 × 25% = 893.75（万元）

（2）20×7 年度递延所得税：

递延所得税资产 = 225 × 25% = 56.25（万元）

递延所得税负债 = 400 × 25% = 100（万元）

递延所得税 = 100 − 56.25 = 43.75（万元）

（3）利润表中应确认的所得税费用：

所得税费用 = 893.75 + 43.75 = 937.50（万元）

借：所得税费用	9 375 000	
递延所得税资产	562 500	
贷：应交税费——应交所得税		8 937 500
递延所得税负债		1 000 000

该公司 20×7 年资产负债表相关项目金额及其计税基础如表 6－25 所示。

表 6－25　甲公司 20×7 年资产负债表相关项目金额及其计税基础　　单位：万元

项　　目	账面价值	计税基础	暂时性差异	
			应纳税暂时性差异	可抵扣暂时性差异
存货	2 000	2 075		75
固定资产：				
固定资产原值	1 500	1 500		
减：累计折旧	300	150		
加：固定值减值准备	0	0		
固定资产账面价值	1 200	1 350		150
交易性金融资产	1 200	800	400	
其他应付款	250	250		
总　计			400	225

【例 6－56】 沿用【例 6－55】中有关资料，假定甲公司 20×8 年当期应交所得税为 1 155 万元。资产负债表中有关资产、负债的账面价值与其计税基础相关资料如表 6－26 所示，除所列项目外，其他资产、负债项目不存在税收与会计差异。

表 6 – 26　甲公司 20×8 年资产负债表相关项目金额及其计税基础　单位：万元

项　目	账面价值	计税基础	暂时性差异	
			应纳税暂时性差异	可抵扣暂时性差异
存货	4 000	4 200		200
固定资产：				
固定资产原值	1 500	1 500		
减：累计折旧	540	300		
加：固定值减值准备	50	0		
固定资产账面价值	910	1 200		290
交易性金融资产	1 675	1 000	675	
其他应付款	250	0		250
总　计			675	740

分析：

当期所得税 = 1 155（万元）

确认递延所得税：

期末递延所得税负债	（675×25%）168.75
期初递延所得税负债	100
递延所得税负债增加	68.75
期末递延所得税资产	（740×25%）185
期初递延所得税资产	56.25
递延所得税资产增加	128.75

递延所得税 = 68.75 – 128.75 = –60（万元）（收益）

所得税费用 = 1 155 – 60 = 1 095（万元）

借：所得税费用　10 950 000

　　递延所得税资产　1 287 500

　　贷：递延所得税负债　687 500

　　　　应交税费——应交所得税　11 550 000

五、所得税的列报

企业对所得税的核算结果，除了利润表中列示的所得税费用以外，在资产负债表中形成的应交税费（应交所得税）以及递延所得税资产和递延所得税负债应当遵循会计准则规定列报。其中，递延所得税资产和递延所得税负债一般应当分别作为非流动资产和非流动负债在资产负债表中列示，所得税费用应当在利润表中单独列示，同时还应在附注中披露与所得税有关的信息。

关于递延所得税资产和递延所得税负债的抵销，我国所得税准则的规定与 IAS12 的基本规定相同：

第一，同时满足以下两个条件时，企业应当以当期所得税资产和当期所得税负债抵销后的净额列示：

（1）主体拥有以净额结算的法定权利；

（2）意图以净额结算或取得资产、清偿负债同时进行。

当期所得税资产和当期所得税负债以相抵后净额列示是指，当企业实际缴纳的所得税款大于按照税法规定计算的应交所得税时，超过部分在资产负债表中应当列示为“其他流动资产”；当企业实际缴纳的所得税款小于按照税法规定计算的应交所得税时，差额部分应当作为资产负债表中“应交税费”项目列示。

第二，同时满足以下两个条件时，企业应当以当期递延所得税资产和当期递延所得税负债抵销后的净额列示：

（1）主体拥有以净额结算当期递延所得税资产和当期递延所得税负债的法定权利；

（2）递延所得税资产和递延所得税负债是与同一税收征管部门对同一纳税主体征收的所得税相关，或者是对不同的纳税主体相关，但是在未来每一具有重要性的递延所得税资产和递延所得税负债转回的期间内，涉及的纳税主体意图以净额结算当期所得税资产和当期所得税负债，或同时取得资产、清偿负债。

一般情况下，在个别财务报表中，当期所得税资产与负债、递延所得税资产及递延所得税负债可以以抵销后的净额列示。在合并财务报表中，纳入合并范围的企业中，一方的当期所得税资产或递延所得税资产与另一方的当期所得税负债或递延所得税负债一般不能予以抵销，除非涉及的企业具有以净额结算的法定权利，并且意图以净额结算。

第 4 节　企业所得税的申报与缴纳

一、纳税时间、纳税地点的基本规定

我国有关企业所得税纳税时间、纳税地点的基本规定，简单汇总如表 6 – 27 所示。

表 6－27 企业所得税纳税时间、纳税地点基本规定一览表

	具体规定
纳税时间	企业所得税按年计算，分月或分季预缴，年终汇算清缴，多退少补。 企业所得税的纳税年度，自公历 1 月 1 日起至 12 月 31 日止。企业在一个纳税年度中间开业，或者由于合并、关闭等原因终止经营活动，使该纳税年度的实际经营期不足 12 个月的，应当以其实际经营期为一个纳税年度。企业清算时，应当以清算期间为一个纳税年度。 企业所得税分月或分季预缴，由税务机关具体核定。分月或分季预缴所得税时，应当按照月度或季度的实际利润额计算预缴数，按照月度或季度的实际利润额预缴有困难的，可以按照上一纳税年度应纳税所得额的月度或季度平均额预缴，或者按照税务机关认可的其他方法预缴。预缴方法一经确定，该纳税年度不得随意变更。 企业自年度终了之日起 5 个月内，向税务机关报送年度企业所得税纳税申报表，并汇算清缴，结清应缴应退税款。企业在年度中间终止经营活动的，应当自实际经营终止之日起 60 日内，向税务机关办理当期企业所得税汇算清缴。按季或按月预缴的，企业应当自月份或者季度终了之日起 15 日内，向税务机关报送预缴企业所得税纳税申报表，预缴税款。企业在报送企业所得税纳税申报表时，应当按照规定附送财务会计报告和其他有关资料。
纳税地点	除税收法律、行政法规另有规定以外，居民企业以企业登记注册地为纳税地点；但登记注册地在境外的，以实际管理机构所在地为纳税地点。 居民企业在中国境内设立不具有法人资格的营业机构的，应当汇总计算并缴纳企业所得税。 在中国境内设立机构、场所的非居民企业，其所设机构、场所取得来源于中国境内的所得，以及发生在中国境外但与其机构、场所有实际联系的所得，以机构、场所所在地为纳税地点。 在中国境内未设立机构、场所的非居民企业，或虽设立机构、场所但取得与其所设机构、场所没有实际联系的所得，以扣缴义务人所在地为纳税地点。

二、企业所得税纳税申报表的填制

企业进行所得税纳税申报时，必须填报企业所得税纳税申报表，并按照规定附送财务会计报告和其他有关资料。企业自年度终了之日起 5 个月内，向税务机关报送年度企业所得税纳税申报表；按季或按月预缴的，企业应当自月份或者季度终了之日起 15 日内，向税务机关报送预缴企业所得税纳税申报表。

为贯彻落实《中华人民共和国企业所得税法》及其相关政策，国家税务总局发布公告 2014 年第 63 号《企业所得税年度纳税申报表（A 类，2014 年版)》和《企业所得税年度纳税申报表（A 类，2014 年版）填报说明》，自

2015 年 1 月 1 日起施行。

为方便企业在汇算清缴时享受小型微利企业、重点领域（行业）固定资产加速折旧、转让 5 年以上非独占许可技术使用权等企业所得税优惠政策，国家税务总局发布公告 2016 年第 3 号《国家税务总局关于修改企业所得税年度纳税申报表（A 类，2014 年版）部分申报表的公告》，决定修改《国家税务总局关于发布〈中华人民共和国企业所得税年度纳税申报表（A 类，2014 版）〉的公告》（国家税务总局公告 2014 年第 63 号）中的部分申报表。

（一）企业所得税年度纳税申报表的填制

1. 企业所得税年度纳税申报表（A 类）体系。

《企业所得税年度纳税申报表（A 类，2014 年版）》适用于查账征收的企业，内容包括填报表单、企业基础信息表、申报表（A 类）主表和申报表（A 类）附表，共计 41 张表，详见表 6 – 28。《企业所得税年度纳税申报表（A 类，2014 年版）》附表分为三级，具体包括 6 张收入费用表、15 张纳税调整表、1 张亏损弥补表、11 张税收优惠表、4 张境外所得抵免表和 2 张汇总纳税表。其中纳税调整明细表有二级附表 12 张，三级附表 2 张；税收优惠表无一级附表，但有二级附表 5 张，三级附表 6 张；境外抵免明细表有二级附表 3 张；汇总纳税明细表有二级附表 1 张。纳税申报表中的许多附表是由纳税人根据自身业务情况选择申报，纳税人有此类事项的选择填报，没有此类事项的无须填报。纳税申报的每张附表既独立体现现行企业所得税政策，又与主表密切联系。

表 6 – 28 列示了《企业所得税年度纳税申报表（A 类，2014 年版）》全部表单名称及编号，纳税人在填报申报表之前，需根据企业的涉税业务，选择“填报”或“不填报”；选择“填报”的需完成该表格相关内容的填报，选择“不填报”的可以不填报该表格；对选择“不填报”的表格，可以不上报税务机关。

《企业所得税年度纳税申报表（A 类，2014 年版）》中包含的 41 张表，构成一个完整的纳税申报系统，其体系架构如图 6 – 4 所示，1 张主表、15 张一级附表、22 张二级附表、2 张三级附表的结构设计体现了层层递进的架构关系。主表的数据来源于一级附表，一级附表的数据来源于二级附表和三级附表。

表6-28 企业所得税纳税申报表（A类）填报表单

表单编号	表单名称	情况说明
A000000	企业基础信息表	本表为必填表；反映纳税人的基本信息，包括基本信息、主要会计政策、股东结构和对外投资情况等；纳税人填报申报表时，首先填报此表，为后续申报提供指引。
A100000	中华人民共和国企业所得税年度纳税申报表（A类）	本表为必填表；是纳税人计算申报缴纳企业所得税的主表。
A101010	一般企业收入明细表	本表适用于除金融企业、事业单位和民间非营利组织外的企业填报，反映一般企业按照国家统一会计制度规定取得收入情况。
A101020	金融企业收入明细表	本表仅适用于金融企业（包括商业银行、保险企业、证券企业等金融企业）填报，反映金融企业按照企业会计准则规定取得收入情况。
A102010	一般企业成本支出明细表	本表适用于除金融企业、事业单位和民间非营利组织外的企业填报，反映一般企业按照国家统一会计制度的规定发生成本费用支出情况。
A102020	金融企业支出明细表	本表仅适用于金融企业（包括商业银行、保险企业、证券企业等金融企业）填报，反映金融企业按照企业会计准则规定发生成本支出情况。
A103000	事业单位、民间非营利组织收入、支出明细表	本表适用于事业单位和民间非营利组织填报，反映事业单位、社会团体、民办非企业单位、非营利性组织等按照有关会计制度规定取得收入、发生成本费用支出情况。
A104000	期间费用明细表	本表由纳税人根据国家统一会计制度规定，填报期间费用明细项目。
A105000	纳税调整项目明细表	本表填报纳税人财务、会计处理办法（以下简称会计处理）与税收法律、行政法规的规定（以下简称税法规定）不一致，需要进行纳税调整的项目和金额。
A105010	视同销售和房地产开发企业特定业务纳税调整明细表	本表填报纳税人发生视同销售行为、房地产企业销售未完工产品、未完工产品转完工产品特定业务，会计处理与税法规定不一致，需要进行纳税调整的项目和金额。

续表

表单编号	表单名称	情况说明
A105020	未按权责发生制确认收入纳税调整明细表	本表填报纳税人发生会计上按照权责发生制确认收入，而税法规定不按照权责发生制确认收入，需要按照税法规定进行纳税调整的项目和金额。
A105030	投资收益纳税调整明细表	本表填报纳税人发生投资收益，会计处理与税法规定不一致，需要进行纳税调整的项目和金额。
A105040	专项用途财政性资金纳税调整明细表	本表填报纳税人发生符合不征税收入条件的专项用途财政性资金，会计处理与税法规定不一致，需要进行纳税调整的金额。
A105050	职工薪酬纳税调整明细表	本表填报纳税人发生的职工薪酬（包括工资薪金、职工福利费、职工教育经费、工会经费、各类基本社会保障性缴款、住房公积金、补充养老保险、补充医疗保险等支出），会计处理与税法规定不一致，需要进行纳税调整的项目和金额。
A105060	广告费和业务宣传费跨年度纳税调整明细表	本表填报纳税人本年发生的广告费和业务宣传费支出，会计处理与税法规定不一致，需要进行纳税调整的金额。
A105070	捐赠支出纳税调整明细表	本表填报纳税人发生捐赠支出，会计处理与税法规定不一致，需要进行纳税调整的项目和金额。
A105080	资产折旧、摊销情况及纳税调整明细表	本表填报纳税人资产折旧、摊销情况及会计处理与税法规定不一致，需要进行纳税调整的项目和金额。
A105081	固定资产加速折旧、扣除明细表	本表填报纳税人符合《财政部 国家税务总局关于完善固定资产加速折旧税收政策有关问题的通知》（财税［2014］75号）规定，2014年及以后年度新增固定资产加速折旧及允许一次性计入当期成本费用税前扣除的项目和金额。
A105090	资产损失税前扣除及纳税调整明细表	本表填报纳税人发生资产损失，以及由于会计处理与税法规定不一致，需要进行纳税调整的项目和金额。

续表

表单编号	表单名称	情况说明
A105091	资产损失（专项申报）税前扣除及纳税调整明细表	本表填报纳税人发生的货币资产、非货币资产、投资、其他资产损失，以及由于会计处理与税法规定不一致，需要进行纳税调整的项目和金额。
A105100	企业重组纳税调整明细表	本表填报纳税人发生企业重组所涉及的所得或损失，会计处理与税法规定不一致，需要进行纳税调整的项目和金额。
A105110	政策性搬迁纳税调整明细表	本表填报纳税人发生政策性搬迁所涉及的所得或损失，由于会计处理与税法规定不一致，需要进行纳税调整的项目和金额。
A105120	特殊行业准备金纳税调整明细表	本表填报保险企业、证券行业等特殊行业纳税人发生特殊行业准备金，会计处理与税法规定不一致，需要进行纳税调整的项目和金额。
A106000	企业所得税弥补亏损明细表	本表填报纳税人以前年度发生的亏损，需要在本年度结转弥补的金额，本年度可弥补的金额以及可继续结转以后年度弥补的亏损额。
A107010	免税、减计收入及加计扣除优惠明细表	本表填报纳税人本年度所享受免税收入、减计收入、加计扣除等优惠的项目和金额。
A107011	符合条件的居民企业之间的股息、红利等权益性投资收益优惠明细表	本表填报纳税人本年度享受居民企业之间的股息、红利等权益性投资收益免税项目和金额。
A107012	综合利用资源生产产品取得的收入优惠明细表	本表填报纳税人本年度发生的综合利用资源产品取得的减计收入的项目和金额。
A107013	金融、保险等机构取得的涉农利息、保费收入优惠明细表	本表填报纳税人本年度发生的金融、保险等机构取得的涉农利息、保费收入减计收入项目和金额。
A107014	研发费用加计扣除优惠明细表	本表填报纳税人本年度享受研发费加计扣除情况和金额。
A107020	所得减免优惠明细表	本表填报纳税人本年度享受减免所得额（包括农、林、牧、渔项目和国家重点扶持的公共基础设施项目、环境保护、节能节水项目以及符合条件的技术转让项目等）的项目和金额。

续表

表单编号	表单名称	情况说明
A107030	抵扣应纳税所得额明细表	本表填报纳税人本年度享受创业投资企业抵扣应纳税所得额优惠金额。
A107040	减免所得税优惠明细表	本表填报纳税人本年度享受减免所得税（包括小微企业、高新技术企业、民族自治地方企业、其他专项优惠等）的项目和金额。
A107041	高新技术企业优惠情况及明细表	本表填报纳税人本年度享受高新技术企业优惠的情况和金额。
A107042	软件、集成电路企业优惠情况及明细表	本表填报纳税人本年度享受软件、集成电路企业优惠的情况和金额。
A107050	税额抵免优惠明细表	本表填报纳税人本年度享受购买专用设备投资额抵免税额情况和金额。
A108000	境外所得税收抵免明细表	本表填报纳税人本年度来源于或发生于不同国家、地区的所得，按照我国税法规定计算应缴纳和应抵免的企业所得税额。
A108010	境外所得纳税调整后所得明细表	本表填报纳税人本年度来源于或发生于不同国家、地区的所得，按照我国税法规定计算调整后的所得。
A108020	境外分支机构弥补亏损明细表	本表填报纳税人境外分支机构本年度及以前年度发生的税前尚未弥补的非实际亏损额和实际亏损额、结转以后年度弥补的非实际亏损额和实际亏损额。
A108030	跨年度结转抵免境外所得税明细表	本表填报纳税人本年度发生的来源于不同国家或地区的境外所得按照我国税法的规定可以抵免的所得税额。
A109000	跨地区经营汇总纳税企业年度分摊企业所得税明细表	本表填报跨地区经营汇总纳税企业总机构，按规定计算总分机构每一纳税年度应缴的企业所得税，总、分机构应分摊的企业所得税。
A109010	企业所得税汇总纳税分支机构所得税分配表	本表填报总机构所属年度实际应纳所得税额以及所属分支机构在所属年度应分摊的所得税额。

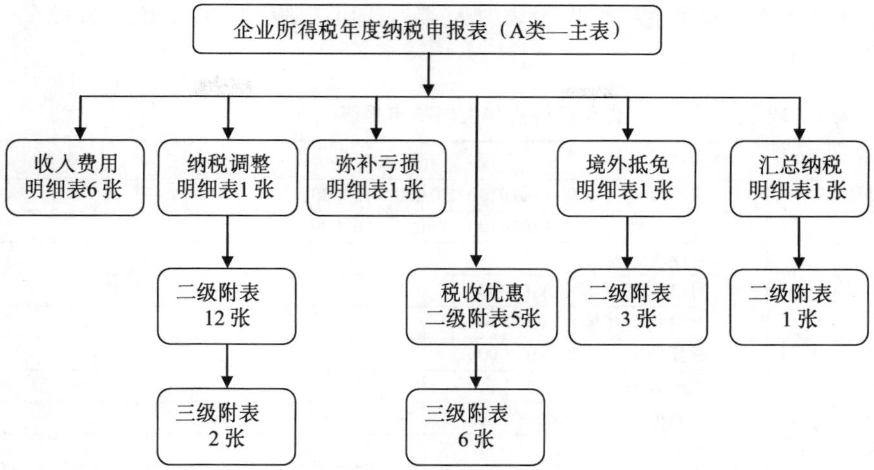

图6－4　企业所得税纳税申报表（A类）体系架构图

2. 企业所得税年度纳税申报表（A类）主表的填报。

企业所得税纳税申报表体系以年度纳税申报表主表（A类）（以下简称主表）为核心，包括利润总额计算、应纳税所得额计算、应纳税额计算、附列资料四个部分，其结构是以间接法下企业所得税应纳税所得额的计算原理为基础而设计。纳税人在会计利润总额的基础上，加减纳税调整增减金额后计算出“纳税调整后所得”，即应纳税所得额。会计与税法的差异（包括收入类、扣除类、资产类等差异）通过《纳税调整项目明细表》（A105000）集中填报。

企业填报主表时，应根据《中华人民共和国企业所得税法》及其实施条例、相关税收政策，以及国家统一会计制度（企业会计准则、小企业会计准则、企业会计制度、事业单位会计准则和民间非营利组织会计制度等）的规定，计算填报利润总额、应纳税所得额、应纳税额和附列资料等有关项目。具体而言，填报“利润总额计算”中的项目时，按照国家统一会计制度口径计算填报。实行企业会计准则、小企业会计准则、企业会计制度、分行业会计制度的纳税人，其数据直接取自利润表；实行事业单位会计准则的纳税人，其数据取自收入支出表；实行民间非营利组织会计制度的纳税人，其数据取自业务活动表；实行其他国家统一会计制度的纳税人，根据本表项目进行分析填报。“应纳税所得额计算”和“应纳税额计算”中的项目，除根据主表逻辑关系计算外，通过附表相应栏次填报，大部分数据从附表中生成，也有个别数据从财务报表中取得。

企业在计算应纳税所得额及应纳所得税时，企业财务、会计处理办法与税法规定不一致的，应当按照税法规定计算。税法规定不明确的，在没有明确规定之前，暂按企业财务、会计规定计算。

《企业所得税年度纳税申报表（A 类，2014 年版）》主表格式如表 6－29 所示。

表 6－29　企业所得税年度纳税申报表（A 类）

行次	类别	项　目	金额
1	利润总额计算	一、营业收入（填写 A101010 \ 101020 \ 103000）	
2		减：营业成本（填写 A102010 \ 102020 \ 103000）	
3		营业税金及附加	
4		销售费用（填写 A104000）	
5		管理费用（填写 A104000）	
6		财务费用（填写 A104000）	
7		资产减值损失	
8		加：公允价值变动收益	
9		投资收益	
10		二、营业利润（1－2－3－4－5－6－7＋8＋9）	
11		加：营业外收入（填写 A101010 \ 101020 \ 103000）	
12		减：营业外支出（填写 A102010 \ 102020 \ 103000）	
13		三、利润总额（10＋11－12）	
14	应纳税所得额计算	减：境外所得（填写 A108010）	
15		加：纳税调整增加额（填写 A105000）	
16		减：纳税调整减少额（填写 A105000）	
17		减：免税、减计收入及加计扣除（填写 A107010）	
18		加：境外应纳税所得额抵减境内亏损（填写 A108000）	
19		四、纳税调整后所得（13－14＋15－16－17＋18）	
20		减：所得减免（填写 A107020）	
21		减：抵扣应纳税所得额（填写 A107030）	
22		减：弥补以前年度亏损（填写 A106000）	
23		五、应纳税所得额（19－20－21－22）	
24	应纳税额计算	税率（25%）	
25		六、应纳所得税额（23×24）	
26		减：减免所得税额（填写 A107040）	
27		减：抵免所得税额（填写 A107050）	
28		七、应纳税额（25－26－27）	
29		加：境外所得应纳所得税额（填写 A108000）	
30		减：境外所得抵免所得税额（填写 A108000）	
31		八、实际应纳所得税额（28＋29－30）	
32		减：本年累计实际已预缴的所得税额	
33		九、本年应补（退）所得税额（31－32）	
34		其中：总机构分摊本年应补（退）所得税额（填写 A109000）	
35		财政集中分配本年应补（退）所得税额（填写 A109000）	
36		总机构主体生产经营部门分摊本年应补（退）所得税额（填写 A109000）	
37	附列资料	以前年度多缴的所得税额在本年抵减额	
38		以前年度应缴未缴在本年入库所得税额	

《企业所得税年度纳税申报表（A类，2014年版）》主表具体行次的填报说明如下：

第1~13行参照企业会计准则中对利润表的说明编写。

（1）第1行“营业收入”：填报纳税人主要经营业务和其他经营业务取得的收入总额。本行根据“主营业务收入”和“其他业务收入”的数额填报。一般企业纳税人通过《一般企业收入明细表》（A101010）填报；金融企业纳税人通过《金融企业收入明细表》（A101020）填报；事业单位、社会团体、民办非企业单位、非营利组织等纳税人通过《事业单位、民间非营利组织收入、支出明细表》（A103000）填报。

（2）第2行“营业成本”项目：填报纳税人主要经营业务和其他经营业务发生的成本总额。本行根据“主营业务成本”和“其他业务成本”的数额填报。一般企业纳税人通过《一般企业成本支出明细表》（A102010）填报；金融企业纳税人通过《金融企业支出明细表》（A102020）填报；事业单位、社会团体、民办非企业单位、非营利组织等纳税人，通过《事业单位、民间非营利组织收入、支出明细表》（A103000）填报。

（3）第3行“营业税金及附加”：填报纳税人经营活动发生的营业税、消费税、城市维护建设税、资源税、土地增值税和教育费附加等相关税费。本行根据纳税人相关会计科目填报。纳税人在其他会计科目核算的本行不得重复填报。

（4）第4行“销售费用”：填报纳税人在销售商品和材料、提供劳务的过程中发生的各种费用。本行通过《期间费用明细表》（A104000）中对应的“销售费用”填报。

（5）第5行“管理费用”：填报纳税人为组织和管理企业生产经营发生的管理费用。本行通过《期间费用明细表》（A104000）中对应的“管理费用”填报。

（6）第6行“财务费用”：填报纳税人为筹集生产经营所需资金等发生的筹资费用。本行通过《期间费用明细表》（A104000）中对应的“财务费用”填报。

（7）第7行“资产减值损失”：填报纳税人计提各项资产准备发生的减值损失。本行根据企业“资产减值损失”科目上的数额填报。实行其他会计准则等的比照填报。

（8）第8行“公允价值变动收益”：填报纳税人在初始确认时划分为以公允价值计量且其变动计入当期损益的金融资产或金融负债（包括交易性金融资产或负债，直接指定为以公允价值计量且其变动计入当期损益的金融资产或金融负债)，以及采用公允价值模式计量的投资性房地产、衍生工具和套期业务中公允价值变动形成的应计入当期损益的利得或损失。本行根据企业“公允价值变动损益”科目的数额填报（损失以“-”号填列)。

(9) 第9行“投资收益”：填报纳税人以各种方式对外投资确认所取得的收益或发生的损失。根据企业“投资收益”科目的数额计算填报；实行事业单位会计准则的纳税人根据“其他收入”科目中的投资收益金额分析填报(损失以“-”号填列)。实行其他会计准则等的比照填报。

(10) 第10行“营业利润”：填报纳税人当期的营业利润。根据上述项目计算填列。

(11) 第11行“营业外收入”：填报纳税人取得的与其经营活动无直接关系的各项收入的金额。一般企业纳税人通过《一般企业收入明细表》(A101010)填报；金融企业纳税人通过《金融企业收入明细表》(A101020) 填报；实行事业单位会计准则或民间非营利组织会计制度的纳税人通过《事业单位、民间非营利组织收入、支出明细表》(A103000) 填报。

(12) 第12行“营业外支出”：填报纳税人发生的与其经营活动无直接关系的各项支出的金额。一般企业纳税人通过《一般企业成本支出明细表》(A102010) 填报；金融企业纳税人通过《金融企业支出明细表》(A102020)填报；实行事业单位会计准则或民间非营利组织会计制度的纳税人通过《事业单位、民间非营利组织收入、支出明细表》(A103000) 填报。

(13) 第13行“利润总额”：填报纳税人当期的利润总额。根据上述项目计算填列。

(14) 第14行“境外所得”：填报纳税人发生的分国别（地区）取得的境外税后所得计入利润总额的金额。填报《境外所得纳税调整后所得明细表》(A108010) 第14列减去第11列的差额。

(15) 第15行“纳税调整增加额”：填报纳税人会计处理与税收规定不一致，进行纳税调整增加的金额。本行通过《纳税调整项目明细表》(A105000)“调增金额”列填报。

(16) 第16行“纳税调整减少额”：填报纳税人会计处理与税收规定不一致，进行纳税调整减少的金额。本行通过《纳税调整项目明细表》(A105000)“调减金额”列填报。

(17) 第17行“免税、减计收入及加计扣除”：填报属于税法规定免税收入、减计收入、加计扣除金额。本行通过《免税、减计收入及加计扣除优惠明细表》(A107010) 填报。

(18) 第18行“境外应纳税所得额抵减境内亏损”：填报纳税人根据税

法规定，选择用境外所得抵减境内亏损的数额。本行通过《境外所得税收抵免明细表》（A108000）填报。

（19）第19行“纳税调整后所得”：填报纳税人经过纳税调整、税收优惠、境外所得计算后的所得额。

（20）第20行“所得减免”：填报属于税法规定所得减免金额。本行通过《所得减免优惠明细表》（A107020）填报，本行 <0 时，填写负数。

（21）第21行“抵扣应纳税所得额”：填报根据税法规定应抵扣的应纳税所得额。本行通过《抵扣应纳税所得额明细表》（A107030）填报。

（22）第22行“弥补以前年度亏损”：填报纳税人按照税法规定可在税前弥补的以前年度亏损的数额，本行根据《企业所得税弥补亏损明细表》（A106000）填报。

（23）第23行“应纳税所得额”：金额等于本表第19－20－21－22行计算结果。本行不得为负数。本表第19行或者按照上述行次顺序计算结果本行为负数，本行金额填零。

（24）第24行“税率”：填报税法规定的税率25%。

（25）第25行“应纳所得税额”：金额等于本表第23×24行。

（26）第26行“减免所得税额”：填报纳税人按税法规定实际减免的企业所得税额。本行通过《减免所得税优惠明细表》（A107040）填报。

（27）第27行“抵免所得税额”：填报企业当年的应纳所得税额中抵免的金额。本行通过《税额抵免优惠明细表》（A107050）填报。

（28）第28行“应纳税额”：金额等于本表第25－26－27行。

（29）第29行“境外所得应纳所得税额”：填报纳税人来源于中国境外的所得，按照我国税法规定计算的应纳所得税额。本行通过《境外所得税收抵免明细表》（A108000）填报。

（30）第30行“境外所得抵免所得税额”：填报纳税人来源于中国境外所得依照中国境外税收法律以及相关规定应缴纳并实际缴纳（包括视同已实际缴纳）的企业所得税性质的税款（准予抵免税款）。本行通过《境外所得税收抵免明细表》（A108000）填报。

（31）第31行“实际应纳所得税额”：填报纳税人当期的实际应纳所得税额。金额等于本表第28＋29－30行。

（32）第32行“本年累计实际已预缴的所得税额”：填报纳税人按照税法规定本纳税年度已在月（季）度累计预缴的所得税额，包括按照税法规定的特定业务已预缴（征）的所得税额，建筑企业总机构直接管理的跨地区设立的项目部按规定向项目所在地主管税务机关预缴的所得税额。

（33）第33行“本年应补（退）的所得税额”：填报纳税人当期应补（退）的所得税额。金额等于本表第31－32行。

（34）第34行“总机构分摊本年应补（退）所得税额”：填报汇总纳税的总机构按照税收规定在总机构所在地分摊本年应补（退）所得税款。本行根据《跨地区经营汇总纳税企业年度分摊企业所得税明细表》（A109000）填报。

（35）第35行“财政集中分配本年应补（退）所得税额”：填报汇总纳税的总机构按照税收规定财政集中分配本年应补（退）所得税款。本行根据《跨地区经营汇总纳税企业年度分摊企业所得税明细表》（A109000）填报。

（36）第36行“总机构主体生产经营部门分摊本年应补（退）所得税额”：填报汇总纳税的总机构所属的具有主体生产经营职能的部门按照税收规定应分摊的本年应补（退）所得税额。本行根据《跨地区经营汇总纳税企业年度分摊企业所得税明细表》（A109000）填报。

（37）第37行“以前年度多缴的所得税额在本年抵减额”：填报纳税人以前纳税年度汇算清缴多缴的税款尚未办理退税、并在本纳税年度抵缴的所得税额。

（38）第38行“以前年度应缴未缴在本年入库所得额”：填报纳税人以前纳税年度应缴未缴在本纳税年度入库所得税额。

通过以上填报说明可以总结出下述表内、表间关系。

表内关系为：

（1）第10行＝第1－2－3－4－5－6－7＋8＋9行

（2）第13行＝第10＋11－12行

（3）第19行＝第13－14＋15－16－17＋18行

（4）第23行＝第19－20－21－22行

（5）第25行＝第23×24行

（6）第28行＝第25－26－27行

（7）第31行＝第28＋29－30行

（8）第33行＝第31－32行

表间关系为：

（1）第1行＝表A101010第1行或表A101020第1行或表A103000第2＋3＋4＋5＋6行或表A103000第11＋12＋13＋14＋15行

（2）第2行＝表A102010第1行或表A102020第1行或表A103000第19＋20＋21＋22行或表A103000第25＋26＋27行

（3）第4行＝表A104000第25行第1列

（4）第5行=表A104000第25行第3列

（5）第6行=表A104000第25行第5列

（6）第11行=表A101010第16行或表A101020第35行或表A103000第9行或第17行

（7）第12行=表A102010第16行或表A102020第33行或表A103000第23行或第28行

（8）第14行=表A108010第10行第14列-第11列

（9）第15行=表A105000第43行第3列

（10）第16行=表A105000第43行第4列

（11）第17行=表A107010第27行

（12）第18行=表A108000第10行第6列（当本表第13-14+15-16-17行≥0时，本行=0）

（13）第20行=表A107020第40行第7列

（14）第21行=表A107030第7行

（15）第22行=表A106000第6行第10列

（16）第26行=表A107040第29行

（17）第27行=表A107050第7行第11列

（18）第29行=表A108000第10行第9列

（19）第30行=表A108000第10行第19列

（20）第34行=表A109000第12+16行

（21）第35行=表A109000第13行

（22）第36行=表A109000第15行

3. 企业所得税年度纳税申报表（A类）的填报举例

【例6-57】 甲公司将其生产的A产品作为福利发放给职工200件，A产品的单位成本为300元，市场价为700元，适用的增值税率为17%。甲公司职工人数为200名，当年实际发放工资薪金1 020万元，其他职工福利费支出50万元。甲公司将自产货物用于职工福利应视同销售缴纳企业所得税，其申报纳税处理如下：

结转视同销售收入与成本费用：

应交增值税（销项税额）=200×700×17%=23 800（元）

借：管理费用——职工福利费	163 800	
贷：应付职工薪酬——职工福利费		163 800
借：应付职工薪酬	163 800	
贷：主营业务收入		140 000

应交税费——应交增值税（销项税额） 23 800

借：主营业务成本 60 000

贷：库存商品 60 000

当年销售收入、职工福利费的申报纳税处理为：

甲公司会计核算时按售价确认主营业务收入 140 000 元，同时按成本价结转主营业务成本 60 000 元，纳税申报时填报《A101010 一般企业收入明细表》中“主营业务收入”第 3 行“销售商品收入”140 000 元，见表 6 – 30；填报《A102010 一般企业成本支出明细表》中“主营业务成本”第 3 行“销售商品成本”60 000 元，见表 6 – 31；同时并入《A100000 企业所得税年度纳税申报表》第 1 行“营业收入”140 000 元、第 2 行“营业成本”60 000 元，见表 6 – 32。

甲公司会计核算时按售价结转“管理费用——职工福利费”163 800 元，在利润总额中列支职工福利费支出 663 800 元（500 000 + 163 800）；当年工薪支出 10 200 000 元，税前允许扣除职工福利费限额为 1 428 000 元（10 200 000 × 14%）；由于 663 800 < 1 428 000，实际发生的职工福利费支出 663 800 元全部允许税前扣除，无需纳税调整。职工福利费支出 663 800 元，纳税申报时填报顺序为：第一，《A104000 期间费用明细表》第 1 行“职工薪酬”中第 3 列“管理费用”填报 663 800 元，见表 6 – 33；第二，《A105050 职工薪酬纳税调整明细表》第 1 行“工资薪金支出”中第 1 列“账载金额”填报 10 200 000 元、第 4 列“税收金额”填报 10 200 000 元、第 5 列“纳税调整金额”填报 0，第 3 行“职工福利费支出”中第 1 列“账载金额”填报 663 800 元、第 2 列“税收规定的扣除率”填报 14%、第 4 列“税收金额”填报 663 800 元、第 5 列“纳税调整金额”填报 0，第 13 行“合计”中第 1 列“账载金额”填报 10 863 800 元、第 4 列“税收金额”填报 10 863 800 元、第 5 列“纳税调整金额”填报 0，见表 6 – 34；第三，《A105000 纳税调整项目明细表》第 14 行“职工薪酬”中第 1 列“账载金额”填报 663 800 元、第 2 列“税收金额”填报 663 800 元，见表 6 – 35。

表 6 – 30　　A101010 一般企业收入明细表（节录）　　单位：元

行次	项　目	金　额
1	一、营业收入（2 + 9）	140 000
2	（一）主营业务收入（3 + 5 + 6 + 7 + 8）	140 000
3	1. 销售商品收入	140 000

表6－31 A102010一般企业成本支出明细表（节录） 单位：元

行次	项 目	金 额
1	一、营业成本（2＋9）	60 000
2	（一）主营业务成本（3＋5＋6＋7＋8）	60 000
3	1. 销售商品成本	60 000

表6－32 A100000企业所得税年度纳税申报表（节录） 单位：元

行次	类别	项 目	金额
1	利润总额计算	一、营业收入（填写A101010＼101020＼103000）	140 000
2		减：营业成本（填写A102010＼102020＼103000）	60 000

表6－33 A104000期间费用明细表（节录） 单位：元

行次	项目	销售费用	其中：境外支付	管理费用	其中：境外支付	财务费用	其中：境外支付
		1	2	3	4	5	6
1	一、职工薪酬		*	663 800	*	*	*
25	合计(1＋2＋3＋…24)			663 800			

表6－34 A105050职工薪酬纳税调整明细表（节录） 单位：元

行次	项 目	账载金额	税收规定扣除率	以前年度累计结转扣除额	税收金额	纳税调整金额	累计结转以后年度扣除额
		1	2	3	4	5（1－4）	6(1＋3－4)
1	一、工资薪金支出	10 200 000	*	*	10 200 000	0	*
2	其中：股权激励		*	*			*
3	二、职工福利费支出	663 800	14%	*	663 800	0	*
13	合计(1＋3＋4＋7＋8＋9＋10＋11＋12)	10 863 800	*		10 863 800	0	

表 6－35　　A105000 纳税调整项目明细表（节录）　　单位：元

行次	项　　目	账载金额	税收金额	调增金额	调减金额
		1	2	3	4
12	二、扣除类调整项目（13＋14＋15＋16＋17＋18＋19＋20＋21＋22＋23＋24＋26＋27＋28＋29）	*	*		
14	（二）职工薪酬（填写 A105050）	663 800	663 800	0	0
43	合计（1＋12＋30＋35＋41＋42）	*	*		

【例 6－58】甲公司应支付乙公司账款 400 万元，20×5 年甲公司经营过程中发生财务困难，11 月与乙公司签订债务重组协议并生效，约定用固定资产偿还债务，其账面原值为 350 万元，已提折旧 50 万元。该项固定资产的公允价值为 360 万元。

以下分析分别从甲公司和乙公司的角度，进行一般性重组和特殊性重组的不同纳税处理。

(1) 债务人甲公司的会计核算及纳税处理。

甲公司 20×5 年 11 月债务重组日的会计核算：

注销固定资产：

借：固定资产清理　　3 000 000
　　累计折旧　　500 000
　　贷：固定资产　　3 500 000

确认债务重组利得：

借：应付账款　　4 000 000
　　贷：固定资产清理　　3 600 000
　　　　营业外收入　　400 000

确认固定资产处置利得：

借：固定资产清理　　600 000
　　贷：营业外收入　　600 000

甲公司 20×5 年纳税申报：

一般性债务重组：应分解为转让相关非货币性资产、按非货币性资产公允价值清偿债务两项业务，确认相关资产的所得或损失。

20×5 年甲公司债务重组所得＝处置固定资产利得＋债务重组利得＝60＋40＝100（万元）

甲公司 20×5 年纳税申报时填报：一是《A101010 一般企业收入明细表》“营业外收入”项第 17 行“非流动资产处置利得”600 000 元，第 19 行“债务重组利得”400 000 元，见表 6－36；二是《A105100 企业重组纳税调整明细表》第1行“债务重组”及第2行“其中：以非货币性资产清偿债务”的“一般性税务处理”部分：第1列“账载金额”1 000 000元、第2列“税收金额”1 000 000元、第3列“纳税调整金额”0、第7列“纳税调整金额”0，见表6－37；三是《A105000纳税调整项目明细表》第36行“企业重组”中第1列“账载金额”1 000 000元、第2列“税收金额”1 000 000元，第3列“调增金额”0，第4列“调减金额”0，见表6－38。

表6－36　　A101010一般企业收入明细表（节录）　　单位：元

行次	项　　目	金　　额
16	二、营业外收入(17＋18＋19＋20＋21＋22＋23＋24＋25＋26)	1 000 000
17	（一）非流动资产处置利得	600 000
18	（二）非货币性资产交换利得	
19	（三）债务重组利得	400 000

表6－37　　A105100企业重组纳税调整明细表（节录）　　单位：元

行次	项　　目	一般性税务处理			特殊性税务处理			纳税调整金额
		账载金额	税收金额	纳税调整金额	账载金额	税收金额	纳税调整金额	
		1	2	3(2－1)	4	5	6(5－4)	7(3＋6)
1	一、债务重组							
2	其中：以非货币性资产清偿债务	1 000 000	1 000 000	0				0

表6－38　　A105000纳税调整项目明细表（节录）　　单位：元

行次	项　　目	账载金额	税收金额	调增金额	调减金额
		1	2	3	4
35	四、特殊事项调整项目（36＋37＋38＋39＋40）	*	*		
36	（一）企业重组（填写A105100）	1 000 000	1 000 000	0	0
43	合计（1＋12＋30＋35＋41＋42）	*	*		

特殊性重组：企业债务重组确认的应纳税所得额占该公司当年应纳税所得额50%以上，可以在5个纳税年度的期间内，均匀计入各年度的应纳税所得额。如果甲公司应纳税所得额为130万元，可选择100万元债务重组所得分5年平均计入。

甲公司20×5年纳税申报时填报：一是《A101010一般企业收入明细表》“营业外收入”项第17行“非流动资产处置利得”600 000元，第19行“债务重组利得”400 000元，同表6－36；二是《A105100企业重组纳税调整明细表》第1行“债务重组”及第2行“其中：以非货币性资产清偿债务”的“特殊性税务处理”部分：第4列“账载金额”1 000 000元、第

5 列“税收金额”200 000 元、第 6 列“纳税调整金额” –800 000 元、第 7 列“纳税调整金额” –800 000 元，见表 6 –39；三是《A105000 纳税调整项目明细表》第 36 行“企业重组”中第 1 列“账载金额”1 000 000 元、第 2 列“税收金额”200 000 元，第 4 列“调减金额”800 000 元，见表 6 –40。

甲公司 2016 ~2019 年度纳税申报时填报：一是《A105100 企业重组纳税调整明细表》第 1 行“债务重组”及第 2 行“其中：以非货币性资产清偿债务”的“特殊性税务处理”部分：第 4 列“账载金额”0 元、第 5 列“税收金额”200 000 元、第 6 列“纳税调整金额”200 000 元、第 7 列“纳税调整金额”200 000 元，见表 6 –41；二是《A105000 纳税调整项目明细表》第 36 行“企业重组”中第 1 列“账载金额”0 元、第 2 列“税收金额”200 000 元，第 3 列“调增金额”200 000 元，见表 6 –42。

表 6 –39　　A105100 企业重组纳税调整明细表（节录）　　单位：元

行次	项　目	一般性税务处理			特殊性税务处理			纳税调整金额
		账载金额	税收金额	纳税调整金额	账载金额	税收金额	纳税调整金额	
		1	2	3(2 –1)	4	5	6(5 –4)	7(3 +6)
1	一、债务重组							
2	其中：以非货币性资产清偿债务				1 000 000	200 000	–800 000	–800 000

表 6 –40　　A105000 纳税调整项目明细表（节录）　　单位：元

行次	项　目	账载金额	税收金额	调增金额	调减金额
		1	2	3	4
35	四、特殊事项调整项目（36 +37 +38 +39 +40）	*	*		
36	（一）企业重组（填写 A105100）	1 000 000	200 000		800 000
43	合计（1 +12 +30 +35 +41 +42）	*	*		

表 6 –41　　A105100 企业重组纳税调整明细表（节录）　　单位：元

行次	项　目	一般性税务处理			特殊性税务处理			纳税调整金额
		账载金额	税收金额	纳税调整金额	账载金额	税收金额	纳税调整金额	
		1	2	3(2 –1)	4	5	6(5 –4)	7(3 +6)
1	一、债务重组							
2	其中：以非货币性资产清偿债务				0	200 000	200 000	200 000

表6－42　　A105000 纳税调整项目明细表（节录）　　单位：元

行次	项　目	账载金额	税收金额	调增金额	调减金额
		1	2	3	4
35	四、特殊事项调整项目（36＋37＋38＋39＋40）	*	*		
36	（一）企业重组（填写A105100）	0	200 000	200 000	
43	合计（1＋12＋30＋35＋41＋42）	*	*		

（2）债权人乙公司的会计核算及纳税处理。

甲公司20×5年11月债务重组日的会计核算：

乙公司已提坏账准备20万元：

借：固定资产　　3 600 000

　　坏账准备　　200 000

　　营业外支出　　200 000

　　贷：应收账款　　4 000 000

乙公司20×5年纳税申报：

对债权人而言，无论适用一般性重组还是特殊性重组，税收上都应确认债务重组损失40万元（20＋20），即应收账款与公允价值的差额。需要说明的是坏账准备在计提当年已经做了纳税调增，债务重组发生损失年度应进行纳税调减处理。

乙公司20×5年纳税申报时填报：一是《A102010一般企业成本支出明细表》“营业外支出”项第19行“债务重组损失”200 000元，见表6－43；二是《A105000纳税调整项目明细表》扣除类的第29行“其他”中第1列“账载金额”0元、第2列“税收金额”200 000元，第3列“调增金额”0，第4列“调减金额”200 000元，见表6－44。

表6－43　　A102010一般企业成本支出明细表（节录）　　单位：元

行次	项　目	金　额
16	二、营业外支出（17＋18＋19＋20＋21＋22＋23＋24＋25＋26）	
19	（三）债务重组损失	200 000

表 6－44　　A105000 纳税调整项目明细表（节录）　　单位：元

行次	项　目	账载金额	税收金额	调增金额	调减金额
		1	2	3	4
12	二、扣除类调整项目（13＋14＋15＋16＋17＋18＋19＋20＋21＋22＋23＋24＋26＋27＋28＋29）				
29	（十六）其他	0	200 000	0	200 000
43	合计（1＋12＋30＋35＋41＋42）	*	*		

（二）预缴企业所得税纳税申报表的填制

企业所得税预缴纳税申报表有《企业所得税月（季）度预缴纳税申报表（A 类)》和《企业所得税月（季）度预缴纳税申报表（B 类)》两种。《企业所得税月（季）度预缴纳税申报表（A 类)》适用于实行查账征收的居民纳税人预缴所得税时使用，跨地区经营汇总纳税企业的分支机构年度汇算清缴申报也适用本表；《企业所得税月（季）度预缴纳税申报表（B 类)》由实行核定征收的纳税人预缴所得税时使用，实行核定应纳税所得率方式的纳税人年度汇算清缴使用本表。《企业所得税月（季）度预缴纳税申报表（A 类)》和《企业所得税月（季）度预缴纳税申报表（B 类)》格式见表 6－45 和 6－46。

表 6－45　　中华人民共和国企业所得税月（季）度预缴纳税申报表（A 类，2014 年版）

税款所属期间：　　年　　月　　日至　　年　　月　　日

纳税人识别号：□□□□□□□□□□□□□□□□□□

纳税人名称：　　　　金额单位：人民币元（列至角分）

行次	项　目	本期金额	累计金额
1	一、按照实际利润额预缴		
2	营业收入		
3	营业成本		
4	利润总额		
5	加：特定业务计算的应纳税所得额		
6	减：不征税收入		
7	免税收入		
8	减征、免征应纳税所得额		
9	弥补以前年度亏损		
10	实际利润额（4 行＋5 行－6 行－7 行－8 行－9 行）		

续表

<table>
<tr><th>行次</th><th colspan="2">项　目</th><th>本期金额</th><th>累计金额</th></tr>
<tr><td>11</td><td colspan="2">税率（25%）</td><td></td><td></td></tr>
<tr><td>12</td><td colspan="2">应纳所得税额</td><td></td><td></td></tr>
<tr><td>13</td><td colspan="2">减：减免所得税额</td><td></td><td></td></tr>
<tr><td>14</td><td colspan="2">其中：符合条件的小型微利企业减免所得税额</td><td></td><td></td></tr>
<tr><td>15</td><td colspan="2">减：实际已预缴所得税额</td><td>—</td><td></td></tr>
<tr><td>16</td><td colspan="2">减：特定业务预缴（征）所得税额</td><td></td><td></td></tr>
<tr><td>17</td><td colspan="2">应补（退）所得税额（12行－13行－15行－16行）</td><td>—</td><td></td></tr>
<tr><td>18</td><td colspan="2">减：以前年度多缴在本期抵缴所得税额</td><td></td><td></td></tr>
<tr><td>19</td><td colspan="2">本月（季）实际应补（退）所得税额</td><td>—</td><td></td></tr>
<tr><td>20</td><td colspan="4">二、按照上一纳税年度应纳税所得额平均额预缴</td></tr>
<tr><td>21</td><td colspan="2">上一纳税年度应纳税所得额</td><td>—</td><td></td></tr>
<tr><td>22</td><td colspan="2">本月（季）应纳税所得额（21行×1/4或1/12）</td><td></td><td></td></tr>
<tr><td>23</td><td colspan="2">税率（25%）</td><td></td><td></td></tr>
<tr><td>24</td><td colspan="2">本月（季）应纳所得税额（22行×23行）</td><td></td><td></td></tr>
<tr><td>25</td><td colspan="2">减：符合条件的小型微利企业减免所得税额</td><td></td><td></td></tr>
<tr><td>26</td><td colspan="2">本月（季）实际应纳所得税额（24行－25行）</td><td></td><td></td></tr>
<tr><td>27</td><td colspan="4">三、按照税务机关确定的其他方法预缴</td></tr>
<tr><td>28</td><td colspan="2">本月（季）税务机关确定的预缴所得税额</td><td></td><td></td></tr>
<tr><td>29</td><td colspan="4">总分机构纳税人</td></tr>
<tr><td>30</td><td rowspan="4">总机构</td><td>总机构分摊所得税额
（19行或26行或28行×总机构分摊预缴比例）</td><td></td><td></td></tr>
<tr><td>31</td><td>财政集中分配所得税额</td><td></td><td></td></tr>
<tr><td>32</td><td>分支机构分摊所得税额
（19行或26行或28行×分支机构分摊比例）</td><td></td><td></td></tr>
<tr><td>33</td><td>其中：总机构独立生产经营部门应分摊所得税额</td><td></td><td></td></tr>
<tr><td>34</td><td rowspan="2">分支机构</td><td>分配比例</td><td></td><td></td></tr>
<tr><td>35</td><td>分配所得税额</td><td></td><td></td></tr>
</table>

是否属于小型微利企业　　　　是□　　　　否□

谨声明：此纳税申报表是根据《中华人民共和国企业所得税法》、《中华人民共和国企业所得税法实施条例》和国家有关税收规定填报的，是真实的、可靠的、完整的。

法定代表人（签字）：　　　　年　月　日

纳税人公章：	代理申报中介机构公章：	主管税务机关受理专用章：
	经办人：	受理人：
会计主管：	经办人执业证件号码：	
填表日期：　年　月　日	代理申报日期：　年　月　日	受理日期：　年　月　日

表 6－46　　中华人民共和国企业所得税月（季）度和年度纳税申报表（B 类，2014 年版）

税款所属期间：　　年　　月　　日至　　年　　月　　日

纳税人识别号：□□□□□□□□□□□□□□□□□□

纳税人名称：　　　　　　　　　　　　　　　　金额单位：人民币元（列至角分）

项　　目				行次	累计金额
一、以下由按应纳税所得率计算应纳所得税额的企业填报					
应纳税所得额的计算	按收入总额核定应纳税所得额	收入总额		1	
		减：不征税收入		2	
		免税收入		3	
		应税收入额（1－2－3）		4	
		税务机关核定的应纳税所得率（%）		5	
		应纳税所得额（4×5）		6	
	按成本费用核定应纳税所得额	成本费用总额		7	
		税务机关核定的应纳税所得率（%）		8	
		应纳税所得额［7÷（1－8）×8］		9	
应纳所得税额的计算		税率（25%）		10	
		应纳所得税额（6×10 或 9×10）		11	
应补（退）所得税额的计算		减：符合条件的小微企业减免所得税额		12	
		已预缴所得税额		13	
		应补（退）所得税额（11－12－13）		14	
二、以下由税务机关核定应纳所得税额的企业填报					
税务机关核定应纳所得税额				15	
预缴申报时填报		是否属于小型微利企业：　是□　　否□			
年度申报时填报		所属行业		从业人数	
		资产总额		国家限制或禁止行业：是□　否□	

谨声明：此纳税申报表是根据《中华人民共和国企业所得税法》、《中华人民共和国企业所得税法实施条例》和国家有关税收规定填报的，是真实的、可靠的、完整的。

法定代表人（签字）：　　年　　月　　日

纳税人公章： 会计主管： 填表日期：　　年　月　日	代理申报中介机构公章： 经办人： 经办人执业证件号码： 代理申报日期：　　年　月　日	主管税务机关受理专用章： 受理人： 受理日期：　　年　月　日

课后练习题

（一）复习思考题

1. 简述暂时性差异的产生及其分类。
2. 试述所得税会计处理方法体系。
3. 试述资产负债表债务法的会计处理程序。

（二）练习题

1. 甲公司12月1日取得一项可供出售金融资产，成本为2 100万元，12月31日，该项可供出售金融资产的公允价值为2 000万元。甲公司适用的所得税税率为25%。

要求：

（1）计算可供出售金融资产的计税基础。

（2）计算12月31日该项可供出售金融资产产生的暂时性差异和递延所得税。

（3）列出12月31日该项可供出售金融资产因公允价值变动确认递延所得税影响的会计分录。

2. 甲公司于20×4年12月6日购入某项设备，取得成本为500万元，会计上采用年限平均法计提折旧，使用年限为10年，净残值为零，因该资产长年处于强震动状态，计税时按双倍余额递减法计列折旧，使用年限及净残值与会计相同。甲公司适用的所得税税率为25%。

要求：

（1）计算20×5年、20×6年公司应确认相关的递延所得税负债及对所得税费用的影响；

（2）列出20×5年、20×6年公司应确认相关的递延所得税负债的会计分录。

3. 甲企业所得税税率为25%。本年度有关所得税业务如下：

（1）甲公司存货采用先进先出法核算，库存商品年末账面余额为2 000万元，未计提存货跌价准备。按照税法规定，存货在销售时可按实际成本在税前抵扣。

（2）甲公司年末无形资产账面余额为600万元，已计提无形资产减值准备100万元。按照税法规定，计提的资产减值准备不得在税前抵扣。

(3) 甲公司支付800万元购入交易性金融资产，年末该交易性金融资产的公允价值为860万元。按照税法规定，交易性金融资产在出售时可以抵税的金额为其初始成本。

(4) 12月甲公司支付2 000万元购入可供出售金融资产，至年末该可供出售金融资产的公允价值为1 900万元。按照税法规定，可供出售金融资产在出售时可以抵税的金额为其初始成本。

假设甲公司递延所得税资产和递延所得税负债无期初余额，可抵扣暂时性差异未来有足够的应纳税所得额可以抵扣，无上述因素外其他纳税调整事项。

要求：分析判断上述业务是否形成暂时性差异；如果形成暂时性差异，请指出属于何种暂时性差异，并说明理由；形成暂时性差异的，请按规定确认相应的递延所得税资产和递延所得税负债，并进行账务处理。

4. 甲公司于1月设立，适用的所得税税率为25%，该公司当年利润总额为6 000万元，当年发生的交易或事项中，会计规定与税法规定存在差异的项目如下：

(1) 12月31日，甲公司应收账款余额为5 000万元，对该应收账款计提了500万元坏账准备。税法规定，公司按照应收账款期末余额的5‰计提的坏账准备允许税前扣除，除已税前扣除的坏账准备外，应收款项发生实质性损失时允许税前扣除。

(2) 按照销售合同规定，甲公司承诺对销售的X产品提供3年免费售后服务。甲公司销售的X产品预计在售后服务期间将发生的费用为400万元，已计入当期损益。税法规定，与产品售后服务相关的支出在实际发生时允许税前扣除。甲公司当年没有发生售后服务支出。

(3) 甲公司以4 000万元取得一项到期还本付息的国债投资，作为持有至到期投资核算，该投资实际利率与票面利率相差较小，甲公司采用票面利率计算确定利息收入，当年确认国债利息收入200万元，计入持有至到期投资账面价值，该国债投资在持有期间未发生减值。税法规定，国债利息收入免征所得税。

(4) 12月31日，甲公司Y产品的账面余额为2 600万元，根据市场情况对Y产品计提跌价准备400万元，计入当期损益。税法规定，该类资产在发生实质性损失时允许税前扣除。

(5) 4月甲公司自公开市场购入基金，作为交易性金融资产核算，取得成本为2 000万元，12月31日该基金的公允价值为4 100万元，公允价值相对账面价值的变动已计入当期损益，持有期间基金未进行分配。税法规定，该类资产在持有期间公允价值变动不计入应纳税所得额，待处置时一并计算应计入应纳税所得额的金额。

假定预期未来期间甲公司适用的所得税税率不发生变化，甲公司预计未来期间能够产生足够的应纳税所得额用以抵扣可抵扣暂时性差异，无上述因素外其他纳税调整事项。

要求：

(1) 确定甲公司上述交易或事项中资产、负债在12月31日的计税基础，同时比较其账面价值与计税基础，计算所产生的应纳税暂时性差异或可抵扣暂时性差异的金额。

(2) 计算甲公司应纳税所得额、应交所得税、递延所得税和所得税费用。

(3) 编制甲公司确认所得税费用的会计分录。

5. 甲公司当年确认销售收入122 000万元，实现利润总额500万元，适用所得税率25%，甲公司因当年发生违法经营罚款5万元，业务招待费发生50万元，国债利息收入30万元，年初预计负债——产品质量保证金余额25万元，当年提取质量保证金15万元，支付6万元质量保修费用。

要求：计算递延所得税费用、应交所得税、所得税费用，并列出会计分录。

企业所得税练习题参考答案

1. (1) 12月31日该项可供出售金融资产的计税基础为购入成本2 100万元；

(2) 12月31日该项可供出售金融资产账面价值为2 000万元，可抵扣暂时性差异100万元，应确认的递延所得税资产为25万元，会计处理如下：

借：递延所得税资产　　25

　　贷：资本公积——其他资本公积　　25

2. 20×5年资产负债表日，该项固定资产按照会计规定计提的折旧额为50万元，计税时允许扣除的折旧额为100万元，则该固定资产的账面价值450万元与其计税基础400万元的差额构成应纳税暂时性差异，公司应确认相关的递延所得税负债。

(1) 20×5年12月31日：

递延所得税负债余额＝(450－400)×25%＝12.5(万元)

借：所得税费用　　12.5

　　贷：递延所得税负债　　12.5

(2) 20×6 年 12 月 31 日：

资产账面价值 = 500 - 500 ÷ 10 × 2 = 400（万元）

资产计税基础 = 500 - 500 × 20% - 400 × 20% = 320（万元）

递延所得税负债余额 =（400 - 320）× 25% = 20（万元）

借：所得税费用　　7.5

　　贷：递延所得税负债　　7.5

3. (1) 存货不形成暂时性差异。理由：20×5 年年末甲公司的库存商品账面余额为 2 000 万元，没有计提存货跌价准备，即账面价值为 2 000 万元；存货的账面余额为其实际成本，可以在公司收回资产账面价值的过程中，计算应纳税所得额时按照税法规定自应税经济利益中抵扣，故库存商品的计税基础为 2 000 万元。因资产账面价值与其计税基础之间没有差异，不形成暂时性差异。

(2) 无形资产形成可抵扣暂时性差异。理由：无形资产的账面价值为 500 万元，其计税基础为 600 万元，形成暂时性差异 100 万元；按照规定，当资产的账面价值小于其计税基础时，会产生可抵扣暂时性差异，故上述暂时性差异为可抵扣暂时性差异。

应确认递延所得税资产 = 100 × 25% = 25（万元）

甲公司的账务处理为：

借：递延所得税资产　　25

　　贷：所得税费用　　25

(3) 交易性金融资产形成应纳税暂时性差异。理由：交易性金融资产的账面价值为 860 万元，其计税基础为 800 万元，形成暂时性差异 60 万元；按照税法规定，当资产的账面价值大于其计税基础时，会产生应纳税暂时性差异，故上述暂时性差异为应纳税暂时性差异。

应确认递延所得税负债 = 60 × 25% = 15（万元）

甲公司的账务处理为：

借：所得税费用　　15

　　贷：递延所得税负债　　15

(4) 可供出售金融资产形成应纳税暂时性差异。理由：可供出售金融资产的账面价值为 1 900 万元，其计税基础为 2 000 万元，形成暂时性差异 100 万元；按照税法规定，当资产的账面价值小于其计税基础时，会产生可抵扣暂时性差异，故上述暂时性差异为可抵扣暂时性差异。

应确认递延所得税资产 = 100 × 25% = 25（万元）

甲公司的账务处理为：

借：递延所得税资产　　25

　　贷：资本公积——其他资本公积　　25

4.（1）①应收账款账面价值 = 5 000 − 500 = 4 500（万元）

应收账款计税基础 = 5 000 × (1 − 5‰) = 4 975（万元）

应收账款形成的可抵扣暂时性差异 = 4 975 − 4 500 = 475（万元）

②预计负债账面价值 = 400（万元）

预计负债计税基础 = 400 − 400 = 0

预计负债形成的可抵扣暂时性差异 = 400（万元）

③持有至到期投资账面价值 = 4 200（万元）

计税基础 = 4 200（万元）

国债利息收入形成的暂时性差异 = 0

注释：对于国债利息收入属于免税收入，说明计算应纳税所得额时是要税前扣除的。故持有至到期投资的计税基础是 4 200 万元，不是 4 000 万元。

④存货账面价值 = 2 600 − 400 = 2 200（万元）

存货计税基础 = 2 600（万元）

存货形成的可抵扣暂时性差异 = 400（万元）

⑤交易性金融资产账面价值 = 4 100（万元）

交易性金融资产计税基础 = 2 000（万元）

交易性金融资产形成的应纳税暂时性差异 = 4 100 − 2 000 = 2 100（万元）

（2）①应纳税所得额 = 6 000 + 475 + 400 + 400 − 2 100 − 200 = 4 975（万元）

②应交所得税 = 4 975 × 25% = 1 243.75（万元）

③递延所得税资产 = (475 + 400 + 400) × 25% = 318.75（万元）

递延所得税负债 = 2 100 × 25% = 525（万元）

递延所得税 = 525 − 318.75 = 206.25（万元）

④所得税费用 = 1 243.75 + 206.25 = 1 450（万元）

（3）会计分录：

借：所得税费用　　1 450

　　递延所得税资产　　318.75

　　贷：应交税费——应交所得税　　1 243.75

　　　　递延所得税负债　　525

5. 预计负债年初账面余额 25 万元，计税基础 0，形成可抵扣暂时性差异 25 万元；年末余额 = 25 + 15 − 6 = 34（万元），计税基础 0，形成可抵扣暂时性差异 34 万元。

递延所得税资产借方发生额 =(34 - 25) ×25% =2. 25（万元）

应交所得税 =(500 + 5 + 50 × 40% - 30 + 15 - 6) × 25% = 126（万元）（业务招待费未超过销售收入的5‰，按照发生额的60%扣除）

所得税费用 =126 - 2. 25 =123. 75（万元）

借：所得税费用　　123. 75

　　递延所得税资产　　2. 25

　　贷：应交税费——应交所得税　　126

主要参考文献

1. 盖地．税务会计学（第七版）［M］．中国人民大学出版社，2015.6.

2. 孙凯．美国联邦税收制度［M］．中国税务出版社，1997.1.

3. 简·R. 威廉姆斯等．会计学：企业决策的基础（财务会计分册）［M］．机械工业出版社，2012.1.

4. 张国梁，逄吉庆．税事珍闻集粹［M］．中国华侨出版社，1996.10.

5. 全国注册税务师执业资格考试教材编写组．税法Ⅰ［M］．中国税务出版社，2014.6.

6. 全国注册税务师执业资格考试教材编写组．税法Ⅱ［M］．中国税务出版社，2014.6.

7. 中国注册会计师协会．税法［M］．中国财政经济出版社，2015.3.

8. 李晓红．税法［M］．清华大学出版社·北京交通大学出版社，2011.6.

9. 王京梁．税务会计［M］．清华大学出版社·北京交通大学出版社，2012.9.

10. 毛夏鸾．税务会计［M］．机械工业出版社，2010.4.

11. 王素荣．税务会计与税务筹划［M］．机械工业出版社，2011.8.

12. 安仲文．纳税会计实务操作（第二版）［M］．东北财经大学出版社，2011.1.

13. 汪华亮．税务会计一点通［M］．中国宇航出版社，2013.6.

14. 蓝敏．手把手教你做优秀税务会计［M］．机械工业出版社，2013.3.

15. 李志伟．税务会计（第二版）［M］．东北财经大学出版社，2015.1.

16. 刘彩霞，杨婷．税务会计实务（第二版）［M］．东北财经大学出版社，2015.2.

17. 司茹，吴保忠．税务会计［M］．北京大学出版社，2012.6.

18. 林钢．纳税会计［M］．中国人民大学出版社，2012.4.

19. 李克桥，安存红．税务会计［M］．北京大学出版社，2012.8.

20. 周萍．所得税会计［M］．东北财经大学出版社，2011.6.

21. 中国税网．2015 年版企业所得税汇算清缴操作指导［M］．中国市场出版社，2015.1.

22. 郝龙航，王骏．企业所得税政策与实践深度分析［M］．中国市场出版社，2014. 2.

23. 蔡昌，郭宏宇，李梦娟．中国财税研究——前言·政策·案例［M］．立信会计出版社，2012. 12.

24. 戴德明，林钢，赵西卜．财务会计学（第七版）［M］．中国人民大学出版社，2014. 9.

25. 中国注册会计师协会．会计［M］．中国财政经济出版社，2015. 3.

26. 李九领．关税理论与政策［M］．中国海关出版社，2010. 3.

27. 岑维廉．关税理论与中国关税制度［M］．上海人民出版社，2006. 9.

28. 黄晓军．从关税征管走向关税治理——中国海关关税管理的制度变迁研究［M］．中国海关出版社，2008. 10.

29. 徐军．Excel 在经济管理中的应用［M］．清华大学出版社，2014. 8.